지금 여기의 신 크리슈나

KRISHNA: THE MAN AND HIS PHILOSOPHY

Copyright ⓒ 1985 Osho International Foundation, www.osho.com.
Korean translation ⓒ 2003 Sri Krishnadass Ashram Publishing House.
This Korean edition was published by arrangement with Osho
International Foundation through Best Literary & Rights Agency, Korea.
All rights reserved.

이 책의 한국어판 저작권은 베스트 에이전시를 통한
Osho International Foundation과의 독점 계약으로
도서출판 크리슈나 다스 아쉬람이 소유합니다.
저작권법에 의하여 한국 내에서 보호를 받는 저작물이므로
무단 전재와 무단 복제를 금합니다.

지금 여기의 신

크리슈나

오쇼의 크리슈나 강의 1

오쇼 지음 | 김병채 옮김

슈리 크리슈나 다스 아쉬림

옮긴이의 말

번역하면서 많이 웃었다. 웃음만이 아니라 진리의 맛도 주었다. 웃고 노래하고 춤추는 지금 여기의 신 크리슈나를 그리기 위한 오쇼의 현란한 언어의 선율을 따라가다 보면 어느덧 세상을 벗어나 있었다.

크리슈나를 찾아가는 나의 여정은 1988년 말에 시작되었다. 그 해가 저물어 갈 무렵 인도로 들어갔다. 이 영혼의 나라에 도착하여 난 어디로 가야 할지 몰랐다. 그래서 이방인에게 물었다. "알란디(Alandi)로 가라! 알란디로. 그곳으로 가라!" 그때부터 난 알란디를 가슴에 품게 되었다. 알란디…… 알란디…… 알란디…… 크리슈나 박따(bhakta)인 냐나데바(Jnanadeva)가 이 세상의 삶을 마쳤던 곳. 그의 사마디 자리를 보수하려고 천상의 존재들이 내려왔다는 곳. 난 그러한 곳을 영문도 모른 채 가슴에 품고 다녔다. 크리슈나가 헌신자를 기쁘게 하고자 그 멋진 자세로 오랫동안 물가에 서 있었다는 인드라야니(Indrayani) 강, 그 강이 내려다보이는 사원에서 며칠을 지냈다. 그러고는 인도를 방랑하기 시작하였다.

빛나는 영혼들을 만난 뒤 마침내 아루나찰라 산 자락에 있는 바가반 슈리 라마나 마하리쉬 아쉬람으로 들어갔다. 우연이랄까, 은총이랄까. 영혼의 고향에 들어선 것이다. 그곳에서 바라본 이 세상은 평화 그 자체, 사랑 그 자체였다. 이어진 여정으로 나타난 하리드와르의 강가에서 크리슈나 박따였던 나의 스승이 될 슈리 푼자를 만났다. 그분은 진리를 나의 가슴 안에 던져 주셨다. 그리고 슈리 크리슈나 다스라는 이름도 내려 주셨다. 나의 주인이 크리슈나라는…….

바가바드 기따 18장 66절도 주셨다. "모든 다르마를 버리고 오로지 나에게로 오라. 내 그대를 세상의 윤회로부터 해방시켜 줄 것이니. 내 그렇게 할 터이니 그대는 걱정 말아라." 내가 무슨 길을 더 가야 한단 말인가…… 무엇을 가슴에 더 담아야 한단 말인가…… 이 얼마나 서늘케 하는 말인가…… 이 얼마나 투명케 하는 말인가…… 얼마나 자유를 주는 말인가…….

그때부터 크리슈나와의 매혹적인 로맨스가 시작되었다. 크리슈나, 지금 여기의 신 크리슈나, 희열의 신 크리슈나, 웃고 노래하고 춤추는 신 크리슈나, 칼과 플루트를 함께 들고 있는 크리슈나, 진리와 삶을 함께 하는 크리슈나, 하늘과 땅을 함께 거니는 크리슈나, 해방과 굴레를 던져 버린 크리슈나, 모든 것의 바깥에서 춤추고 있는 크리슈나, 바가바드 기따와 바가바땀(Bhagavatam)으로 나타난 크리슈나, 신의 완전한 화신인 크리슈나.

그분의 탄생지인 마뚜라(Matura), 그분의 사랑이 물결치고 있는 야무나(Yamuna) 강, 수많은 꽃들로 뒤덮인 브린다반(Vrindaban), 아름다운 크리슈나 사원들을 거쳐 마침내 마두라이(Madurai)에 도착하였다. 라마나님이 깨달음을 얻은 곳인 라마나 만디람(Ramana

Mandiram)의 이층 방에 홀로 머물게 되었다. 라마나님이 깨달음을 얻은 작은 방에서 새벽 명상을 하고 난 뒤 나의 방으로 건너오다 책 한 권에 손이 갔다. 거기에 빛나는 라마나님의 사진과 함께 "라마나 크리슈나"라는 글귀를 보았다. 이 글에서 나의 마지막 의문은 사라졌다. 오 라마나 쉬바여! 오 라마나 크리슈나여!

가족과 함께 초대 받은 테이블에서 바로 옆에 앉았을 때 스승 슈리 푼자님으로부터 '강가에서(Mohe Panghat Pe)'라는 노래를 받았다. 이 노래를 독자들과 함께 나누고 싶다.

> 붉은 사리를 입은 처녀가
> 물을 긷기 위해
> 항아리를 옆에 끼고
> 강가로 가고 있었다.
> 그때 난다의 아들 크리슈나가
> 그녀에게로 다가가 소매를 잡았다.
> 그러나 그녀는
> 크리슈나의 손길을 뿌리치고
> 강가에 이르렀다.
>
> 물을 항아리에 담고 있는데
> 크리슈나가 그녀를 향해 조약돌을 던졌다.
> 그러자 돌은 파문을 일으키며
> 그녀에게로 다가갔다.

물이 튀겨 사리가 젖고
항아리도 깨졌다.
놀란 그녀는
돌을 던진 사람을 쳐다보았다.
크리슈나의 눈과 마주친 그녀는
황홀경에 젖어 들었다.
크리슈나를 한 번 보기만 하였는데도
그녀의 무지는 사라졌다.

　나에게 있어서 이 책의 저자인 오쇼는 가벼움, 달콤함, 빛남이다. 그분을 살아 생전 뿌나에서 뵈었을 때, 웃음을, 영혼을, 붓다를, 크리슈나를 던져 주고 계셨다. 그곳에서 무거움을 많이도 버렸다. 맑고 투명한 색깔들의 향연장 같았다. "넌 붓다다. 넌 붓다다. 넌 진리다. 넌 진리다. 넌 순수한 금이다. 넌 순수한 금이다. 넌 크리슈나다. 넌 크리슈나다."

　그의 짧은 말들은 공명을 일으키며 계속 번져 나가고 있다.

　오쇼는 이 책에서 "미래는 크리슈나에 속한다. 크리슈나는 완전하고 전체이다. 붓다가 끝나는 곳에 크리슈나가 시작된다……."라는 소제목으로 독자들을 웃음과 노래와 춤의 연회장으로 안내하고 있다. 그 연회에서 여러분은 아마도 영원히 매혹적인 연인을 발견할 수 있으리라.

　이 책이 나오도록 미소로 안내해 주신 라마나님, 파파지님…… 곁에서 늘 지지를 아끼지 않았던 아내와 딸 예솔이의 모습으로 있는 크리슈나, 그리고 교정을 비롯한 필요한 도움을 주신 많은 분들께 이

자리를 빌려 감사의 마음을 전한다.

   웃고, 노래하고, 춤추고 있는 지금 여기의 신 크리슈나의 연꽃 같은 발에 이 책을 바친다.

2010년 11월 창원 북면
슈리 크리슈나 다스 아쉬람에서

차례

옮긴이의 말 .. 5
들어가는 말 .. 12
머리말 .. 18

1. 미래는 크리슈나에 속한다 .. 21
2. 크리슈나는 완전하고 전체이다 .. 63
3. 붓다가 끝나는 곳에 크리슈나가 시작된다 .. 131
4. 종교는 아무런 역사를 가지지 않는다. 그것은 영원하다 .. 173
5. 당신 자신 이외에 어느 누구도 따르지 말라 .. 221
6. 나체와 옷 입는 것은 공존해야 한다 .. 249
7. 일을 축제로 만들라 .. 309
8. 이기기를 원하지 않는 자만이 이긴다 .. 355
9. 우주는 상반하는 것들의 춤이다 .. 409
10. 영성, 종교, 그리고 정치 .. 441
11. 진기한 여자, 드라우빠디 .. 495

경험에의 초대 .. 537

들어가는 말

크리슈나를 연구하고 있을 때 나는 오쇼에게도 빠져 있었다. 이전에는 바가반 슈리 라즈니쉬로 알려져 있었던 오쇼는 그 자신만의 독창적인 방법으로 크리슈나에 대해 이야기해 왔다. 크리슈나에 대한 그의 많은 이야기는 『크리슈나: 그 사람과 그의 철학』이라는 제목의 아주 매력적인 책에 담겨 있다. 오쇼는 크리슈나에 대해 수백 가지 방식으로 이야기하고 있다. 크리슈나는 오쇼의 시각을 통해 재생된다. 오쇼의 크리슈나는 셀리의 저 불멸의 시 구절을 떠올리게 한다.

하나만이 그대로 남아 있고,
많은 것들이 변하면서 지나간다.
하늘의 빛은 영원히 빛나고,
지상의 그늘은 날아간다.
화려한 유리 돔 같은 인생은
영원이라는 흰 빛을 오염시킨다.

크리슈나가 어떤 사람인가에 대해서는 수천 가지 이야기가 있을 수 있다고 오쇼는 말한다. 하지만 크리슈나는 우리 모두가 알고 있는 것과는 다르다고 그는 덧붙인다. 크리슈나는 어떤 점에서 옳을까? 우리에게 다양한 모습으로 다가오는 크리슈나를 우리가 어떻게 이해할 수 있을까? 오쇼는 그를 슈리 크리슈나, 바가반 크리슈나라고 하지 않고, 크리슈나라고 말한다.

나는 그를 완전하면서 전부인 존재라고 부른다. 왜냐하면 그는 그에 대한 우리의 판단을 뒤집어 버리기 때문이다. 어떤 진술도, 아무리 빈틈 없는 것이라 해도, 크리슈나의 전부를 포용할 수는 없다. 그는 항상 말로 표현할 수 없는 상태로 존재한다…….

크리슈나의 우주성은 그 자신만의 개성을 가진 것이 아니라는 사실을 보면 알 수 있다. 그는 한 사람, 한 개인이 아니다. 그는 존재 그 자체이다. 그는 단지 존재이다. 또한 그는 공(空)이다. 여러분은 그가 "거울 같다."라고 말할 수도 있다. 그는 단지 그 앞에 나타나는 모든 것을 비춘다. ……여러분은 여러분 자신이 크리슈나 속에서 비치는 것을 볼 수 있다. 그래서 여러분은 크리슈나가 여러분과 비슷하다고 생각할 것이다. 하지만 여러분이 그에게서 멀어지는 순간, 그는 다시 아무것도 없는 공(空)이 된다.

하지만 나는 이러한 표현들이 크리슈나를 조금은 쉽게 설명하고 있다고 생각한다. 오쇼는 한 가지 관점을 갖고 있다. 사람들은 크리슈나 속에서 자신들이 그에게서 보고 싶어하는 것만 보려고 한다. 그 이상도 그 이하도 아니다. 바로 그런 이유 때문에 바가바드 기따(Bhagavad Gita)에 대한 수천 가지의 주석서가 있다고 오쇼는 말한다. 주석을 다는 모든 사람들은 기따에 투영된 자신을 본다. 붓다의 가르침에 대해서는 이런저런 서로 다른 설명들이 많지 않으며, 예수의 가르침에 대해서는 그보다 더 적다고 오쇼는 지적한다. 그러면 왜일까? 붓다의 말은 명확하고 분명하기 때문이다. 그의 말은 완전하고, 명료하며, 논리적이다. 마하비라의 경우도 마찬가지다. 마하비라의 가르침에 대해서는 아무런 이견이 없다. 자이나 띠르딴까라(Jaina thirthankara) 주위에 다른 분파들을 만드는 것은 어려울 것이다.

크리슈나 주위에도 역시 분파가 없다. 왜냐하면 사람들이 크리슈나에 대한 분파들을 만들려고 한다면 그 숫자는 수만에 달할 것이기 때문이라고 오쇼는 말한다.

크리슈나에 대해 이렇게 다른 것은 무엇 때문일까? 그것은 크리슈나가 명확하거나 결론적이지 않기 때문이라고 한다. 그는 체계나 구조, 형태, 골격을 갖고 있지 않다. 크리슈나는 무형이며 영적이다. 그는 한계가 없다. 여러분은 그를 정의할 수 없다. 이 모든 것으로부터 오쇼는 크리슈나가 다차원적 공간이라는 결론을 내린다.

설명할 수 없는 것을 오쇼가 설명하려고 애쓰는 것을 지켜보는 것도 흥미롭다. 그는 틀림없이 매우 고민했을 것이다. 크리슈나에 대한 오쇼의 비유는 종종 웃음을 자아낸다. 사람들이 붓다나 마하비라가 전장에서 유능한 전사로 빛을 발하는 것을 생각할 수 있을까? 사람들이 예수가 막달라 마리아에게 플루트를 연주해 주는 것을 생각할 수 있을까? 예수가 죽은 방식과 크리슈나가 죽은 방식을 생각해 보라. 예수가 십자가에 못 박히지 않았다면 그는 실패한 것으로 보인다. 십자가에 못 박히지 않은 예수를 생각할 수는 없다. 하지만 왜 크리슈나는 그런 방식, 즉 완전히 무의미하고 예상치 못한 방법으로 죽기를 선택했을까? 왜 그는 출구(죽음)에 대해 좀 더 극적인 방법을 선택하지 않았을까? 그것은 대단히 중요한 질문이다.

크리슈나는 '삼뿌르나 뿌루샤(sampoorna purush)', 즉 완전한 인간이라고 불린다. 완전이란 무엇을 의미할까? 완전함에 대한 우빠니샤드 학파의 정의에 따르면 "완전함은 완전함에서 나온다. 만일 완전함에서 완전함을 앗아간다 해도, 여전히 완전함은 남아 있다."

Poornamadah poornanidam
Poornath poornamudhachyathe
Poornasaya poornamaadaya
Poornamevaavashishyathe

크리슈나에 대한 오쇼의 이해는 철학적인 수준 혹은 보편적인 수준에 근거한 것이다. 그는 꼬삼비(Kosambi)가 그랬던 것처럼 그런 사람이 존재했는지 안 했는지를 묻는 일은 하지 않는다. 오쇼에게 있어 그것은 하찮은 것이다. 그는 말한다. "크리슈나가 태어나고 죽은 날은 명확하게 알 수 없다. 그리고 그것을 알아 봐야 소용없는 일이다. 어떤 날이라도 괜찮을 것이다. 특별한 날과 시간은 크리슈나와 관련해서는 무의미하다. 그는 어떤 날에도 나타날 수 있다. 그는 어떤 시대, 어떤 상황과도 관련이 있을 것이다."

오쇼는 예수, 마하비라와 달리 크리슈나는 역사적인 인물이 아니라고 여긴다. 이것은 크리슈나가 없었다는 것을 뜻하는 것은 아니다. 그는 아주 많이 출현했었지만 어떤 특정한 시간이나 공간에 속해 있지 않다. 이런 의미로 그는 역사적이지 않다.

나는 크리슈나에 대한 여러 작품들을 읽어 보았다. 하지만 어떤 책도 오쇼의 책보다 더 재미있지는 않았다. 오쇼는 크리슈나의 혈통이나 그가 과거에 존재했는가 안 했는가 하는 문제 때문에 힘들어 하지 않는다. 오쇼는 바가바드 기따를 설명하려고 자신을 옭아매지 않는다. 실제로 바가바드 기따를 통해서 크리슈나는 아르주나에게 그가 어떤 사람이라는 것을 상기시켜 준다고 오쇼는 말한다. 크리슈나는 설교를 하지 않는다. 크리슈나는 단지 아르주나가 그 자신이 누구인지를 기억하게 하려고 그의 머리를 반복해서 때릴 뿐이다.

사람들은 오쇼의 몇몇 설명에 대해서는 동의하지 않을 수도 있다. 하지만 사람들로 하여금 책 전체를 읽도록 이끄는 것은 분명 오쇼의 설명의 신선함이다. 오쇼는 같은 말을 계속 반복한다. 때때로 그는 자신의 말을 부정하기도 한다. 하지만 사람들이 기억해야 할 것은 이 책이 오쇼가 크리슈나에 대해 했던 많은 이야기를 옮겨 쓴 책이라는 것이다. 강연에서 강연자는 번번이 관점을 강조하기 위해 반복해서 이야기해야만 한다. 원고 없는 강연에서 그 강연이 신중하게 구조화되어 있지 않으면, 사람들은 자신이 앞서 했던 말을 부정할 수도 있다. 분명 그것은 오쇼의 스타일이 아니다. 월트 휘트먼(Walt

Whitman)처럼 그는 자신을 부정하거나 변명하지 않는다. 어떤 의미에 있어 오쇼는 인도의 월트 휘트먼이다.

그런 이유로 크리슈나는 오쇼에게 큰 기쁨이다. 나는 오쇼가 종종 언급하는 그의 공(空)에 대한, 크리슈나에 대한 생각과는 다르게 생각한다. 공이라니? 아니면 만(滿)인가? 아니면 그 두 낱말은 서로 바꾸어 쓸 수 있는 말인가? 존재하면서 비어 있는 그러한 것이 존재할까? 크리슈나는 삶을 축복한다. 그는 삶을 부정하지 않는다. 크리슈나와 그의 플루트는 떼어 놓을 수 없다. 오쇼는 말한다. "크리슈나는 스스로 플루트를 선택했다. 나는 크리슈나의 플루트가 삶의 축복과, 인간이 이 은총으로 인한 삶에 감사함을 상징하는 것으로 본다. 그래서 크리슈나가 자신의 플루트를 연주할 때 그 멜로디, 그 희열은 그 자신에게 한정되지 않고 가슴으로 그 소리를 듣는 모든 이들을 기쁘게 해 준다." 내가 염려하는 점은 오쇼가 비논리적이 될 때가 있다는 것이다. 오쇼가 많은 다른 책을 통해 모순되고 비논리적인 면을 보였기 때문에 나는 오쇼의 말들이 편집이 좀 더 잘 되어서 전해지기를 기대했다. 하지만 그때 편집자들은 아마도 오쇼는 그들의 눈에 그가 어떤 사람이어야 한다가 아니라 과거 그가 어떤 사람이었던가로 표현되어야 한다고 느꼈을 것이다. 그것도 괜찮다. 크리슈나처럼 많은 오쇼들이 있기 때문에.

M.V. 까마스
뭄바이

머리말

마스터(Master)의 말은 우리 내면의 깊은 어떤 것에게 말하는 성질을 지닌다. 때로는 속삭이고, 때로는 소리치면서 "이것이 그것이다. 이것은 내가 이제껏 찾아왔던 것이다." 살아 있는 마스터인 오쇼에 의해 전해지는 진리의 메시지도 이와 같다.

이 강연은 오쇼가 1970년에 히말라야 산기슭 근처 인도 마날리에서 명상 캠프를 하는 동안에 소규모의 구도자 무리에게 했던 것이다. 이 강연은 오쇼가 수년 전에 강의했을 때처럼 지금도 신선하며, 의미심장하고, 오늘을 사는 우리의 삶과 관련된다.

오쇼가 크리슈나에 대해 말할 때 그는 크리슈나에 대해서만 말하는 것이 아니라, 우리 각자가 춤추며 즐기는—강하고 열정적이지만 동시에 사랑과 연민으로 가득한, 그리고 삶의 모순들을 받아들이고 즐기며 오늘, 지금을 마음껏 살아가는—크리슈나가 될 가능성과 잠재력에 대해서도 이야기한다.

"온 종교 지도자들 중에서 크리슈나는 지상에서의 삶 전부를 완전히 받아들이는 유일한 존재이다. 그는 다른 세계, 다른 삶을 위해 여기에서 살고 있다고 믿지 않는다. 그는 바로 이 지구상에서 바로 이런 삶을 살아가는 것이 좋다고 생각한다. 크리슈나의 자유는 바로 여기 지금에 있다."

그리고 오쇼가 마날리 명상 캠프에서 그의 첫 번째 새로운 산야신들을 입문시키려고 했을 때 그는 삶을 긍정하는 즐거움, 자유와 축복의 새로운 산야스를 탄생시키려고, 부정적인 포기를 하는 산야스를 뒤로하였다. 그는 크리슈나의 영(靈)과 그의 춤추는 플루트를 21세기로 가져왔다.

"산야스에 새로운 의미와 새로운 개념이 주어져야 한다. 산야스는 살아 있는 것이어야만 한다. 그것은 인류가 가진 가장 가치 있는 보물 중의 하나이다. 하지만 그것을 지키는 방법, 그것을 보전하는 방법이 문제이다. 나는 여러분이 나의 견해와 함께 하기를 기원한다."

보디사뜨바 스와미 아난다 마디아빠
M.M., D.Phil.M.(RIMU), Acharya

첫 번째 문

미래는 크리슈나에 속한다

우리 시대에 크리슈나를 적절하게 만드는 두드러진 그의 가치는 무엇입니까? 우리에게 크리슈나의 중요성은 무엇입니까? 설명해 주시기를 간청합니다.

크리슈나는 무엇과도 비교할 수 없는 존재이다. 그는 아주 독특하다. 첫째로, 그의 독특성은 비록 크리슈나가 오래 전에 이 지상에 왔다고 할지라도 그가 미래에 속한다는, 즉 실제로는 미래에 존재한다는 사실에 있다. 인간은 크리슈나와 같은 시대에 있을 수 있는 높이까지 성숙해 있다. 그러나 그는 여전히 인간의 이해 너머에 있다. 그는 계속해서 우리를 어리둥절하게 하고 또한 우리와 싸운다. 미래의 어느 때에야 비로소 우리는 그를 이해할 수 있을 것이고 그의 가치들을 바르게 평가하게 될 것이다. 이에 대한 몇 가지 좋은 이유들이 있다.

가장 중요한 이유는 크리슈나가 우리의 온 역사에서 종교의 절대적 높이와 깊이에 도달한 홀로 위대한 인간이라는 것이다. 하지만 그는 전혀 심각하지도, 슬프지도, 눈물을 흘리지도 않는다. 대체로 종교적인 사람의 주된 특징은 삶의 전투에서 패배한 사람처럼 우울하고, 심각하고, 슬퍼 보인다는 것이다. 그러한 현인들의 긴 행렬에서 전투에서 승리한 사람처럼 춤추고 노래하며 웃는 사람은 크리슈나뿐이다.

과거의 모든 종교들은 삶을 부정하고 자기 학대적이었으며, 슬픔과 고통을 위대한 미덕이라고 찬양하였다. 만일 여러분이 크리슈나의 종교적인 비전을 제쳐둔다면, 그때는 과거의 모든 종교들이 슬픈 모습을 드러낼 것이다. 이제 웃음의 종교, 삶의 전체를 받아들이는 종교가 곧 태어나게 될 것이다. 이러한 종교들이 도래함에 따라 오래된 종교들이 사라지는 것은 좋은 일이다. 오래된 신, 우리의 묵은 개념들을 지닌 신이 사라지는 것도 역시 좋은 일이다.

예수는 결코 웃지 않았다고 한다. 사람들에게 관심의 초점이 된 것은 그의 슬픈 외모와 십자가에 매달려 있는 그의 신체적 모습의 그림이었다. 관심을 보이는 대부분의 사람들은 불행하고 비참한 사람들이다. 깊은 의미에서 마하비라와 붓다 역시 삶을 부정한다. 그들은 다른 어떤 세계에서 어떤 다른 삶을 살기를 좋아한다. 그들은 이 삶으로부터 일종의 해방을 지지한다.

지금까지 모든 종교들은 삶을 두 부분으로 나누었다. 그들은 한 부분은 받아들이고 다른 부분은 부정한다. 크리슈나만이 삶의 전체를 받아들인다. 전체적 삶의 수용은 크리슈나 속에서 완전한 결실을 맺었다. 이러한 이유 때문에 인도는 그를 신의 완벽한 화신으로 받아들였다. 반면에 다른 모든 화신들은 완벽하지 못하고 불완전한 존재로 여겼다. 라마(Rama)마저 신의 불완전한 화신으로 묘사된다. 그러나 크리슈나는 신의 전부이다.

그렇게 말하는 데는 이유가 있다. 크리슈나는 삶에 있는 모든 것들을 수용하고 흡수했기 때문이다.

알버트 슈바이처는 인도 종교에 대한 비판에서 중요한 말을 하였다. 그는 이 나라의 종교는 삶을 부정한다고 하였다. 만일 크리슈나를 빼 버린다면, 이 논평은 어느 정도 옳다. 그러나 그것은 크리슈나의 관점에서는 완전히 틀린 것이다. 만일 슈바이처가 크리슈나를 이해하려고 노력했다면 그는 결코 그렇게 말하지 않았을 것이다.

그러나 우리가 크리슈나로 하여금 폭넓은 방식으로 우리의 삶에 영향을 미치지 못하도록 만들었다는 점은 불행한 일이다. 그는 우리의 삶에 존재하는 슬프고 비참한 광대한 바다에서 외롭게 춤추는 섬으로 남아 있다. 혹은 우리에게 실제로 존재하고 있는 슬픔과 부정, 억압과 비난의 거대한 사막에서 그는 즐겁게 춤추고 즐기는 작은 오아시스라고 우리는 말할 수 있다. 크리슈나는 우리 삶의 전 범위에 영향을 미칠 수 없었다. 이 점에 대해서 비난받아야 할 사람은 바로 우리 자신이다. 크리슈나는 이에 대하여 최소한의 책임도 없다. 그를 가지고, 받아들이고, 흡수할 만한 자격을 우리가 지니지 못하였을 뿐이다.

지금까지 인간의 마음은 삶을 단편적으로 생각했고, 또 그렇게 바라보았다. 그리고 변증법적으로 생각했다. 종교적인 사람은 육체를 거부하고 영혼을 받아들인다. 그리고 더욱 나쁜 것은, 인간은 육체와 영혼 사이에 갈등을, 분열을 만든다는 것이다. 이 세상을 부인하며 다른 세상을 받아들인다. 따라서 둘 사이에 적대적 상태를 만든다. 육체를 거부한다면 당연히 우리의 삶은 슬퍼지고 비참해진다. 왜냐하면 삶의 건강과 생명력, 감성과 아름다움, 삶의 음악이라는 우리 삶의 모든 즙은 신체에 근원을 두고 있기 때문이다. 그래서 신체를 부인하고 매도하는 종교는 반드시 무기력해지고 병이 들게 된다. 그것은 틀림없이 활기가 없어진다. 그러한 종교는 나무에서 떨어진 마른 잎처럼 창백하고 생명이 없다. 그와 같은 종교를 따르고 스스로 그것에 의해 영향을 받고 조건화된 사람은 이 잎사귀들처럼 무기력해져 죽을 운명이 될 것이다.

크리슈나만이 육체를 전체적으로 수용한다. 그는 어떤 선택된 차원이 아니라 모든 차원을 받아들인다. 크리슈나는 그렇다 하더라도 짜라투스트라는 또 다르다. 그는 웃으면서 태어났다고들 한다. 모든 아이들은 울면서 이 세상에 태어난다. 인류의 온 역사에서 한 아이만이 태어날 때 웃었다. 그 아이가 바로 짜라투스트라였다. 그리고 이것이 표시, 즉 행복하고 웃는 인류가 곧 태어날 것이라는 표시이다. 즐겁고 웃는 인류만이 크리슈나를 받아들일 수 있다.

크리슈나는 위대한 미래를 가지고 있다. 프로이트 이후 종교의 세계는 그 이전의 종교와 같지 않다. 프로이트는 과거의 종교와 미래의 종교 사이에 분수령으로 서 있다. 프로이트와 더불어 위대한 혁명이 일어났으며, 인간의 의식이 획기적인 돌파구를 이룩했다. 우리는 프로이트 이후에는 결코 다시 예전과 같지 않을 것이다. 의식의 새로운 정점에 도달했으며, 새로운 이해, 전적으로 새로운 전망, 삶의 새로운 비전이 탄생했다. 그것을 올바르게 이해하는 것이 필수적이다.

옛날 종교들은 신에 이르는 길로서 억압을 가르쳤다. 인간은 성, 분노, 탐욕, 집착, 이 모든 것들을 억압하도록 요청을 받았다. 그때만이 인간은 자신의 영혼을 찾고 신에 도달할 것이라고 했다. 자신과 맞서 싸우는 인간의 이러한 전쟁은 오랫동안 계속되어 왔다. 그리고 수천 년 동안의 이러한 전쟁의 역사에서, 손가락으로 셀 수 있을 정도의 사람들만이 신을 찾을 수 있었다고 말할 수 있다. 그러므로 어떤 의미에서 우리는 이 전쟁에서 졌다. 수세기에 걸쳐 수십억의 사람들이 자신의 영혼을 찾지 못하고 신을 만나지 못하고 죽었기 때문이다.

의심할 여지 없이 어떤 근본적인 결점이 있었음에 틀림없다. 이러한 종교들의 바탕에는 어떤 근본적 실수들이 있다.

그것은 마치 정원사가 오만 그루의 나무를 심었고, 그것들 중에서 오직 한 그루의 나무에서만 꽃이 핀 경우와 같다. 적어도 뜰에 있는 한 그루의 나무가 꽃을 피울 때, 우리는 원예에 관한 그 경전을 받아들인다. 그러나 이 한 그루의 나무가 예외적인 규칙을 가졌다는 점을 우리는 생각하지 못한다. 정원사 때문에 꽃이 핀 것이 아니라, 그 스스로 꽃이 핀 것이다. 오만 그루 중에 성장을 방해받아서 열매를 맺지 못하는 나머지 나무들은 정원사가 월급만큼 일을 하지 않았다는 것을 보여 주는 충분한 증거이다.

만일 붓다, 마하비라, 혹은 예수가 단편적이고 갈등으로 대립된 종교들에 속해 있었음에도 신에 도달했다 하더라도, 그것이 이 종교들의 성공에 대한 증거는 되지 못한다. 종교의 성공, 정원사의 성공을 말한다면 한두 그루의 나무를 제외하고 자신의 정원의 오만 그루의 나무들 모두가 꽃피울 때만이 환호를 받는다. 그때 그 비난은 꽃피우지 못한 한 그루의 나무뿌리에 놓여질 수 있다. 그리고 정원사의 노력에도 이 나무는 성장을 방해받고 열매를 맺지 못했다고 말할 수 있다.

프로이트와 함께 새로운 종류의 자각이 인간에게 떠올랐다. 억압은 잘못되었다. 억압은 단지 자기 연민과 고통을 가져올 뿐이다. 만일 인간이 자신과 싸운다면 인간은 단지 자기 자신을 파괴시킬 뿐이다. 만일 내가 내 왼손과 오른손을 싸우게 만든다면, 어느 쪽도 이기지 못할 것이다. 결국 그 대립은 나를 확실히 파괴시킬 것이다. 나의 두 손이 자기들끼리 싸우는 동안, 나와 나 자신은 그 과정에서 파괴될 것이다. 이런 식으로 인간의 타고난 본능과 정서의 거부와 억압을 통해 인간은 자살하게 되었다.

크리슈나만이 프로이트와 그의 발견들로 인간에게 오게 된 새로운 자각에, 새로운 이해에 적절한 것처럼 보인다. 인류의 온 역사에서 크리슈나만이 억압과 맞섰기 때문에 그러하다.

크리슈나는 삶의 모든 국면들에 펼쳐져 있는 모든 기후들과 색깔들을 받아들인다. 크리슈나만이 선택하지 않는다. 그는 삶을 무조건적으로 받아들인다. 그는 사랑을 피하지 않는다. 한 남자로서 그는 여성들로부터 달아나지 않는다. 신을 알고 경험했던 사람으로서, 그만이 전쟁으로부터 자신의 얼굴을 돌리지 않는다. 그는 사랑과 연민으로 충만되어 있었다. 그럼에도 그는 전쟁을 받아들이고 싸울 용기를 가지고 있다. 그의 가슴은 철저히 비폭력적이다. 하지만 피할 수 없을 때 그는 불 속으로, 폭력의 격정 속으로 뛰어든다. 그는 과즙을 받아들이지만 독을 두려워하지 않는다.

사실 불멸을 아는 사람들은 죽음에 대한 두려움에서 벗어나 있어야 한다. 죽음을 두려워하는 과즙이 무슨 가치가 있겠는가? 비폭력의 비밀을 아는 사람들은 폭력을 두려워하지 말아야 한다. 어떤 종류의 비폭력이 폭력을 두려워하겠는가? 정신과 영혼이 어떻게 신체를 두려워하고 신체로부터 달아날 수 있겠는가? 만일 그가 자신의 포용 속에 이 세상의 모든 것을 받아들일 수 없다면 신의 의미는 무엇인가?

크리슈나는 이원성과 삶의 양극들을 함께 받아들인다. 따라서 이

원성을 초월한다. 소위 초월은 당신이 갈등 속에 있는 한, 즉 당신이 한 부분을 받아들이고 다른 부분을 거절하는 한 존재하지 않는다. 초월은 당신이 두 부분 모두를 선택 없이 받아들일 때, 당신이 전체를 받아들일 때만 가능하다.

바로 이러한 이유로 크리슈나는 미래를 위해 크나큰 중요성을 가지고 있다. 그리고 그의 중요성은 시간의 경과와 더불어 계속 자랄 것이다. 다른 모든 신인들과 구세주들의 빛과 마력이 희미해졌을 때, 세상의 억압적인 종교들이 역사의 쓰레기통에 던져졌을 때 크리슈나의 불꽃은 정점을 향하여 나아갈 것이고, 또 광명의 정점을 향하여 움직일 것이다. 처음으로 인간이 그를 파악하고, 그를 이해하고, 그를 받아들일 수 있기 때문에 그렇게 될 것이다. 처음으로 인간이 정말로 그와 그의 축복들을 받을 수 있기 때문일 것이다. 진실로 크리슈나를 이해하기는 힘들다. 어떤 사람이 평화를 찾기 위해 세상으로부터 달아나야 한다는 것은 이해하기가 쉽다. 그러나 시장의 혼탁함 속에서 평화를 찾을 수 있다는 것은 받아들이기가 무척 어렵다. 집착들을 깨뜨린다면 마음의 순수함에 도달할 수 있다는 것은 이해할 수 있다. 그러나 관계들과 집착들의 한가운데에서 집착하지 않고 순수한 상태로 남아 있을 수 있다는 것을 깨닫기는 어렵다. 폭풍우의 한가운데에서 고요할 수 있고, 살아나갈 수 있다는 것을 깨닫기는 어렵다. 촛불은 바람과 폭풍우들로부터 잘 격리된 곳에서는 흔들리지 않고 고요히 남아 있을 것이라는 것을 받아들이기는 어렵지 않다. 그러나 어떻게 촛불이 맹렬한 폭풍우의 한가운데에서 흔들림 없이 계속해서 탈 수 있다고 믿을 수 있겠는가? 그래서 크리슈나와 가까이 있는 사람들조차 그를 이해하는 것은 어렵다.

오랜 역사상 처음으로 인간은 크리슈나를 통해서 위대하고 대담한 실험을 시도했다. 처음으로 크리슈나를 통해 인간은 실험했고 자신의 힘과 지능을 충분히 실험했다. 인간은 물속의 연꽃처럼 관계의 고통들 속에 있는 동안에도 그것에 닿지 않는 상태로 남아 있을 수 있다는 것이 실험으로 밝혀졌다. 인간은 심지어 전쟁터에서도 자신의 사랑과 동정심을 지킬 수 있으며, 자신의 손이 칼을 휘두르고 있는 동안에도 모든 존재와의 사랑을 계속할 수 있다는 것이 밝혀졌다.

크리슈나를 이해하기 어렵게 만드는 것은 바로 이 역설이다. 따라서 크리슈나를 사랑하고 숭배했던 사람들은 그를 부분들로 나눔으로써 그렇게 했다. 어느 누구도 크리슈나의 전체를 받아들이고 숭배했던 사람은 없었다. 어느 누구도 전체로서 그를 포용했던 사람은 없었다. 시인 수르다스는 어린 시절의 크리슈나, 즉 발-크리슈나(Balkrishna)에 대한 훌륭한 성가들을 불렀다. 수르다스의 크리슈나는 결코 성장하지 않는다. 성장한 크리슈나와 함께 있는 것은 위험하므로 수르다스는 성장을 받아들일 수 없었기 때문이다. 그의 마을에 있는 젊은 여성들과 함께 놀고 있는 소년 크리슈나는 많은 어려움이 없다. 그러나 만일 성인 크리슈나가 똑같은 행동을 하면 정말 대단한 어려움이 있을 것이다. 그때 그를 이해하기는 어려울 것이다.

결국 우리는 자신의 정도와 수준에서 무엇인가를 이해할 수 있다. 우리 수준보다 다른 수준에 있는 무엇인가를 이해할 수 있는 방법은 없다.

크리슈나에 대한 숭배에서 여러 사람들은 그의 삶의 다른 면들을 선택했다. 바가바드 기따를 사랑하는 사람들은 바가바땀을 무시할 것이다. 왜냐하면 기따의 크리슈나는 바가바땀의 크리슈나와 아주 다르기 때문이다. 마찬가지로 바가바땀을 사랑하는 사람들은 바가바드 기따를 사랑하는 사람들에게 포함되기를 피할 것이다. 기따의 크리슈나가 폭력과 전쟁으로 에워싸인 전투장에 있는 반면에, 바가바땀의 크리슈나는 춤추고, 노래 부르고, 즐기기 때문이다. 언뜻 보기에 이 둘 사이에 무엇이든 만나는 지점은 없다.

크리슈나와 같은 사람은 아무도 없다. 즉 자기 자신 속에 삶의 모든 모순들을, 모순인 것처럼 보이는 삶의 모든 모순들을 받아들이고 흡수할 수 있는 사람은 없을 것이다. 낮이나 밤이나, 여름이나 겨울이나, 평화나 전쟁이나, 사랑이나 폭력이나, 생이나 사, 이 모든 것이 그와 손에 손을 잡고 걸어간다. 그것이 바로 그를 사랑하는 모든 사람이 크리슈나의 삶의 특별한 면을 선택하고 그 나머지를 완전히 버리는 이유이다.

간디는 기따를 그의 어머니라고 불렀으나 그것을 흡수할 수는 없었다. 왜냐하면 비폭력이라는 그의 신조는 기따에서 보여지듯이 냉혹하고 필연적인 전쟁과 갈등을 일으키기 때문이다. 그래서 간디는 기따의 폭력을 합리화하는 방법들을 발견한다. 그는 마하바라따의 전쟁은 단지 은유에 불과하며, 실제로는 발생하지 않았다고 했다. 간디는 거듭 말하기를, 이 전쟁은 인간의 내면에서 진행되는 선과 악의 전쟁을 상징한다고 하였다. 간디는 기따의 꾸루끄쉐뜨라는 이 지구상의 어딘가에 실존하는 전쟁터가 아니고, 마하바라따도 실제 일어난 전쟁이 아니며, 크리슈나가 아르주나에게 실제의 마하바라따에서 싸우라고 한 것도 아니라고 말한다. 마하바라따는 단지 인간의 내적 갈등과 전쟁을 상징하며 단지 비유담이라는 것이다.

간디는 자기 자신의 어려움이 있었다. 간디의 마음은 크리슈나보다 아르주나와 훨씬 더 일치할 것이다. 비폭력이라는 커다란 움직임이 아르주나의 마음속에 일어났다. 그래서 그는 전쟁에 강력하게 대항하는 것처럼 보인다. 그는 전쟁으로부터 도망칠 준비가 되어 있었고, 그의 논쟁은 힘 있고 논리적인 것 같다. 그는 가족 및 친지들에 대항하여 싸우고 죽이는 것은 아무런 소용이 없다고 말한다. 많은 폭력과 피를 흘려 얻은 부와 권력과 명성은 그에게 아무런 소용이 없다고 말한다. 만약에 왕권이 많은 피와 눈물을 치르는 것이라면, 그는 왕이 되기보다 차라리 거지가 되려고 한다. 그는 전쟁을 악이라 하고 폭력을 죄라고 하며, 어떤 대가를 치르더라도 이런 것을 피하려고 한다. 자연스레 아르주나는 간디에게 커다란 호소력을 갖는다. 그러면 그가 어떻게 크리슈나를 이해할 수 있을까?

크리슈나는 아르주나에게 비겁함을 버리고 진정한 전사처럼 싸우라고 매우 강하게 촉구한다. 전쟁을 지지한 그의 주장들은 아름답고 드문 일이며 독특하다. 이전의 역사에서는 싸움과 전쟁을 지지하는 그와 같은 독특하고 훌륭한 주장이 펼쳐진 적이 없었다. 단지 최상으로 비폭력적인 인간만이 전쟁에 대해 그런 주장을 할 수 있었을 것이다.

크리슈나는 아르주나에게 "네가 어떤 사람을 죽일 수 있다고 믿는 한, 너는 영혼을 가진 사람이 아니며 종교를 믿는 사람이 아니다. 네가 사람이 죽는다고 생각하는 한, 너는 우리 내면에 존재하는 것, 그것은 결코 죽지 않았으며 또 결코 죽지 않을 것이라는 점을 알지 못한다. 만약 네가 어떤 사람을 죽일 수 있다고 생각한다면, 너는 커다란 환영에 사로잡혀 있으며, 그것은 너의 무지를 드러내는 것이다. 죽이고 죽는 것은 물질적인 것이다. 오직 물질주의자만 그렇게 믿을 수 있다. 진정으로 아는 사람에게는 아무런 죽임이나 죽음이 없다." 라고 말한다. 그래서 기따에서 크리슈나는 아르주나에게 계속해서 타이른다. "이것은 모두 유희이다. 죽이거나 죽는 것은 단지 드라마일 뿐이다."

이런 맥락에서 라마의 인생을 연극, 즉 릴라라고 부르지 않고 성격묘사, 이야기, 전기라고 하는 것을 우리는 이해할 필요가 있다. 라마가 매우 진지하기 때문이다. 그러나 우리는 크리슈나의 생을 그의 릴라, 즉 그의 유희라고 묘사한다. 왜냐하면 크리슈나는 전혀 심각하지 않기 때문이다. 라마는 구속되어 있으며 제한되어 있다. 그는 속박되어 있고, 그의 이상들과 원리들에 묶여 있다. 경전들은 그를 가장 위대한 이상주의자라고 부른다. 그는 행동과 성격의 규칙들에 제한을 받고 있다. 그는 결코 그의 한계들을 떠나지 않을 것이다. 즉 그는 그의 원칙들과 그의 성격을 위해 모든 것을 희생할 것이다.

한편, 크리슈나의 삶은 어떤 한계도 받아들이지 않는다. 어떤 행동의 규칙에도 얽매이지 않으며, 비제한적이고 광활하다. 크리슈나는 끝없이 자유롭다. 그가 밟지 못하는 땅은 없다. 그의 발걸음이 두려워하거나 비틀거리는 지점은 어디에도 없으며, 그가 초월하지 못하는 한계도 없다. 그리고 이 자유, 크리슈나의 이 광대함은 자기 지식에 대한 그의 경험에서 나온다. 그것은 그의 깨달음의 궁극의 열매이다.

이런 이유로 폭력의 문제는 크리슈나의 삶에는 아무런 의미가 없다. 이제 폭력은 그냥 불가능한 것이다. 폭력이 의미가 없는 곳에서는 비폭력 또한 그 적절성을 상실한다. 비폭력은 폭력이 있을 때만 의미를 갖는다. 폭력이 가능하다는 것을 인정하는 순간, 비폭력은 즉시 적절성을 갖는다. 사실상 폭력과 비폭력은 똑같은 동전의 양면이다. 이것은 물질적 동전이다. 어떤 사람이 폭력적인가, 비폭력적인가 라고 생각하는 것은 물질적인 생각이다. 어떤 사람을 죽일 수 있다고 생각하는 사람은 물질주의자이며, 또한 어떤 사람도 죽이지 않으려 고 생각하는 사람도 물질주의자이다. 그들에게 한 가지 공통점이 있 다. 그들은 어떤 사람이 정말로 살해될 수 있다고 믿는 것이다. 영성 은 폭력과 비폭력 둘 다를 거부하며, 영혼의 불멸성을 받아들인다. 그리고 그런 영성은 전쟁조차 유희로 변화시킨다.

영성이나 종교는 삶의 모든 차원들을 스스럼없이 받아들인다. 그 것은 성(性)과 애착, 관계와 탐닉, 사랑과 헌신, 요가와 명상, 그리고 삶에 있는 모든 것들을 받아들인다.

그리고 이 전체성의 철학을 이해하고 받아들일 가능성은 매일 높 아지고 있다. 왜냐하면 이제 우리는 과거에는 결코 몰랐던 몇 가지 진실을 알게 되었기 때문이다. 크리슈나는 분명히 그것들을 알고 있 었다.

예를 들어 우리는 이제 육체와 영혼은 분리될 수 없다는 것과 이것 들은 똑같은 현상의 두 극이라는 점을 안다. 영혼의 보이는 부분은 육체이며, 육체의 보이지 않는 부분을 영혼이라고 한다. 신과 세상은 두 개의 분리된 실체가 아니다. 신과 자연 사이에는 갈등이 전혀 없 다. 자연은 눈에 보이는, 신의 거친 양상이다. 신은 눈에 보이지 않 는, 자연의 미묘한 양상이다. 우주에서 자연이 끝나고 신이 시작되는 그런 지점은 없다. 융해라는 미묘한 과정을 통하여 신으로 변화하는 것은 자연 그 자신이며, 그의 미묘한 표현의 과정을 통하여 자연으로 변화하는 것은 신 그 자신이다. 자연은 드러난 신이며, 신은 드러나 지 않은 자연이다. 그것이 아드바이따의 의미, 둘이 없는 하나의 의미다.

만약 우리가 아드바이따라는 이 개념을 선명히 이해하고, 다른 것이 없는 오직 하나만 있다는 점을 분명히 이해한다면 우리는 크리슈나를 이해할 수 있다. 당신은 그를 신이라고 부르거나 브람만(Brahman)이라고 부르거나 혹은 당신이 좋아하는 그 무엇으로 부를 수 있다.

우리는 또한 왜 크리슈나가 미래에 더욱 중요한 의미를 가지며 어떻게 그가 인간에게 점점 더 가까이 다가서고 있는지를 이해해야 한다. 억제와 억압에 의해 좌우되는 시대가 지나가고 있기 때문에 그럴 것이다. 오랜 투쟁과 긴 탐구 후에 우리는 우리가 대항하여 싸웠던 힘들이, 우리 자신의 힘들이었음을 알게 되었다. 실제로 우리는 이 힘 그 자체다. 그리고 그것들과 싸우는 것은 전적으로 미친 짓이다. 또한 우리는 우리가 반대하고 싸우는 힘들의 포로가 되었음을 알게 되었다. 그러면 우리가 그것들로부터 해방되기가 불가능하다. 그리고 만약 우리가 그것들을 적대적인 힘들로 보고 다룬다면, 우리가 그것들에 저항하고 억압하려 한다면 우리는 결코 그것들을 변형시킬 수 없다는 점도 이제는 안다.

예를 들어 어떤 사람이 성(性)과 싸운다면 그는 결코 브람마차리야(brahmacharya), 즉 자신의 삶에서 금욕에 이를 수 없다. 금욕에 이르는 길은 오직 하나인데, 그것은 성 에너지 자체의 변형을 통해서이다. 그러므로 우리는 성 에너지와 싸울 필요가 없다. 반면에 우리는 그것을 이해하고 그것과 협력해야 한다. 우리가 오랫동안 그랬듯이 우리는 성과 적이 되기보다는 친구가 되어야 할 필요가 있다. 진실로 우리는 친구들은 변화시킬 수 있다. 우리가 단순히 적으로만 대하는 사람들에게는 변화가 일어나지 않는다. 우리의 적들을 이해하는 방법은 없다. 그것은 불가능하다. 어떤 것을 이해하기 위해서는 그것과 친구가 되는 것이 필수적이다.

　우리가 최하라고 생각하는 것을 다른 사람들은 최상이라고 생각한다는 점을 분명히 이해하자. 산의 정상과 계곡은 두 개로 분리된 것이 아니며, 그것들은 같은 현상의 부분이다. 깊은 계곡은 융기한 산에 의해 형성된 것이며, 같은 방식으로 산 또한 계곡이 있기 때문에 존재한다. 하나는 다른 하나가 없이는 존재할 수 없다. 존재하겠는가? 언어적으로 산과 계곡은 두 개다. 그러나 실존적으로 그것들은 같은 것의 두 극이다. 니체는 매우 의미심장한 말을 했다. 높은 천국에 도달하기를 갈망하는 나무는 지구 바닥에 그 뿌리를 두어야 하며, 그렇게 하기를 두려워하는 나무는 천국에 이르는 것을 포기해야 한다는 것이다. 정말로 높이 오르면 오를수록 그 나무의 뿌리는 더 깊이 내린다. 하늘로 올라가고 싶다면 당신은 또한 깊이 내려가야 한다. 높은 것과 깊은 것은 다른 것들이 아니다. 그것들은 똑같은 사물의 두 차원이다. 그 비율은 항상 똑같다.

　인간의 마음은 항상 반대되어 보이는 것들 가운데 하나를 선택하고 싶어 한다. 인간은 지옥을 멀리하고 천국을 가지고자 한다. 인간은 평화를 가지고 긴장으로부터는 벗어나려고 한다. 선을 보호하고 악을 없애려 한다. 빛을 받아들이고 어둠을 없애려 한다. 고통을 없애고 쾌락에 매달리려 한다. 인간의 마음은 항상 존재를 두 부분으로 나눈다. 하나에 반대하여 다른 하나를 선택하려 한다. 선택으로부터 이원성이 발생하며, 이것이 갈등과 고통을 유발한다.

　크리슈나는 반대되는 것들을 함께 수용하는 것을 상징한다. 반대되는 것들을 함께 수용하는 자만이 전체가 될 수 있다. 선택하는 자는 항상 완전하지 못하며 전체보다 작아진다. 왜냐하면 선택한 부분은 그를 계속해서 혼란시키고, 그가 부인한 나머지는 계속해서 그를 괴롭히기 때문이다. 그 스스로 거절하고 억압한 것은 결코 없앨 수 없다. 성을 거절하고 억압한 사람의 마음은 성적인 감정이 계속해서 증가한다. 그래서 성의 억압을 가르치는 문화나 종교는 성적인 것 외에는 아무것도 만들지 못한다. 그것은 성에 사로잡히게 된다.

지금까지 우리는 성을 수용하는 크리슈나를 고집스럽게 부인해 왔다. 우리는 단지 조각들로 그를 받아들였다. 그러나 이제는 그를 전체로 받아들이는 것이 가능할 것이다. 왜냐하면 우리는 최고의 금욕으로, 브람마차리야로 성적 에너지를 상승시키는 과정을 통하여 사하스라라로, 머릿속에 있는 궁극의 중심으로 가게 하는 것은 성적 에너지 그 자체라는 것을 이해하기 시작했기 때문이다. 인생에 있어서 아무것도 그것의 위치를 부인하거나 포기할 수 없으며, 우리는 인생의 전부를 받아들이고 살아가야 한다는 것을 배우기 시작했다. 그리고 전체적으로 사는 사람만이 인생의 완전성을 얻을 수 있다. 전체적인 자만이 성스럽다.

그러므로 크리슈나는 우리의 미래에 대단한 중요성을 가진다고 나는 말한다. 크리슈나의 모든 모습이 밝음으로 빛나게 될 때, 그 미래는 점차 가까워질 것이다. 웃고, 노래하고, 춤추는 종교가 존재하게 될 때마다 그것은 분명히 그 기초에 크리슈나의 보석을 가지게 될 것이다.

크리슈나는 마하바라따 전쟁에서 중요한 역할을 했습니다. 이는 그가 원했다면 그 전쟁을 예방할 수 있었다는 것을 의미합니다. 그러나 전쟁은 결국 일어났고 끔찍한 죽음과 파괴를 불러일으켰습니다. 자연히 책임은 그에게 있습니다. 스승님은 그를 정당화시키렵니까, 아니면 비난하렵니까?

그것은 전쟁과 평화에도 똑같이 적용된다. 여기에서 또 우리는 선택한다. 우리는 평화를 지키고 갈등과 투쟁을 없애려 한다. 우리는 선택하지 않고는 행동할 수 없는 것 같다. 그러나 세상은 상반되는 것들과 상극되는 것들의 통일이다. 세상은 솔로가 아닌, 상반되는 음조들의 화합인 오케스트라다.

한 연주가의 얘기를 들은 적이 있다. 그는 줄 하나로 단조로운 음조를 여러 시간 동안 연주하였다. 그의 가족뿐만 아니라 이웃도 그의 연주가 지겨웠다. 마침내 한 무리의 사람이 그에게 와서 말하기를 "우리는 많은 음악가들의 연주를 들었습니다만, 그들은 모두 다양한 음조들의 음악을 연주했어요. 어떻게 당신은 단조로운 음조로만 연주를 합니까?" 그 남자가 말하기를 "나는 정확한 음조를 알고 있고, 다른 사람들은 아직도 그걸 찾고 있지요. 그것이 바로 내가 정확한 지점을 찍을 수 있는 이유입니다. 나는 더 이상 찾아다닐 필요가 없어요."

우리의 마음은 단 음조를 선택하고 다른 모든 것들을 거부하고 싶어 한다. 그러나 죽음 속에서만 단 하나의 음조를 찾을 수 있다. 인생이 관련되어 있는 한, 그것은 다양하고 상반되는 음조들로 되어 있다. 만약 당신이 오래된 건물의 아치 모양의 문을 보게 되면, 그것을 만들기 위해 반대되는 벽돌들이 하나하나 쌓였다는 것을 알게 될 것이다. 그리고 자신의 어깨에 그 집의 무게를 짊어지는 것은 반대되는 벽돌들이다. 아치형의 구조물을 만드는 데 같은 종류의 벽돌들을 사용할 수 있겠는가? 그러면 집은 만들어질 수 없다. 그러면 집은 붕괴된다.

우리 인생의 전체적인 구조는 상반되는 것들의 긴장에 의해 유지된다. 전쟁은 삶의 긴장의 한 부분이다. 전쟁이 전적으로 해롭고 파괴적이라고 생각하는 사람은 잘못이다. 그들의 견해는 불완전하며 근시안적이다. 우리가 인간과 인간의 문명이 밟았던 발전 과정을 이해하려고 한다면, 전쟁이 성장에 가장 큰 역할을 한다는 것을 깨닫게 될 것이다. 오늘날 인간이 가지고 있는 삶의 모든 좋은 것들은 전쟁이라는 매개를 통하여 주로 발견되었다.

오늘날 전 지구가 도로와 고속도로로 뒤덮여 있다면, 그것은 전쟁을 하러 가거나 전쟁 준비를 하려는 데서 생긴 것이다. 이런 도로와 고속도로는 처음에는 전쟁을 위해 먼 지역으로 군대를 보내려는 목적으로 만들어졌다. 이 도로와 고속도로들은 두 친구를 만나게 하기 위해서나 멀리 떨어져 있는 남녀가 결혼하기 위해 만들어지게 된 것이 아니었다. 사실은 두 적들이 만나기 위해서, 전쟁을 하기 위해서 생긴 것이다.

우리는 곳곳에서 큰 건물들을 볼 수 있다. 그것들 모두는 성들에서 유래되었다. 성은 전쟁의 산물이다. 지구상에 최초의 높은 벽은 적을 막아내기 위해 세워졌다. 그리고 다른 높은 벽들과 건물들이 연이어 지어졌다. 그래서 이제 우리는 대도시의 전경을 가지게 되었다. 이런 고층으로 솟은 것들이 전쟁의 소산이라고 생각하기는 어렵다. 그러나 과학적인 발명과 고도의 기술에 의해 뒷받침되는 현대의 인간이 누리는 모든 풍요는 기본적으로 전쟁 때문에 존재한다.

사실상 전쟁은 인간의 마음속에 그런 긴장의 상태를 만들고, 그런 도전들을 제시하고, 활발하지 못한 우리의 잠재되어 있는 에너지의 뿌리를 흔든다. 그래서 그 결과로 에너지가 깨어나서 활동한다. 우리는 평화의 시간에 게을러지고 무기력해질 수 있다. 그러나 전쟁의 순간은 아주 다르다. 전쟁은 우리의 역동성을 촉발시킨다. 굉장한 도전들에 직면하면 잠자고 있는 에너지가 깨어나 스스로를 발휘해야 한다. 그러한 이유로 우리는 전쟁 중에 특별한 사람으로서의 역할을 한다. 우리는 단순히 평범한 사람으로 있기를 그친다. 전쟁의 도전에 직면하면 인간의 두뇌는 큰 진보를 하며, 보통의 경우 수세기 동안 해야 할 것들이 한순간에 일어난다.

만약 크리슈나가 마하바라따 전쟁을 막았다면 인도가 크게 풍요로워지고 최고로 위대해지고, 최고로 성장하게 되었을 것이라고 많은 사람들은 생각한다. 그러나 진실은 정반대이다. 만약 우리에게 크리슈나와 같은 역량을 지닌 사람이 몇 명 더 있었다면, 그리고 마하바라따와 같은 더 많은 전쟁들에서 싸웠다면, 우리는 오늘날 성장의 절정에 있을 것이다. 마하바라따 이후로 약 오천 년이 지났다. 그리고 이 오천 년 동안 우리는 단 한 번도 큰 전쟁을 치르지 않았다. 그 이후 우리가 겪었던 전쟁은 꾸루끄쉐뜨라의 장엄한 전쟁에 비하면 보잘것없는 전쟁이었다. 그 전쟁들은 아주 시시하고 무의미한 것들이었다. 정말 전쟁이라고 부르는 것이 잘못일 정도로 그것들은 사소한 분쟁이고 작은 충돌이었다. 만약 우리에게 몇 번만이라도 주요한 전쟁이 있었더라면 우리는 오늘날 지구상에서 가장 부유하고 진보된 국가가 되었을 것이다. 그러나 우리의 현재 상태는 정반대이다. 우리는 사다리의 제일 아랫부분에 있다.

큰 전쟁들을 치렀던 나라들은 오늘날 발전과 번영의 정점에 있다. 제1차 세계 대전이 끝났을 때, 사람들은 독일이 망하여 영원히 쇠퇴할 것으로 생각했다. 하지만 불과 20년 안에, 제2차 세계 대전에서 독일은 1차 세계 대전 때보다 더욱 강력한 국가가 되었다. 아무도 이 나라가 1차 세계 대전의 치명적인 패배 후 또 다른 전쟁을 할 것이라고는 꿈조차 꾸지 못했다. 겉보기에 독일이 이후 수백 년 동안 전쟁을 할 수 있을 가능성은 없어 보였다. 그러나 단지 20년이라는 기간에 기적이 일어났고, 독일은 거대하고 강력한 힘을 가지고 나타났다. 왜일까? 의지와 활력으로 이 나라는 1차 세계 대전으로 방출된 에너지를 활용했기 때문이다.

2차 세계 대전의 종결로 더 이상 이 세상에 전쟁은 없을 것 같았다. 그러나 곧 싸움을 했던 열강들은 마지막 전쟁보다 더 치명적이고 무시무시한 전쟁을 준비하고 있다. 그리고 마지막 전쟁에서 최악의 파괴와 패배를 겪었던 두 나라, 즉 독일과 일본은 놀랍게도 세계에서 가장 풍요로운 국가들 중 두 곳이 되었다. 오늘날의 일본을 방문하는 사람 중에 누가 20년 전에 이 나라에 원자 폭탄이 떨어졌다고 생각할 수 있겠는가? 물론 요즘의 인도를 방문한 사람이라면 이 나라에 원자폭탄이 떨어졌나 보다고 말할 수 있다. 우리의 불행한 상황을 한 번 들여다본다면, 우리가 옛날부터 잇단 전쟁으로 야기된 끝없는 파괴를 겪어 왔다고 생각할 수 있다.

마하바라따는 인도의 쇠퇴와 불행에 책임이 있지 않다. 전쟁으로 드리워진 그림자에서 나타났던 긴 행렬의 스승들은 모두 전쟁을 반대했고, 나아가서 그들은 반전의 입장에서 마하바라따를 사용했다. 그 거대한 전쟁을 지칭하면서 그들은 말했다. "얼마나 끔찍한 전쟁인가! 얼마나 소름끼치는 폭력인가! 아니다. 더 이상 전쟁은 없어야 한다! 더 이상의 유혈도 없어야 한다!" 우리가 크리슈나 계열의 사람들을 양성하는 데 실패했고, 또한 마하바라따와 같은 전쟁을 더 많이 치르는 데 실패한 것이 불행이었다. 그렇게만 되었다면, 우리는 전쟁을 계속적으로 승리로 이끌면서 마하바라따 시대에 이룩했던 것보다 더 높은 의식의 정점에 이르렀을 것이다. 그리고 의심할 여지 없이, 오늘날 우리는 이 지구에서 가장 번영되고 발전된 사회를 이루었을 것이다.

고려할 만한 가치가 있는 전쟁의 또 다른 면이 있다. 마하바라따와 같은 전쟁은 가난하고 후진된 사회에서는 일어나지 않는다. 거대한 전쟁을 벌이려면 부가 필요하다. 동시에 전쟁은 부와 번영을 창조해 낼 필요가 있다. 왜냐하면 전쟁은 엄청난 도전들의 순간이기 때문이다. 우리가 크리슈나가 주도했던 것과 같은 전쟁을 더 많이 겪었다면 얼마나 좋았을까.

이것을 또 다른 각도에서 보자. 오늘날 서방 세계는 마하바라따 시대에 인도가 이룬 것과 같은 고도성장을 이루었다. 우리가 지금 소유하고 있는 아주 정교한 전쟁 무기의 대부분은 같은 형태나 또 다른 형태로 마하바라따 시대에 사용되었다. 그러한 역사적인 전쟁을 했던 그 당시의 인도는 고도로 발전되었고 지적, 과학적 절정을 이루었다. 그리고 우리에게 해를 끼쳤던 것은 전쟁이 아니었다. 다른 어떤 것들이 우리에게 해를 입혔다. 정말 우리에게 해가 되었던 것은 전쟁의 흔적 속에 우리를 엄습한 좌절감과 그 당시 스승들에 의한 착취였다. 똑같은 좌절감이 지금의 서방 세계를 사로잡고 있다. 그리고 서방 세계는 두려워하고 있다. 만약 서방 세계가 무너진다면 평화주의자들이 그것에 대한 책임을 져야 할 것이다. 서방 세계가 평화주의자들을 따른다면, 서방 세계의 몰락은 확실하다. 그리하면 마하바라따 이후 인도가 스스로 빠졌던 혼란 속으로 서방 세계도 빠지게 될 것이다.

인도는 평화주의자들의 소리를 경청했고 오천 년 동안이나 그로 인해 고통을 겪어야 했다. 그래서 이 문제는 깊이 숙고해 볼 필요가 있다.

크리슈나는 탐욕가도 아니고, 전쟁만을 위한 전쟁의 지지자도 아니다. 그렇지만 그는 전쟁을 인생이란 게임의 한 부분으로 취급한다. 그러나 그는 전쟁광이 아니다. 그는 누군가를 파괴하기 위한 것은 어떤 것도 바라지 않는다. 그는 다른 사람에게 상처 입히기를 원하지 않는다. 그는 전쟁을 피하기 위해 모든 노력을 해 왔다. 그러나 그는 어떤 희생을(생명과 진리와 종교 그 자체의 대가를) 치르더라도 전쟁을 피할 준비가 되어 있는 것은 확실히 아니다. 결국 전쟁을 피하기 위한 우리의 노력이나, 그 문제에 관한 다른 어떤 것에 대한 한계는 있어야만 한다. 우리는 단지 삶을 그냥 다치지 않게 하거나 해를 입히지 않도록 하고자 전쟁을 피하고자 한다. 그러나 전쟁을 막음으로써 삶 그 자체가 상처받고 위태로워진다면 어떻게 해야 할까? 그때는 전쟁을 막는 것이 아무런 의미가 없다. 평화주의자조차 평화가 유지되기 위해 전쟁이 일어나지 않기를 바란다. 그러나 평화 때문에 평화가 고통 받고 있다면 전쟁을 막는 것이 무슨 의미가 있을까? 그 경우에 우리는 확실히 분명하고 결정적인 전쟁을 벌이기 위한 힘과 능력을 가질 필요가 있다.

크리슈나는 강경론자도 아니지만 두려워하는 도피주의자도 아니다. 그는 전쟁을 피하는 것이 좋다고 하지만, 그것이 피할 수 없는 것이라면 도망가는 것보다는 용감하고 즐겁게 받아들이는 것이 낫다고 말한다. 도망가는 것이야말로 정말 비겁하고 죄를 짓는 것이다. 인류를 위해 전쟁이 필요한 순간이 다가온다면 그것을 품위 있고 행복하게 받아들여야 한다. 억지로 끌려가서 내키지 않는 무거운 마음으로 싸우는 것은 나쁘다. 단지 자기 자신만을 지키려고 전쟁에 강제로 끌려나온 사람들은 패배와 재앙을 자초한다. 항상 방어하고 있는 마음, 방어적인 마음은 전쟁에 이기기 위해 필요한 힘과 열정을 모을 수 없다. 그러한 마음은 언제나 방어적이어서 모든 면에서 계속 움츠리기만 할 것이다. 그러므로 크리슈나는 여러분에게 싸움조차 기쁘고 즐거운 일로 전환하라고 말한다.

그것은 다른 사람들을 해치는 것에 대한 문제가 아니다. 인생에 있어서 선과 악의 비율에 대한 선택은 항상 있다. 그리고 전쟁이 반드시 악만을 가지고 오는 것은 아니다. 때때로 전쟁을 회피하는 것이 악의 결과를 가져올 수 있다. 우리나라는 단지 전쟁을 치르는 데 무능력했기 때문에 천 년 동안 노예 생활을 해 왔다. 마찬가지로 우리의 오천 년이나 된 빈곤과 쇠퇴는 다름이 아닌 우리의 삶에서 용기와 대담함의 결핍, 우리의 가슴과 정신에서 부족한 대범함의 결과이다.

우리는 크리슈나 때문에 고통을 겪은 것이 아니었다. 반대로 우리는 크리슈나의 계보를 잇지 못하였기 때문에, 그를 추종하는 더 많은 크리슈나들을 계속적으로 양산하지 못했기 때문에 고통을 겪었다. 물론 크리슈나의 전쟁 이후에 비관론과 패배주의가 우리 삶에서 두드러진 것은 당연하다. 그것은 항상 전쟁 후에 따른다. 패배주의 스승들은 전쟁은 어떤 희생을 치르더라도 피해야 되는 완전한 악이라는 것을 우리에게 말하기 위해 이 기회를 이용했다. 그리고 이 패배주의자의 가르침은 우리 마음속에 깊게 뿌리내렸다. 그래서 오천 년 동안 우리는 살아 있는 내내 두려워하는 사람들이 되어 왔고, 우리의 삶을 두려워하며 살아왔다. 죽음과 전쟁을 두려워하는 사회는 결국 자신의 존재의 심연에서 삶 그 자체를 두려워하기 시작한다. 우리 사회는 살아가는 것을 무서워하고 있다. 우리는 정말로 공포에 떨고 있다. 우리는 살아 있는 것도 아니고, 죽어 있는 것도 아니다. 우리는 어중간한 상태에 있다.

나의 견해로는, 인류는 버트런드 러셀과 간디가 말하는 것을 받아들인다면 고통을 겪을 것이다. 전쟁을 두려워할 필요는 없다. 그러나 지구가 현대적인 전쟁을 하기에는 이제는 너무 작다. 사실 전쟁은 공간도 필요하다. 전쟁의 무기들이 지금은 너무 거대해져서 분명히 이 위성에서의 전쟁은 가능하다고 말할 수 없다. 그것은 평화주의자들이 말하는 것이 옳기 때문에, 그리고 공포에서 벗어나기 위해서는 받아들여져야 하기 때문이 아니라 과학과 기술로 인해 우리 손에 맡겨진 전쟁의 거대한 수단들에 비해 지구가 너무 작기 때문에 그러한 것이다. 그래서 이 지구상에서의 전쟁은 의미 없게 되었다. 이제 전쟁의 형태는 변해 갈 것이고, 영역도 확대될 것이다. 새로운 전쟁들은 달이나 화성, 그 밖의 다른 혹성들과 위성들에서 벌어질 것이다.

과학자들은 우주에는 생물이 존재하는 혹성이 적어도 오만 개가 있다고 한다. 절망을 가져다주는 조언을 받아들인다면, 그리고 핵무기를 두려워하는 사람들의 말에 귀를 기울인다면, 우리는 우주의 광막한 무한대 속으로 들어갈 수 있는 위대한 모험을 하지 못하게 될 것이다. 그러나 지구상에서의 전쟁이 무의미해진 정점에 도달했다는 것은 사실이다. 하지만 그렇게 되는 이유를 확실히 이해해야 한다.

전쟁이 무의미해진 것은 평화주의자들의 말이 우리를 감동시켰기 때문이 아니다. 전쟁에 관한 과학이 완전함을 이루었고 지금은 전면전이 현실이 될 수 있기에 전쟁은 의미를 잃어버린 것이다. 그리고 이 지구상에서 전면전으로 싸우는 것은 자멸의 실천이 될 것이다. 전쟁은 한쪽이 이기고 한쪽이 지는 데에 의미가 있는데, 핵전쟁이 일어난다면 아무런 승자도 패자도 없을 것이다. 양쪽 다 지구상에서 그냥 사라질 뿐이다. 그래서 이 지구상에서 전쟁은 당치 않은 것이 되었다.

이러한 이유 때문에 나는 전 세계가 하나로 같이 가는 것을 볼 수 있다. 이제 세계는 하나의 지구촌일 뿐이다.

지구는 마을만큼 작아졌다. 마을보다 더 작아졌다. 지금은 과거에 한 마을에서 다른 마을로 가는 시간보다 세계를 다 도는 데 시간이 더 짧게 걸린다. 그러므로 이 세계는 전쟁을 치르기에 너무 작아졌다. 여기에서 전쟁을 한다는 것은 그냥 어리석은 일이다. 이것은 전쟁들이 없어야 된다는 것을 의미하는 것도 아니고, 미래에 전쟁이 없을 것임을 뜻하지도 않는다. 전쟁은 계속해서 일어날 것이다. 그러나 그것은 새로운 땅에서, 다른 유성에서 일어날 것이다. 지금 사람들은 더 새로운 모험, 더 새로운 침략, 더 위대한 출정을 계속할 것이다. 평화주의자들이 말하고 행동했음에도 전쟁은 피할 수 없다. 전쟁은 우리 삶의 한 부분이기에 피할 수가 없다.

전쟁에서 얻었던 이익들을 평가한다면 재미있는 이야기가 될 것이다. 주의 깊게 관찰해 보면 우리의 모든 협동적인 노력들과 제도들이 전쟁의 산물이라는 것이 드러날 것이다. 그것은 갈등을 위한 협력이라고 불린다. 즉 우리는 싸우기 위해 협력한다. 그리고 전쟁의 사라짐과 더불어 협력도 사라질 것이다. 그래서 크리슈나를 이해하는 것이 상당히 중요하다. 크리슈나는 평화주의자도 아니고 강경론자도 아니다. 그는 어떤 '주의'와는 관계가 없다. 사실 '주의'는 선택, 즉 우리가 상반되는 것들 중에 하나를 선택하는 것을 뜻한다. 크리슈나는 '아무 주의도 아닌 주의'이다. 그는 좋은 것이 평화를 통해 온다면 우리는 평화를 환대해야 하고, 좋은 것이 전쟁으로부터 흘러나온다면 전쟁도 똑같이 환영해야 한다고 말한다. 여러분은 내가 하는 말을 이해하는가? 크리슈나가 말하는 것과 내가 말하는 것은 같은 것인데, 희열과 축복을 가져오는 것, 그리고 종교의 성장을 돕는 것은 무엇이든지 환영해야 한다. 우리는 그것을 환영해야만 한다.

우리나라가 크리슈나를 올바르게 이해했더라면 우리는 그렇게 무기력하지 않았을 것이다. 그러나 우리는 미사여구로 우리의 모든 추함을 덮어 왔다. 우리의 비겁함은 비폭력에 대한 이야기의 뒤로 숨어 버리고, 죽음에 대한 우리의 공포는 전쟁에 대한 반대로 위장되었다. 그러나 우리가 전쟁으로 가는 것을 거부한다고 해서 전쟁이 끝나지는 않을 것이다. 우리의 거절은 단지 우리와 전쟁을 벌이자고 다른 이들을 초대하는 것이 될 것이다. 전쟁은 우리가 싸우기를 거부한다고 해서 사라지지 않을 것이다. 즉 우리의 거절은 단지 우리에게 노예라는 결과만을 낳을 것이다. 그리고 이것은 실제로 일어났던 일이다.

전쟁에 대한 우리의 반대에도 불구하고 우리가 전쟁에 계속 반복해서 끌려들어갔던 것은 참으로 아이러니다. 처음에 우리는 싸우기를 거절했다. 그 다음엔 어떤 외부 세력이 공격하여 우리나라를 점령하여 우리를 노예로 전락시켰다. 그리고 나서 우리는 우리 주인의 군대에 입대하여 우리 주인의 전쟁을 위해 싸워야 했다. 전쟁이 계속 일어났고, 우리는 계속해서 전쟁 속으로 끌려들어갔다. 때때로 우리는 훈족의 병사로, 그 다음엔 터키의, 무굴의, 마지막엔 영국의 병사로 싸웠다. 우리 자신의 삶과 자유를 위해 싸우는 대신 우리는 외국의 지배자와 압제자를 위해 싸웠다. 우리는 정말 노예가 되기 위해 싸웠다. 즉 우리의 노예 상태를 연장하기 위해 싸웠다. 우리의 굴레를 벗어나기 위해, 노예 상태로 계속 살기 위해 우리는 우리의 피를 흘리고 우리의 목숨을 내주었다. 이러한 것은 폭력과 전쟁에 대한 우리 모두의 반대로 얻게 된 고통스러운 결과였다.

그러나 마하바라따는 그것에 대한 책임이 없고, 크리슈나 역시 책임이 없다. 또 다른 마하바라따에서 싸우려는 용기의 부족이 모든 우리 불행의 뿌리다. 그러므로 나는 크리슈나를 이해하는 것이 정말 어렵다고 말한다. 평화주의자는 진리라는 동전의 한 면을 분명히 선택했기 때문에 그를 이해하는 것은 쉽다. 징기스칸, 몽고의 왕 티무르, 히틀러, 무솔리니와 같은 호전주의자들을 이해하는 것도 쉽다. 그들은 전쟁을 삶의 유일한 길로 믿고 있기 때문이다. 간디, 러셀과 같은 평화주의자들은 평화만이 옳은 길이라고 믿는다. 비둘기와 매 양쪽 모두 삶과 살아가는 방식에 대한 접근 방식에 있어 단순하다. 크리슈나는 그 둘과는 전적으로 다르다. 바로 그것이 그를 이해하기가 그토록 어렵게 만드는 점이다. 삶은 두 가지 문, 즉 평화의 문과 전쟁의 문을 통과한다고 그는 말한다. 그리고 그는 평화를 유지하기 바란다면 전쟁에서 이길 힘과 능력을 가질 필요가 있다고 한다. 그는 전쟁을 잘 하기 위해서는 동시에 평화를 위한 준비를 하는 것이 필요하다고 주장한다. 전쟁과 평화는 삶의 쌍둥이 수족들이어서 우리는 그것들 중 하나만 없어도 행동할 수가 없다. 두 다리 중 하나만으로 해내려 한다면 우리는 절름발이가 될 것이다. 그래서 히틀러와 무솔리니

같은 매와, 간디와 러셀 같은 비둘기는 똑같이 절름발이고, 한쪽으로 기울어지고, 소용없는 것이다. 어떻게 사람이 한 다리로만 걸을 수 있을까? 그러면 전진이 가능하지 않다.

히틀러와 간디 같은 한쪽 다리만 가진 사람들을 볼 때, 우리는 그들이 지나가는 유행들처럼 차례가 있다는 것을 알 수 있다. 히틀러가 무대 중심에 있는 동안, 간디가 나타나서 무대를 지배한다. 한동안 우리는 히틀러의 다리로 한 걸음 내딛고, 다음에는 간디의 다리로 한 걸음 내딛는다. 어떤 면에서 그들은 두 다리를 이룬다. 징기스칸, 히틀러, 스탈린이 그들의 전쟁을 피로 물들이며 끝내고 난 후, 간디와 러셀은 평화와 비폭력에 대한 이야기로 우리를 각인시키기 시작했다. 평화주의자들은 10년에서 15년 동안 그 장면을 지배한다. 그 시간은 그들의 한쪽 다리를 지치게 하고, 또 다른 다리의 사용을 필요로 하는 충분한 시간이다. 그러고 나서 다시 모택동 같은 매가 그의 손에 스테인레스 스틸 총을 들고 나타난다. 그리하여 드라마는 계속된다.

크리슈나는 본래 두 다리를 가지고 있다. 그는 절름발이가 아니다. 그리고 나는 모든 사람이 본래의 두 다리, 즉 평화와 전쟁을 위한 다리를 가져야 한다고 주장한다. 싸울 수 없는 사람은 반드시 뭔가가 부족하다. 싸울 수 없는 사람은 정정당당하게 평화로울 수 없다. 평화로울 수 없는 사람 역시 절름발이고, 그는 곧 그의 온전함을 잃어버릴 것이다. 그리고 들떠 있는 마음은 싸울 수 없다. 왜냐하면 싸울 때조차 일종의 평화가 필요하기 때문이다. 그래서 이러한 관점에서 보더라도 크리슈나는 우리 미래를 위해서 중요한 의미를 띨 것이다.

우리의 미래에 관해서 우리는 매우 분명하고 확고한 마음을 가질 필요가 있다. 우리는 미래에 평화주의자의 세계를 원하고 있는가? 그렇다면 그것은 활기가 없고 빛도 없는 세상, 즉 바라는 바도 없고 가능성도 없는 세상이 될 것이다. 그리고 어느 누구도 그것을 받아들이지 않을 것이다. 사실 삶은 자신의 길로 가고 있다. 비둘기들이 하늘을 날고 있는 동안 매들은 전쟁 준비를 계속한다. 그리고 유행으로 평화주의자들이 잠시 인기를 끌 것이고, 그 다음 호전주의자들의 차례가 와서 사람들에게 점점 인기를 끌게 될 것이다. 정말 두 가지가 동반자처럼 공동의 기획 안에서 작용한다.

크리슈나는 통합된 삶, 전체적인 삶을 대표한다. 그의 견해는 전적으로 완전한 것이다. 우리가 올바르게 그의 견해를 이해한다면 우리는 둘 다 포기할 필요가 없다. 물론 전쟁의 수준들은 변할 것이다. 그것들은 항상 변한다. 크리슈나는 징기스칸이 아니다. 그는 다른 사람들을 파멸시키는 것, 해치는 것을 좋아하지 않는다. 그래서 전쟁의 수준들이 확실히 변할 것이다. 그리고 우리는 역사적으로 시대에 따라 전쟁의 수준들이 어떻게 변하는지를 볼 수 있다.

사람들은 자기들끼리 싸울 필요가 없을 때 같이 모여서 자연과 싸우기 시작한다. 과학과 기술을 발전시켰던 사회들은 전쟁을 하게 되는 사회와 같다는 점은 주목할 만하다. 그것은 그들이 싸울 수 있는 잠재력을 가지고 있기 때문이다. 그래서 그들은 자기들끼리 싸우지 않을 때는 그들의 에너지를 자연과 싸우는 데 쏟는다.

마하바라따 이후 인도는 자연과의 싸움을 멈추었는데, 그것은 인도가 싸움에서 등을 돌렸기 때문이다. 우리는 홍수와 가뭄을 조절하기 위해서 강과 산을 길들이려는 노력을 전혀 하지 않았다. 그래서 결과적으로 우리는 과학과 기술을 발전시키는 데 아주 실패했다. 만약 우리가 자연과 싸우기만 한다면 우리는 과학을 발전시킬 수 있다. 사람들이 싸우기를 계속한다면 자연과의 싸움으로 인하여 첫 번째로 이 지구의 비밀들을 발견할 것이다. 그리고 나서 우주와 다른 별들의 비밀을 알아 갈 것이다. 인간의 모험과 인간의 출정은 결코 그만둘 수 없을 것이다. 달에 사람을 처음으로 착륙시켰던 사회는 전쟁을 해서 이겼던 사회였다는 점을 기억하라. 우리는 그렇게 할 수 없었다. 평화주의자들도 그렇게 할 수 없었다. 그리고 달은 미래의 전쟁에서 대단한 중요성을 띨 것이다. 달을 소유하는 자들이 지구를 지배하게 될 것이다. 왜냐하면 다가오는 전쟁에서는 그들이 달에다 미사일을 설치하고 자기 자신들을 위해 이 지구를 정복할 것이기 때문이다. 이 지구는 전쟁을 위한 장소가 되기를 그만둘 것이다. 베트남과 캄보디아, 인도와 파키스탄 사이에 벌어졌던 소위 전쟁이라고 하는 것은 바보들만 바쁘게 만드는 놀이와 같은 싸움에 지나지 않는다. 진짜 전쟁은 다른 국면으로 시작되었다. 달을 향한 현재의 경주는 좀 더 깊은 의미가 있다. 그것의 목적은 보이는 것과는 다르다. 미래에 달을 지배하는 힘을 갖게 되면 지구상에서는 불사신이 될 것이다. 그것에 도전할 방법은 없다. 그들은 다른 나라들에 폭탄을 투하하기 위해 그들의 비행기를 더 이상 보낼 필요가 없을 것이다. 이 일은 달에서 쉽고 빠르게 끝낼 것이다. 그들은 미사일을 달에 설치하고 지구를 향해 미사일의 방향을 잡아서 24시간마다 그 궤도를 한 바퀴씩 순환시키도록 할 것이다. 그리고 그것은 지구상의 각 나라들이 달로부터 오는 폭탄을 맞게 되는 일이 어떻게 가능할지를 매일 보여 준다.

 이것이 세계 열강들이 달에 첫 번째로 닿으려는 거대한 경쟁의 비밀이다. 또한 그것이 세계 권력자들이 우주 개척에 막대한 돈을 쏟아

붓는 이유이다. 미국은 달에 한 사람을 착륙시키는 것에 약 20억 달러를 사용했다. 이것은 재미를 위해 이룬 것이 아니다. 이 노력 뒤에는 엄청난 목적이 있었다. 진짜 문제는 누가 처음으로 달에 도착하는가 이다. 우주에 대한 경쟁은 약 3백 년 전에 유럽 각국이 아시아로 달려가고 있었던 때에 일어났던 또 다른 역사적인 경쟁과 유사하다. 포르투갈, 스페인, 네덜란드, 프랑스와 영국의 상선들은 모두 아시아 국가들을 향하여 항해했다. 아시아의 점령이 유럽의 팽창주의 열강들에게 대단히 중요해졌기 때문이었다. 그러나 지금은 그 어떤 중요성도 없다. 그래서 2차 세계 대전 후 그들은 아시아를 떠났다. 아시아 사람들은 그들의 민족적인 투쟁들로 자유를 얻었다고 믿는다. 그러나 그것은 오직 반쪽짜리 진실이다. 나머지 진실의 반은 정말 다르다.

전투의 현대적 기술이란 맥락에서 옛 방법으로 아시아를 점령하는 것은 아무 의미가 없게 되었다. 그 장은 영원히 끝났다. 이제 이 지구에서와는 아주 다르고 머나먼 정복의 새로운 투쟁이 시작되었다. 인간은 멀리 있는 별들, 즉 달과 화성, 그리고 그 너머의 것에 시야를 넓혔다. 이제 전쟁은 우주의 광대함 속에서 치를 것이다. 인생은 모험, 에너지의 모험이다. 에너지와 용기의 부족으로 이 모험 뒤에서 꾸물거리는 사람들은 마침내 죽어야 되고, 이 장면에서 사라져야 한다. 아마도 우리가 그런 죽은 사람들이다.

이 맥락에서 또한 크리슈나의 메시지가 특별한 의미를 띠었다. 그것은 단지 우리만을 위해서가 아니라 세계 전체를 위해 중요하다. 내 관점에서 서방은 다시 한 번 결정적인 전쟁을 해야 하는, 물론 지구 상에서 일어나지는 않을 전쟁을 할 정점에 다다랐다. 경쟁자들이 이 지구에 속했을지라도 전쟁의 실제 작용은 달이나 화성 같은 다른 곳에서 일어날 것이다. 이제 지구에서 전쟁을 치를 의식은 없다. 만약 여기에서 일어난다면, 침략자와 침략을 받은 자 양쪽 모두의 완전한 파멸이란 결과를 낳을 것이다. 그래서 미래의 거대한 전쟁은 여기에서 멀리 떨어진 어디선가에서 치러지고 결정될 것이다. 그러면 그 결과는 어찌 될까?

어느 면에서 세계는 인도가 마하바라따 전쟁 동안 직면했던 상황과 거의 같은 상황을 맞고 있다. 마하바라따 시대에는 두 진영, 즉 두 계급이 있었다. 그들 중 하나는 철저한 물질주의자였다. 그들은 몸과 물질 그 이상은 어떤 것도 받아들이지 않았다. 그들은 감각의 탐닉 외에는 아무것도 알지 못했다. 즉 그들은 요가나 영적 수행에 관한 어떤 사상도 가지지 않았다. 그들에게 영혼의 존재는 조금도 문제가 되지 않았다. 그들에게 인생은 완전한 방종, 착취, 약탈적 전쟁의 놀이터였다. 감각들과 탐닉 이외의 인생은 그들에게 도무지 중요하지 않았다.

이들이 마하바라따 전쟁을 일어나게 했던 계급이었다. 크리슈나는 이 전쟁을 선택하여 이끌어야만 했다. 왜냐하면 선과 덕의 힘들이 물질주의와 악의 힘들에 단호히 대항하기 위해, 그리고 그 힘들이 나약하고 무능력하지 않도록 하는 것이 절박해졌기 때문이다.

거의 비슷한 상황이 이미 세계적인 규모로 일어났다. 앞으로 20년 안에 완전한 복사판으로 마하바라따의 시나리오가 우리에게 일어나게 될 것이다. 한편에는 물질주의의 모든 힘들이 있을 것이고, 다른 편에는 선과 정당성의 좀 더 약한 힘들이 있을 것이다.

선은 근본적으로 약하기에 고통을 겪는다. 그것은 갈등이나 전쟁으로부터 떨어져 있기를 원한다. 마하바라따의 아르주나는 선한 사람이다. 산스끄리뜨에서 '아르주나'라는 말은 순진하고 직선적이며 깨끗함을 뜻한다. 아르주나는 구부러지지 않은 것을 의미한다. 아르주나는 소박하고 좋은 사람이며, 깨끗한 마음과 친절한 가슴을 가진 사람이다. 그는 어떤 갈등이나 투쟁에 연루되기를 원하지 않는다. 그는 물러나기를 원한다. 크리슈나는 더 소박하고 선한 사람이다. 그의 순수함과 선함은 한계를 모른다. 그러나 그의 순수함과 선함은 어떠한 연약함도 인정하지 않고 현실에서 달아나지도 않는다. 그의 발은 굳건히 땅에 고정되어 있다. 즉 그는 현실주의자이며, 아르주나가 전쟁터에서 도망가는 것을 허락하지 않을 것이다.

아마도 세상은 다시 한 번 두 계급, 두 진영으로 나누어질 것이다. 이 현상은 결정적인 순간이 와서 전쟁을 피할 수 없을 때 종종 일어난다. 간디, 러셀과 같은 사람들은 이런 만일의 경우에는 조금도 유용하지 않을 것이다. 어떤 점에서는 그들은 모두 아르주나들이다. 그들은 전쟁은 어떤 대가를 치르더라도 피해야 하고, 다른 사람들을 죽이는 것보다는 죽음을 당하는 것이 낫다고 다시 말할 것이다. 선의 힘들이 싸워야만 하고, 그들이 총을 다루고 전쟁을 할 용기를 가져야만 한다고 분명히 말하는 사람, 즉 크리슈나가 다시 필요해질 것이다. 선이 싸울 때는 오직 선만이 그것으로부터 샘솟는다. 다른 이에게 해를 끼치는 것은 가능하지 않다. 전쟁을 치를 때조차 전쟁은 그의 손에서 성스러운 전쟁이 된다. 선은 싸우기 위해 싸우는 것이 아니라 단지 악이 이기는 것을 막기 위해 싸운다.

점차 세계는 두 진영으로 곧 갈라질 것이다. 한 진영은 물질주의와 그것이 뜻하는 모든 것을 대표할 것이고, 다른 진영은 자유, 민주주의, 개인의 자주권, 인생의 더 높은 가치를 대표할 것이다. 그러나 선을 대표하는 이 진영이 그것을 다시 이끌도록 크리슈나를 찾는 것이 가능할까?

그럴 가능성이 아주 많다. 결정적인 사건이 임박한 시점에 도래하여 그 일이 벌어지게 되었을 때, 인간의 운명은 그 사건을 이끄는 데 정말로 필요한 최고의 현자나 천재들을 불러서 앞으로 내보낸다. 적절한 사람, 즉 크리슈나가 그 장면에 나타난다. 결정적인 사건은 그것과 더불어 결정적인 사람을 데려오게 마련이다.

크리슈나가 미래를 위해 굉장한 의미를 지닌다고 내가 말하는 것은 또한 이런 이유 때문이다.

선하고 순수하고 부드러운 사람들의 목소리가 효능을 멈출 때가 있다. 악으로 기울어진 사람들이 그 말을 들으려 하지 않고, 두려워하지 않고, 맹목적으로 그들 자신만의 길을 가기 때문이다. 사실 선한 사람들이 선하기만 한 까닭에 움츠리고 뒷걸음칠 때, 불행을 만드는 사람들은 그만큼 대담해지고, 대성공을 거둔 것처럼 느낀다. 인도는 마하바라따 후에 붓다와 마하비라와 같은 많은 선인들이 있었다. 그들의 선에는 부족함이 없었고 무한하였다. 사실 그것은 너무나 넘쳐서 나라의 정신이 이 선의 무게에 짓눌려 움츠러들었다. 그 결과 세계의 침략자들이 인도에 대군을 풀어놓았다.

다른 사람들을 공격하는 사람만 있는 것이 아니라 자기 자신들에 대한 침략을 유도하는 사람들도 있다. 당신은 다른 사람을 칠 때만 책임이 있는 것이 아니라, 다른 사람이 당신을 칠 때도 책임이 있다. 당신이 어떤 사람의 얼굴을 철썩 때렸다면 이 행동에 대한 당신의 책임은 50퍼센트이고, 그 책임의 다른 50퍼센트는 당신의 손찌검을 유도했던 사람, 저항하지 못하고 수동적으로 맞았던 사람에게 있다. 어떤 사람이 당신을 때렸을 때, 당신의 나약함과 수동적인 것이 그에게 당신을 때릴 빌미를 주었기에 책임의 반은 당신에게 있음을 숙지하라.

절대적으로 훌륭한 사람들, 그것도 오랜 세월 동안 추앙받았던 훌륭한 사람들은 인도의 마음을 수축시키고 약하게 만들어 그들을 무기력하고 저항하지 못하게 만든 책임이 있다. 그리고 이것은 세계의 침략자들에 대한 일종의 초대가 되었다. 이 초대에 답하여 그들은 손에 곤봉을 들고 와서 우리를 정복하고 노예화시켰다. 긴 시간 동안 그들은 우리를 지배했고 억압했다. 그들이 떠날 때는 그들 스스로 그렇게 하였다. 우리가 그들을 몰아내지 못했다.

우리가 계속 뒷걸음치고, 억압되고, 마음과 가슴이 약해지는 것은 불행한 일이다. 그러면 우리는 우리를 노예화하려는 침략자들을 다시 초대할 수 있다. 만약 내일 모택동이 이 나라를 침입한다면 그에게만 책임이 있는 것은 아닐 것이다. 과거에 레닌은 런던까지 가는 공산주의 길이 베이징과 캘커타를 경유할 것이라고 예견했다. 그의 예견은 옳았던 것 같다. 공산주의는 이미 베이징에 도착했고, 그 시끄러운 발소리는 캘커타에서 들리고 있다. 그래서 런던까지는 멀지 않다. 인도의 정신이 여전히 뒷걸음치고, 억압받고, 공포로 찌들어 있기에 공산주의가 캘커타에 당도하는 것은 어려운 일이 아닐 것이다. 공산주의가 도착할 것이고, 그것을 수용함으로써 이 나라는 더 악화될 것이다.

그것이 인도가 크리슈나에 대해 좀 더 심각하게 다시 생각해야 된다고 내가 말하는 이유이다.

오늘날 크리슈나가 현존한다면, 양쪽 입장 중 어느 쪽을 선택할까요?

이와 같은 위기가 있을 때마다 갈등 구조 속에서 어느 쪽이 옳고, 어느 쪽이 나쁜지를 결정하는 일이 어렵다는 것을 알게 된다. 이것은 마하바라따 전쟁 직전에서조차 쉬운 것이 아니었다. 까우라바(Kaurava) 쪽의 모든 사람이 나쁜 것은 아니었다. 비슈마와 같은 위대한 영혼도 그들과 함께 있었다. 이와 유사하게 크리슈나에게 안내를 받고 있던 빤다바(Pandava) 쪽의 사람도 모두가 좋지는 않았다. 또한 나쁜 사람들도 있었다. 그래서 이와 같은 문제를 결정함에 있어 항상 어떤 어려움이 따랐다.

그러나 어떤 가치들에 의해 그 쟁점은 결말 지워진다. 왜 두료다나가 싸우고 있었을까? 그렇게 큰 전쟁을 하게 하는 그의 동기는 무엇인가? 그의 편에 있는 사람들이 나쁘거나 그렇지 않거나 하는 것은 중요하지 않다. 중요한 것은 전쟁을 일으킨 그의 의도, 목적, 가치들이다. 크리슈나가 아르주나로 하여금 용감하게 싸우게 했던 가치들은 무엇이었을까?

마하바라따에서 운명을 걸 정도의 가장 중요하고 결정적인 가치는 '정의'였다. 그 전쟁은 무엇이 올바른 것이고 정의가 무엇인지를 결정해야만 했다.

오늘날 다시 우리는 무엇이 공정하고 정의가 무엇인지를 결정해야 한다. 나의 견해로는 자유는 정의이고, 속박은 정의가 아니다. 인류에게 어떤 종류의 굴레를 강요하는 데 열중하는 집단과 계급은 정의롭지 못한 편이다. 아마도 그들 편에 약간의 좋은 사람들이 있을 수 있다. 그러나 모든 좋은 사람들이 반드시 명료함과 긴 안목을 가지는 것은 아니다. 종종 그들은 혼돈을 일으키는 사람들이며, 그들이 행하는 것이 정의롭지 못한 편에 있다는 것을 모르는 사람들이다.

자유는 최고의 가치 가운데 하나이다. 이것이 오늘날 가장 의미 있고 가장 결정적인 쟁점이다. 우리는 인간의 자유가 성장하고 꽃필 수 있는 사회와 세계를 필요로 한다. 우리는 인간의 자유를 파괴하고 속박하는 사회나 세계는 원하지 않는다. 이것을 확실히 이해해야 한다.

　다른 사람들에게 속박을 가하기를 원하는 사람들은 그렇게 말하지도 않을 것이며, '속박'이라는 말도 사용하지 않을 것이라는 것은 당연하다. 이 말은 나쁘고 상스러운 말이며, 증오스럽고 혐오감을 준다. 그들은 사람들이 그것을 알아차리지 못하도록 내버려둔 채 굴레 상태로 둘 수 있는 말이나 선전 문구를 사용할 것이다. '평등'은 그러한 새 표어이고, 그것은 교활함과 허위로 가득 차 있다. 그리하여 그들은 평등을 표방하여 자유와 외침의 쟁점을 회피한다. 그들이 사람과 사람 사이의 평등을 대표한다고 말한다. 그들은 평등이 기본적이고, 자유는 평등 없이는 불가능하다고 주장한다. 이 주장은 사람들이 평등하지 않는 한 자유로울 수 없다고 생각하게 된 많은 사람들에게 호소력을 가진다. 그리하여 그들은 평등을 위해 자유를 포기하는 데 동의한다.

　이제 평등이 다가올 자유를 위해 갖추어져야 하고, 자유는 다가올 평등을 위해 희생되어야 한다는 것은 아주 이상한 논리다. 진실은, 일단 자유가 없으면 자유를 되찾는 것은 불가능할 것이라는 점이다. 누가 그것을 되찾을 것인가?

　여러분 모두는 여기서 나의 말을 경청하고 있다. 여러분 모두를 평등하게 하려면 첫째로 여러분에게 족쇄를 채우는 것이 필요하다고 나는 말한다. 족쇄를 채우지 않고 여러분을 평등화시키는 것은 불가능할 것이다. 아마 누군가가 다른 사람들보다 큰 머리를 가지고 있고, 또 다른 사람은 큰 팔을 가지고 있고, 세 번째 사람은 긴 다리를 가지고 있을 것이다. 그들 모두의 크기를 같게 하기 위해서 어딘가가 잘려야만 될 것이다. 그리고 이 고통스러운 수술은 먼저 여러분에게서 자유를 박탈하지 않고는 가능하지 않을 것이다. 그리고 이것은 대단히 논리적으로 들린다.

그러나 사람들은 그들 모두를 평등하게 만들려고 하는 사람이 자기만은 자유롭고 불평등한 채로 있을 것이라는 점을 잊어버린다. 그는 그들 모두의 외부에 남아 있을 것이다. 그의 발에는 족쇄들이 없을 것이고, 게다가 그의 손에는 총이 있을 것이다. 자, 여러분은 거의 모두 족쇄에 채워져 있고 손발이 불구가 되거나 절룩거리며, 소수의 강력한 사람들은 자유롭고 그들 마음대로 억압하고 압박할 수 있는 모든 현대 도구들을 갖춘 사회나 상황을 마음속에 그려볼 수 있다. 당신은 이와 같은 상황에서 무엇을 할 수 있겠는가?

마르크스는 사회에서 평등을 이루기 위해서는 우선 정치적 자유를 누르고 개인적인 자유를 파괴하고 독재를 세우는 것이 필요하다는 관점을 지녔다. 그리고 그는 평등의 완성 후, 자유가 사람들에게 되돌려질 것이라고 생각했다. 그러나 자신의 손에 모든 사람을 평등화시킬 수 있는 그렇게 거대한 힘을 가진 자들이 당신에게 자유를 되돌려 줄 것이라 생각하는가? 우리는 그러한 실험들이 행해진 나라들에서 그 징조를 보지 못한다. 사실 지배자들의 힘이 세지고, 피지배자들이 구조적으로 억압되고 쇠약해질 때 자유를 향한 희망은 점점 희미해진다. 그러고 나면 자유에 대한 의문을 떠올리는 것조차 어려워진다. 아무도 감히 물으려 하지 않고, 그의 생각을 말하지 않으며, 하물며 이견은 말하지도 못하고 압제에 대한 반역도 하지 못한다. 평등이라는 이름 안에서 자유는 파괴될 것이다. 그리고 일단 자유가 무너지면 그것을 역전시키는 일은 거의 불가능할 것이다. 왜냐하면 자유를 파괴하는 자들은 미래에 그것이 되살아날 기회까지 파괴하려 할 것이기 때문이다.

둘째로, 자유는 절대적으로 자연적인 현상이며 모든 사람이 권리로 가져야 하는 반면, 평등은 그렇지 않다는 것을 알아야 한다. 평등은 자연적이지도 않고 가능하지도 않다. 평등의 개념은 비심리적이다. 모든 사람이 평등할 수는 없다. 그들은 같지 않다. 그들은 근본적으로 불평등하다. 그러나 자유는 필수물이다. 만인은 그가 무엇인지, 무엇이 될 수 있는지에 대해 자유로워야 한다. 만인은 그 자신이 되는 일에 완전한 자유와 기회를 가져야만 한다.

내 견해로는 크리슈나는 자유의 편에 있다. 그는 평등의 편에 있을 수 없다. 자유가 있다면 불평등이 감소될 수 있는 가능성이 있다. 나는 평등이 자유와 함께 올 것이라고 말하지는 않는다. 불평등이 점차 감소될 것이라고만 말한다. 그러나 평등이 사람들에게 강요된다면 자유는 반드시 감소되고 사라진다. 힘으로 강요된 것은 노예화와 비슷한 것이다. 그래서 기본적으로 그것은 가치들에 대한 선택이다. 나의 시각에서는 개인은 최고의 가치다. 그래서 개인의 자유가 최고다.

악의 진영은 항상 개인을 대적하고, 집단이나 공동체를 선호한다. 악의 눈에는 개인은 무엇이든지 가치가 없다. 그에 대한 알맞은 이유가 있다. 개인은 반역적이다. 개인은 반역의 씨앗이다. 당신이 만약 악한 행동이 이루어지기를 원한다면, 그것은 개인을 통해서보다는 집단을 통하는 것이 더 쉬움을 알게 되어 놀랄 것이다.

힌두교 신자 개인이 사원에 불을 지른다는 것은 어렵지만 힌두교인 무리가 재미로 그렇게 할 수는 있다. 이슬람교 신자 개인이 힌두교 어린이의 가슴을 칼로 찌르는 것은 어려운 일이지만, 이슬람교인 무리들은 양심의 가책도 없이 그런 일을 저지를 수 있다. 사실 군중이 더 클수록 영혼은 더 작아진다. 그런데 영혼의 핵심을 이루는 것은 책임 의식이다. 내가 누군가의 가슴을 칼로 찌르려 하면 나의 양심이 나를 깨물며 이렇게 말한다. "너 지금 무엇을 하고 있는 거야?" 그러나 내가 군중 속에서 사람들을 분별없이 죽이고 그들의 재산을 불태우고 있다면, 나의 영혼은 혼란스럽지 않다. 그러면 나는 그런 행동을 한 것은 내가 아니라 사람들, 힌두교인이나 이슬람교도들이고 나는 단지 그들과 같이 있었을 뿐이며, 내일 나는 개인적으로 그것에 대한 책임을 느끼지 않을 것이다.

악의 편은 항상 군중을 끌어들이기를 원한다. 그것은 군중에 의존한다. 악은 살에 박힌 가시라고 느껴지는 개인을 파괴시키기를 원한다. 악은 군중, 대중이 커지기를 원한다. 반대로 선은 개인을 받아들이고, 그가 최고의 성취를 할 수 있게 성장하기를 원한다. 동시에 그것은 대중이 점차 장면에서 사라지기를 원한다. 선은 개인들, 자유로운 개인들의 사회를 대표한다. 개인은 물론 관계들을 가질 것이다. 그러나 그것은 무리나 군중이 아닌 사회가 될 것이다.

이것은 올바르게 이해될 필요가 있다. 오직 자유로운 개인들만이 사회를 만든다. 개인의 자주권이 부정되는 곳에서 사회는 무리나 군중으로 변한다. 이것이 사회와 군중의 다른 점이다. 사회는 개인들의 상호 관계, 개인들의 협동의 다른 이름이다. 그러나 개인은 그곳에 있어야만 하고, 그는 사회의 기본 단위이다.

개인이 또 다른 개인과 자유롭게 관련될 때, 그것은 사회를 만든다. 그러므로 감옥 안에는 사회가 있을 수 없다. 감옥은 오직 집단을, 얼굴 없는 개인들의 집합을 가질 뿐이다. 죄수들도 그들 사이에서 인사와 선물들을 교환하면서 서로 관계한다. 그러나 그것은 분명히 사회가 아니다. 그들은 단지 같이 모여 감옥이라는 네 개의 벽 안에서 살도록 강요될 것이다. 그것은 그들의 자유로운 선택이 아니다.

그러므로 나는 크리슈나가 개인의 자유와 주권의 편을 선택할 것이라고 보며, 여기에서는 종교와 보이지 않고 알려지지 않은 것을 구하려는 가능성이 우세하게 될 것이다. 한쪽이 모든 가치들을 가지고 다른 쪽은 그것들을 전혀 갖지 못하는 일은 결코 일어나지 않기 때문에 나는 '우세하게'라고 말한다. 선과 악의 구분은 라마와 라바나의 싸움에서조차 명확할 수는 없다. 심지어 라바나에게도 작은 라마가 있고, 라마에게도 역시 작은 라바나가 있다. 까우라바들은 빤다바들의 선들을 약간은 가지고 있으며, 후자 역시 전자의 악들을 약간 공유하고 있다. 이 지구상에서 가장 선한 사람조차 그 안에는 가장 나쁜 것을 약간은 가지고 있다. 그리고 우리들 중 가장 비천한 이도 그에게 약간의 선은 있다. 그래서 그것은 항상 하나와 다른 하나가 어떤 비율로 섞여 있는가 하는 문제이다. 그래서 자유와 개인과 영혼과 종교는 선의 지성이 편드는 가치들이다.

두 번째 문

크리슈나는 완전하고 전체이다

왜 스승님께서는 크리슈나에 대해 말하려고 생각했습니까? 그리고 이 토론의 중심 주제는 무엇입니까?

만약 인간이 무언가를 생각하고 이해하고 말해야만 한다면, 그에게는 크리슈나보다 더 의미 있는 화제는 없을 것이다. 그는 역사의 모든 사람들 중에서 가장 중요한 사람이다. 다른 중요한 사람들이 과거에 없었다는 의미로 하는 말은 아니다. 그리고 중요한 사람들이 미래에 나타나지 않을 것이라고 말하는 것은 잘못일 것이다. 사실 몇몇의 주목할 만한 사람들이 이 땅 위를 걸었다. 하지만 크리슈나의 중요성은 그들과는 상당히 다르다. 그는 과거에서보다 미래에 더 중요할 것이다.

크리슈나가 그의 시대에 훨씬 앞서 태어났다는 것은 진실이다. 위대한 모든 사람들은 그들의 시대에 앞서 태어나며, 중요하지 않은 모든 사람들은 그들의 시대 뒤에 태어난다. 그들의 시대에 태어난 사람은 단지 평범한 사람들일 뿐이다.

중요한 모든 사람들은 그들 시대의 앞에 나타났지만, 크리슈나는 훨씬 더 시대를 거슬러 앞쪽에 왔다. 아마도 어떤 미래의 기간에서만 우리는 그를 이해할 수 있을 것이다. 과거에는 그렇게 할 수 없었다.

그리고 기억하라. 우리는 그들의 생애 동안에는 이해되지 못한 사람들을 경배하기 시작한다. 우리는 우리의 이해력으로는 이해할 수 없는 사람들을 경배한다. 우리는 그들을 찬미하거나 비방하지만, 칭찬과 비난 둘 다 경배의 종류이다. 우리는 칭찬으로 친구들을 경배하고, 비난으로 적들을 경배한다. 그것 모두는 같다. 우리의 판단을 좌절시키는 사람을 우리는 신이나 신의 화신이라고 부른다. 자신의 무지를 받아들이기는 정말로 어렵다. 그를 신이나 신의 화신으로 부르기는 더 쉽다. 하지만 이들은 같은 동전의 양면이다. 마치 우리가 신을 이해하지 못하듯이 그를 이해하지 못한다는 의미에서 그는 신과 같다. 이 사람은 신만큼 이해할 수 없고 신비로운 존재이다. 우리가 최선을 다해 노력해도 신과 같은 그는 늘 알려지지 않은 채로 있다. 그러한 모든 사람들은 경배의 대상이 된다.

내가 토론을 위해 크리슈나를 선택한 것은 정확하게 이러한 이유 때문이다. 나의 관점으로 그는 미래에 가장 적절하고 가장 중요한 사람이다. 그리고 이 점에 있어서 나는 몇 가지 사실 속으로 들어가고 싶다.

크리슈나를 제외한 마하비라, 붓다, 그리스도와 같이 세상의 소금인, 세상의 두드러질 만한 모든 사람들은 이 세상에서 어떤 다른 삶을 살았다. 그들은 이 땅 위의 인간의 삶을 위한 목표들로 천국이나 해방의 성취와 같은 멀리 있는 것들을 설정하였다. 그들의 시대에 이 땅 위의 삶은 너무 비참하고 고통스러워 살아갈 수가 없을 정도였다. 인간의 전체 과거는 너무나 많은 곤궁과 어려움, 투쟁과 고통으로 가득하여 삶을 행복하게 받아들이기가 어려웠다. 그러므로 과거의 모든 종교들은 이 땅 위에서의 삶을 부정했고 비난했다.

기라성 같은 수많은 종교적 선각자들 중에서도 크리슈나는 이 땅 위의 삶 전체를 온전히 받아들인 유일한 예외이다. 그는 다른 세상이나 다른 삶을 위해 삶을 믿지 않았다. 그는 여기 이 땅 위의 삶을 믿었다. 붓다와 마하비라의 자유인 목샤(moksha)는 이 세상과 이 시간 너머의 어딘가에, 즉 거기 그리고 그때에 놓여 있는데, 크리슈나의 자유는 여기 그리고 지금에 있다. 우리가 알고 있는 삶은 어떤 다른 깨달은 영혼의 손에 의해서도 그러한 깊고도 무조건적인 수용을 결코 받지 못하였다.

다가올 시대에는 이 세상에서의 삶의 어려움과 비참함은 상당히 축소되고, 그에 따라 삶의 평안과 행복이 증대될 것이다. 그래서 처음으로 세계는 삶을 포기하려는 사람들을 따르기를 거부할 것이다. 포기의 강령에 박수를 보내는 사회는 항상 불행한 사회이다. 행복한 사회는 그렇게 하기를 거부할 것이다. 삶으로부터의 포기와 도피는 가난과 비참함에 찌든 사회 속에서는 의미를 가질 수도 있지만, 풍요롭고 행복한 사회에서는 아무런 호소력을 지니지 못한다. 불행한 사회에는 오로지 고통과 아픔만 있으므로 그 사회를 떠나려 한다고 말할 수 있다. 하지만 풍요로운 사회에서는 똑같은 말을 할 수 없다. 그런 사회에서는 타당하지 않을 것이다.

포기를 믿는 종교들은 미래에는 적절하지 않을 것이다. 과학은 삶의 고통을 만드는 모든 어려움을 제거할 것이다. 붓다는 탄생에서 죽음까지 삶은 고통이라고 말한다. 이제 아픔은 추방될 수 있다. 미래에는 탄생에서부터 어머니와 아이 모두가 고통스러워지는 것이 멈추게 될 것이다. 삶은 고통스러워지기를 그칠 것이다. 질병은 제거될 수 있다. 노년에 대한 치료까지도 발전되어 수명이 상당히 길어질 수 있다. 삶의 기간이 연장되어 죽음이 문제가 되는 것을 멈출 것이다. 대신에 사람들은 "왜 이렇게 오래 살고 있는가?" 하고 물을 것이다.

이런 모든 일들이 가까운 미래에 일어날 것이다. 그러면 삶이 끝없는 고통의 연속이라는 붓다의 금언은 이해하기 어려워질 것이다. 그때 크리슈나의 플루트는 의미가 있게 될 것이고, 그의 노래와 춤은 살아 있게 될 것이다. 그러면 삶은 행복과 기쁨의 축제가 될 것이다. 그때 삶은 개화와 아름다움이 될 것이다.

이 개화의 가운데에 벌거벗은 마하비라의 이미지는 그 적절성을 잃을 것이다. 이 축제 중에 포기의 철학은 빛을 잃어버릴 것이다. 이 축제의 삶에서는 춤추는 사람들과 음악가들이 중앙 무대에 있을 것이다. 미래의 세계에서는 불행이 점점 더 줄어들 것이며, 행복은 점점 더 늘어날 것이다. 내가 크리슈나의 중요성이 점점 더 커질 것이라고 보는 것은 이 때문이다.

지금까지 종교적인 사람이 플루트를 가지고 다니며 그것을 연주했다고 생각하기는 어려웠다. 우리는 종교적인 사람이 공작 깃털의 왕관을 쓰고 젊은 여인들과 춤추었다고 상상할 수는 없다. 종교적인 사람이 누군가를 사랑했으며 노래를 불렀다는 것은 생각할 수 없었다. 우리의 오래된 개념으로 종교적인 사람은 삶을 포기했고, 세상에서 도망갔던 사람이었다. 어떻게 그가 이 비참한 세상에서 노래하고 춤출 수 있겠는가? 그는 단지 소리치며 울 수밖에 없었다. 그는 플루트를 연주할 수 없었다. 그가 춤추었다고 상상하는 것은 불가능했다.

크리슈나가 과거에 이해될 수 없었던 것은 바로 이런 이유 때문이었다. 그를 이해하는 것은 불가능했다. 그는 우리의 전체 과거의 배경에서 너무 부적절하였고, 너무 일치하지 않았고, 불합리해 보였다. 하지만 다가올 시간들의 상황 안에서, 크리슈나는 점점 더 적절하고 의미가 있을 것이다. 그리고 곧 노래하고, 춤추고, 행복하게 될 그러한 종교가 존재 속으로 들어올 것이다. 과거의 종교들은 대부분 삶을 부정하고, 패배주의적이고, 가학적이고, 도피적이었다. 미래에는 삶을 더 긍정하게 될 것이다. 미래는 삶이 가져오는 기쁨들을 받아들이며 살게 될 것이고, 더없이 감사하는 마음으로 웃고 춤추고 즐길 것이다.

미래의 좋은 삶을 위한 이 거대한 가능성을 고려하여, 나는 크리슈나에 관해 말하기로 결정했다. 물론 당신이 크리슈나를 이해하기는 어려울 것이다. 왜냐하면 당신 또한 조건 지워져 있기 때문이다. 당신은 과거의 불행한 삶에 의해 심하게 조건 지워져 있기 때문이다. 지금까지 당신은 슬픔과 종교를 연결 지었을 뿐 플루트와 연결하여 생각하지는 않았다.

당신은 삶의 기쁨들 때문에 산야스(sanyas)를 받은 사람들을 거의 만나지 못했다. 대개는 아내가 죽어 자신의 삶이 비참하게 되었을 때, 그는 고통으로부터 도피하기 위해 산야스를 받는다. 만약 누군가가 부를 잃고 파산해서 그것을 견딜 수 없다면, 그는 깊은 절망 속에서 산야스를 받는다. 슬픔과 아픔을 짊어진 사람인 불행한 사람은 산야스 속으로 도망쳤다. 산야스는 행복으로부터가 아니라 불행으로부터 생긴다. 어느 누구도 자신의 가슴속의 노래와 더불어 산야스로 오지 않는다.

크리슈나는 그 규칙에서 예외이다. 나에게 그는 기쁨과 희열로부터 산야스가 일어난 드문 산야신(sannyasin)이다. 그리고 산야스의 기쁨을 위해 산야스를 선택한 사람은, 불행과 좌절 안에서 산야스로 오는 산야신들의 일반적인 유형과는 근본적으로 다름에 틀림없다.

내가 미래의 종교는 희열에서 생길 것이라고 말한 것처럼 나는 또한 미래의 산야스는 삶의 기쁨과 황홀로부터 흘러나올 것이라고 말한다. 그리고 산야스의 기쁨 때문에 산야스를 선택한 사람은 단지 절망 때문에 세상을 떠났던 산야신의 오래된 유형과는 기본적으로 다른 것임에 틀림없다. 그는 그의 가족이 그를 괴롭히기 때문이 아니라 그의 가족이 지금 너무 작아서 그의 팽창하는 희열을 감당할 수가 없기 때문에 산야스를 받아들일 것이다. 그래서 그는 온 세상을 그의 새로운 가족으로 받아들인다. 그는 그의 사랑이 재미없어졌기 때문이 아니라, 자신의 넘치는 사랑으로 인하여 한 사람에 대한 사랑으로는 자신의 사랑을 담을 수 없기에 산야스를 받아들일 것이다. 그리고 그는 그의 사랑의 대상으로서 전체 세상을 선택해야만 한다.

삶의 수용으로부터, 삶의 과즙과 희열로부터 흘러나오는 이러한 종류의 산야스를 이해하는 이들만이 크리슈나를 이해할 수 있다.

만약 미래에 누군가가 자신이 불행했기 때문에 산야스를 받았다고 말한다면 우리는 그에게 "어떻게 산야스가 불행으로부터 올 수 있는가?"라고 물을 것이다. 불행으로부터 태어난 산야스는 행복과 희열로 나아가게 할 수 없다. 아픔과 고통으로부터 나온 산야스는 기껏해야 당신의 고통을 줄일 수 있지만 당신에게 기쁨과 희열을 가져올 수는 없다. 물론 그 상황으로부터 멀리 떠남으로써 고통을 줄일 수는 있지만, 그것을 통하여 기쁨과 희열을 얻을 수는 없다. 희열로부터 태어난 갠지즈 강과 같은 산야스만이 희열의 바다에 이를 수 있다. 왜냐하면 그럴 때만이 산야신의 모든 노력들은 그의 희열을 높이는 쪽으로 향할 것이기 때문이다.

과거의 영적 추구는 고통을 완화하는 것을 의미했지 희열을 목표로 삼지는 않았다. 물론 이 길 위의 여행객은 성공하겠지만 그것은 부정적인 종류의 성공이다. 그가 달성하는 것은 삶에 대한 일종의 무관심이며, 최소로 감소된 불행이다. 바로 그러한 이유로 과거의 산야신들은 마치 삶이라는 전투에서 패배하여 도망친 것처럼 슬프고 활기 없어 보인다. 그들의 산야스는 살아 있고, 행복하고, 춤추고, 즐기는 것이 아니다.

나에게 있어 크리슈나는 희열의 산야신이다. 그리고 우리 앞에 열린 희열의 산야신의 커다란 잠재성과 가능성 때문에, 나는 크리슈나에 관해 이야기하기로 신중하게 결심했다. 크리슈나가 이전에는 이야기되지 않았다는 말은 아니다. 하지만 그에 대해 이야기했던 사람들은 슬픔의 산야신들이었다. 그러므로 그들은 그를 공정하게 평가할 수 없었다. 정반대로 그들은 그에게 매우 불공정하게 대해 왔다. 그리고 그렇게 될 수밖에 없었다.

만약 샹까라가 크리슈나를 설명한다면, 그는 크리슈나를 확실히 잘못 해석하게 된다. 그는 크리슈나의 정반대이다. 그의 해석은 결코 올바르고 정당할 수 없다. 크리슈나에 대해 글을 썼던 모든 해석자들이 슬픔의 세상에서 왔기 때문에, 크리슈나는 과거에 올바르게 해석될 수 없었다. 그들은 세상이 비실재이고 거짓이며, 또한 그것은 환영이라고 말했다. 하지만 크리슈나는 이 세상은 실재는 아니지만 신성하다고 말한다. 그는 이 세상을 받아들인다. 그는 모든 것을 받아들인다. 그는 아무것도 부정하지 않는다. 그는 전적인 수용, 전체적인 수용을 한다. 이전에는 그러한 사람이 이 세상을 걸었던 적이 없었다.

우리가 매일 여기에서 그에 대해 토론할 때 그에 관한 많은 면들, 많은 것들이 저절로 펼쳐질 것이다. 나에게는 '크리슈나'라는 바로 그 단어가 의미 있다. 그것은 미래의 달을 가리키는 손가락이다.

언젠가 스승님께서는 붓다나 마하비라는 자기 학대적인 산야신들이었다고 말씀하셨습니다. 그러나 사실 그들은 매우 풍요로운 가정에서 살다가 산야스로 왔습니다. 그들의 산야스는 그들의 풍요로움의 뒤에 온 것이었습니다. 그런데 어떻게 그들을 슬픔의 산야스와 연결시킬 수 있습니까?

아니다. 나는 마하비라와 붓다가 자기 학대적인 산야신이라고 말하지 않았다. 과거의 산야스는 자기 학대적이었다고 했을 뿐이다. 만약 당신이 마하비라와 붓다의 삶을 본다면, 당신은 그들이 삶을 포기하고 있음을 알게 될 것이다. 나는 그들을 자기 학대적이라고 부르지 않았다. 나는 그들이 삶에서 최고의 것을 달성했음을 안다. 그들의 불행은 매우 다르다. 그들의 불행은 행복으로부터 일어나는 일종의 권태이다. 그들의 불행은 행복의 부재가 아니다. 어느 누구도 그들이 인생에서 행복의 부족 때문에 산야스로 향했다고는 말할 수 없다. 그렇지 않았다. 하지만 아이러니는 너무 많은 행복이 있으면 행복은 의미가 없어진다는 것이다. 그래서 그들은 행복을 포기했다. 그러므로 행복은 그들에게 의미가 없어진 반면에, 그것의 포기는 의미를 가졌다. 그들은 포기에 뚜렷한 강조를 두었다. 그들은 포기에 의해 서 있었다. 크리슈나에게 있어서는 행복이 의미가 없을 뿐만 아니라, 그것의 포기 또한 의미가 없다. 크리슈나의 무의미함의 이해는 더욱더 깊다. 그것을 이해하도록 하라.

만일 내가 어떤 것에 집착한다면, 이는 그것이 나에게 의미를 가진다는 것을 의미한다. 그리고 만약 내가 그것을 포기한다면, 그것은 부정적인 의미에서 나에게 의미를 가진다. 왜냐하면 그것을 포기하지 않는다면 내가 괴로울 것이라고 생각하기 때문이다. 나는 마하비라와 붓다의 산야스가 고통으로부터 일어났다고는 말하지 않는다. 나는 전혀 그렇게 말하지 않는다. 그들의 산야스는 행복의 조건으로부터 나왔다. 그들은 보다 높은 행복의 어떤 종류를 찾아서 이 행복을 떠났다. 그래서 이 점에서 그들과 크리슈나는 다르다.

크리슈나는 어떤 더 큰 행복을 위해 이 행복을 포기하지 않는다. 오히려 그는 우리가 희열이라고 부르는 어떤 다른 행복에 도달하기 위한 디딤돌로써 그것을 사용한다. 그는 두 종류의 행복 사이에 어떤 모순도 보지 않는다. 보다 높은 행복은 단지 보다 낮은 것의 연장일 뿐이다. 크리슈나에 의하면 희열은 이 세상의 행복에 반하지 않는다. 그것은 같은 음악, 같은 춤의 가장 높은 리듬이다. 크리슈나에게는 행복은 희열의 어떤 기본들을 포함하고 있다. 사람은 행복 안에서조차 희열의 작은 섬광을 가질 수 있다. 행복은 희열의 시작이다. 희열은 행복의 절정이다.

붓다와 마하비라는 행복한 상황으로부터 산야스로 왔다. 그것은 사실이지만 포기가 그들에게 남아 있다. 그들은 세상을 버린다. 그들은 그것을 떠난다. 포기는 그들의 형태 안에 자리를 차지하고 있고,

이 형태는 자기 학대적 사람들의 눈에는 상당히 중요한 것으로 보인다. 붓다와 마하비라는 권태로움 때문에 세상을 떠났는데, 자기 학대적인 사람들은 그들이 고통과 아픔 때문에 그렇게 했다고 생각했다. 붓다와 마하비라에 대한 해석은 자기 학대적인 사람들에 의해서도 행해졌다. 크리슈나뿐만 아니라 마하비라와 붓다조차 자기 학대적인 사람들에 의해 왜곡되었다. 물론 다소 적기는 하지만 크리슈나에게 행해진 것과 똑같은 불공정이 이들에게도 행해졌다.

우리는 불행하고 비참함 속에 있다. 우리가 세상을 떠날 때 우리는 우리의 불행 때문에 그렇게 한다. 그러나 붓다와 마하비라는 행복 때문에 세상을 떠났다. 우리의 포기에 대한 이유들이 다르기 때문에 우리와 마하비라와 붓다 사이에 차이가 있다.

붓다와 마하비라는 풍부함의 산야신들이다. 그럼에도 붓다와 마하비라, 크리슈나 사이에는 분명한 차이가 있다. 그 차이는 붓다와 마하비라가 행복을 포기하지만, 크리슈나는 그것을 포기하지 않았다는 것이다. 크리슈나는 있는 그대로의 그것을 받아들인다. 그는 탐욕은 말할 것도 없고, 포기할 가치가 있는 것에서조차 행복을 발견하지 않는다. 그는 있는 그대로의 삶에서, 그것이 무엇이든 간에 약간의 변화조차 만드는 것을 바라지 않는다. 그는 삶을 전체적으로 받아들인다.

한 탁발승은 그의 기도에서 "오, 신이시여! 저는 당신을 받아들이지만 당신의 세상은 받아들이지 않습니다."라고 말했다. 사실 모든 탁발승이 "오, 신이시여! 저는 당신을 받아들이지만 당신의 세상은 받아들이지 않습니다."라고 말한다. 이것은 무신론자가 취하는 견해와 반대이다. 무신론자는 "저는 당신의 세상은 받아들이지만 당신은 아니다."라고 말한다. 그러므로 유신론자와 무신론자는 같은 동전의 양면이다.

크리슈나의 유신론은 상당히 독특하다. 사실 크리슈나만이 유신론자이다. 그는 존재하는 것은 무엇이나 받아들인다. 그는 신께 말한다. "저는 당신도, 당신의 세상도 모두 받아들입니다." 그리고 이 수용은 너무 완전하고 너무 심오해서 어디에서 세상이 끝나고 신이 시작되는지를 알기가 어렵다. 세상은 진실로 신의 펼쳐진 손이며, 신은 세상에 숨겨진 가장 안쪽에 있는 존재이다. 세상과 신 사이의 차이는 이것 이상이 아니다.

크리슈나는 전체를 받아들인다. 크리슈나가 어떤 것도 포기하지 않고, 아픔이나 행복도 포기하지 않는다는 것을 이해하는 것이 중요하다. 그는 존재하는 어느 것도 포기하지 않는다. 그에게는 포기라는 문제가 일어나지 않는다.

만약 올바르게 이해한다면 개인, 에고 및 나는 포기와 더불어 시작된다는 점을 우리는 알게 될 것이다. 우리가 무언가를 포기하자마자 나라는 것이 존재 속으로 들어온다. 만약 우리가 어떤 것을 포기하지 않는다면 나를 위한, 에고가 존재하기 위한 길은 없다.

크리슈나보다 더 에고 없는 사람을 발견하기는 어렵다. 그는 완전히 에고가 없다. 그 무엇이든지 아무런 에고가 없기 때문에 그는 아주 편안하게 에고적으로 생각되는 것들을 말할 수 있다. 그는 아르주나에게 "모든 것을 포기하고 나에게 복종하라. 나의 발 아래로 오라."고 말한다. 이것은 커다란 에고이즘의 진술인 것처럼 보인다. "모든 것을 포기하고 나의 발 아래로 오라."고 말하는 것보다 더 큰 에고적인 진술이 있을까? 이러한 진술, 즉 우리의 보통의 마음들에게조차 명백히 그렇게 에고적인 것처럼 보이는 것이 크리슈나 그 자신에게는 그렇게 보이지 않는다는 것은 아이러니다. 그는 적어도 우리가 가지고 있는 만큼의 많은 지성을 지니고 있다. 그는 그것이 에고적 선언이라는 것을 알 것이다. 하지만 그는 놀랄 만큼 편하고 순진하고 자발적으로 그렇게 말한다. 진실로 나라는 존재와 내가 소유한 것을 조금도 알지 못하는 사람만이 그러한 선언을 할 수 있다.

크리슈나가 아르주나에게 진실로 말한 것이 무엇인가? 그가 "모든 것을 버리고 나의 발 아래로 오라."고 말했을 때 그는 아르주나가 모든 것을 떼어 놓고, 삶 그 자체를 의미하는 발 아래로 가야 하며, 있는 그대로의 삶을 받아들여야만 한다고 말하고 있다.

크리슈나가 아르주나에게 싸우라고 훈계하는 것은 재미있다. 만약 우리가 그 둘 사이의 대화를 지켜본다면 오히려 아르주나가 더 종교적으로 보이며, 크리슈나가 말하는 것이 비종교적인 것으로 보인다. 크리슈나는 아르주나에게 싸우라고 하며, 아르주나는 그렇게 하기를 거절한다. 그는 "저의 친족들을 죽이는 것은 괴로운 일입니다. 저는 왕국과 옥좌를 위한다고 하더라도 그들을 죽이지 않을 것입니다. 상대 편에 있는 저의 친척, 친구들과 스승들을 죽이기보다는 차라리 거리에서 구걸하거나 자살하는 것이 더 낫습니다."라고 말한다.

종교적인 사람이 볼 때 아르주나가 틀린 것이 무엇이 있는가? 모든 종교적인 사람은 아르주나가 절대적으로 옳고, 정의감으로 가득 차 있고, 종교의 길 위에 있다고 말할 것이다. 그는 아르주나가 지혜로운 사람인 현자라고 말할 것이다. 하지만 크리슈나는 그에게 "너는 미혹 당했고 탈선해 버렸다. 너는 종교적인 감각을 완전히 잃어버렸다."고 말한다.

그러고 나서 그는 아르주나에게 "만약 네가 누군가를 죽일 수 있다고 생각한다면 너는 미쳤다. 어느 누구도 죽지 않는다. 그리고 네가 네 앞에 서 있는 저들을 구할 수 있다고 생각하는 것은 잘못되었다. 도대체 누가 누구를 구할 수 있는가? 그리고 너는 전쟁을 피할 수도 없고, 비폭력적일 수도 없다. 왜냐하면 '나'라는 것이 존재하는 한 그 자신과 그의 가족과 친척들을 구하려고 열망하는 것은 바로 이 '나'인데, 그러면 비폭력은 거의 불가능하기 때문이다. 아니다. 이 넌센스를 버리고 실재를 직면하라. '나'라고 하는 것을 떼어 놓고 싸워라. 네가 직면해 있는 것을 받아들여라. 그리고 네가 직면해 있는 것은 기도자들이 만들어낸 신전이 아니라 전장이다. 네가 직면하고 있는 것은 전쟁이다. 너는 그것 속으로 뛰어들어야만 한다. 그래서 너의 '나'를 떼어 버려라. 너는 누구인가?"

그의 권고 도중에 크리슈나는 매우 재미있고 의미 있는 말을 한다. 그는 아르주나에게 말하기를, "네가 죽여야만 한다고 생각하는 저들은 모두 이미 죽어 있다. 그들은 죽음을 기다리고 있을 뿐이다. 기껏 너는 그것을 서두르게 하기 위한 매개물로 봉사할 수 있다. 하지만 만약 네가 그들을 죽일 것이라고 생각한다면, 그때 너는 매개물이 되는 것을 그칠 것이고 행위자가 될 것이다. 그리고 만약 네가 전투로부터 달아난다면 네가 그들의 구조자가 될 것이라고 생각하지 말라. 그것은 또 다른 환영일 것이다. 너는 그들을 죽일 수도 없고, 그들을 구할 수도 없다. 너는 오직 너의 역할을 연기해야만 한다. 그것은 연극하는 것 이상의 아무것도 아니다. 그러므로 완전히 그것 속으로 들어가서 동요하지 않고, 너의 역할을 행하라. 그리고 만약 네가 너의 마음을 떼어 놓고, 너의 에고를 버리고 '나의', 그리고 '나의 것'의 관점으로부터 사물들을 보는 것을 그만두기만 한다면, 너는 어느 것에

라도 완전히 존재할 수 있다."

그것 모두가 의미하는 것은 무엇일까? 당신은 크리슈나가 말하고자 하는 것을 이해하는가? 그것을 이해하는 것은 엄청난 의미가 있다.

그것은 만약 누군가가 에고의 관점을 버린다면 그는 행위자가 되는 것을 그만둘 것이며, 단지 연기자, 배우가 될 수 있다는 것을 의미한다. 만약 내가 라마이고, 나의 시따가 납치를 당한다면 나는 그녀를 찾으며 울 것이다. 하지만 내가 그녀를 찾아 우는 것이, 만약 내가 그의 인생이라는 드라마 안에서 그의 역할을 하고 있다면 상당히 다르게 될 것이다. 그때도 나는 울겠지만 아마도 나의 울음은 실제 라마의 울음보다 더 실제적이 될 것이다. 사실 그것은 더 좋은 행위가 될 것이다. 왜냐하면 실제 라마는 그의 역할을 연습하기 위한 기회를 가지고 있지 않기 때문이다. 그는 오직 한 번 시따를 잃었으며 그녀가 납치를 당한 후에야 그 사실을 알게 된다. 그는 그것을 위해 준비하지 않는다. 그리고 행위자로서 그는 울고 있는 행동에 열중한다. 그는 시따를 위해 울고, 소리 지르고, 고통스러워한다.

바로 이러한 이유로 인도는 라마를 신의 완전한 화신으로 받아들이지 않는다. 그는 완전한 배우일 리가 없다. 그는 배우라기보다 행위자이다. 그는 몇 번이고 되풀이하여 시도하고 실패한다. 그는 행위자로 남아 있다. 그러므로 우리는 이상적인 성격의 행위자로서 그의 삶을 묘사한다. 그는 배우도, 놀이하는 자도 아니다.

배우는 성격을 가지고 있지 않으며 단지 역할만 할 뿐이다. 그러므로 우리는 크리슈나의 삶을 실재의 연극으로, 공연으로 묘사한다. 크리슈나의 삶은 릴라(leela: 유희)이다. 그는 단지 그의 역할을 연기하고, 그것을 완벽하게 연기한다. 라마의 삶은 성격을 가지고 있고, 그것은 이상주의적이다. 크리슈나의 삶은 자유로운 연기인 바로 릴라이다.

성격은 심각한 어떤 것이다. 성격을 가진 사람은 한 세트의 생각들, 규칙들과 규정들에 그의 행위를 근접시켜야만 한다. 그는 뽑고 선택해야만 한다. 그는 선과 악 사이에서, 해야 하는 것과 해서는 안 되는 것들 사이에서 선택해야만 한다. 아르주나는 성격을 가진 사람이 되려고 노력하고 있다. 크리슈나는 그를 배우로 만들기 위해 노력하고 있다. 아르주나는 그가 해야 하는 것과 하지 말아야 하는 것을 알고 싶어 한다. 크리슈나는 그에게 그것 속으로 그의 마음과 에고를 가져오지 않도록, 선택하지 않도록, 그의 길로 오는 것은 무엇이나 받아들이도록 요구한다. 이것은 절대적인 수용이다. 거기에서는 당신이 부인할 것이 아무것도 없다.

하지만 선택하는 것 없이 존재의 전부를 받아들이는 것은 정말로 힘들다. 전적인 수용은 아무런 좋고 나쁨, 아무런 미덕과 악이 없고, 아무런 아픔과 즐거움이 없음을 의미한다. 전적인 수용은 사람을 두 가지 상반되는 것들로 가르는 변증법적인 생각을 영원히 버린다는 것을 의미한다. 크리슈나는 아르주나에게 진실로 아무런 탄생과 죽음이 없으며, 아무도 태어나지 않고 있으며, 아무도 죽지 않으며, 아무도 죽이지 않고, 아무도 죽임을 당하지 않는다고 말한다. 그러므로 아르주나는 두려움 없이 포기를 하고 전쟁 속으로 돌입할 수 있다. 그래서 그는 자유로이 전쟁을 즐길 수 있다.

이 땅 위의 모든 것이 신성하다. 존재 안에 있는 모든 것은 경건하다. 그래서 옳고 그름에 대한 문제는 일어나지 않는다. 물론 그것을 이해하는 것과 그것을 실천하는 것은 정말로 힘든 일이다.

크리슈나의 비전을 도덕적인 마음으로 해독하기는 극히 어렵다. 도덕가는 크리슈나를 이해하는 것보다 부도덕한 사람을 이해하는 것이 더 쉽다는 것을 알게 된다. 그는 그를 죄인이라 부름으로써 부도덕한 사람으로 몰아 버릴 수 있다. 하지만 크리슈나에 관해서는 이럴 수도 저럴 수도 없다. 그를 어디에 놓을까? 그는 크리슈나가 나쁜 사람이라고 말할 수 없다. 왜냐하면 크리슈나는 나쁜 사람으로 보이지 않기 때문이다. 그런데 그는 크리슈나가 선하다고 말할 용기를 가질 수도 없다. 왜냐하면 그는 아르주나에게 분명히 나쁘고, 아주 나쁜 것들을 하게 하기 때문이다.

간디는 크리슈나에 대해 논의하려 했을 때, 그러한 딜레마에 빠져 있었다. 사실 그는 크리슈나보다는 아르주나와 더 일치했다. 크리슈나는 아르주나를 전쟁 속으로 들어가도록 자극하는데, 간디가 어떻게 그것을 받아들일 수 있었겠는가? 만약 크리슈나가 분명히 나빴다면 그는 크리슈나로부터 벗어날 수 있었겠지만, 크리슈나의 나쁨은 분명하지 않다. 왜냐하면 크리슈나는 좋고 나쁨 모두를 받아들였기 때문이다. 그는 선하고, 완전히 선하다. 그리고 그는 또한 완전히 나쁘다. 역설적으로 그는 동시에 양쪽 모두이다. 그의 선함은 아주 명백한 것이지만 그의 사악함 또한 거기에 존재한다. 그래서 간디가 그를 나쁜 사람으로 받아들이기는 어렵다. 그러한 상황에서 간디는 마하바라따의 전쟁이 우화였고 신화였다는 것, 그리고 그것이 실제로는 일어나지 않았다고 말하는 길밖에 없었다. 그는 마하바라따의 실재를 인정할 수 없었다. 왜냐하면 전쟁은 폭력이고, 전쟁은 그에게 악이기 때문이다. 그래서 그는 그것을 선과 악 사이의 우화적인 전쟁이라고 부른다. 여기서 간디는 크리슈나가 분명히 거절한 것 같은 논리적 추론 뒤에 숨는다. 크리슈나는 변증적인 삶의 분할은 완전히 잘 못되었으며 삶은 하나이고 나눌 수 없는 것이라고 말한다. 그런데 간디는 빤다바들이 선을 대표하고 까우라바들이 악을 대표하는 선과 악 사이의 신화적인 전쟁으로 마하바라따를 묘사하고, 크리슈나는 아르주나가 선을 대표해서 싸우도록 촉구한다고 본다. 간디는 이런 방식을 발견해 내야만 한다. 그는 전체의 사건을 다만 우화적이고 시적이라고 말한다.

크리슈나와 간디 사이에는 오천 년의 차이가 있다. 그래서 간디가 오천 년 전 사건을 신화라고 보는 것은 쉬운 일이었다. 하지만 자이나교도들은 이러한 이점을 가지고 있지 않다. 그래서 그들은 간디와 달리 마하바라따 전체를 은유로 치부할 수가 없었다. 그들에게 그 전쟁은 정말로 일어난 일이었다. 자이나교의 생각은 베다들만큼 오래된 것이다.

힌두교도와 자이나교도들은 같은 고대의 유물들을 나눈다. 그래서 마음은 자이나교도였고 몸은 힌두교도였던 간디와 달리, 자이나교도들은 전쟁은 진실로 일어나지 않았거나 크리슈나가 전쟁을 인도하지 않았다고 말할 수 없었다. 그들은 크리슈나와 같은 시대였고, 그래서 어떤 변명도 찾을 수 없었다. 그들은 크리슈나를 곧바로 지옥으로 보냈다. 그들에게 다른 방법은 없었다. 그들은 크리슈나가 마하바라따의 끔찍한 폭력을 일으킨 책임 때문에 지옥으로 보내졌다고 경전들에 기록했다. 만약 그러한 대규모의 살생에 대해 책임져야 할 사람이 지옥으로 가지 않는다면, 자이나교도들이 행하는 것처럼 파리를 죽이는 것조차 신중하게 피하는 사람들에게 무슨 일이 일어날 것인가? 그래서 자이나교도들은 크리슈나를 지옥 안에 두어야만 했다.

하지만 이것은 그와 같은 시대의 생각이다. 크리슈나의 선함은 너무 두드러지고 광대해서 그의 같은 시대의 자이나교도들조차 어려움에 직면하였다. 그래서 그들은 그에 대해 다른 이야기를 만들어내야만 했다. 크리슈나는 그 자신의 옳음 안에서 드물고 독특한 사람이었다. 그가 마하바라따와 같은 전쟁에 대해 책임이 있었다는 것은 진실이다. 그가 여자들과 함께 춤추었고, 그들의 옷을 벗기고, 그들의 옷을 가지고 나무 위로 올라갔다는 것도 진실이다. 그렇게 나쁜 방식으로 행동하는 그렇게 선한 사람, 그를 지옥으로 내버린 후로 그들은 혼란스러웠다. 만약 크리슈나와 같은 그러한 선한 사람들이 지옥 속으로 던져진다면, 그때는 선함 그 자체가 의심스러워질 것이다. 그래서 자이나교도들은 크리슈나가 다음 깔빠(Kalpa(겁): 43억 2천만 년))에 첫 번째 자이나 띠르딴까라가 될 것이라고 말했다. 그들은 그를 지옥 속에 넣고, 그와 동시에 돌아오는 깔빠에 그들의 띠르딴까라의 위치를 주었다.

그것은 크리슈나에 대한 그들의 처치를 균형 잡히게 하는 방법이었다. 크리슈나는 너무 역설적이었다. 도덕적인 관점으로 볼 때 그는 분명히 나쁜 부류의 사람이었지만, 그 밖의 점에서 그는 띠르딴까라가 될 만한 가치가 있는 평범하지 않은 사람이었다. 그러므로 그들은 중간 길을 발견했다. 그들은 당분간 그를 지옥 안에 두었고, 그리고는 그들 자신의 미래 띠르딴까라라는 신성한 위치를 그에게 할당했다. 그들은 창조의 한 주기인 현재의 깔빠가 끝날 것이고, 다음의 시작에 크리슈나가 그들의 첫 번째 띠르딴까라가 될 것이라고 말했다. 이것은 크리슈나와는 진실로 아무런 관련이 없었던 보상이다. 그들이 그를 지옥으로 보냈기 때문에, 자이나교도들은 보상해야만 했다.

그들은 그들 자신을 심리적으로 보상했다.

간디는 이점을 가지고 있다. 그는 시간적으로 크리슈나로부터 멀리 떨어져 있다. 그래서 그는 아주 편안히 문제를 해결한다. 그는 크리슈나를 지옥으로 보낼 필요도 없고, 그를 띠르딴까라로 만들 필요도 없다. 그는 마하바라따를 우화로 부름으로써 그의 문제를 해결한다. 그는 전쟁이 실제로 일어나지 않았고, 삶에 대한 진리를 알리기 위한 우화일 뿐이며, 선과 악 사이의 우화적인 전쟁이라고 말한다. 간디의 문제는 그의 시대의 자이나교도들이 직면하였던 것과 같은 문제다. 비폭력이 문제다. 그는 폭력이 삶에서 자리를 가질 수 있다는 것을 받아들일 수 없다. 그것은 선과 마찬가지다. 선은 악이 삶에서 한 자리를 가지고 있다는 것을 인정할 수 없다.

하지만 크리슈나는 세상은 반대되는 것들의 조화라고 말한다. 폭력과 비폭력은 항상 함께 손을 잡고 간다. 폭력이 일어나지 않았던 때가 결코 없었고, 비폭력이 존재하지 않았던 때도 결코 없었다. 그래서 반대되는 것들 중 오직 하나만을 선택하는 사람들은 부서진 조각들을 선택하는 것이다. 그러므로 그들은 결코 충만해질 수 없다. 단지 빛만이 있었을 때나 단지 어둠만이 있었을 때가 없었으며, 또한 그것은 그렇게 있지도 않을 것이다. 부분을 선택하고 다른 것을 부인하는 사람들은 긴장 속에 있어야만 한다. 왜냐하면 그것을 부인함에도 다른 부분은 계속 존재할 것이기 때문이다. 그리고 아이러니는 우리가 선택한 부분은 그것의 존재를 위해 우리가 부인한 부분에 의존하고 있다는 것이다.

비폭력은 폭력에 의존한다. 그들은 진실로 서로 의존하고 있다. 빛은 어둠 때문에 가능하다. 선은 우리가 악이라고 부르는 것의 토양

안에서 자라고, 선의 유지는 그것으로부터 나온다. 그의 존재의 다른 극단에 성자는 결국 죄인과 연결되어 있다. 모든 양극들은 결정적으로 서로 밀접하게 관련되어 있다. 아래와 위, 지옥과 천국, 악과 선, 그것들은 하나이며 같은 진실의 양극들이다.

크리슈나는 "양극 모두를 받아들여라. 왜냐하면 양쪽 모두 거기에 함께 있기 때문이다. 그들과 함께 가라. 왜냐하면 그들이 존재하기 때문이다. 선택하지 말라!"고 말한다. 크리슈나는 무선택에 관하여 이야기한 최초의 사람이라고 말할 수 있다. 그는 "선택하지 말라. 선택하면 당신은 실수할 것이다. 선택하면 당신은 탈선한다. 선택하면 당신은 불완전해진다. 선택은 또한 존재하고 있는 진리의 다른 반쪽의 부정을 의미한다. 우리는 그것을 없앨 수 없다. 우리의 손안에는 아무것도 없다. 존재하는 것은 존재한다. 우리가 존재하지 않았을 때도 그것은 존재했다. 그것은 우리가 더 이상 존재하지 않을 때도 존재할 것이다."고 말한다.

하지만 지금까지 종교적인 마음으로 여겨져 왔던 도덕적인 마음은 그것의 어려움을 가지고 있다. 그것은 충돌 속에서 산다. 그것은 모든 것을 선과 악으로 나눈다. 도덕가는 악을 비난하는 데서 커다란 즐거움을 얻는다. 그때 그는 자신이 위대하며 선하다고 느낀다. 선에 대한 그의 흥미는 부정적이다. 그것은 그의 악에 대한 비난으로부터 나온다. 성자는 죄인들에 대한 비난으로부터 그의 모든 즐거움을 끌어낸다. 그렇지 않다면 그는 스스로 기뻐할 아무런 방법이 없다.

천국으로 가고 있는 모든 기쁨은 지옥으로 보내지는 사람들의 고통과 불행에 의존한다. 천국 안에 있는 사람들이 지옥 같은 것이 없다는 것을 알게 된다면, 그들의 모든 기쁨은 갑자기 사라질 것이다.

그들은 비참해질 것이다. 만약 그들이 지옥이 존재하지 않는다는 것을 안다면, 그들의 모든 노력은 배수관으로 내려갈 것이다. 만약 지옥이 없다면 모든 범죄자, 모든 죄인은 천국에 있을 것이다. 그때 성자는 어디로 갈 것인가? 덕을 갖춘 사람들의 행복은 진실로 죄인들의 불행에 의존하고 있다. 부자의 행복은 진실로 가난한 자의 불행에서 생겨난다. 그것은 풍부함 그 자체에 놓여 있지 않다. 선인의 행복은 진실로 죄인들로서 비난받았던 사람들로부터 나오며, 그것은 스스로 선함 그 자체에서 나오는 것이 아니다. 모든 사람들이 선해지자마자 성자는 그의 모든 매력과 갈채를 잃어버릴 것이다. 그는 즉시 무의미해질 것이다. 아마도 그는 몇몇 전과자들을 그들의 오랜 일들로 돌아오도록 설득하기 위해 노력할 것이다.

우주의 모든 중요성은 그것의 정반대되는 것들에서 오며, 그것은 진실로 상보적이다. 전체적으로 우주를 관찰하는 사람은 소위 악은 선의 맨 끝의 점이고, 이와 비슷하게 선은 악의 오메가 점이라는 것을 발견할 것이다.

크리슈나는 선택하지 않으며, 그는 전체이고, 그는 통합적이다. 그러므로 그는 전부이고 완전하다. 우리는 완전함과 전체인 크리슈나를 제외한 어떤 다른 화신도 받아들이지 않는다. 그리고 그렇게 하는 데에는 이유가 있다. 어떻게 라마가 완전할 수 있을까? 그는 분명히 불완전하다. 왜냐하면 그는 단지 진리의 반만을 선택했기 때문이다. 선택하지 않는 자만이 전체일 수 있다. 하지만 그냥 선택하지 않기 때문에 그는 어려움에 직면할 것이다. 그의 삶은 빛과 어둠의 상호작용일 것이다. 지금 그것은 밝게 빛날 것이다. 지금, 그것은 흐려질 것이다. 그것은 결코 단조로울 수가 없다. 그것은 단조롭고 간단할

리가 없다.

　선택하는 사람의 삶은 전반적으로 회색이고, 평평하고, 간단할 것이다. 왜냐하면 그는 그의 삶의 한 모퉁이를 깨끗하게 광내기 때문이다. 하지만 그는 그가 거절하고 배려하지 않고 버린 그것의 나머지를 어떻게 할 것인가? 그의 거실은 환하고 우아하며, 잘 갖춰지고, 잘 장식되고, 산뜻하다. 하지만 카펫 밑에 밀어 넣은 모든 쓰레기와 오물을 가진 그 집의 나머지 것들은 어떻게 할 것인가? 쓰레기는 모일 것이고, 카펫 아래에서는 악취가 날 것이다.

　하지만 산뜻함과 쓰레기, 밝은 부분들과 어두운 구석들을 함께 가지고 있는 집 전체를 받아들인 사람은 어떤가? 그러한 사람은 분류될 수 없다. 우리는 우리 자신의 빛 안에서, 우리의 선택들과 선호들의 빛 안에서, 우리의 좋고 싫음의 빛 안에서 그를 볼 것이다. 만약 어떤 사람이 그 안에서 선을 보기를 원한다면, 그 사람은 거기서 그것을 발견할 것이다. 그리고 만약 사람이 그 안에서 단지 악을 보고 싶어 한다면, 그도 역시 실망하지 않을 것이다. 왜냐하면 그의 삶에는 선과 악 둘 다가 함께 존재하기 때문이다. 사실 그것들은 단지 언어적으로만 둘이다. 실존적으로 그들은 같은 것의 다른 측면들이다. 그들은 진실로 하나이다.

　그러므로 나는 선택을 지닌 붓다와 마하비라는 무선택의 존재가 아니라고 주장한다. 그들은 선하고, 절대적으로 선하다. 바로 이러한 이유 때문에 그들은 전체가 아니다. 전체가 되기 위해서는 선과 악이 함께 가야만 한다. 만약 세 사람 모두 즉 붓다와 마하비라, 크리슈나가 일렬로 서 있다면, 붓다와 마하비라는 분명히 크리슈나보다 더 밝게 빛나고 우리를 더 끌어당길 것이다. 붓다와 마하비라는 나무랄 데

없이 깨끗해 보인다. 그들의 망토 위에는 아무런 얼룩이 없다.

만약 우리가 마하비라와 크리슈나 사이에서 선택해야만 한다면 우리는 마하비라를 선택할 것이다. 크리슈나는 우리에게 약간 의심스럽게 남을 것이다. 크리슈나는 항상 그렇게 했었다. 왜냐하면 그는 표면상 모든 정반대의 것들을 지니고 있기 때문이다. 그는 마하비라가 선한 만큼 선하지만, 다른 관점에서 마하비라는 그와 동등할 수 없다. 왜냐하면 크리슈나는 징기스칸과 히틀러가 나쁜 만큼 나쁘게 될 정도의 용기를 가졌기 때문이다. 할 수는 없겠지만 만약 우리가 마하비라에게 그의 손안에 칼을 가지고 전장에 서 있도록 설득할 수 있다면, 그때 그는 크리슈나의 모습처럼 보일 것이다. 만약 우리가 징기스칸에게 그의 폭력을 버리게 하고, 모든 것을 포기하게 하고, 순수하고 평화로운 마하비라처럼 벌거벗은 채 서 있게 한다면, 이것 역시 가능하지 않겠지만, 그때 그 또한 크리슈나를 닮을 것이다.

크리슈나를 판단하고 평가하는 것은 거의 불가능하다. 그는 모든 평가, 모든 판단을 좌절시킨다. 크리슈나에 대해서는 우리는 무판단적이어야 한다. 판단하지 않는 사람들만이 그와 함께 갈 수 있다. 판단하는 마음은 그와 함께 하는 데 곧 어려움에 처할 것이고, 그로부터 도망갈 것이다. 크리슈나의 좋은 측면을 볼 때 그는 크리슈나의 발에 닿을 것이지만, 그의 다른 일면을 우연히 만났을 때 그는 어떻게 할 것인가?

이러한 역설 때문에 각각의 크리슈나의 연인들은 그를 부분들로 나누었고, 자신과 일치하고 있던 부분만을 크리슈나로 선택했다. 어느 누구도 크리슈나 전체를 받아들일 용기가 없었다. 만약 수르다스가 크리슈나에 대해 찬미의 성가들을 부른다면, 그는 크리슈나를 그의 어린 시절의 시간 속에 가둘 것이다. 그는 크리슈나의 삶의 나머지를 버린다. 그는 그를 완전히 받아들일 용기를 가지고 있지 않다. 수르다스는 겁이 많은 사람인 것처럼 보인다. 그는 바늘로 그 자신의 눈을 보이지 않게 한다. 그는 아름다운 여성에 대한 두려움 때문에 스스로 장님이 된다. 눈이 여성에 대한 자신의 욕망을 유발하지 않도록, 그녀와 사랑에 빠지지 않도록 눈 없이 살기로 결정한 사람에 대해 생각해 보라. 그러한 사람이 크리슈나를 전적으로 받아들일 수 있을까? 몇몇 사람들이 사랑하는 것처럼 수르다스도 크리슈나를 사랑한 것은 진실이다. 그는 크리슈나 없이 지낼 수 없다. 그래서 그는 그의 어린 시절에 매달리고, 그의 젊은 시절을 무시한다. 젊은 크리슈나는 그의 저편에 있다.

만약 크리슈나가 젊은 시절에 자신처럼 눈이 보이지 않았더라면, 수르다스는 크리슈나를 받아들일 수 있었을 것이다. 크리슈나의 눈은 진기한 아름다움과 힘을 가지고 있었음에 틀림없다. 크리슈나의 눈은 너무나 많은 여성들을 매혹시켰다. 그와 같은 눈을 가진 사람은 드물었다. 역사에서 단 한 사람의 눈이 수천의 여성들에게 매력의 중심이었던 적은 드물다. 크리슈나의 눈은 특별히 매력적이고 매혹적이었음에 틀림없다. 그의 눈은 진실로 사람을 끄는 눈이었다. 틀림없이 수르다스는 크리슈나의 것과 같은 눈을 가지고 있지 않았다. 그의 눈은 매우 평범했다. 여성들이 그를 끌어당겼다는 것은 진실이다. 그러나 그 또한 여성들을 끌어당겼는지 모른다. 그래서 수르다스는 크리슈나의 어린애 같은 장난들에 만족한 채로 있어야만 했다. 그는 그의 나머지 부분을 무시했다.

그것이 크리슈나에 대한 모든 경전들이 단편적인 이유이다. 수르다스가 크리슈나의 어린 시절을 선택할 때 또 다른 시인 께샤바다스는 다른 크리슈나를, 젊은 크리슈나를 선택한다. 께샤바는 어린 크리슈나에게는 조금도 관심을 갖지 않으며, 마을 소녀들과 노래하고 춤추는 크리슈나의 젊은 에너지를 사랑한다. 께샤바의 마음은 젊고 활기가 있고 쾌락주의적이다. 그는 젊음의 탐닉과 풍부를 즐긴다. 그는 결코 눈이 멀지는 않을 것이다. 만약 그가 그렇게 되었다면, 그는 심지어 어둠 속에서도 그의 눈을 열어 둘 것이다.

그러므로 께샤바는 크리슈나의 어린 시절을 이야기하지 않는다. 그는 그것과 전혀 관련이 없다. 그는 그 자신을 위해서 춤추는 크리슈나를 선택한다. 그가 크리슈나의 춤을 이해하기 때문에 그렇게 한 것은 아니다. 감각적인 마음, 춤추는 마음을 가지고 있기 때문에 그는 그것을 선택한다. 그는 젊은 여성들의 옷을 벗기고 그들의 옷을 가지고 나무에 오르는 크리슈나에게 찬사를 보낸다. 께샤바는 크리슈나의 장난들의 보다 깊은 의미를 이해한 것이 아니라, 마을의 여성들의 옷을 벗기는 크리슈나로부터 대리의 쾌락을 얻기 때문에 그렇게 한다. 그래서 그 역시 수르다스와 같이 크리슈나의 단편, 크리슈나의 일부분만을 선택했다.

이것이 기따의 크리슈나와 바가바땀의 크리슈나가 완전히 다른 이유이다. 그것은 크리슈나의 예찬자들과 연인들의 다른 선택들과 선호들 때문에 그렇다. 크리슈나 자신은 선택이 없고 전체이지만, 우리는 아니다. 그 스스로 선택하지 않고 전체인 사람만이 크리슈나의 전부를 받아들일 수 있고 흡수할 수 있다. 우리들, 즉 미완성이고 불완전한 사람들은 먼저 그를 부분들로 나누고 나서 우리가 좋아하는 것을 선택한다. 그리고 우리가 한 부분을 선택할 때, 동시에 당신은 그의 나머지를 부정한다. 당신은 남아 있는 크리슈나가 신화, 우화라고 말할 것이다. 당신은 크리슈나의 나머지가 우주의 종말까지 지옥에서 고통 받을 것이라고 말할 것이다. 당신에게는 크리슈나의 전체가 필요하지 않으며, 파편만으로 충분하다고 말할 것이다. 그래서 그의 연인들과 예찬자들만큼이나 많은 크리슈나들이 있다.

크리슈나는 끝없는 해안을 가진 광대한 바다와 같다. 우리는 작은 물웅덩이들의 물을 우리 자신의 것이라 부른다. 이러한 물웅덩이들은 크리슈나라는 광대한 바다의 아주 작은 일부분도 되지 못한다. 당신은 이 작은 물웅덩이들을 통해 바다를 알 수 없다. 그 물웅덩이들은 크리슈나의 연인들, 그리고 그에 대한 그들의 매우 제한된 이해를 나타낸다. 물웅덩이를 바다로 여기지 말라.

그래서 나는 크리슈나의 전체, 완전한 크리슈나에 관해 말할 예정이다. 이것 때문에 이들 이야기들에서 몇 번이나 당신은 나를 이해하는 것이 어렵다는 것을 알게 될 것이다. 많은 것들이 당신의 마음과 지성에 도전할 것이다. 어떤 것들은 심지어 당신을 초월할 것이다. 나는 당신에게 그 경우의 극치까지 일어나기를 바라고, 당신 마음의 조건화에도 불구하고 당신 스스로 나와 동행할 준비를 하기 바란다. 만약 당신이 수렁에 빠진 채로 있고 크리슈나에 대한 당신의 개념들에 매달린다면, 당신은 지금까지 그랬던 것처럼 완전한 크리슈나를 다시 놓칠 것이다. 그리고 나는 당신이 그렇게 오랫동안 알아왔던 불완전한 크리슈나가 아니라 오직 통합된 크리슈나만이, 전체의 크리슈나만이 당신에게 유익하다고 말한다.

오직 크리슈나만이 아니라 심지어 보통의 사람도 그가 통합되고 전체이기만 하면 유익하다. 그를 해부하라. 그러면 당신은 당신의 손안에 그의 죽은 손발들만을 가질 것이다. 그는 더 이상 살아 있는 사람이 아니다. 그래서 크리슈나를 파편들로 나누었던 사람들은 그에게, 그리고 그들 자신에게 커다란 해를 주었다. 크리슈나의 전체의 살아 있는 존재가 놓쳐지고 있는 동안, 그들은 단지 그의 죽은 손발들만을 가지고 있다. 진정한 크리슈나를 놓치고 있다.

크리슈나의 전체를 가질 수 있는 방법은 오직 하나뿐이다. 그것은 선택하지 않고 그를 이해하는 것이다. 그리고 그를 그렇게 이해하는 것은 더없는 희열의 여행이 될 것이다. 왜냐하면 그 과정에서 당신은 통합될 것이고 전체를 이룰 것이기 때문이다. 그를 이해하는 바로 그 과정에서 당신은 전체가 되고 신성해질 것이다. 만약 당신이 당신의 선택들과 기호들을 버리는 데 동의한다면, 그의 전체성으로 크리슈나를 이해하려 한다면, 곧 당신 내면의 모순들과 충돌들은 감소되어 사라지게 된다. 그리고 당신의 모든 파편들은 통합된 전체 속으로 함께 들어오게 된다는 것을 발견할 것이다. 그때 당신은 소위 요가 즉 전체성을 얻을 수 있을 것이다. 크리슈나에게 요가는 단지 하나의 의미를 가지고 있다. 일체가 되는 것, 통합되는 것, 전체가 되는 것이다.

요가의 시각은 전체이다. 요가는 전체를 의미한다. 그것이 크리슈나가 제일 높은 요가에 도달한 사람인 마하요기(mahayogi)라고 불리는 이유이다. 자신이 요기라고 주장하는 사람들이 많이 있는데, 그들 모두는 그들의 선택을 가지고 있다. 또한 그들 모두가 일체와 통합이 부족하기 때문에 진정으로 요가 수행자들은 아니다. 선택하지 않음이 요가이다.

분할되지 않고 전체로서의 크리슈나에 대한 이 이야기들은 당신을 어렵게 할 것이다. 왜냐하면 지성은 그것 자신의 범주들, 그것 자신의 불완전으로 사고하는 그것 자신의 방법들을 가지고 있기 때문이다. 지성은 사람들, 사건들과 사물들을 측정하는 그것 자신의 방법들을 가지고 있다. 이 측정들은 모두 작고 불완전한 것이다. 자신의 측정이 새로운 것이든 낡은 것이든, 현대적인 것이든 중세적인 것이든, 미터법이거든 다른 방법이든 간에 많은 차이를 만들지 않는다. 그 지성이 오래되거나 새로운, 고대적이거나 현대적인, 고전적이거나 과학적인 것이든 간에 어떤 차이도 만들지 않는다. 모든 지성들에게 하나의 성격적 공통점이 있다. 그것은 선과 악, 옳고 그름 속으로 사물들을 나눈다는 것이다. 지성은 항상 나누고 선택한다.

만약 당신이 크리슈나를 이해하기를 원한다면, 열흘 동안 당신의 판단을 완전히 버리고, 나누고 선택하는 것을 포기하라. 단지 판단 없이, 어느 것도 평가하지 말고 귀를 기울이고 이해하라. 그리고 당신의 이해, 당신의 지성이 비틀거리고 실패하기 시작하는 지점이 올 때마다 거기서 멈추지 말고, 거기에서 후퇴하지 말고, 합리적인 이해를 초월한 세계, 또는 소위 말하는 비합리적인 세계로 대담하게 들어가도록 하라. 종종 우리는 비합리적인 것을 우연히 만날 것이다. 왜냐하면 크리슈나가 합리적인 것에 국한될 수 없기 때문이다. 그는 그것보다 훨씬 더 광대하다. 그에게 있어 크리슈나는 합리적인 것과 비합리적인 것 둘 다를 포함하고 있으며, 또한 둘 다를 초월한다. 그에게 있어서 크리슈나는 또한 이해를 초월하는, 이해 저쪽 너머에 있는 것을 포함한다.

논리적인 틀과 패턴들 속에 크리슈나를 끼워 맞추는 것은 불가능하다. 왜냐하면 그는 당신의 논리를 받아들일 수 없고, 당신에게 익숙한 삶의 어떤 분할들도 인정하지 않기 때문이다. 그는 분할을 받아들이

거나 부정함이 없이 모든 종류의 분할을 깨끗하게 다룬다. 비록 그가 당신의 신념들과 교리들과 미신들의 모든 물웅덩이들에 접촉할지라도 그는 그 스스로 그것들에 접촉하지 않은 채로 있다. 그는 항상 그가 존재하는 거대한 바다에 남아 있다. 분명히 그는 당신에게 어려움을 만들 것이다. 당신이 직면할 가장 커다란 어려움은 당신 자신의 작은 물웅덩이들이 말라 죽을 때, 비로소 크리슈나의 바다가 살고 계속해서 살아간다는 것이다. 그는 저쪽 너머에, 늘 저 너머에 있다.

크리슈나의 바다는 진실로 속속들이 존재한다. 즉 그는 모든 곳에 퍼져 있다. 그는 선 안에 존재하고, 또한 악에도 존재한다. 그의 평화는 한계가 없지만, 그는 가장 좋아하는 무기인 수달샨 차끄라를 손에 들고 전장에 서 있다. 그의 사랑은 무한하지만 필요하다면 죽이는 것도 주저하지 않을 것이다. 그는 완전히 산야신이지만 집과 가정으로부터 멀리 달아나지 않는다. 그는 신을 대단히 사랑하지만 같은 정도로 세상도 사랑한다. 그는 신을 위해 세상을 포기할 수 없으며, 또한 세상을 위해 신을 포기할 수도 없다. 그는 전체에 연결되어 있다. 그는 전체이다.

크리슈나는 그에게 전적으로 바쳐질 헌신자를 아직도 찾아야만 한다. 심지어 아르주나조차 그 정도로 완전한 헌신자는 아니었다. 그렇지 않았다면 크리슈나는 그렇게 열심히 그와 더불어 일하지 않아도 되었을 것이다. 아르주나가 얼마나 의심하고 회의적이고 논쟁적이었는지는, 전쟁터에서 행해졌던 장황한 진술들을 기록한 기따를 보면 분명하다. 싸우고 있는 두 군대는 전쟁의 종이 울리고 있는 꾸루끄쉐뜨라의 땅 위에서 서로 대면하고 있는데, 아르주나는 무기를 들고 싸우기를 완고히 거절하고 있다. 크리슈나의 권고들에 반대하며 그는 바가바드 기따의 18장을 통해 나오는 질문들을 계속해서 일으킨다. 계속해서 그는 크리슈나와 정반대의 시각들로 보이는 것을 들면서 부드럽게 항의한다. 그는 크리슈나가 역설적이라고 말한다. 그는 크리슈나가 서로 모순되는 것들을 말한다고 한다.

바가바드 기따에서 그가 한 질문들은 일관성이 있고 논리적이다. 그는 좌절을 느끼고 혼란스러워서 같은 것을 몇 번이고 반복하여 설명하고 있는 크리슈나에게 묻는다. 하지한 크리슈나는 아르주나에게 설명하여 확신시키지 못한다. 심지어 크리슈나 같이 완전한 사람도 실패한다. 그래서 그는 다른 방법에 의지한다. 그는 그 스스로 아르주나 앞에 그의 실재를 드러낸다.

크리슈나는 아르주나가 논리적으로 옳다는 것을 안다. 그는 당황하여 일관성을 요구한다. 크리슈나는 정말로 그를 혼란에 빠뜨린다. 한편으로 그는 사랑과 자비심의 중요성을 이야기하고, 다른 한편으로는 그에게 대담하게 무기를 들고 그의 적들과 싸우라고 설득한다. 그래서 크리슈나는 이야기하는 것에 싫증이 난다. 왜냐하면 전쟁의 순간이기 때문이다. 트럼펫은 울리고 있고, 전체 드라마의 중심인물인 아르주나라는 이 사람은 아직도 주저하고 흔들리고 있다. 만약 그가 도망간다면 전체 게임은 산산조각날 것이다. 그래서 논쟁들이 실패할 때 크리슈나는 그 앞에 그의 광대함인 그의 전체 존재를 펼친다. 아르주나는 그것을 보는 것이 대단히 혼란스러웠다. 어느 누구라도 그것을 보는 것이 혼란스러울 것이다. 왜냐하면 크리슈나의 진정한 존재, 그의 우주적 존재는 존재의 모든 모순들을 포함하기 때문이다. 삶과 죽음이 거기에 함께 있음을 본다. 하지만 사람은 그것들을 함께 받아들일 수 없다.

보통 우리의 삶에서 탄생과 죽음은 70년이라고 말하는 시간의 전 기간에 의해 서로 떨어져 있다. 우리는 우리의 죽음 이전의 70년 전에 태어난다. 우리는 우리의 탄생 이후의 70년 뒤에 죽는다. 탄생과 죽음 사이의 이 거리가 우리에게 삶과 죽음이 분리되어 있는 것이라고 생각하게 만든다. 하지만 크리슈나가 그의 거대한 몸, 그의 우주적인 존재를 그에게 직면시킬 때, 아르주나는 삶과 죽음이 그 안에 있음을 본다. 그는 세상들의 창조와 파괴, 이 둘이 동시에 일어나는 것을 본다. 그는 싹이 트는 씨앗과 죽어가는 나무를 함께 본다. 그리고 크리슈나의 전체성의 광대함과 역설을 보고는 공포에 사로잡힌다. 그래서 도중에 그는 크리슈나에게 멈추기를 간청한다. 그는 더 이상 그것을 견딜 수 없다. 하지만 이것을 본 이후에 그는 질문들을 일으키는 것을 그만둔다. 왜냐하면 이제 그는 우리가 삶에서 모순들과 비일관성들을 보고 있는 것이 다름 아닌 같은 진리의 전체적인 부분들이라는 것을 알기 때문이다. 그것은 하나이다. 그래서 그는 그 전쟁에 조용히 참전한다.

그러나 그것은 아르주나가 충분히 확신하였다는 것을 의미하지는 않는다. 비록 그가 실재를 힐끗 봤을지라도 그의 마음, 그의 지성은 아직도 의심을 계속한다. 의심은 마음의 길이다.

가지고 있을지도 모르는 질문들이 무엇이라도 당신은 나에게 그것들을 가지고 올 수 있지만, 크리슈나를 이해하는 동안에는 제발 크리슈나에 대한 질문은 하지 말라. 나와 함께 당신의 지성 모두를 사용하라. 하지만 질문 없이 크리슈나를 이해하라. 당신은 그와 함께 노력하는 시간들을 많이 가질 것이다. 왜냐하면 여러 번 그는 합리적인 세계를 떠나 비합리적인 세계로 들어갈 것이기 때문이다. 그 세계는 진실로 이성 너머에 있는 공간이다. 당신은 그것을 초이성적이라고 부를 수도 있다. 거기에서 당신은 인내와 커다란 용기, 아마도 가능한 한 가장 커다란 용기가 필요할 것이다. 당신의 작고 빛나던 세계가 끝나고 당신이 전적으로 어두운 공간으로 들어갈 곳인, 그 익숙하지 않은 미지의 영역 속으로 나와 함께 걸어갈 준비를 하라. 그 빛나지 않는 공간에서 당신은 어떤 길도, 문도, 입구도 발견할 수 없을 것이다. 당신은 그곳에서 과거에 익숙했던 형식이나 모습과 닮은 것은 아무것도 발견할 수 없을 것이다. 오래된 모든 형식들은 용해되어 사라질 것이며, 모든 일관성과 모순들은 존재하기를 그칠 것이다. 그리고 오직 그때만이 당신은 거대한 것, 무한한 것, 헤아릴 수 없는, 즉 영원한 것에 가까이 올 수 있다.

만약 당신이 용기와 인내를 가지고 나와 함께 길의 끝까지 갈 준비가 되어 있다면 진기한 기회를 가질 수 있다. 아르주나만이 거대함을 보기 위한 어떤 특별한 능력을 가진 것이 아니라, 모든 사람이 그러한 능력을 가지고 있다. 모든 사람은 아르주나가 제기한 질문들을 제기할 수 있다. 그리고 만약 당신이 그 미스터리 속으로, 합리적이고 알려진 것을 초월한 그 속으로 여행할 준비가 되어 있다면, 당신은 아르주나와 마찬가지로 거대함에, 영원함에 직면할 자격이 있다. 그 거대함은 당신을 기다리고 있다.

이런 논의들을 하는 동안, 여기에서의 나의 모든 노력은 당신을 그 거대함으로 가도록 하는 방향으로 향해 있을 것이다. 그 거대함에 대한 인격화된 이름이 크리슈나다. 우리는 진실로 크리슈나와 해야 할 많은 것을 가지고 있지는 않다. 그는 거대함, 전체성에 대한 상징적 이름일 뿐이다. 때때로 우리가 그로부터 빗나가더라도 혼란스러워하지 말라. 나의 노력들은 하나의 목표를 향한, 거대함, 무한함, 영원함을 향한 쪽으로 방향이 맞추어져 있을 것이다. 그리고 만약 당신이 그것을 위해 준비되어 있기만 하다면, 당신에게도 그런 일이 일어날 수 있다. 그것은 꾸루끄쉐뜨라에서만 일어날 수 있는 일이 아니며, 여기 마날리에서도 곧바로 일어날 수 있다.

> 토론에 들어가기에 앞서 우리가 지금까지 놓치고 있는 것처럼 보이는 어떤 것에 대해 설명해 주실 것을 청합니다. 만약 불행에 대한 붓다의 개념이 진실이라면, 그것에 초점을 맞춘다는 것이 어떻게 잘못일 수 있습니까? 있는 그대로의 삶은 고통과 불행으로 가득 차 있지 않습니까?

불행은 삶의 한 모습이지만, 그렇다고 그것만이 유일한 모습인 것은 아니다. 행복도 똑같이 삶의 한 모습이다. 행복은 불행과 같은 크기로 있는 모습이다. 불행을 유일한 삶의 모습으로 간주할 때 우리는 그것을 사실이 아닌 것, 즉 하나의 허구로 바꾸어 놓는 우를 범한다. 그렇다면 당신은 거기에 널려 있는 행복으로 무엇을 할 것인가? 만약 삶이 고통뿐이라면, 붓다는 고통의 중요성을 설명하기 위해 그토록 가시밭길을 택할 아무런 이유가 없었다. 말하자면 그것은 말이 안 되는 소리다. 붓다는 고통의 의미를 장황하게 설명하지만, 삶이 고통이라는 이유로 삶으로부터 달아나는 사람은 아직 아무도 없다. 우리는 모두 불행하다. 그러나 우리는 그 이유로 살기를 포기하지 않는다.

삶에 많은 고통들과 상처들이 있음에도 불구하고 삶에 매달리게 하고 삶을 붙잡게 만드는, 고통과는 다른, 고통이 아닌 다른 무엇인가가 있음에 틀림없다. 예를 들어, 어떤 사람은 그가 사랑하고 있다는 것 때문에 고통스럽다. 사랑은 그자체의 문제들과 복잡함을 가지고 있다. 그러나 사랑에 아무런 행복이 없다면, 누가 사랑을 위해 그토록 많은 고통을 감내하고자 하겠는가? 그리고 만약 한 온스의 행복을 위해 어떤 사람이 수 톤의 고통을 감수한다면, 그것은 한 온스의 행복이 주는 강렬함과 향기가 삶의 모든 고통들보다 더 크다는 것이다. 행복은 동등한 정도로 진실이다.

포기를 옹호하는 자들은 모두가 고통을 강조하기 때문에, 그들은 고통을 하나의 허구로 바꾼다. 같은 방법으로 쾌락주의자들은 행복을 강조함으로써 행복을 허구로 바꾼다. 유물론자들은 행복을 지나치게 중요하게 생각한다. 그래서 그들은 고통을 완전히 부정한다. 그러나 그것은 사실이 아니다. 기억하기 바란다. 반만이 진실하다는 것은 거짓이다. 진실은 오로지 완전할 때에만 진실이다. 삶은 파편으로 나누어질 수 없다. 누군가 삶만이 존재하는 것이라고 말한다면, 그는 거짓말을 하고 있다. 왜냐하면 죽음은 어쩔 수 없이 삶과 연결되어 있기 때문이다. 마찬가지로 죽음만이 있다고 말하는 것도 거짓말이다. 왜냐하면 삶은 결정적으로 죽음과 연결되어 있기 때문이다.

삶이 완전히 고통이라는 것은 사실이 아니다. 그렇다면 무엇이 사실인가? 삶은 행복이면서 슬픔이라는 것이 사실이다. 삶을 주의 깊게 꼼꼼히 깊이 있게 관찰한다면, 당신은 모든 행복은 고통과 섞여 있고, 모든 고통은 행복에 녹아 있다는 것을 알게 될 것이다. 당신이 삶 속으로 계속 더 깊이 들어간다면, 고통이 언제 기쁨으로 바뀌고 기쁨이 언제 고통으로 바뀌는지를 알기란 어렵다. 기쁨과 고통은 진정으로 바뀔 수 있다. 하나가 다른 것으로 바뀐다. 그리고 그것은 우리들의 매일의 삶 속에서 일어난다. 사실 그들의 차이는 어디를 강조하느냐 하는 것이다. 어제 행복이라고 느꼈던 것이 오늘은 고통인 것처럼 느껴진다. 오늘 고통이라고 생각되는 것이 내일은 행복으로 바뀔 것이다.

만일 내가 당신을 껴안는다면 당신은 행복감을 느낄 것이다. 그러나 내가 당신을 몇 분 동안 계속해서 껴안는다면 당신은 똑같은 포옹이 고통스러워지기 시작할 것이다. 내가 손으로 당신을 꼭 붙잡고 반 시간 동안이나 놓지 않는다면, 당신은 피로감을 느끼고 나중에는 고함이라도 질러 누군가의 도움을 청하고 싶을 것이다. 어쩌면 당신은 경찰을 부르게 될지도 모른다. 그래서 이러한 사실을 아는 사람들은 당신이 자신의 포옹으로부터 풀려나고 싶다고 생각하기 전에 당신을 놓아 준다. 이러한 법칙을 모르는 사람은 상대방의 행복감을 오래지 않아 고통으로 바꾸어 버린다. 그러므로 만일 당신이 남의 손을 잡을 때는 그의 손을 너무 늦지 않게 놓아 주도록 하라. 그렇지 않으면 당신을 만난 기쁨은 얼마 가지 않아 고통으로 바뀔 것이다. 우리는 모두 우리의 행복을 고통과 아픔에 내주기를 원하지 않는다. 우리가 행복과 헤어지기 싫어하기 때문에 우리는 그것에 매달리고, 그 매달림으로 인해 우리는 고통에 빠진다.

우리는 고통과 아픔에서 해방되기를 갈망한다. 그러나 바로 이러한 이유로 우리의 고통은 깊어진다. 그러나 만약 우리가 고통을 받아들이고 그것과 함께 한동안 지낸다면, 고통은 행복으로 바뀔 것이다. 고통의 감정은 당신이 그것에 익숙하지 않다는 데서 온다. 그러나 당신이 고통에 익숙해지는 데는 그리 많은 시간이 걸리지 않는다. 행복도 이와 마찬가지다. 익숙함은 모든 것을 바꾼다.

나는 어떤 사람이 낯선 마을을 방문하여 거기서 어떤 사람에게 돈을 빌려 달라고 했다는 이야기를 들었다. 상대방은 "내가 당신이 누군지 전혀 모르는데 당신이 나에게 돈을 빌려 달라는 것은 있을 수 없는 일이다. 나는 당신을 전혀 모른다."고 말했다. 그 방문객은 "당신이 이렇게 말한다는 것이야말로 이상하다. 내가 살던 마을 사람들은 나를 너무도 잘 안다는 이유로 돈을 빌려 주지 않아서 나는 내 마을을 떠나 당신의 마을로 왔다. 그런데 이제 당신은 나를 잘 모르기 때문에 돈을 빌려 주지 않는다고 말하고 있으니 내가 어떻게 해야 하는가?" 하고 말했다.

우리의 모든 고통은 우리가 삶을 조각조각 내어 사물들을 부분적으로 나누어 보는 데서 시작된다. 아니다. 모든 곳은 대동소이하다. 오직 행복만이 존재하는 곳은 삶의 어느 곳에도 없다. 마찬가지로 당신이 고통만 만나는 그런 곳도 존재하지 않는다. 그러므로 우리의 천국과 지옥은 우리의 상상일 뿐이다. 우리는 사물을 부분적으로 나누어서 바라보는 습관에 젖어 있기 때문에, 행복만 흘러넘치는 곳과 도저히 떨칠 수 없는 고통과 슬픔만 있는 곳을 상상으로 만들어 놓았다. 우리는 이것들을 각각 천국과 지옥이라고 부른다. 아니다. 삶이 있는 곳에는 행복과 고통이 함께 있다. 그들은 쌍둥이처럼 함께 다닌다. 당신은 지옥에서 행복과 위안을, 천국에서 고통스러울 정도의 지겨움을 가진다.

버트런드 러셀은 행복만 가득한 천국에는 가고 싶지 않다고 말했다. 고통을 알지 못하고 행복을 어찌 알 수 있겠는가? 질병을 알지 못하고 건강을 어찌 알 수 있겠는가? 원하기만 하면 모든 것을 가질 수 있는 곳에서는 그것을 가질 때의 기쁨이란 있을 수 없다.

어떤 것을 가질 때의 기쁨은 당신이 그것을 기다리면서 그것을 원해 온 시간의 길이와 비례한다. 행복은 기대 안에 놓여 있다. 그러므로 그것을 일단 손에 넣으면, 그것은 당신의 마음을 더 이상 끌지 못한다. 모든 행복은 상상의 소산이다. 다시 말해 그것을 가지지 못했을 때는 그것이 더없는 행복처럼 보인다. 그러나 그것을 손에 넣자마자 그것은 더 이상 행복이 되지 못한다. 우리의 손은 이전처럼 다시 빈손인 것이다. 그리고 나서 우리는 우리 욕망을 채워 줄 다른 어떤 것을 찾아보고 다시 그것을 기다리기 시작한다. 우리는 그것을 가지고 있지 않을 때는 자신이 매우 불행하다고 생각하고 그것을 가지게 되면 행복도 함께 할 것이라고 생각한다.

로스 차일드는 미국의 백만장자 중의 한 사람이었다. 그에 대한 일화가 있는데 그것이 사실인지 아니면 만들어낸 이야기인지는 알 수 없다. 그가 임종을 맞게 되었다. 그는 아들에게 "일생을 통해 내가 많은 부를 얻었지만, 그 부가 나를 진정으로 행복하게 해 주지는 못하였다. 그리고 그 부가 행복을 가져다주지 않는다는 것을 너는 보았다. 너는 부가 행복이 아니라고 생각하느냐?" 하고 물었다.

그의 아들은 대답하기를, "그렇습니다. 제가 아버지의 삶을 통해서 배운 것은, 부는 행복이 아니라는 것입니다. 그러나 아버지의 삶을 통해서 또 하나 배운 것이 있습니다. 부를 가지면, 그는 자신이 선택한 고통을 가질 수 있다는 것입니다. 그는 한 고통과 다른 고통 중에서 선택을 할 수 있다는 말이지요. 그리고 이 선택의 자유는 아름답습니다. 아버지께서는 결코 행복하지 않았다는 것을 압니다. 그러나 아버지께서는 항상 자신이 원하는 고통을 선택했습니다. 가난한 사람은 이런 자유, 이런 선택권을 가지지 못합니다. 그의 고통은 주위 환경들이 결정합니다. 이것 외에 고통과 관련하여 부자와 가난뱅이 간의 차이는 없습니다. 가난한 사람은 자신의 아내가 된 여자와 고통을 같이 해야 합니다. 그러나 부자는 그와 고통을 나누기를 원하는 여자에게만 고통을 줄 수 있습니다. 그러나 이 선택은 하찮은 행복이 아닙니다." 하고 말했다.

깊이 살펴보면 당신은 행복과 고통은 동일한 것이 가지고 있는 두 가지 면, 동전의 양면이거나, 어쩌면 동일한 현상의 다른 밀도라는 것을 알게 될 것이다.

게다가 나에게 행복인 것이 당신에게는 고통을 주는 것일 수 있다. 만약 내가 일억 원을 가지고 있었는데 오천만 원을 잃게 되면, 나는 내가 아직 오천만 원을 가지고 있다는 사실에도 불구하고 불행할 것이다. 그러나 당신이 아무것도 가진 것이 없었는데 우연히 오천만 원을 얻었다면, 당신은 기쁨과 행복에 겨워 미칠 지경이 될 것이다. 우리 둘이 재정적으로 똑같은 상황에 있다 하더라도, 다시 말해 우리 둘이 똑같이 오천만 원을 가지고 있다 하더라도 나는 머리를 벽에 부딪힐 것이고, 당신은 춤추면서 기뻐할 것이다. 그리고 또 기억하라. 당신의 축제는 오래가지 않을 것이다. 왜냐하면 오천만 원을 가지게 된 자는 또한 그것을 잃지나 않을까 하는 두려움에 직면하게 될 것이기 때문이다. 마찬가지로 나의 고통은 곧 시들해질 것이다. 왜냐하면 오천만 원을 잃어버린 자는 오래지 않아 그 손실을 회복하게 되는 계기를 맞게 될 것이기 때문인데, 이러한 일은 그에게 얼마든지 가능하다.

삶의 방식은 이상하다. 나의 행복은 당신의 행복이 될 수 없고, 나의 고통 또한 당신의 고통이 될 수 없다. 심지어 나의 오늘의 행복은 내일의 나의 행복이 될 수 없다. 나는 나의 이 순간의 행복이 다음 순간까지도 나의 행복이 될 것인지 아닌지는 말할 수 없다. 행복과 고통은 하늘에 흘러가는 구름과 같다. 그들은 오고 간다.

  행복과 불행은 둘 다 거기에 있다. 그리고 그들은 삶의 모습들이다. 사실 그들을 둘이라 부르는 것은 틀렸다. 그러나 우리는 그렇게 부를 수밖에 없다. 왜냐하면 우리의 모든 언어들은 사물을 둘로 나누기 때문이다. 사실 그것은 하나의 진리이다. 그런데 어떤 때는 그것이 행복으로 보이고, 또 다른 때는 고통으로 보인다. 실제로 기쁨과 고통은 단지 우리의 해석, 다시 말해 심리적 해석들에 불과하다. 그들은 진정한 상황들이 아니다. 그들은 주로 그것들을 바라본 해석들로 존재한다. 그리고 우리가 어떤 것을 어떻게 해석하느냐는 우리에게 달려 있다. 그리고 하나의 사물에 대해 수천의 해석들이 존재할 수 있다. 그것 모두는 우리에게 달려 있다.

  만약 당신이 행복과 불행은 모두 사실이며 둘이 함께 한다는 것을 알게 되면, 그때 당신은 삶은 모두 고통이라는 붓다의 말이 단편적인 것이며, 그리고 그의 지나친 강조의 말로 삶이 고통 받는다는 것 또한 알게 될 것이다. 그러나 이 말은 먹혀들게 될 것이다. 즉, 그것은 사람들에게 호소력을 가질 것이다. 붓다는 수많은 추종자를 가질 수 있다. 그러나 크리슈나는 그렇지 못하다. 차르와까(Charwaka)는 많은 사람들을 그의 품속으로 끌어들일 수 있다. 그러나 크리슈나는 사람을 불러 모으는 그러한 능력을 가질 수 없다.

  붓다와 차르와까는 선택하였다. 그들은 둘 다 진실의 두 극단 중에 하나를 선택했다. 한 사람은 삶이 온통 고통이라고 말하고, 다른 사람은 삶이 관대하다고 말한다. 그들은 명확히 그리고 단호하게 그들의 말을 펼친다. 당신 자신의 상황이 그들의 말과 일치한다는 것을 발견할 때마다 당신은 붓다가 옳다고 하거나 아니면 차르와까가 옳다고 말한다. 당신은 삶의 모든 상황에서 붓다와 동조하지는 않을 것이다. 당신은 고통에 처해 있을 때만 붓다에 동의할 것이다. 당신이 고통에 처해 있지 않을 때는 붓다가 옳다고 말하지 않을 것이다. 행복한 사람, 자신이 행복하다고 생각하는 사람은 붓다를 무시할 것이다. 그러나 그가 다시 고통에 처하게 될 때는 붓다는 그에게 중요한 의미를 가지게 될 것이다. 그러나 그것은 종종 붓다의 말과 닮아 있는 당신 자신의 상황의 한 경우이다. 하지만 그것은 고통의 중요성, 즉 고통의 의미 있음에 대한 증거는 되지 않는다.

그러나 크리슈나는 항상 불가해한 것으로 남아 있을 것이다. 당신이 고통 속에 있든 행복 속에 있든 전혀 차이가 없다. 당신이 행복과 불행을 함께 그리고 같은 수준으로 받아들일 때만 당신은 크리슈나를 이해할 수 있다. 그 전에는 아니다. 당신이 둘에 대해 무조건적으로 "예"라고 할 때, 당신이 고통을 기쁨의 전조로서, 그리고 기쁨을 고통의 전조로서 알게 될 때, 어떤 경우에도 그것들을 마음의 동요 없이 동등한 평온으로 받아들일 때, 그것들을 해석하기를 거부할 때, 심지어 그것들에 이름 붙이기조차 거부할 때의 상태를 그대는 아는가? 그것은 희열의 상태일 것이다. 그렇게 되면 당신은 행복하지도 불행하지도 않을 것이다. 왜냐하면 사물들을 해석하고, 이름 붙이는 것을 그만두었기 때문이다. 사물들에 이름을 붙이지 않고 아무런 판단 없이 받아들이는 사람은 즉각 희열의 상태로 들어간다. 희열의 상태에 있는 사람은 크리슈나를 이해할 수 있다. 그만이 그를 이해할 수 있다.

어떤 사람이 희열의 상태에 있다고 해서 고통이 이제 그를 방문하지 않을 것이라는 뜻은 아니다. 고통은 물론 당신을 방문할 것이다.

그러나 이제 당신은 고통을 진정으로 고통스럽게 하는 방법으로는 해석하지 않을 것이다. 희열은 오직 행복만이 이제 당신을 방문할 것이라는 것을 의미하지는 않는다. 아니다. 희열은 이제 당신이 행복에 집착하게 되고 행복을 더욱더 갈망하게 되는 그런 방식으로는 행복을 해석하지 않을 것이라는 것을 의미할 뿐이다. 이제 모든 것은 있는 그대로 존재한다. 지금 있는 것이 있다. 날이 맑으면 맑은 것이고, 날이 흐리면 흐린 것이다. 그리고 삶은 지금처럼 앞으로도 맑음과 흐림이 번갈아 가며 있게 될 것이다. 그러나 당신은 그 어떤 쪽에 의해서도 영향을 받지 않을 것이다. 왜냐하면 모든 것은 오고 가지만 당신은 똑같은 모습으로 남는다는 것을 당신은 이제 알기 때문이다. 고통과 기쁨, 행복과 슬픔은 하늘을 떠다니는 구름과 같다. 그러나 그 하늘은 본래의 상태 그대로 남는다. 그리고 같은 상태로 구속되지 않고, 변함없이 그대로 있는 것이 당신의 의식이다. 이것이 크리슈나 의식이다. 이 크리슈나 의식은 단지 목격자일 뿐이다. 다시 말해 당신이 고통의 순간이나 기쁨의 순간에 있든, 당신은 그 어떤 것에 대해서도 아무런 언급이 없이 어떠한 판단도 없이 단지 그것을 지켜볼 뿐이라는 것이다. 그리고 크리슈나 의식의 상태에 있다는 것은 희열에 있다는 것이다.

크리슈나에게는 삶에서 단 하나의 의미 있는 단어가 있을 뿐인데, 그것은 희열이다. 행복과 불행은 의미가 없다. 그러한 것들은 희열을 두 개로 나눔으로써 만들어졌다. 당신에게 맞고 당신이 받아들이는 부분을 행복이라고 부른다. 당신에게 맞지 않고 당신이 부정하는 부분을 불행이라고 부른다. 그것들은 분열된 희열을 우리가 나누어 해석한 것이다. 따라서 그것은 당신과 맞을 경우에는 행복이라 불리고,

당신과 어긋나기 시작하면 불행이라 불린다. 희열은 진리, 완전한 진리이다.

산스끄리뜨로 아난다(anand)라고 하는 희열에 반대말이 없다는 것은 큰 의미가 있다. 행복은 그것의 반대말로 불행을, 사랑은 그것의 반대말로 미움을, 천국은 그것의 반대말로 지옥을 가지고 있다. 그러나 희열은 그러한 반대말을 가지고 있지 않다. 그것은 희열에 반대되는 아무런 상태가 없기 때문이다. 만약 어떤 그러한 상태가 있다면, 그것은 행복과 불행 둘 다를 말하는 상태이다. 마찬가지로 자유 또는 해방을 의미하는 산스끄리뜨 목샤(moksha)도 아무런 반대말이 없다. 목샤는 희열의 상태이다. 목샤는 행복과 불행을 동등하게 받아들일 수 있다는 것을 의미한다.

크리슈나를 신의 완전한 화신이라고 하는 이유들은 무엇입니까? 이 문제에 대해서 좀 더 설명해 주십시오. 크리슈나가 완전한 화신을 구성하는 64개의 내용 모두를 지니고 있다는 말의 의미가 무엇인지 자세히 설명하여 주십시오.

다름 아닌 오직 한 가지 이유가 있을 뿐이다. 그것은 총체적인 텅 빔이다. 텅 비어 있는 사람은 누구든지 전체적이다. 텅 빔은 전체성의 기초이다. 그렇다. 텅 빔 홀로만이 온전하다. 당신은 텅 빔의 반을 그릴 수 있는가? 기하학조차 제로의 반을 그릴 수 없다. 반 제로라는 것은 없다. 제로 또는 텅 빔은 항상 완벽하고 완전하다. 부분적 텅 빔은 아무런 의미도 없다. 어떻게 당신이 텅 빔을 나눌 수 있겠는가? 그리고 그것이 부분들로 나누어진다면 어떻게 그것을 텅 빔이라고 할 수 있겠는가? 텅 빔은 줄일 수 없고, 개별화할 수 없다. 분열이 시작되는 것에서 수들이 시작된다. 그러므로 번호 1은 제로에 뒤이어서 나온다. 1, 2, 3은 수의 세계에 속한다. 그리고 모든 수들은 제로에서부터 일어나서 제로에서 끝난다. 제로 또는 텅 빔만이 홀로 온전하다. 그는 텅 비어 있는 전체적인 존재이다. 크리슈나를 전체적이라고 하는 것은 중요한 의미를 가진다. 왜냐하면 이 사람은 절대적으로 비어 있기 때문이다. 선택하지 않는 상태에 있는 그만이 텅 빈 상태가 될 수 있다. 선택하는 자는 무엇이 된다. 즉 그는 누구인가가 되는 것을 받아들인다. 그는 '그 누구인 상태'를 받아들인다. 만약 그가 자신이 도둑이라고 말한다면, 그는 누군가가 될 것이다. 이때 그의 텅 빔은 더 이상 존재하지 않을 것이다. 만약 그가 자신이 성자라고 말한다면, 그때도 물론 그의 텅 빔은 파괴되어 버렸다. 이 사람은 무엇이기를, 누구이기를 받아들였다. 이제 '누구인 상태'가 들어왔기 때문에 '아무것도 아닌 상태'를 잃어버렸다.

만약 누군가가 크리슈나에게 그가 누구냐고 묻는다면, 그는 그 질문에 대해 의미 있는 대답을 할 수 없다. 그가 어떤 대답이든 한다면 그것은 어떤 선택을 하게 되는 셈이고, 그러면 그것은 그를 '어떤 것' 혹은 '어떤 누구'로 만들게 될 것이다. 모든 것이 되기를 원하는 사람이라면, 아무것도 아닌 것이 되기를 준비해야만 한다.

선 수행을 하는 승려들 사이에는 그들 사이에서만 통하는 어떤 법칙, 다시 말해 어떤 금언이 있다. 그들은 "모든 곳에 있기를 원하는 자는 어떤 곳에 있어서는 안 된다."라고 말한다. 모든 것이 되기를 원하는 자는 어떤 것이 될 수 없다. 그가 어떻게 어떤 것이 될 수 있는가? 모든 것과 어떤 것 사이에는 일치하는 것이 없다. 다시 말해 그들은 함께 하지 않는다. 선택하지 않음은 당신을 텅 빔으로, 무(無)로 데려다 준다. 그렇게 되면 당신은 있는 그대로의 당신이 된다. 그러나 당신은 당신이 누군지, 당신이 무엇인지를 말할 수는 없다.

이런 이유로 아르주나가 크리슈나에게 그가 누구인지를 물었을 때, 질문에 대답하는 대신 그는 아르주나에게 그 자신을, 그의 진정한 존재를 드러낸다. 이 드러냄 속에서 그는 모두이고 모든 것이다. 그의 완전한 존재의 가장 깊은 의미는 그가 궁극적으로 텅 빔에 있다는 것이다.

어떤 것 또는 어떤 누구인 상태에 있는 자는 곤경에 처하게 될 것이다. 그가 어떤 것이라는 바로 그것이 그의 속박이 될 것이다. 삶은 신비하다. 그것은 그것 자신의 법칙들을 가지고 있다. 만약 내가 어떤 것이 되기를 선택한다면, 이 '어떤 것'은 나의 감옥이 될 것이다.

까비르의 삶에 대한 재미난 일화가 있다. 매일 많은 사람들이 그가 하는 지혜의 말을 듣기 위해 그가 있는 곳으로 모인다. 삿상이 끝날 무렵이면 까비르는 항상 그들을 만찬에 초대한다.

어느 날 그것이 마침내 문제로 대두되었다. 까비르의 아들 까말이 그에게 와서, "사람들이 이제 너무 많아졌습니다. 매일 저토록 많은 사람들에게 식사를 대접할 능력이 이제 더 이상 없습니다. 이제 모든 것을 외상으로 구입해야 할 지경이고 빚도 많이 졌습니다."라고 말했다. 까비르는 "더 빌리지 그래?" 하고 말했다.

"그렇지만 누가 그 빚을 갚는단 말입니까?"

까말이 물었다.

그러자 그의 아버지는 "주는 사람이 그것을 갚을 것이다. 왜 우리가 그 문제를 걱정해야 하느냐?"라고 말했다.

까말은 아버지가 말하는 것이 무엇을 의미하는지 몰랐다. 그는 세속적인 사람이었다. 그는 "그렇게 말씀하시면 어떻게 합니까? 이것은 영적인 문제가 아닙니다. 우리에게 돈을 빌려 주는 사람들은 빌려 주면서 갚으라고 말합니다. 만약 우리가 못 갚으면 우리는 정직하지 못한 것이 됩니다." 하고 말했다.

이렇게 말하는 아들에게 까비르는 간단히 대답했다. "그렇다면 그렇게 되는 수밖에. 그게 뭐가 대수냐? 사람들이 우리를 정직하지 않다고 하면 어떠냐?"

까말은 그 말을 받아들일 수 없었다. 그는 "빚이 너무 많습니다. 더 이상 감당할 수 없습니다. 아버지께서 지금이라도 사람들을 저녁에 초대하지 않으면 됩니다. 그렇게만 하면 됩니다." 하고 말했다.

그러자 카비르는 "그 지경이라면 네 말대로 그렇게 하렴." 하고 말했다.

이튿날 사람들은 삿상에 다시 왔다. 까비르는 보통 때처럼 그들을 초대해서 같이 식사를 했다. 그의 아들은 아버지에게 방문객들에게 식사를 대접하는 일을 그만두겠다고 한 약속을 왜 안 지키느냐고 따졌다.

까비르는 "나는 너에게 약속할 수가 없다. 왜냐하면 나는 나 자신이 어떤 것에 구속되는 것을 원하지 않기 때문이다. 나는 순간을 산다. 나는 순간에 일어나는 일을 일어나게 그냥 내버려둔다. 어느 날 내가 사람들에게 식사를 같이 하자고 하지 않는다면, 그것은 그때 가서 그렇게 될 것이다. 지금 내가 그들을 초대하는 일이 계속되는 한, 나는 그들을 초대할 것이다." 하고 말했다.

그러자 까말은 의기소침해져서 "그 말은 제가 이제부터 도둑질을 해야 한다는 말과 똑같습니다. 왜냐하면 이제 더 이상 우리에게 외상을 줄 사람은 아무도 없기 때문입니다. 도둑질 외에 제가 할 수 있는 일이 무엇입니까?" 하고 말했다.

까비르는 빙긋이 웃으면서 "너는 참으로 어리석구나. 왜 진작 그런 생각을 하지 않았느냐? 그렇게 했더라면 우리가 번거롭게 빌려오는 일을 하지 않아도 되었을 텐데."

까말은 이렇게 말하는 아버지의 말을 듣고 그저 놀랄 뿐이었다. 아버지는 현명한 사람, 지혜를 가진 사람, 사람들에게 심오한 조언을 주는 사람으로 알려져 있지 않은가? 아버지에게 무슨 문제가 있는 것일까, 그는 의아해했다. 마침내 그는 아버지가 자신에게 농담을 하고 있는지도 모른다고 생각했다. 그래서 그는 정말 그런지 시험해 보기로 했다.

온 마을이 잠든 늦은 밤, 까말은 잠든 아버지를 깨워 "아버지 지금 도둑질을 하러 가려고 합니다. 저와 함께 가시지 않겠습니까?" 하고 물었다.

까비르는 "네가 나를 깨웠으니 너를 따라가야지." 하고 말했다. 까말은 다시 한 번 놀랐다. 그는 아버지가 도둑질을 하는 것에 동의할 줄은 꿈에도 생각하지 못했던 것이다. 그러나 그는 까비르의 아들이었다. 그는 쉽게 물러나고 싶지 않았다. 그래서 어떻게 되든지 아버지가 하시는 이 농담을 끝까지 쫓아가서 그 모든 일을 보기로 마음먹었다.

까말은 한 농가의 뒷마당으로 몰래 갔다. 아버지는 그를 뒤따라갔다. 그는 그 농가의 벽을 부수기 시작했다. 까비르는 그의 옆에 서서 조용히 지켜보고 있었다. 까말은 내심 아버지가 이 모든 것을 하나의 해프닝으로 돌리고 자신이 하는 짓을 말려 줄 것을 기대하고 있었다. 그러면서도 한편으로는 두려웠다. 까비르는 "까말아, 왜 두려워하느냐?" 하고 물었다.

"도둑질을 하려는데 어찌 두렵지 않겠습니까?" 하고 그가 대꾸했다. "도둑질을 하면서 두려워하지 말라고 하는 것이 우스운 일 아닙니까?"

까비르는 "너로 하여금 죄의식을 느끼게 하고, 너로 하여금 도둑질을 하고 있다고 생각하게 만드는 것은 두려움이다. 그렇지 않으면 네가 도둑이라고 생각할 이유가 없다. 두려워하지 말라. 네가 하고 있는 일을 바로 하라. 그렇지 않으면 너는 필시 가족 모두의 잠을 깨우고 말 것이다." 하고 말했다.

까말은 벽에 드릴로 구멍을 뚫으면서도 여전히 아버지가 중단시켜 주기를 은근히 기대하고 있었다. 얼마 후 그는 "자, 이제 집 안으로 들어가시죠." 하고 말했다. 까비르는 조금의 주저도 없이 그와 함께 집 안으로 들어갔다. 그들은 돈을 훔치자고 그 집에 들어간 것이 아니었다. 그들은 그저 밀가루를 원했을 뿐이다. 그래서 밀가루 한 부대를 들고 그 집을 나왔다.

그들이 다시 밖으로 나왔을 때 까비르는 아들에게, "이제 날이 밝을 것이다. 너는 다시 돌아가서 이 집 가족들에게 우리가 밀가루를 한 부대 가져간다고 이야기하는 게 좋겠다." 하고 말했다.

이 말은 까말을 다시 한 번 놀라게 했다. "무슨 말씀을 하시는 겁니까? 우리는 도둑질을 하러 여기에 왔습니다. 상인이 아니라고요." 하고 소리 질렀다.

그러나 까비르는 "밀가루를 도둑맞았다고 불안해할 그들을 생각해 봐라. 꼭 그럴 필요가 있겠느냐? 밀가루를 누가 가져가는지 알려주어라." 하고 말했다.

까비르의 추종자들은 이 이상한 일화를 전혀 믿으려 하지 않았다. 아무도 그것에 관해 말하지 않았다. 왜냐하면 그것은 도저히 이해할 수 없는 일이었기 때문이다. 이 일로는 까비르가 현자인지 아니면 일개 도둑인지 판단하기란 매우 어려울 것이다. 분명히 절도 행위가 있었다. 그러므로 그는 도둑으로 기소되어야 할 것이다. 그러나 그가 지혜를 가진 자라는 사실 또한 의심의 여지가 없다. 왜냐하면 처음에 그는 까말에게 두려워하지 말라고 하고, 그 뒤에 가족들에게 그들이 공연히 불안해하지 않도록 도둑질한 사실을 알리라고 말했기 때문이다.

까말은 그때 까비르에게 말하기를, "그렇지만 제가 이 사실을 그 가족들에게 알리면 우리는 도둑으로 몰릴 텐데요."라고 했다.

그러자 까비르는 너무나 순진하게도 "우리는 도둑질을 했으니 도둑이다. 그들이 우리를 도둑으로 생각하는 것은 틀린 것이 없다."라고 말했다.

까말은 다시 말하기를, "그 가족들만이 아니고, 마을 사람들 모두 우리를 도둑이라고 생각하게 될 것입니다. 그렇게 되면 아버지의 명성은 시궁창에 떨어지는 신세가 될 것입니다. 아무도 다시는 아버지를 찾지 않을 것입니다." 하고 말했다.

그러자 까비르는 "그렇게 되면 네 골칫거리가 없어지게 되겠구나. 그들이 오지 않으면, 내가 그들에게 함께 밥 먹자고 부탁할 일도 없어질 테니 말이다." 하고 말했다.

까말은 그 일을 이해할 수가 없었다. 모든 일화가 너무나 역설적이었다. 크리슈나는 다른 의미에서 완전하다. 그의 삶은 삶에 있는 모든 것을 포함하고 있다. 하나의 삶이 그렇게 많은 것을, 다시 말해서 삶의 모든 것을 내포할 수 있다는 것은 불가능한 것처럼 보인다. 크리슈나는 모순적인 모든 것, 다시 말해서 삶 속의 극단으로 모순적인 것을 받아들였다. 그는 삶 속의 모든 모순들을 흡수했다. 크리슈나의 삶보다 더 일관성 없는 삶은 어디에도 없을 것이다. 예수의 삶 속에는 통하는 일관성이 있다. 붓다의 삶 속에는 논리, 리듬, 조화로운 체계가 있다. 당신이 붓다의 한 부분을 알 수 있다면 그의 모든 것을 알게 될 것이다.

라마크리슈나는 일찍이 "한 현자를 알면, 모든 현자들을 알 수 있다."라고 말했다. 그러나 이 법칙은 크리슈나에게는 적용되지 않는다. 라마크리슈나는 "한 방울의 바닷물을 알면 바다 전체를 알 수 있다."라고 말했다. 그러나 크리슈나에 관해서는 그렇게 말할 수 없다. 바닷물의 맛은 어디에서든 동일하다. 그것은 짜다. 그러나 크리슈나의 삶의 물은 모두가 다 짜지는 않다. 장소에 따라 단맛이 나는 것도 있다. 그리고 아마도 한 방울의 물이 하나 이상의 맛을 담고 있는 경우도 있다. 진정으로 크리슈나는 삶의 모든 맛을 가지고 있다.

마찬가지로 크리슈나의 삶은 존재의 모든 기교들을 가지고 있다. 크리슈나는 예술가는 아니다. 왜냐하면 예술가는 오직 한 가지 기교 혹은 몇 가지의 기교만을 아는 자이기 때문이다. 크리슈나는 기교 그 자체이다. 그것은 그를 모든 면에서 완성시킨다.

그를 아는 이들이 그를 표현할 때 모든 종류의 과장법들을 다 동원해야 하는 이유가 여기에 있다. 다른 사람들에 대해서 우리가 칭찬을 할 때는 굳이 과장을 하지 않고도 가능하다. 아니면 그들 삶의 일부분에 대해서만 과장해도 족할 것이다. 그러나 우리가 크리슈나에 관한 어떤 것을 말해야 될 경우에는 어찌해야 할지 고민하지 않을 수 없다. 과장으로도 그에 대해 다 말한다는 것은 불가능하다. 우리는 최상급으로만 그를 묘사할 수 있다. 최상급 없이는 그를 묘사할 수 없다. 최상의 반의어를 발견하면 우리의 어려움은 더 커진다. 왜냐하면 그는 차기도 하고 뜨겁기도 하기 때문이다.

사실 물은 찬 성질과 뜨거운 성질을 동시에 다 가지고 있다. 어려움은 우리가 우리의 해석법으로 그것을 해석할 때 생긴다. 즉, 우리는 우리의 해석법을 통해 찬 것에서 뜨거운 것을 분리하려고 한다. 우리가 물 자체만을 놓고 그것이 뜨거운가 차가운가 하고 묻는다면, 물은 간단히 이렇게 말할 것이다. "나를 알기 위해서는 당신의 손을 내 안에 넣어 봐야 알 수 있다. 왜냐하면 내가 뜨거운가 차가운가가 문제가 아니라, 당신이 뜨거운가 차가운가가 진정 문제이기 때문이다." 만약 당신의 몸이 따뜻하다면 물은 차갑게 느껴질 것이고, 당신의 몸이 차가우면 물은 따뜻하게 느껴질 것이다. 그것이 뜨거운가 차가운가 하는 것은 당신에게 달려 있다.

당신은 실험을 할 수 있다. 한 손은 불에 쬐어 따뜻하게 데우고, 다른 한 손은 얼음덩어리를 잡고 차갑게 만들어라. 그리고 나서 두 손을 물이 든 통에 담가라. 당신은 무엇을 발견할 수 있는가? 당신의 한 손은 물이 차다고 하고, 다른 한 손은 그 반대로 이야기할 것이다. 따라서 당신이 물, 즉 똑같은 물을 뜨거운지 차가운지 판단한다는 것은 매우 어려운 일이 될 것이다.

크리슈나를 이해하려 할 때도 이와 똑같은 어려움에 봉착하게 될 것이다. 그를 어떻게 볼 것인가는 크리슈나에 달려 있는 것이 아니라 당신에게 달려 있다. 만약 당신이 그를 깊이 사랑하고 있는 라다에게 묻는다면, 그녀는 전적으로 그녀 자신이 바라보는 시각으로 크리슈나에 대해 말할 것이다. 어쩌면 그녀는 그를 하나의 완전한 신으로 보지 않거나, 아니면 반대로 하나의 완전한 신으로 볼 수도 있을 것이다. 그러나 그녀가 그 어떤 경우로 말하든지 그것은 크리슈나에 관한 것이 아니라 그녀에 관한 것이다. 따라서 그것은 상대적인 판단이 될 것이다. 만약 라다가 종종 크리슈나가 다른 여자와 춤추고 있는 것을 우연히 본다면, 그녀는 그를 신으로서 받아들이기가 어렵다는 것을 느낄 것이다. 그 순간 크리슈나의 물은 그녀에게 차갑게 느껴질 것이다. 어쩌면 그녀는 어떠한 물도 전혀 느끼지 못할 수도 있을 것이다. 그러나 크리슈나가 라다와 춤을 출 때, 그는 그녀와 모든 정성을 다해 춤을 추기 때문에 그녀는 그가 완전히 자신의 남자라고 느낀다. 이 경우에 그녀는 그가 신이라고 말할 수 있다. 그녀의 연인이 완전히 그녀와 함께 있을 때, 모든 라다들은 뼛속 깊이 이와 같이 느낄 것이다. 그러나 그가 다른 여자와 희롱하고 있는 것을 본다면, 그때는 똑같은 사람이 악마처럼 보일 수 있다. 이 말들은 상대적이다. 이 말들은 절대적일 수 없다. 아르주나와 빤다바들에게는 크리슈나는 최고의 신이다. 그러나 까우라바들은 이러한 주장에 격렬하게 반박할 것이다. 그들에게 있어서 크리슈나는 악마보다 더 나쁘다. 그는 그들의 패배와 멸망에 책임이 있는 자이다.

 크리슈나가 누구인가에 대해서는 수많은 진술들이 있을 수 있다. 그러나 붓다가 누구인가에 대해서는 수많은 말들이 있을 수 없다. 붓다는 모든 상대적인 관계로부터, 모든 개입들로부터 도피했다. 그러므로 그는 변하지 않는 하나의 모노톤으로 존재한다. 어디에서 그를 맛보아도 그의 맛은 똑같다. 따라서 붓다는 논쟁의 대상이 되지 않는다. 그는 편편한 평원과 같다. 우리는 그가 이러이러한 존재라는 것을 명확히 알 수 있다. 그에 대한 우리의 진술들은 항상 일관된 의미를 지닌다. 그러나 크리슈나는 우리의 모든 진술들을 실망시킨다. 나는 그를 완전하고 완벽한 존재라고 부른다. 왜냐하면 그는 그에 대한 우리들의 모든 선언들을 부인했기 때문이다. 아무리 빈틈없는 진술이라고 하더라도 크리슈나를 완전히 표현할 수는 없다. 그는 항상 말해지지 않은 채로 남아 있다. 그래서 우리는 반대되는 진술들로 그의 삶의 나머지 면을 말해야만 한다. 이러한 모든 진술들이 함께 해야만 그를 완전하게 말할 수 있다. 그러나 그렇다 해도 그 진술들 자체는 역설적으로 보인다.

크리슈나의 완전성은 그 자신 스스로의 어떤 성격도 가지고 있지 않다는 사실, 그가 한 개인이나 한 개체가 아닌, 존재 그 자체라는 사실에 있다. 그는 그냥 존재이다. 그는 그냥 텅 빔이다. 당신은 그를 거울과 같은 존재라고 말할 수 있다. 그는 그 앞에 오는 모든 것을 그냥 비춘다. 그는 그냥 거울이다. 당신 자신이 그의 거울 속에 비친 것을 보면, 당신은 크리슈나가 당신을 닮았다고 생각한다. 그러나 그로부터 당신이 벗어나는 순간, 그는 다시 텅 빈 상태로 돌아간다. 누가 그 앞에 오든, 누가 그의 거울 속에 비치든 그는 같은 방법으로 생각하며 크리슈나가 자신을 닮았다고 말한다.

바로 이러한 이유로 해서 바가바드 기따에 대한 천 개의 주석서들이 있다. 그러한 주석서들 모두는 기따 속에 그 자신이 비추어져 있는 것을 보았다. 붓다의 말들에 대한 주석서들은 많지 않다. 그 이유는 하나이다. 예수의 가르침에 대한 주석서들은 더 적다. 그것들은 별로 다르지 않다. 사실 크리슈나에 대해서만 수많은 의미의 대입들이 가능하다. 그러나 붓다에 대해서는 그렇지 않다. 붓다가 말한 것은 명확하고 다의적이지 않다. 그의 진술들은 완전하고, 의미 간의 차이가 명확하며 논리적이다. 여러 주석가들의 마음에 따라 그들의 의미는 어느 정도 차이가 있을 수도 있다. 그러나 그 차이는 크지 않다.

마하비라에 대한 논쟁은 아주 적다. 그의 추종자들은 단지 두 부분으로 나뉠 뿐이다. 슈웨땀바라(Shwetambar)들과 디감바라(Digambara)들 사이의 논쟁은 마하비라가 나체로 살았느냐, 나체로 살지 않았느냐 하는 사소한 문제에 국한된다. 그들은 마하비라의 가르침과 관련하여 다투지 않는다. 왜냐하면 그것은 매우 명확하기 때문이다. 자이나 띠르딴까라 주위에도 분파들이 생기기는 어렵다.

크리슈나 주위에 분파들이 일어나기 어렵다는 것은 마하비라 주위에 분파들이 일어나기 어려운 것처럼 이상한 일이다. 그것은 정반대의 이유들 때문에 그러하다. 만약 사람들이 크리슈나 주위에 분파들을 만들고자 한다면, 그 수는 수만에 이를 것이다. 그러나 크리슈나는 그 후에도 나눌 여지를 여전히 가지고 있을 것이다. 그러므로 분파들에 관해서 볼 때, 크리슈나 주위에 수천의 해석들이 있을 가능성이 있다. 그러나 크리슈나 주위에 분파들이 형성되지 못했다는 것은 특이하다. 예수 주위에는 두세 개의 주요 파별이 형성되었다. 그러나 크리슈나에게는 그런 것이 전혀 없다. 그런데 바가바드 기따 하나에 대해서만 천 개의 주석이 있다. 어떠한 주석서도 서로 일치하는 법이 없다는 것은 중요한 의미를 가진다. 하나의 주석서는 다른 주석서와 정반대가 될 수도 있다. 그것들은 마치 적과 같이 다르다. 라마누자(Ramanuja)와 샹까라(Shankara)는 부합하는 점이 전혀 없다. 한쪽은 다른 쪽을 향해 "당신은 단지 무지한 자에 불과해!" 하고 말할 수 있다. 그리고 놀라운 것은 둘은 모두 그들 방식으로 옳을 수 있다는 것이다. 거기에는 어려움이라고는 전혀 없다. 어떻게 그렇게 될 수 있을까?

그 이유는 크리슈나가 명확하거나 결정적이지 않기 때문이다. 그는 어떤 체계, 어떤 구조, 어떤 형식, 어떤 개요를 가지지 않는다. 크리슈나는 무형식이고 무형상이다. 그는 한계가 없다. 당신은 그를 정의할 수 없다. 그는 간단히 말해서 정의할 수 없는 존재이다. 이러한 점에서도 크리슈나는 완전하고 완벽하다. 왜냐하면 오직 완전함만이 무형일 수 있고, 정의할 수 없음일 수 있기 때문이다.

바가바드 기따의 어떤 해석들도 크리슈나를 해석하지 않는다. 그들은 해석자들을 해석할 뿐이다. 샹까라는 기따에서 그 자신의 견해의 확증을 발견한다. 그는 세상은 하나의 환영이라는 것을 알게 된다. 같은 책에서 라마누자는 헌신이 신으로 가는 길이라는 것을 발견한다. 띨락(Tilak)은 다른 어떤 것을 알게 된다. 즉, 그에게 있어서 바가바드 기따는 행위의 훈련을 의미한다. 신기하게도 전장에서의 이 설교로부터 간디는 비폭력이 유일한 길이라는 것을 얻어낸다. 어느 누구도 기따에서 자신이 원하는 것을 찾기가 어렵지 않다. 크리슈나는 그들과 같은 방식으로는 오지 않는다. 모든 사람은 거기에서 환영받는다. 그는 하나의 텅 빈 거울이다. 당신은 당신의 이미지를 보고 떠난다. 그리고 거울은 예전처럼 텅 빈다. 그것은 그것 자신의 어떤 고정된 이미지도 가지지 않는다. 그것은 그저 텅 빔이다.

크리슈나는 영화와 같지 않다. 영화도 거울처럼 작용한다. 그러나 그것은 한 번뿐이다. 다시 말해서 당신의 반영은 그것과 함께 머문다. 따라서 어떤 특정한 사진은 어떠어떠하다고 말할 수 있다. 당신은 거울에 대해서는 그렇게 말할 수 없다. 거울은 당신이 그것과 함께 있을 때만 당신을 비춘다. 당신이 거울에서 떠나고 난 후에 거울은 무엇을 하는가? 그때 거울은 텅 빔만을 비춘다. 그것은 자신의 앞에 무엇이 와서 서든 그 모습을 정확하게 있는 그대로 비춘다. 크리슈나는 그러한 거울이다. 그러므로 나는 그가 완전하고 완벽하다고 말한다.

크리슈나는 또 다른 많은 점에서도 완전하다. 이 문제를 논의해 가는 과정에서 우리는 이 점을 이해하게 될 것이다. 어떤 사람은 그가 모든 면에서 완전할 때만이 완전해질 수 있다. 그의 완전함이 삶의 어떤 특정한 부분에만 국한될 때는 그는 완전한 것이 아니다. 그들 자신의 차원들에서 마하비라와 예수는 완전하다. 그 자체로 예수의 삶은 완전하다. 그리고 그것은 그러한 것으로서 아무런 부족함이 없다. 장미가 장미로서 완전하고, 금잔화가 금잔화로서 완전한 것처럼 그는 완전하다. 그러나 장미는 금잔화로서 완전할 수는 없다. 금잔화는 금잔화로서만 완전하다. 마찬가지로 금잔화는 장미로서는 완전할 수 없다. 그러므로 붓다, 마하비라, 예수는 그들 자신의 차원에서 완전하다. 다시 말해서 그들 안에서 그들은 아무것도 부족한 것이 없다.

그러나 크리슈나의 완전성은 전혀 다르다. 그는 일차원적이 아니다. 그는 사실 다차원적이다. 그는 삶의 모든 영역, 삶의 모든 차원으로 들어가서 널리 퍼져 있다. 만약 그가 도둑이라면 그는 완전한 도둑이고, 만약 그가 현자라면 완전한 현자이다. 그가 어떤 것을 기억할 때는 총체적으로 기억하고, 그가 그것을 잊을 때는 총체적으로 잊는다. 그가 마투라를 떠날 때, 그곳을 완전히 떠난 것은 이 이유 때문이다. 그곳의 주민들은 그를 열망하며 울고 불고 하면서 크리슈나가 너무 냉정하다고 말한다. 그것은 사실이 아니다. 그렇지 않고 그들 말처럼 만일 그가 냉정하다면 그는 철저하게 냉정하다.

사실 완전하게 기억하는 자는 또 완전하게 잊는다. 거울이 당신을 비출 때는 완전하게 그렇게 하고, 텅 빌 때는 완전하게 텅 비게 된다. 크리슈나의 거울이 마투라에 있을 때 마투라를 완전하게 비추었듯이, 이제 거울이 드와르까로 옮겨갈 때 드와르까를 완전하게 비춘다. 그는 이제 드와르까에 완전히 있고, 그곳에서 완전하게 삶을 살고, 완전하게 사랑하며, 심지어 완전하게 싸운다.

크리슈나의 완전성은 다차원적인데, 이것은 사실 드문 일이다. 일차원에서도 완전해진다는 것은 힘든 일이다. 그것은 그렇게 쉬운 일이 아니다. 그래서 다차원으로 완전해지기란 매우 어렵다고 말한다면, 그것은 틀린 말이 될 것이다. 그것은 불가능한 일이다. 그러나 종종 불가능한 일이 일어나는데, 그러한 일이 일어날 때 그것은 기적이다. 크리슈나의 삶은 그러한 기적, 절대적인 기적이다.

우리는 모든 종류의 사람들을 비교할 수 있다. 그러나 크리슈나는 비교할 수 없다. 붓다와 마하비라의 삶은 매우 비슷하다. 그들은 가까운 이웃 같다. 그들에게서는 차이를 거의 찾아볼 수 없다. 설사 어떤 차이가 있다고 해도 그것은 그들의 밖에서 찾을 수 있는 차이이고, 그들의 내면 깊숙한 곳의 존재의 모습은 서로 같다. 그러나 이 행성에서 크리슈나와 비교할 존재를 찾는다는 것은 궁극적으로 불가능하다. 한 인간으로서 그는 불가능한 것을 상징한다.

모든 차원에서 완전한 자는 불리한 점과 유리한 점을 동시에 가지게 됨이 당연한 일이다. 특정한 차원에서 완전성을 성취한 자와 그를 비교한다는 것은 그 특정한 차원에 관한 한 쉽게는 비교되지 않을 것이다. 마하비라는 그의 모든 에너지를 한 차원에 쏟아 부었다. 따라서 그 자신의 분야에서는 그의 에너지를 모든 차원들로 분산한 크리슈나를 능가할 것이다. 예수도 그 자신의 분야에서는 그를 능가할 것이다. 그러나 전체적으로 볼 때는 크리슈나가 더 뛰어나다. 마하비라, 붓다, 예수는 크리슈나와 비교할 수 없다. 그는 궁극적으로 비교할 수 없는 존재이다.

크리슈나의 중요성은 그가 다차원적 존재라는 데 있다. 잠깐 동안 때때로 금잔화가, 쟈스민이, 장미가, 연꽃이 천상의 꽃이 된다. 그리고 우리가 다가갈 때마다 그 꽃이 우리가 생각한 것과 전혀 다른 꽃임을 발견하게 되는 어떤 꽃을 상상해 보자. 이 꽃은 계속해서 장미로서만 존재해 온 그러한 꽃들과는 제대로 비교할 수 없다. 장미는 오직 한 마음으로 장미가 되는 데 자신의 온 노력을 다 쏟은 반면, 이 가공의 꽃은 그것의 에너지를 모든 방향으로 분산시켰다. 이 가공의 꽃의 삶은 너무나 널리 퍼져 나가고, 너무나 광범위해서 장미의 삶 속에 있는 밀도를 도저히 가질 수 없다. 크리슈나는 이 가공의 꽃이다. 그의 존재는 광활함을 가진다. 그러나 밀도가 부족하다. 그의 광활함은 그냥 끝없음, 광대함 그 자체이다.

따라서 크리슈나의 완전함은 무한을 의미한다. 그는 무한하다. 마하비라의 완전함은 그의 일차원 속에서 완성해야 할 모든 것을 완성하였고, 이 차원에 관한 한 완성할 것을 전혀 남기지 않고 모두 완성했다는 것을 의미한다. 이제 어떤 구도자도 마하비라가 그 자신의 분야에서 완성한 것 이상으로 모든 것을 완성할 수는 없게 되었다. 말하자면 그는 결코 마하비라를 능가할 수 없다. 그러므로 크리슈나는 다차원적이고 광대하며 넓고 무한하다는 점에서 완전하다.

한 차원에서 완전한 자는 다른 차원들에 관한 한 완전한 이방인이다. 크리슈나가 능숙하게 도둑질까지도 할 수 있는 곳에서, 마하비라는 도둑으로서 완전히 실패할 것이다. 만약 마하비라가 그것에 손을 댔다가는 감옥에 갈 가능성이 많을 것이다. 크리슈나는 도둑질까지도 성공할 것이다. 크리슈나가 전사로서 혁혁한 전공을 세울 수 있는 곳에 만약 붓다를 데려다 둔다면 그의 모습은 초라해질 것이다. 우리는 플루트를 불고 있는 예수를 상상할 수 없다. 그러나 우리는 교수대로 가는 크리슈나는 쉽게 생각할 수 있다. 크리슈나는 십자가에서 어떠한 고통도 느끼지 않을 것이다. 본질적으로 그는 플루트를 연주하는 것과 마찬가지로 십자가에 못 박히는 것을 받아들일 수 있다. 그러나 만약 예수에게 플루트를 주면서 연주해 보라고 한다면 예수는 어려워할 것이다. 우리는 크리슈나의 이미지 속에서 예수를 생각할 수는 없다.

기독교인들은 예수가 결코 웃지 않았다고 말한다. 플루트를 연주하는 것은 결코 웃은 적이 없는 자에게는 너무나 낯선 일이 될 것이다. 만약 예수에게 한쪽 다리를 다른 쪽 다리 위에 얹고 공작새 깃털로 만든 왕관을 머리에 쓰고 입술에 플루트를 대고 있는 크리슈나처럼 서 보라고 하면, 예수는 바로 "나는 이 플루트보다 십자가가 더 좋다."라고 말할 것이다. 그는 십자가 편하다. 그는 십자가에 있을 때 외에는 그 어떠한 것에 대해서도 편안함을 느끼지 못한다. 십자가에 매달려서만 그는 "아버지시여! 저희들이 무슨 짓을 하고 있는지 모르는 저들을 용서하옵소서." 하고 말할 수 있었다. 그는 십자가 위에서만 가장 평화롭게 죽음을 맞는다. 왜냐하면 그것이 그의 차원이기 때문이다. 그는 자신의 운명을 행하는 데 있어서 어떤 어려움도 발견하지 못한다. 일어나기로 예정된 것이 이제 일어나고 있다. 그의 여정은 이제 그것의 정점을 향하고 있다.

예수는 반항자이고, 모반자이고, 혁명가이다. 따라서 십자가는 그의 가장 자연스러운 운명이다. 예수는 자신이 십자가에 못 박힐 것이라는 것을 예언할 수 있다. 만약 그가 십자가에 못 박히지 않는다면 그것은 실패처럼 보일 것이다. 그의 경우에 있어서 십자가에 못 박힘은 피할 수 없는 것이다.

크리슈나의 경우는 매우 다르고 어렵다. 그의 경우 어떠한 예언도 가능하지 않다. 그는 예언할 수 없는 존재이다. 그가 단두대 위에서 죽을지, 아니면 찬사와 숭배를 받으면서 죽을지 아무도 모른다. 그가 진실로 어떻게 죽을지를 아무도 예언할 수 없었다. 그는 한 나무 아래에 편안히 앉아 있었다. 그의 죽음은 죽음의 형식이라고 할 수 없는 죽음이었다. 어떤 자, 즉 한 사냥꾼이 멀리서 그를 보고 사슴 한 마리가 거기 있는 것으로 생각하고 화살을 쏘아 그를 명중시켰다. 그의 죽음은 너무나 우연적이었고 너무나 부적절했다. 이것은 죽음의 방식으로는 드문 경우이다. 모든 자의 죽음은 그것에 관한 전조의 요소를 가진다. 크리슈나의 죽음은 전적으로 예정되지 않은 것으로 보인다. 그는 마치 그의 죽음은 아무런 쓸모도 없다는 것처럼 그러한 방식으로 죽는다. 그의 삶은 완벽하게 비실리적이었다. 그의 죽음은 그렇다.

예수의 죽음은 매우 목적 지향적인 것으로 알려졌다. 기독교 신앙은 예수가 십자가에 못 박혀 죽지 않았다면 존재하지 못했을 것이라는 점은 진실이다. 기독교는 그 존재의 빚을 예수가 아니라 십자가에

지고 있다. 예수는 십자가에 못 박혀 죽기 전에는 전혀 알려지지 않은 존재였다. 그러므로 십자가에 못 박힘은 중요한 의미를 가지게 되고, 십자가는 기독교의 상징이 되었다. 십자가에 못 박힘은 기독교의 탄생으로 바뀌었다. 심지어 예수는 십자가로 인해 세상에 알려졌다.

그러나 크리슈나의 죽음은 이상하고 별 의미가 없는 것처럼 보인다. 이것이 죽음의 한 방식인가? 어떤 사람이 이렇게 죽는단 말인가? 누군가가 당신 모르게 아무런 이유도 없이 쏜 화살에 맞아 죽는 것이 한 사람이 선택할 수 있는 죽음의 방식이란 말인가? 크리슈나의 죽음은 역사적인 사건처럼 장엄하지 않다. 그것은 꽃이 피고 시들고 죽는 것과 같이 지극히 평범하다. 저녁 한때 부는 바람이 그 꽃을 지상으로 내팽개쳤다는 사실을 누구 하나 모른다. 크리슈나의 죽음은 그냥 예사로운 그런 일상사와 같다. 그것은 그가 다차원적이기 때문에 그렇다. 그가 어떻게 되었는지에 대해 아무것도 알려질 수 없다. 그의 삶이 어떻게 그 모습을 갖추어 갈 것인지 아무도 모른다.

끝으로, 이것을 다른 방식으로 바라보도록 하자. 만약 마하비라가 또 한 번의 50년을 살아야 한다면 그의 삶이 어떠한 모습을 가지게 될지 분명하게 말할 수 있다. 마찬가지로 예수에게 다시 50년의 시간이 주어진다면, 우리는 그가 그 시간을 어떻게 보낼지 쉽게 그려 볼 수 있다. 그것은 예상 가능한 것이다. 그것은 점성가들의 이해 안에 있다. 만약 마하비라에게 10년이 더 주어진다면 그가 그 10년을 어떻게 살 것인지에 대해서는 바로 여기 이 자리에서도 기술할 수 있다. 그가 아침에 언제 잠자리에서 일어나고, 밤에 언제 잠자리에 들 것인지를 상세하게 말할 수 있다. 심지어 그의 매일의 아침, 점심, 저녁 메뉴도 대충 그릴 수 있다. 그가 설교에서 어떻게 말하게 될지도 기술할 수 있다. 그가 10년 동안에 할 수 있는 것은 그가 그 전 10년 동안에 한 것의 단순한 반복이 될 것이다.

그러나 크리슈나의 경우에는 10년은 말할 것도 없고, 10일조차 예측할 수 없을 것이다. 그 10일이라는 시간에 세상에서 어떤 일이 일어날지를 말할 수 있는 사람은 아무도 없다. 그의 경우에는 그것이 그 어떤 것이든 어떠한 반복도 가능하지 않다. 이 사람은 어떤 계획, 어떤 스케줄, 어떤 프로그램에 따라 사는 법이 없다. 그는 어떠한 계획도 어떤 프로그램도 없이 산다. 그는 순간을 산다. 일어날 일은 일어날 것이다. 이러한 점에서도 크리슈나는 무한한 존재이다. 그는 어떤 곳에서도 종국을 맞지 않는 것 같다.

이제 나는 당신들에게 완전한 화신으로서의 크리슈나의 궁극적인 의미를 설명하고자 한다. 그는 완성되어 가는 것 같지 않고, 결정되어 가는 것 같지 않은 홀로 완전한 자이다. 어떤 것이 그것 스스로 완성되는 것은 그것의 종국, 즉 그것의 끝남이 찾아오는 것이다. 이것은 당신들에게는 역설적으로 생각될 것이다. 일반적으로 완전해진다는 것은, 그 위로는 이루어질 것이 아무것도 남아 있지 않은 최고의 정점, 거기서 비로소 스스로 완성되는 정점에 이르는 것을 의미한다고 우리는 믿는다. 만약 당신이 그렇게 생각한다면, 이것은 사실 일차원적인 완전함의 개념이다. 크리슈나의 완전함은 그것 스스로를 결론짓는, 종국에 이르는, 그것 자체를 종결짓는 그러한 것과는 다르다. 그의 완전성은 그가 얼마나 오래 살고 삶을 통해 얼마나 여행을 하든 그는 결코 어떤 종국에 이르는 법이 없으며 계속되고 또 계속된다는 것을 의미한다.

그러므로 완전성에 대한 우빠니샤드의 정의는 옳다. 그것은 "완전함으로부터 완전함이 발생하며, 만약 당신이 완전함으로부터 완전함을 가져가도 완전함은 여전히 남는다."라고 말한다. 만약 우리가 크리슈나로부터 수천의 크리슈나들을 가지고 달아난다 하더라도 이 사람은 여전히 남을 것이다. 더욱더 많은 크리슈나들을 그로부터 취할 수 있다. 여기에는 아무런 어려움이 없다. 크리슈나에게는 어떠한 곤란함도 없다. 왜냐하면 그는 어떤 것이든 될 수 있기 때문이다.

마하비라는 오늘날에 태어날 수 없다. 그가 이 시대에 태어난다는 것은 불가능할 것이다. 왜냐하면 마하비라는 어떤 특정한 상황에, 어떤 특정한 시간에 완전함에 도달했기 때문이다. 그 차원은 그 특정한 상황에서만 완성될 수 있었다. 마찬가지로 예수도 오늘날에 태어날 수 없다. 만약 오늘 그가 온다면, 우선 아무도 그를 못 박지 않을 것이다. 그가 아무리 큰 소란을 일으킨다 할지라도 사람들은 "그냥 그를 내버려둬." 하고 말할 것이다. 유대인들은 그들의 첫 번째 실수, 즉 기독교의 탄생을 가능하게 한 그 실수로부터 교훈을 얻었다. 오늘날 지구상에는 10억에 이르는 기독교인들이 있다. 유대인들은 다시는 그와 똑같은 실수를 저지르지 않을 것이다. 그들은 "다시는 이 사람과 관계하지 말고, 그를 혼자 있게 내버려두어라. 그가 좋아하는 대로 말하고 행동하도록 내버려두라."고 말할 것이다.

예수는 살아 있는 동안에는 많은 사람들로 하여금 그에게 관심을 갖도록 만들지 못했다. 그의 죽음 후에 많은 사람들이 관심을 가지게 되었다. 그가 십자가에 못 박히는 것을 보기 위해 모여든 수많은 사람들 중에 그를 사랑한 사람은 8명에 불과했다. 수많은 사람들 중에 불과 8명이라니! 한줌의 추종자들조차 예수의 친구냐는 질문에 대해 "예"라고 말할 만큼 용기를 가진 자는 아무도 없었다. 그들은 아마

"우리는 그를 모릅니다."라고 했을지도 모른다. 예수의 시신을 십자가에서 내린 여인은 존경할 만한 예루살렘 집안 출신이 아니었다. 왜냐하면 예수가 귀족들에게 다가가 그들에게 영향력을 미치는 것은 어려웠기 때문이다. 예수를 십자가에서 내릴 용기를 가질 수 있었던 여인은 창녀였다. 창녀로서 그녀는 사회의 가장 밑바닥 계층에 이미 가 있는데, 사회가 그녀에게 할 수 있는 더 가혹한 일이 무엇이겠는가? 그래서 그 일을 한 사람은 귀족 계급의 여인이 아니라 창녀였던 것이다. 내 생각으로는 설사 오늘날에 예수가 와서 두 번째로 십자가에 못 박히는 일이 생긴다 해도 존경받는 집안의 여자들은 그렇게 하지 못할 것이라 생각한다.

예수는 외면당할 가능성이 있다. 왜냐하면 그의 말들은 너무나도 순진하기 때문이다.

오늘날의 사람들이 그를 외면까지는 하지 않는다 해도, 다른 위험이 없는 것은 아니다. 즉, 그들은 그를 미친 사람으로 치부할 것이다. 그를 십자가에 못 박히도록 한 그 핵심적인 이유는 무엇이었던가? 예수는 말했다. "나는 신이다. 나와 하늘나라의 아버지는 하나이다." 오늘날 우리는 이렇게 말할 수 있을 것이다. "그가 그러든 말든 내버려둬라. 그것이 무슨 상관인가?"

예수가 다시 태어나기 위해서는 그의 시대에 존재했던 것과 똑같은 상황이 필요하다. 그것은 예수가 역사적인 인물이기 때문이다. 종교의 역사를 쓰기 시작한 것은 예수의 추종자들뿐이라는 사실을 기억하기 바란다. 그들 외에는 아무도 그런 일을 한 적이 없다. 역사는 예수와 더불어 시작한다. 한 시대가 예수로 시작되는 것은 우연한 일이 아니다. 예수는 역사적인 한 사건이다. 그리고 그는 어떤 특정한 역사적인 순간에만 일어날 수 있다.

　우리는 크리슈나의 역사를 쓰지 않았다. 그가 태어나고 죽은 날짜는 명확히 알려져 있지 않다. 그것들을 아는 것은 아무런 소용이 없다. 어떤 날짜라도 될 수 있다. 특정한 날짜들과 시간들은 크리슈나와 관련해서는 적절하지 않다. 그는 어느 날이고, 어떤 시간이고 일어날 수 있다. 즉, 그는 어떤 시간 및 상황과도 관련을 가질 것이다. 그는 그가 되고자 하는 것이 되는 데 어떠한 어려움도 갖지 않을 것이다. 그는 모든 시대들 속에서 똑같은 모습을 하고 있을 것이다. 그는 이것 혹은 저것과 같이 되기를 고집하지 않는다. 만약 당신이 어떤 조건들을 가지고 있다면, 당신은 그것에 상응하는 상황을 필요로 할 것이다. 그러나 당신이 어떤 것이라도 상관없다고 한다면, 당신은 어떠한 상황에도 쉽게 적응할 것이다. 마하비라는 나체로 지내기를 고집할 것이다. 그러나 크리슈나는 나무 의족을 단 바지라도 입을 것이다. 그는 어떠한 어려움도 가지지 않을 것이다. 그는 진작 이 옷을 만들어 주었더라면 기꺼이 입었을 텐데 늦은 게 유감이라고까지 말할 것이다.

　그렇게 선택하지 않고 사는 것이 무한하게 사는 것이다. 그에게는 어떤 시간, 어떤 장소, 어떠한 상황도 문제가 되지 않는다. 그는 어떠한 시대, 인간 역사의 어떠한 기간과도 함께 할 것이다. 그의 꽃은 그가 있는 곳이 어디든, 그가 있는 때가 어느 때이든 그것들과 무관하게 피어날 것이다.

　그러므로 마하비라, 붓다, 예수는 역사적인 인물이지만 크리슈나는 아니라고 말한다. 이것은 크리슈나가 존재하지 않았다는 것을 의미하는 것이 아니다. 그는 너무나도 철저하게 존재했다. 그러나 그는 어떠한 특정한 시간이나 공간에 속하지 않는다. 바로 이러한 이유에서 그는 역사적인 인물이 아니다. 그는 신화적이면서 전설적인 인물이다. 그는 배우이며 진실한 공연자이다. 그는 언제든지 나타날 수 있다. 그는 하나의 인물, 하나의 이상화된 삶의 스타일에 집착하지 않는다. 그는 어떤 특정한 라다를 요구하지 않을 것이다. 그에게는 어떤 라다라 해도 상관없다. 그는 특정한 시대, 특정한 시점을 고집하지 않는다. 어떤 시대도 그에게 어울릴 것이다. 그는 플루트만 연주할 필요가 없다. 어떤 시대의 어떤 악기도 그에게는 어울린다. 크리슈나는 당신이 그에게서 아무리 많은 것을 취해 간다고 해도 상관없이 여전히 완전하고 전체로서 남아 있다는 의미에서 온전하다. 그는 거듭해서 다시 나타날 수 있다.

　우리는 오늘 오후에 또 다시 질의응답의 토론 시간을 가질 것이다. 당신은 마음속에 일어나는 의문이 무엇이든 서면을 통해 질문을 할 수 있다.

세 번째 문

붓다가 끝나는 곳에
크리슈나가 시작된다

바가바드 기따를 보면 크리슈나는 매우 이기적인 것처럼 보입니다. 그러나 오늘 아침 스승님은 크리슈나가 아르주나에게 모든 것을 포기하고 그에게 복종하라고 말한 것은 그의 자아 없음 때문이라고 말씀하셨습니다. 그러나 붓다와 마하비라는 그들의 제자들에게 이렇게 하지는 않습니다. 그렇다면 그들의 자아 없음의 유형들에는 어떤 차이가 있습니까? 만약 있다면, 그들 사이의 근본적인 차이점은 무엇입니까?

여기에서 자아 없음을 이루는 데는 두 가지 길이 있다. 하나의 길은 부정을 통해서이다. 어떤 이는 계속해서 자신의 자아를 부정하고, 그 자신을 부정한다. 그리고 더 이상 제거할 것이 아무것도 남아 있지 않는 순간까지 그 자신을 점진적으로 제거한다. 그러나 이와 같이 해서 얻어진 자아 없음의 상태는 부정적인 것이다. 왜냐하면 그의 깊은 곳에는 여전히 "나는 나의 자아를 없애 버렸어."라고 말하는 매우 미세한 형태의 자아가 남아 있기 때문이다.

다른 하나는 확장의 길이다. 구도자는 모든 존재들이 자신 안에 포함될 수 있을 만큼 그 자신을, 그의 자기를 계속해서 확장해 나간다. 이 방법을 통해서 오는 자아 없음은 그의 외부에 아무것도 남아 있지 않는 전체적인, 너무나 전체적인 것이다. 심지어 그는 "나는 지금 자아가 없어."라고 말할 수조차 없는 그런 정도이다.

부정의 방법을 따르는 구도자는 영혼을, 아뜨만을 얻는다. 그것은 자신의 자아의 마지막 자취가 "나는 ……이다."라는 형태 안에 남아 있다는 것을 의미한다. 그의 자아의 모든 것은 사라졌다. 그러나 순수한 '나'는 남아 있다. 그러한 구도자는 신을, 궁극을 결코 얻을 수 없을 것이다. 그리고 확장의 길을 따르는 구도자는, 전부를 껴안을 정도로 그 자신을 확장시키는 구도자는 즉시 신을 안다. 그는 영혼을 알아야 할 필요가 없다.

크리슈나의 삶은 긍정적이다. 크리슈나는 부정적이 아니다. 그의 삶에 있는 어떤 것도 심지어 자아조차 부정하지 않는다. 그는 모든 것을 포함할 정도로 당신의 자아를 아주 많이 확장하라고 말한다. 그리고 '당신'으로서의 당신이 바깥에 아무것도 남아 있지 않을 때, 그 때 "나는 ……이다."라고 말할 수 있는 길은 없다. 오로지 나로부터 분리된 '당신'이 있는 동안에만, 나는 나 자신을 '나'라고 부를 수 있다. '당신'이 사라지는 그 순간, '나' 또한 실재하기를 그만둔다. 그래서 자아 없음의 '나'는 매우 크고 무한히 광대해야만 한다.

우빠니샤드의 아는 자인 리쉬(rishi)가 "아함 브람마스미(Aham brahmasmi)", 즉 "나는 신이고, 나는 궁극이다."라고 외쳤던 것은 이 '나'의 거대한 배경 안에서이다. 이것은 당신이 신이 아니라고 말하는 것을 의미하지 않는다. 이것은 단지 거기에 '당신'이 없으므로 오직 '나'만이 남아 있음을 의미한다. 이것은 산들바람처럼 나무를 통과하는 '나'이다. 이것은 바다 안의 파도들처럼 물결치는 '나'이다. 나는 태어난 자이고, 나는 또한 죽어야 할 자이다. 나는 지구이고, 또한 하늘이다. 거기에는 '나' 외에 아무것도 없다. 그러므로 거기에는 심지어 이 '나'가 존재할 어떠한 길도 없다. 만약 내가 모든 것이고 모든 곳이라면, "나는 ……이다."라고 말할 그 나는 누구인가? 무엇에 관련하여 있는가?

크리슈나의 전체는 거대함, 무한함으로 모든 곳에 같이 존재하고, 또 모든 공간에 걸쳐 있다. 그는 전체와 하나이다. 그래서 그는 "나는 궁극이다. 브람만이다."라고 말할 수 있다. 그 말에는 전혀 에고적인 것이 없다. 이렇게 말하는 것은 단지 언어적인 표현일 뿐이다. '나'는 여기에서 그저 하나의 단어일 뿐이다. 거기에는 아무런 '나임'이 없다. 크리슈나의 '나'는 없어져 버렸다.

앞서 말한 바와 같이, 다른 하나의 길은 부정이다. 부정의 길에 있는 구도자는 계속해서 부정한다. 그리고 조금씩 조금씩 자아를 구성하고 강하게 만드는 모든 것을 포기한다. 만일 부(富)가 자아의 한 요소라면, 그는 부를 포기한다. 그러나 부자만이 자아를 가지고 있고 가난한 자는 자아가 없다는 것은 틀린 생각일 것이다. 가난한 사람은 가난한 자아를 가지고 있다. 그러나 자아는 있다. 그리고 가정을 가지고 있는 자만이 에고적이고 산야신은 그렇지 않다고도 생각하지 말라. 심지어 산야신도 자신의 자아를 가지고 있다. 그러나 비록 내가 에고를 강하게 하는 모든 것을 포기할지라도, 내가 돈과 가정, 관계들을 포기한다 할지라도, 내가 자아의 버팀목들을 포기한다 할지라도 나의 자아는 어떤 도움 없이도 남아 있을 것이다. 심지어 그때에도 '나'는 사라지지 않을 것이다. 이제 이것은 그 스스로에게, 그것 자신의 순수한 '나임'에 달라붙을 것이다.

이것은 부정의 과정을 통과해 온 사람의 가장 미세한 형태의 '나'이다. 그리고 많은 사람들이 거기에 걸려 있다. 그리고 그것에 매달려 남아 있다. 왜냐하면 이 '나'는 미세하고 눈에 보이지 않기 때문이다. 부자의 자아는 요란하고 분명하다. 그는 매우 많은 돈을 가지고 있다고 말한다. 세상을 포기한 산야신의 자아는 미세하고 눈에 잘 보이지 않지만 여전히 남아 있다. 그는 자신이 매우 많은 돈을 포기했다고 말한다.

가정을 가지고 있는 자의 자아는 분명하다. 그는 집을, 가족을, 소유물들을 가지고 있다. 이것들은 역시 그의 자아의 구성 성분들이고, 표지판들이기도 하다. 그러나 심지어 수도승도 그의 절, 아쉬람, 제자들로 이루어진 가족을 가지고 있다. 힌두 수도승이든 기독교 수도승이든 이슬람 수도승이든 마찬가지다. 수도승은 그를 묶고 그의 자아를 키우는 그 자신의 것들을 가지고 있다. 그 역시 어딘가에 걸려 있다. 그러나 그의 자아는 미세하고 잘 보이지 않는다. 그는 심지어 '나'라는 단어도 사용하지 않는다. 그는 그것을 버렸다. 그러나 이 사실은 어떠한 차이도 만들지 않는다.

가장 미세한 형태의 '나임(I-ness)'을 넘어서야만 한다. 그런데 이것은 정말 힘들다. 마하비라와 붓다는 이것을 초월했다. 이것은 매우 힘든 작업을 요구한다. 그래서 이것은 거대한 고행이라고 불린다. 심지어 내가 나의 것이라고 불리는 모든 것들과 나의 소유물들을 포기했다 하더라도 순수한 '나'는 남아 있다. 어떻게 이것을 넘어설 수 있겠는가? 1,000명 가운데 한 사람 정도가 부정의 길을 통하여 자아 없음을 얻는다. 999명은 미세한 '나'에 걸려 있을 것이다. 마하비라가 가장 미세한 자아들을 초월한 반면에, 그를 따르고 있는 사람들은 걸리게 되었다. 왜냐하면 부정의 방법으로 자아 없음의 상태를 성취하기는 정말 어렵고 매우 어렵기 때문이다. '나'를 강하게 하는 다양한 지주들을 버리기는 쉽다. 그러나 '나'의, 순수한 '나'의 마지막 자취를 버리기는 거의 불가능하다.

부정의 길 위에 있는 구도자가 마주치게 되는 가장 중요한 장애물은 여행의 마지막 단계에 온다. 그러나 긍정의 길을 가는 구도자에게는 이것이 첫 단계에 온다. 긍정적 삶을 사는 구도자는 그의 여행의 출발점에서 '당신'을 부정하는 것이 매우 어렵다는 것을 발견한다. 왜냐하면 이것은 너무 분명하게 거기에 있기 때문이다. 크리슈나의 영적 수행은 처음에는 무척 어렵다. 그러나 한번 그것을 넘어서면, 끝까지 순조롭게 항해할 수 있다. 반면에 마하비라와 붓다의 영적 수행은 시작은 아주 쉽다. 그러나 진짜 어려움은 자아의 모든 지주들을 잃고 자아가 순수한 형태로 남아 있는 마지막에 있다. 어떻게 이 아주 미세한 자아를 벗어날 수 있는지가 진짜 문제다.

긍정의 길에 있는 구도자가 처음 시작할 때 하게 되는 것을 부정의 길에 있는 구도자는 마지막에 하게 된다. 긍정의 구도자가 하는 것은 무엇인가? 그는 '당신' 안에서 그의 '나'를 발견하려고 한다. 그리고 부정의 길을 통해 찾고 있는 다른 종류의 구도자는 그의 '나' 안에서 '당신'을 발견하려고 한다. 그러나 그의 작업은 매우 어렵다. '당신' 안에 있는 '나'를 찾는 것이 '나' 안에 있는 '당신'을 찾는 것보다 더 쉽다. 그리고 순수한 '나'의 지점에 왔을 때 이것은 여전히 더 어렵다. 왜냐하면 지금 자아는 매우 훌륭하고 미세한 '나임'의 느낌일 뿐이기 때문이다. 그래서 붓다와 마하비라의 길을 가는 여행에서는 마지막 부분이 결정적이다. 그러므로 이것은 오로지 그 순간이 오기 전에 그의 추구를 포기하고 물러서야 가능할 것이다. 그는 모든 삶을 그의 '나'를 지키기 위해 분투해 왔다. 그리고 지금 그는 그것의 희생을 요구한다. 이것은 너무 어렵다.

그러나 이 순수한 '나'조차 떨어져 나가게 할 수 있다. 만약 구도자가 그의 '나' 안에 포함된 '당신'을 보게 된다면 그것은 떨어져 나갈 수 있다. 그러므로 마하비라와 붓다의 수행의 마지막 단계는 '께발라 냔(Kevala Jnan)' 즉 '단지 아는 것'이라고 불린다. 께발라 냔은 아는 이가 더 이상 없을 때, 오로지 '앎'만이 남을 때 통합이, 궁극의 통합이 발견될 수 있다는 것을 의미한다. 궁극의 자유는 '나'로부터의 자유이다. 그것은 '나'의 자유가 아니라 '나' 그 자체로부터의 자유이다.

그러나 붓다 또는 마하비라를 따르는 사람은 "어떻게 내가 목샤, 즉 해방을 얻을 수 있을까?"라고 바라는 질문을 가지고 온다. 이것이 그의 어려움이다. 어떤 '나'도 여태 자유를 성취하지 못했다. 즉 '나'와 '나를'로부터의 자유가 진정한 자유이다.

이러한 이유로 마하비라의 전통 안에 있는 구도자들은 쉽게 에고이즘의 희생이 된다. 그들이 거대한 에고이스트들로 변한다는 것은 놀랄 만한 일이 아니다. 세상의 포기, 금욕, 고행을 오랫동안 수행하면 그들의 자아가 굳어지고 강해진다. 마지막에 그들은 모든 것에서 벗어난다. 그러나 자아의 딱딱한 덩어리를 용해하기는 극히 어렵다. 당신은 그것을 성스러운 에고라고 부르겠지만 그것이 그들과 함께 남아 있다. 그러나 그것은 붓다나 마하비라와 같은 존재들에 의해 용해될 수 있으며 떨어져 나갔다. 그리고 그것을 떨어져 나가게 하기 위한 다른 기술들이 있다.

크리슈나의 길에서 자아의 이 딱딱한 응어리는 처음 단계에서 떨쳐져야만 한다. 결국에는 버려야만 하는 질병을 지니고 다니는 것에 무슨 좋은 점이 있는가? 그대가 병과 오래 살면 살수록 이 병은 점점 더 악화될 것이다. 병은 만성으로 변하고 전염성을 지니게 될 것이다. 그러므로 마하비라의 께발라 냔 즉 '오직 앎'은 마지막 지점에 오지만, 크리슈나의 삭쉬(sakshi) 즉 '목격'은 처음에 온다. 바로 시작에서부터 나는 내가 전체로부터 분리되어 있지 않다는 이 진리를 알아야만 한다.

그러나 만약 내가 분리되어 있지 않다면, 세상에 대한 포기라는 문제는 의미가 없어진다. 만약 내가 모든 것이라면 포기할 무엇이 있겠는가? 나는 포기되고 있는 그것이다. 누가 누구를 포기할 것인가? 그리고 내가 모든 것이고 모든 곳이라면 내가 어디로 갈 수 있겠는가?

라빈드라나트 타고르는 그의 시들 중 하나에서 붓다의 포기에 대해 아름다운 농담을 했다. 붓다가 깨달은 후 집으로 돌아왔을 때, 그의 아내 야쇼다라가 말했다. "오랫동안 당신에게 물어볼 질문이 하나 있었어요. 지금 당신이 여기에 있으니, 나는 그것을 알기를 원해요. 당신이 정글에서 얻은 것을 여기에서는 얻을 수 없었나요?" 붓다는 그녀에게 답하기가 매우 곤란하다는 것을 발견했다. 만약 그의 집에서도 이런 깨달음이 가능했다고 한다면, 광대한 밀림에서 가능한 것은 그 자신의 집에서도 가능하다. 그리고 이것은 진실이다. 야쇼다라는 그녀가 전에 그렇게 말했다는 것을 그에게 상기시킬 것이다. 야쇼다라는 정말로 그에게 그렇게 말했었다. 이러한 이유로 붓다는 한밤중에 그녀에게 알리지 않고 집을 떠났었다. 만약 그가 진리는 모든 곳에 있다는 것을 인정한다면, 야쇼다라는 즉시 세상을 포기할 필요가 없다고 말할 것이다. 그가 그렇게 하는 것은 완전히 미친 짓이었다. 그리고 진리는 오로지 정글에서만 찾아질 수 있고 집에서는 찾을 수 없다고 말하는 것은 거짓말이 되어야 했을 것이다. 왜냐하면 붓다는 이제 그가 광야에서 찾았던 것이 바로 그 자신의 집에서도 가능하다는 것을, 그리고 이것은 모든 곳에서 가능하다는 것을 알기 때문이다.

크리슈나는 포기에 대해 말하지 않는다. 그는 어디로부터 도망가지 않는다. 그는 어떠한 것도 포기하지 않는다. 붓다가 마지막 순간에 안 것을 크리슈나는 맨 처음에 안다. 붓다가 길고 힘든 탐구의 끝에 알게 된 것은 무엇인가? 이것은 오로지 진리만이 있다는 것, 진리가 모든 곳에 있다는 것이다. 크리슈나는 처음부터 오로지 진리만이 있으며, 진리가 모든 곳에 있다는 것을 안다.

도시의 변두리에서 일생을 보낸 한 파끼르(fakir)에 대해 들은 적이 있다. 어떤 이가 그에게 궁극을 얻기 위한 사다나, 즉 영적 수행을 왜 하지 않느냐고 물어볼 적마다 그는 말했다. "얻어야 할 무엇이 있는가? 그것을 이미 얻었다." 만약 어떤 이가 왜 성지 순례를 가지 않느냐고 묻는다면, 그는 대답한다 "어디를 간단 말인가? 나는 이미 도착했다." 그리고 어떤 이들이 그에게 찾아야 할 것을 가지고 있지 않느냐고 물어올 때, 그는 대답했다. "찾아야 할 것을 이미 찾았다." 이제 이 파끼르는 사다나, 즉 영적 수행이 필요치 않다.

그러므로 크리슈나의 전통에서는 어떠한 사다나도, 즉 어떤 영적 수행도 발전할 수 없었다. 그대는 크리슈나의 길 위에서 어떤 사다까, 즉 구도자라고 불리는 어떤 이도 마주치지 않을 것이다. 찾아야 할 무엇이 있는가? 그대는 그대가 갖고 있지 않은 것을 찾는다. 그리고 오로지 그것을 얻기 위해 노력해야만 그것을 가질 수 있다. 그대가 아직까지 가지지 못하고 있는 어떤 것을 얻으려면 노력이 필요하다. 사다나는 있음직한 것을 찾는다는 것을 의미한다. 이미 얻은 것을 얻기 위한 노력은 도대체 필요치 않다. 우리는 이미 있는 것을 위해서가 아니라, 있어야 한다고 믿는 것을 위해 노력한다. 얻어진 것을 얻는다는 것은 아무런 의미가 없다.

오랜 기간이 지난 후 마침내 고타마 싯다르타가 깨달음을 얻었을 때, 그가 붓다 즉 깨달음을 얻은 자가 되었을 때, 어떤 이가 그에게 물었다. "당신이 얻은 것은 무엇입니까?"

붓다는 다음과 같이 말한 것으로 기록되어 있다. "나는 얻은 것이 없습니다. 나는 단지 이미 있던 것을 알게 되었습니다. 나는 이미 나와 함께 있던 것을 발견했습니다. 이전에는 이것이 나와 함께 항상 영원히 있다는 것을 몰랐습니다. 이제 나는 그것을 압니다. 내가 알게 된 것은 새로운 것이 아무것도 없습니다. 그것은 거기에 늘 있었습니다. 심지어 내가 그것을 모르고 있을 때에도 그것은 바로 거기에 있었으며, 지금보다 조금도 모자라지 않았습니다."

붓다가 마지막 순간에 말하는 것을 크리슈나는 맨 처음 순간에 말할 것이다. 크리슈나는 그대에게 말할 것이다. "어디론가 간다는 것은 무슨 의미인가? 그대는 그대가 가기를 원하는 곳에 이미 있다. 그대가 여행 중에 잠시 들르는 곳이라고 생각하는 곳이 사실은 그대의 목적지다. 바로 지금 있는 곳에서 이것은 일어난다. 왜 아무 방향으로나 가려고 하는가? 달리고 난 뒤에 이르기를 원하는 곳에 그대는 이미 있다. 그대는 이미 도착했다."

그러므로 붓다와 마하비라의 삶에는 깨달음, 도달의 상태에 이르기 위해 따라야 하는 노력의 기간이 있다. 크리슈나는 늘 싯다(siddha), 즉 깨달은 자이다. 그의 온 삶에는 사다나의 기간이라는 것이 없다. 그대는 크리슈나가 어떤 종류의 영적 수행을 했다는 말을 들어 본 적이 있는가? 그가 명상을 한 적이 있는가? 그가 요가를 수행했는가? 그가 단식을 하고, 다른 금욕들을 한 적이 있는가? 그가 고행을 행하기 위해 정글로 들어간 적이 있는가? 그의 전체 삶에는 사다나와 같은 것이 전혀 없다.

붓다와 마하비라가 영웅적인 노력을 한 후에 얻은 것을 크리슈나는 어떠한 노력도 없이 이미 가지고 있다. 그는 영원히 깨달아 있는 것으로 보인다. 그렇다면 왜 사다나를 하는가? 무엇을 위해? 이것이 크리슈나와 다른 이들 사이의 근본적인 차이점이다. 그래서 거기에는 자아가 크리슈나의 비전에 조금이라도 영향을 미칠 수 있는 길이 없다. 왜냐하면 그에게는 아무런 '너'가 없고, 어느 누구도 그에게는 다른 이가 아니기 때문이다.

오늘 아침 나는 까비르에 대해 이야기하였다. 까비르와 그의 아들 까말의 삶에는 아름다운 또 다른 일화가 있다. 어느 날 아침 까비르는 소들에게 먹일 풀을 베어 오도록 까말을 산으로 보냈다. 까말은 손에 낫을 들고 숲으로 갔다. 식물들은 바람 속에서 지금 우리 앞에서 춤추고 있듯이 춤추고 있었다. 아침은 정오로 들어서고, 정오는 밤으로 지나갔는데도 아직 까말은 숲에서 돌아오지 않는다. 까비르는 걱정이 됐다. 왜냐하면 점심을 들기 위해 그가 돌아오리라 생각했기 때문이다. 까비르는 이상히 여기고 몇몇 친구들과 함께 아들을 찾기 위해 숲으로 갔다. 숲에 도달했을 때, 그는 그의 어깨만큼이나 키가 큰 울창한 풀들 속에 서 있는 까말을 발견했다. 그가 서 있다고 말하는 것은 틀릴 것이다. 사실상 그는 춤추는 식물들과 함께 춤추고 있었다. 바람이 춤추고, 식물들이 춤추고, 까말이 그들과 함께 춤추고 있었다. 그의 눈은 감겨 있었고, 그는 완전히 춤 속으로 빠져들어 있었다. 까비르는 그가 소를 위한 풀을 하나도 베지 않은 것을 발견했다. 그래서 그는 그의 어깨 위에 부드럽게 손을 올리면서 물었다. "무엇을 하고 있었느냐, 나의 아들아?"

까말은 눈을 뜨고 주변을 둘러보았다. 그는 아버지에게 말했다. "정말 잘 깨우셨어요." 그리고 그는 해야 할 일을 생각하고는 낫을 집어 들었다. 그러나 날은 이미 어두워져서 어떠한 풀도 자를 수가 없었다.

까비르와 함께 온 사람들이 그에게 물었다. "그런데 온종일 쉬는 동안 무엇을 했니?" 까말은 말했다. "저는 그저 한 포기 풀처럼 되어 버렸어요. 저는 제가 사람이라거나 또 어떤 것이라는 것을 잊어버렸어요. 저는 또 이것이 풀이고, 소를 위해 이 풀을 잘라서 집으로 가지고 가야 한다는 것도 잊어버렸어요. 너무나 아름답고 희열에 겨운 아침이었어요. 정말 축제와 같았고, 바람과 나무와 풀들과 함께 춤추었어요. 이 축제에 제가 동참하지 않는 것은 완전히 바보 같은 짓이었을 거예요. 저는 모든 것을 잊어버리고 춤추기 시작했어요. 심지어 제가 동물을 위해 먹이를 모으려고 여기에 온 까말이라는 것도 기억할 수 없었어요. 아버지가 오셔서 저를 깨우신 지금에야 제가 풀을 베러 왔다는 것을 깨달았어요."

까말처럼 크리슈나도 춤 속에, 우주적인 춤 속에 몰두해 있다. 까비르의 아들은 몇몇 식물들과 함께 작은 숲에서 춤을 췄다. 그러나 크리슈나는 우주 전체와 함께 춤을 춘다. 그는 별들과 남자들과 여자들과 나무들과 꽃들, 그리고 심지어 가시 풀들과 함께 춤춘다. 그는 우주적 춤과 하나이다. 그 공간에는 '나' 그리고 '너'가 존재할 수 있는 아무런 길이 없다. 이 춤의 순간에 크리슈나가 성취한 자아 없음의 상태는 붓다와 마하비라가 힘든 작업의 여행, 금욕과 고행이라는 어려운 여행 끝에 성취한 것과 같다. 크리슈나가 이 여행을 시작하는 곳은 마하비라와 붓다가 마라톤 경주를 마친 후의 바로 그곳이다.

크리슈나는 구도자가 아니다. 그를 구도자라고 부르는 것은 잘못된 일이다. 그는 모든 삶의 예술을 완성시킨 공연자, 달인, 싯다이다. 그리고 그가 싯다의 상태, 이 궁극의 마음 상태에서 말하는 것은 당신에게 이기적으로 들릴 것이다. 그러나 그것은 그렇지 않다. 크리슈나가 당신이 하는 것처럼 같은 언어의 '나'를 사용해야 한다는 것이 어려움이다. 그러나 그의 '나'와 그대의 '나' 사이에 내포된 의미에는 큰 차이가 있다. 그대가 '나'라고 말할 때, 이것은 육체 안에 갇혀 있는 것을 의미한다. 그러나 크리슈나가 '나'라고 말할 때, 이것은 우주 전체에 스며들어 있는 것을 의미한다. 그러므로 그는 아르주나에게 "모든 것을 포기하라. 그리고 나의 발밑에 오라."고 말할 수 있는 용기가 있었다. 만약 당신의 것과 똑같은 '나' 즉 육체 안의 죄수였다면, 그가 이처럼 말하는 것은 불가능했을 것이다. 만약 크리슈나의 '나'가 당신의 것과 같이 작은 것이었다면 아르주나는 상처받았을 것이다. 아르주나는 즉시 "무슨 말을 하고 있는가? 도대체 내가 왜 그대에게 복종해야 하는가?"라고 즉시 말대꾸했을 것이다. 아르주나는 정말로 상처를 받았을 것이다. 그러나 그는 그렇지 않았다.

어떤 이가 다른 이에게 자아의 언어로써 이야기할 때, 이것은 다른 이의 자아 안에서 즉각적인 거부 반응을 일으킨다. 그대가 자아의 '나'라는 언어 안에서 무언가를 말할 때, 다른 이는 즉시 같은 언어로 말하기 시작한다. 우리는 각자의 단어들의 숨겨진 소리를 아는 것에 익숙해져 있다. 그리고 우리는 날카롭게 반응한다.

그러나 크리슈나의 '나'는 에고이즘의 자취가 전혀 없다. 이런 연유로 아르주나를 그에게 완전히 복종하게 만들 수 있었을 것이다. 여기 "나에게 복종하라."는 말의 진정한 의미는 "전체에게 복종하라. 우주에 충만한 처음부터 있는 신비한 에너지에 복종하라."이다.

붓다와 마하비라에게도 역시 자아 없음은 온다. 그러나 이것은 길고 어려운 분투와 고생 뒤에 온다. 그러나 그들의 대부분의 제자들에게는 오지 않을지도 모른다. 왜냐하면 그들의 길에서 이것은 마지막에 오기 때문이다. 그러므로 따르는 자들에게는 이것이 올 수도 있고, 오지 않을 수도 있다. 그러나 크리슈나와 함께 하면 자아 없음은 맨 처음에 온다. 그는 붓다와 마하비라가 끝나는 곳에서 시작한다. 그러므로 크리슈나와 함께 가기를 선택한 이는 자아 없음을 처음부터 가져야 한다. 만약 그가 실패한다면, 크리슈나와 함께 갈 수 없을 것이다.

그대는 그대의 '나'를 그대로 둔 채 마하비라와 동행하여 먼 길을 걸을 수 있다. 그러나 크리슈나와 함께 하는 길에서는 그대의 '나'를 첫걸음에 버려야 한다. 그렇지 않다면 그대는 그와 함께 가고 있지 않다. 그대의 '나'는 마하비라와 함께라면 약간의 융통성을 가질 수 있다. 그러나 크리슈나는 아니다. 크리슈나에게 있어서 첫걸음은 마지막 걸음이다. 그리고 그대가 이 차이점을 마음속에 두는 것이 중요하다. 이것은 큰 차이이고, 근본적인 차이이기 때문이다.

그대가 어떤 사다나를 크리슈나와 함께 할 수 있겠는가? 그대는 그와 함께 춤출 수 있다. 그대는 그와 함께 노래할 수 있다. 그대는 그와 함께 축제를 즐길 수 있다. 그리고 그대는 그와 더불어 녹아들 수 있다. 혹은 만약 그대가 이것을 사다나라고 부른다면, 그때 이것은 다른 문제이다. 그러므로 크리슈나는 그대에게 아무런 기대도 갖지 않는다. 자아 없음과 같이 여행을 시작할 때 기대할 무엇이 있겠는가? 만약 그대가 붓다 또는 마하비라에게 가서 그대가 한 명의 에고이스트고 그것으로부터 자유로워지기를 원한다고 말한다면, 그는 어떤 방법을 가르쳐 줄 것이다. 그는 그대에게 먼저 이것을 포기하고, 다음에는 저것을 포기하라고 말할 것이다. 그리하면 자아의 문제가 해결될 것이라고 말할 것이다. 그러나 만약 그대가 크리슈나에게 같은 질문을 한다면, 그는 어떠한 방법도 주지 않을 것이다. 그는 자아는 처음 단계에서 버려져야 한다고 말할 것이다. 그대는 자아의 중단과 함께 시작해야만 한다. 크리슈나는 방편들과 방법들은 미룸의 길이라고 말할 것이다. 그러므로 그의 주변에는 구도자들의 공동체가 생겨날 수 없었을 것이다. 매우 자연스러운 것들 안에는 방법들이 있을 수 없다.

구도자들에 관한 한 구도자는 방편들과 놀이하는 것을 아주 좋아한다. 그는 자아로부터 떨어지는 것이 매우 어렵다고 말할 것이다. 하지만 만약 도움이 된다면 그는 자신의 돈과는 떨어질 수 있다고 말할 것이다. 그러나 크리슈나는 그대에게 그런 의무를 지우지 않을 것이다. 왜냐하면 만일 그대가 심지어 그대의 모든 재산을 포기한다 할지라도 그대의 병은 계속해서 그대를 괴롭힐 것이기 때문이다. 만약 어떤 이가 암으로 고생하고 있다면 그는 암을 포기할 수 없다고 말한다. 그러나 그는 머리를 깎을 수는 있다. 이것은 도대체 무슨 말일까? 머리를 면도하는 것은 그의 병에 어떠한 차이도 만들지 못할 것이다. 암은 계속해서 그를 괴롭힐 것이다. 암과 면도하는 것 사이에는 전혀 연관성이 없다. 심지어 그대가 머리를 100번이나 면도할지라도 암은 계속해서 문제가 될 것이다. 만약 구도자가 옷들을 포기할 준비가 되어 있다고 말한다면, 크리슈나는 옷들은 암과 아무런 관련이 없다고 말할 것이다. 그러나 마하비라와 붓다는 이렇게 말하지 않을 것이다. 마하비라는 말할 것이다. "좋다. 그대의 머리를 면도하는 것으로부터 시작하라. 그 다음에 우리가 볼 것이다." 모든 사람은 마하비라와 붓다에 접근할 수 있다. 그들은 말할 것이다. "그대가 할 수 있는 것은 무엇이든지 하라. 우리는 마지막에 궁극의 것을 돌볼 것이다."

크리슈나는 궁극적인 질문으로 직접 처리한다. 그는 어떠한 망설임도 좋아하지 않는다. 그는 만약 어떤 이가 궁극적인 문제에 대해 준비가 되어 있다면 그때 그는 홀로 그의 집 안으로 들어갈 것이라고 말한다. 이러한 까닭으로 그의 집은 거의 빈 채로 남아 있다. 그의 집으로 들어가는 것은 쉽지 않다. 그래서 크리슈나는 제자들이나 추종자들의 어떤 체계를 만들 수 없었을 것이다. 마하비라는 5만 명의 제자들이 있다. 이것은 아주 자연스럽다. 크리슈나에게는 이것이 거의 불가능하다. 맨 첫 순간부터 5만 명의 자아 없는 사람을 그대가 어떻게 찾을 수 있겠는가?

직설적으로 말하자면, 붓다와 마하비라는 점진적인 깨달음을, 깨달음을 향한 점진적인 성장을 위해 있다. 우리는 점진주의의 언어를 이해한다. 1루삐가 2루삐가 되고, 2루삐가 3루삐가 되는 것을 우리는 이해할 수 있다. 그러나 가난한 사람이 단번에 부자가 되는 것을 우리는 이해할 수 없다. 크리슈나는 갑작스러운 깨달음을 위해 있다. 그는 말한다. "왜 길고 불필요한 과정을 통해 가는가? 그대가 1루삐를 가지고 있다면 그대는 가난하다. 그대가 10루삐를 가지고 있다 해도 그대는 여전히 가난하다. 이제 그대는 10루삐의 가난한 사람이라고 불릴 것이다. 그대가 천 루삐를 가진다 할지라도 그대는 역시 가난하게 남아 있을 것이다. 왜냐하면 만 루삐를 가진 사람이 있기 때문이다. 그래서 이 가난한 자의 셈으로부터 벗어나라. 나는 그대를 단번에 왕으로 만들 것이다."

크리슈나가 말하는 것의 의미는 왕이 되어 가는 것이 아니다. 이것은 단지 그대가 왕이라는 것을 기억하라는 것이다. 그대는 이미 왕이다. 그러나 그대는 잊어버렸다. 그러므로 사다나는 마하비라와 붓다의 방법인 반면에 기억함, 단지 기억함은 크리슈나의 방법이다. 그냥 기억하라. 그대가 누구인지를 상기하라. 그러면 그 여행은 한 번에 마쳐진다.

단지 기억함으로 충분하다. 이것이 크리슈나의 키워드다. 하나의 이야기를 해 주겠다.

나는 왕이 그의 아들을 왕국으로부터 내쫓은 이야기를 들었다. 그는 버릇없는 아들에게 화가 났다. 그래서 격분한 그는 아들을 밖으로 쫓아버렸다. 아들은 아무런 기술이나 재주를 가지고 있지 않았다. 왕의 아들이 무엇을 알겠는가? 심지어 그는 교육받지도 않았다. 그래서 그에게는 밥벌이를 할 만한 기술이나 재주가 없었다. 그가 배운 것이라고는 어린 시절에 취미로 배운 약간의 노래와 춤뿐이었다. 그래서 그는 이웃 나라의 메마르고 뜨거운 도시의 거리에서 노래하고 춤을 추었다.

　10년 동안 왕의 아들은 해지고 더러운 옷을 입은 집 없는 거지의 삶을 살았다. 그래서 그는 자신이 왕자였다는 것을 완전히 잊어버렸다. 그런데 신기하게도 이 10년 동안 그는 점점 더 왕의 존엄성을 이어받은 것처럼 성숙해졌다. 왜냐하면 그는 점점 더 늙어 가는 왕의 하나뿐인 아들이었기 때문이었다. 그러나 현재 그는 손에 동냥 그릇을 들고 집집마다 돌아다니는 이름 없는 사람일 뿐이었다.

　왕이 매우 늙었을 때 그는 왕권의 앞날에 대해 걱정을 했다. 그의 죽음 후에 누가 그의 왕위를 이어받아 왕국을 성공적으로 이끌어 나갈 것인가? 그래서 그는 대신에게 10년 전에 그가 쫓아 버린 하나뿐인 아들을 찾아 데리고 오라고 하였다. 그러면 그는 왕권을 그에게 물려 줄 것이다. 그가 바보일지라도 그의 기억을 되살려 주어야 한다고 왕은 생각하였다. 달리 방도가 없었다.

　대신은 왕의 아들을 찾아 나섰다. 많이 묻고 노력한 후에 그는 미래의 주인이 아무런 이름도 없이 살고 있는 마을에 도착했다. 대신의 마차가 호텔 앞에 멈췄다. 정오의 햇살 아래 그을린 젊은 남자는 샌들을 사기 위해 호텔 지배인에게 약간의 돈을 구걸하고 있었다. 그는 상처로 인해 찢어지고 피가 나는 그의 맨발을 가리키고 있었다. 대신은 마차에서 내려 젊은 거지에게 다가갔다. 그는 바로 왕의 아들을 알아보았다. 누더기를 입고 몸이 여위었으며, 게다가 햇볕에 그을렸을지라도 그는 왕의 아들이었다. 대신은 그에게 절하고는 말하였다. "왕께서 당신을 용서하셨으며 당신이 당신의 왕국으로 돌아올 것을 명했습니다."

　잠깐 동안에, 한순간에, 젊은 남자의 얼굴은 몰라보게 달라졌다.

그는 거지의 그릇을 던져 버렸다. 곧바로 그는 거지이기를 그만두고 왕이 되었다. 그리고 대신에게 말했다. "시장에 가서 내가 입을 좋은 신발과 좋은 옷을 사오시오. 그리고 그동안 나의 목욕 준비를 해 주시오." 그리고는 왕자다운 걸음으로 마차로 걸어가 올랐다.

호텔의 주변과 안에서, 좀 전에 그에게 적선을 주었거나 그를 거부했던 사람들 모두가 마차 주위로 몰려들면서 혼잡을 이루었다. 그리고 그들은 그가 전혀 다른 사람임을 발견했다. 그는 심지어 그들을 보지도 않았다. 그들이 그에게 물었다. "어떻게 한순간에 당신은 우리를 잊어버릴 수 있나요?" 왕자가 말하기를, "내가 누구인지를 잊어버렸기에 나는 당신을 기억하였다. 바로 지금 나는 내가 누구인지를 기억했다. 그래서 내가 거지라는 것을 잊어버렸다." 군중들이 방금 전가지만 해도 그가 누구였는지를 상기시켰을 때 그는 말했다. "지금 나는 기억한다. 지금 나는 내가 왕이라는 것을 안다. 나는 언제나 왕이었다."

크리슈나의 방법은 그가 누구인지를 그냥 기억하는 것이다. 이것은 연습해야 할 어떤 것이 아니다. 이것은 단지 기억함이다. 그리고 이 기억의 순간 안에서 모든 것이 변형된다. 거지의 그릇은 내던져진다. 한순간에 그는 거지이기를 그만두고 왕이 된다.

그러나 이 왕이 됨은 갑작스러운 사건이다. 어떤 이는 갑자기 왕이 됨을 기억하라. 그리고 어떤 이는 점차 단계적으로 거지가 될 수 있다. 그러나 왕은 그렇지 않다. 왕의 존엄성으로 나아가는 단계들이 있다고 생각하는 것은 잘못이다. 거지가 되는 단계들은 있다. 만약 그대가 그러한 단계들을 거쳐서 꼭대기에 선다면 그대는 기껏해야 거지들 중에서 가장 나은 거지, 부유한 거지가 될 뿐 다른 것은 되지 않을 것이다. 그것은 전혀 중요한 차이를 만들지 못할 것이다. 만약 그대가 여전히 왕이 되기를 원한다면, 그대는 단계적으로 올라가 이른 꼭대기로부터 도약해야 할 것이다. 이러한 순간은 붓다와 마하비라에게 온다. 그러나 이것은 마지막 순간에 온다. 크리슈나에 있어서 이것은 바로 시작점에서 온다. 크리슈나는 그대에게 말할 것이다. "먼저 점프해라. 그러고 난 뒤 우리는 다음의 것을 돌볼 것이다." 그리고 그대가 점프한 후에는 이 '다음 것'은 전혀 필요하지 않다.

바가바드 기따를 통하여 크리슈나는 아르주나에게 그가 누구인지를 상기시키는 것 외에 아무것도 하지 않았다. 그는 교훈을 주지 않았다. 그는 단지 그의 머리를 계속 흔들어 주어 그가 누구인지를 기억하도록 하였다. 그는 가르치기 위해 거기에 있지 않고, 그를 일깨우기 위해 있었다. 그는 아르주나를 깨어나게 하기 위해 흔들었으며 그의 타고난 본성, 그의 자기 본성을 알도록 한다. 그는 그에게 말한다. "그대는 싸울 때 그대의 손에 사람들이 죽을 것이라는 등의 사소한 문제들에 골똘해 있다. 깨어나서 사람들이 여태 죽지 않고 있음을 그대 스스로 알아라. 그대는 영원히 살아 있다." 그러나 아르주나는 잠자고 있다. 그는 꿈꾸고 있다. 그래서 그는 왜 그가 그 자신의 종족들을 죽여야 하느냐고 거듭 물었다. 크리슈나는 아무것도 설명하지 않는다. 그는 아르주나가 깨어나 그 스스로 실재를 알도록 그에게 충격 요법을 준다. 한 사람이 한 사람과 관련되어 있으며 다른 사람과는 관련되어 있지 않다고 생각하는 것은 환영이다. 그는 모든 것과 관계하고 있거나, 아니면 아무하고도 관계하고 있지 않다는 것이 진리이다. 마찬가지로 모든 사람이 죽거나, 아니면 어떤 이도 죽지 않는다. 궁극적으로 고려해야 하는 것은 진리이다.

기억하기는 삶에 대한 크리슈나 철학의 정수이다. 그러므로 그것은 어떤 종류의 영적 수행이 아니다. 그것은 각성 속으로, 깨달음 속으로 직접 점프하는 것이다. 그러나 우리는 그렇게 점프할 수 있는 용기를 가지지 않고 있으며, 그것이 우리의 찻잔이 아니라고 말한다. 우리는 조심하며 천천히 한 단계씩 움직이기를 원한다. 그러나 기억하라. 만일 당신이 이런 방식으로 움직이면, 당신은 매 단계에서 당신의 자아를 구해 낼 것이다. 당신이 점프하기를 거절하는 것은 정말로는 당신의 자아를 구해 내려는 것이다. 점프는 자아에게는 확실히 위험한 것이다. 당신의 자아는 점프 후 살아남을 수 없다. 당신은 단지 스스로를 지키기 위해 조심스럽게 천천히 간다. 그러나 매 단계에서 구해지는 것은 여정의 마지막 단계에서조차 안전하게 남아 있을 것이다. 그리고 그 다음에 당신의 자아는 당신 스스로를 손대지 않고 목샤, 즉 해방으로 들어가는 방법을 당신에게 가르쳐 줄 것이다. 그러나 당신 스스로를 구해 내면서 목샤에 들어가는 것은 불가능하다. 그런 일은 결코 일어나지 않았다. 목샤에 들어가는 것은 자아가 완전히 소멸된 후에야 가능하다. 자아의 죽음이라는 가치를 지불해야 자유가 온다.

이것은 당신이 마지막에 마주치게 되는 문제이다. 그러나 당신은 어떻게 해서든 그것을 피한다. 그것은 피할 수 없는 것이다. 그러므로 나는 문제를 연기하는 것보다 시작의 시점에 그것을 초청하여 직면하는 것이 더 좋다고 말한다. 왜 너무나 많은 시간과 에너지를 낭비하는가?

붓다와 마하비라가 마지막 순간에 한 것은 다름이 아닌 기억하기이다. 그것은 어떤 사다나의 결과가 아니다. 그러나 사다나를 하는 많은 사람들을 볼 수 있기 때문에, 우리는 사다나가 작용을 한다고 생각한다. 한 사람은 그의 마을의 주위를 스무 번 돌고, 그런 다음 그가 누구인지를 기억한다. 또 다른 사람은 단지 한 바퀴 돌고 난 뒤에 그가 누구인지 기억한다. 또 어떤 사람은 한 번도 돌지 않고 그 자신을 알 수 있다. 그러나 구경꾼은 스무 번 도는 것이 기억하는 데 필요하다고 결론을 내린다. 그러나 기억하기와 마을을 돌기 사이에는 아무런 인과 관계가 없다는 것은 사실이다. 그리고 이 점을 선명히 이해하는 것이 필요하다.

마하비라가 했던 것과 그가 이루었던 것 사이에는 아무런 인과적 연결이 없다. 특별한 일련의 영적 수행을 거쳤기 때문에 바르드만(Vardman)이 마하비라가 되었다고 말할 수는 없다. 만약 그렇다면, 예수는 마하비라가 했던 것과 같은 것은 아무것도 하지 않았기 때문에 그리스도가 될 수 없다. 고타마 싯다르타는 마하비라의 사다나, 즉 그의 영적 수행의 과정을 따르지 않았기 때문에 붓다가 될 수 없다.

만일 물이 열을 받아 끓는점에 이르면, 그것은 수증기로 변한다. 그러므로 수증기와 열 사이에 원인의 연결이 있다. 그러나 영적인 삶은 원인과 결과의 법칙을 따르지 않는다. 바로 그러한 이유로 영적 삶은 완전히 자유로울 수 있다. 자유는 원인과 결과의 사슬 안에서는 가능하지 않다. 원인과 결과의 법칙은 일종의 굴레이다. 모든 결과는 그것의 원인과 묶여 있다. 원인과 결과는 각각 서로 의존하고 있다. 하나는 다른 것 없이는 존재할 수 없다. 하나의 원인은 하나의 결과로 변하고, 하나의 결과는 다시 어떤 다른 결과의 원인으로 변한다. 그러므로 모든 것은 다른 모든 것과 밀접한 관계가 있으며, 따라서 그것에는 아무런 끝이 없다. 그것은 일종의 원인과 결과의 연속체이다. 물이 수증기로 변할 때 그것은 잠시 전의 물의 법칙의 지배를 받다가 수증기의 법칙의 지배를 받게 된다. 그리고 이와 마찬가지로 물이 얼음으로 변할 때, 물은 얼음의 법칙의 지배를 받는다. 그것은 양쪽 끝이 묶여 있다. 그러므로 그것은 속박되어 있다.

우리가 목샤나 자유라고 부르는 것은 인과의 것이 아니다. 자유는 원인과 결과의 법칙에 지배를 받지 않는다. 자유는 원인이 없다. 그것은 그럴 수 없다. 자유에는 원인이 없다. 수많은 날 동안 금식했기 때문이나 이런저런 이유로 누군가가 자유를 얻었다고 말할 수는 없다. 만약 그렇다면 누구나 금식하기만 하면 마하비라가 될 수 있을 것이다. 그러나 그렇지 않다. 모든 종류의 물은, 우물로부터 온 물이든 바다로부터 온 물이든 간에 열을 받으면 끓는점에서 수증기로 변한다. 그러나 모든 사람은 금식으로 자유로워지지는 않을 것이다. 마하비라는 금식을 했으며 그는 자유로워졌다. 그러나 그것은 그의 자유가 금식의 결과였다는 것을 의미하는 것이 아니다. 마하비라는 벌거벗은 채 살았다. 그러면 벌거벗은 자는 모두가 자유로워져야 한다. 많은 가난한 사람들은 옷 없이 살아가지만, 그렇다고 그들이 자유로워지는 것은 아니다. 자유는 벌거벗음과는 아무런 관련이 없다.

자유는 원인과 결과의 사슬 너머로 가는 것을 의미한다는 것이 진실이다. 원인과 결과의 법칙을 초월하는 것이 자유이다. 진실로 원인과 결과의 법칙의 지배를 받는 것은 물질이라 불리며, 이 법칙의 경계선을 넘어서는 것은 신으로 알려져 있다.

그러나 경계선, 당신이 가로질러 저 너머로 가려는 한계는 어디에 있는가? 우리는 모든 것을 원인과 결과의 법칙으로 연결시키는 데 익숙해 있다.

나는 조금 전에 한 이야기를 했다. 한 마을 사람이 그의 인생에서 처음으로 기차를 탔다. 그는 75세가 되었고, 마을 사람들은 그의 생일을 축하하기 위해 생일 선물을 주고자 했다. 그러다가 문득 새로운 생각을 하게 되었다. 최근에 그들 마을에 철로가 연결되었고, 기차들이 그곳을 통과해 갔다. 지금까지 그들 중 아무도 철도 여행을 한 적이 없었다. 그래서 그들은 그 노인에게 그들 중 철도 처음으로 여행을 즐길 수 있는 기회를 주기로 결정하였다. 이것은 그에게 주는 마을 사람들의 생일 선물이 될 것이다. 그래서 마을 사람들은 그 노인에게 승차권을 사 주고는 열차에 타도록 했다. 그의 한 친구도 역시 동반자와 위로자가 되도록 그와 함께 가게 되었다. 그 둘은 기차를 탔고 대단히 행복했다.

기차가 마을 밖으로 빠져나갔을 때 음료수를 파는 행상인이 쟁반에 소다수를 들고 그들의 칸으로 들어와서 팔기 시작했다. 노인과 그의 친구는 이전에 결코 소다수를 맛본 적이 없었다. 그래서 그들은 소다수를 마시는 사람이 있는지 보기 위해 주위를 둘러보았다. 소다수를 사서 마시는 사람들을 본 뒤 그들도 한 병을 사서 둘이 반씩 나누어 먹는 데 동의를 했다. 그들 중 하나가 먼저 소다수를 마시고 좋아했다. 그러나 그가 자신의 몫의 음료를 먹고 있을 때, 친구는 자기의 몫을 얼른 마시고 싶은 마음을 참지 못해 그의 손에서 병을 빼앗아 쥐었다. 정확히 이 순간에 기차는 터널 속으로 들어갔고 갑자기 기차는 어둠 속으로 돌진하였다. 그러자 음료수를 먼저 맛보았던 노인이 친구에게 소리쳤다. "그 음료수에 손대지 마! 내 눈이 멀었어! 그것은 매우 위험한 음료인 것 같아!"

노인은 어두운 터널로 들어가는 기차를 처음 경험해 보았다. 그래서 그는 그 음료가 그를 눈멀게 했다고 생각했다. 원인의 연결 고리가 음료와 어둠 사이에 만들어졌다. 그것은 절대적으로 불합리한 것이다. 그러나 이것은 우리가 인생을 생각하고 바라보는 방식이다. 그리고 이것은 우리로 하여금 온갖 종류의 환영 속에 우리를 빠지게 한다.

자유의 경험은 원인과 결과의 세계 너머에 있다. 붓다는 니르바나를 위해 했던 노력들 때문이 아니라, 그러한 노력들에도 불구하고 니르바나에 이르렀다. 마하비라는 그가 수행했다고 말하는 엄격한 사다나 때문이 아니라, 그 모든 것에도 불구하고 목샤를 얻었다. 만약 누군가가 A부터 Z까지 온통 마하비라를 모방한다면, 그는 해방을 성취하지 못할 것이다. 비록 마하비라가 사다나를 했던 것처럼 그가 그 모든 것을 정확하게 하더라도 그에게는 아무 일도 일어나지 않을 것이다.

자유는 전적으로 원인과 결과의 사슬의 바깥에서 일어나는 일종의 폭발이다. 그 둘 사이에는 아무런 절대적인 연결이 없다.

크리슈나는 말한다. 만일 당신이 스스로 그것을 이해하기만 한다면, 당신은 지금 여기서 자유로워질 수 있다. 그것을 가치 있게 여기든 가치 없게 여기든 그것은 문제가 아니다. 그것은 가치 있음이나 없음의 문제가 아니다. 그것은 또한 어떠한 사다나의 문제도 아니다. 그러나 우리는 우회로를 만드는 습관이 있다. 만약 우리가 우리 자신의 집에 도달해야 한다면, 우리는 그렇게 하기 위해 마을 전체를 여행할 것이다. 만약 우리가 우리 자신에게 와야 한다면, 우리는 다른 것을 통과하여 그렇게 한다. 그것은 우리의 삶의 방식이 되어 버렸다. 우리는 그렇게 하지 않으며 할 수도 없다. 게다가 모든 사람이 충족시켜야 할 그 자신의 까르마를 갖고 있으며, 그리고 그들은 그것들을 거쳐야 할 것이다. 그러나 어려움은 당신이 당신 자신의 까르마의 몫을 충족시킬 뿐만 아니라, 다른 사람들이 했던 모든 것까지 하고자 한다는 데 있다. 그런데 그대는 군중 속에 있다. 어떤 사람이 특별한 방식으로 그대에게 올 수도 있다. 그러나 그대는 그 사람이 아니다. 당신은 전적으로 다른 사람이다. 당신은 그를 모방함으로써 그대 자신에게 이를 수 없다.

우빠니샤드들이 처음으로 서방의 언어로 번역되었을 때, 사람들은 그것들이 어떠한 사다나도, '해야 할 것'과 '하지 말아야 할 것'이라는 형식으로 어떤 영적 수행도 기술하지 않았고, 어떤 도덕적 규범도 내놓지 않아서 놀랐다. 그것들은 도대체 어떤 종교적 경전인가? 성경은 모든 것을 분명하게 제시하고 있다. 성경은 십계명을, 모든 '해야 할 것'과 '하지 말아야 할 것'을 가지고 있다. 우빠니샤드들은 도덕성의 문제를 다루지 않았다.

도덕적 규율이 성경에 묘사되어 있지만 다른 곳에서는 종교와 아무런 관련이 없다는 것을 이해하기는 어렵다. 불운하게도 도덕성은 종교와 같은 뜻을 가지고 있다. 우빠니샤드들은 정말이지 종교적 책이다. 이 책들은 윤리의 문제들을 다루지 않는다. 우빠니샤드들의 중심적 주제는 기억하는 것이다. 그리고 종교의 모든 것은 기억하는 것이다. 그들은 인간이 잊어버린 것을 기억해야 한다고, 자신이 정말로 누구인지, 자신이 바로 지금 누구인지 기억해야 한다고 말한다. 그는 자신이 잊어버린 것을 기억해 내는 것을 제외하고는 해야 할 일이 없다.

크리슈나의 관점에서는, 인간은 그가 한때 가졌다가 잃어버린 보물을 다시 찾을 필요가 없다. 그 보물은 여전히 그와 함께 있기 때문이다. 그는 단지 자신이 그것을 가지고 있다는 것을 망각했을 뿐이다. 그러므로 그것은 단지 자신의 의식의 밑바닥에 숨겨져 있는 것을 회상하는, 기억하는 것의 문제일 뿐이다. 그것은 그 이상의 아무것도 아니다. 그러므로 크리슈나는 곧바로 그것을 기억하라고 말한다.

그리고 이 기억은 갑작스럽게 떠오른다. 그것은 점진적인 과정이 아니다. 크리슈나는 어떤 수련, 어떤 도덕적 규범들, 일반적으로 종교들에서 하는 어떤 의식들을 처방하지 않는다. 크리슈나는 당신에게 단지 깨어나 눈을 뜨고 보라고 말한다. 그러면 당신의 자아는 즉시 사라질 것이라고 말한다. 자아는 바로 첫 순간에 존재하기를 그친다. 눈을 뜨고 보는 누구나 자신의 자아가 순식간에 사라지는 것을 보게 될 것이다. 우리는 눈을 감은 채 살고 있기 때문에 우리의 자아가 계속 지속되고 있다. 눈을 떠라. 그리하면 크리슈나에게 일어났던 일이 당신에게 일어나지 않는다고 말하지 못할 것이다.

당신은 눈을 감고 살고 있다. 그리고 이것이 알아야 할 첫 번째 것이다. 당신은 당신의 삶을 깊이 성찰하거나 숙고해 본 적이 있는가? 당신은 어떻게 세상 속으로 왔는가? 누가 당신을 창조했는가? 당신이 당신 스스로를 창조하였는가? 적어도 이것만은, 즉 당신은 당신 스스로를 만들지 않았다는 것은 분명하다. 누가 당신을 창조했는지는 분명하지 않을 수 있지만, 당신이 당신 자신을 창조하지 않았다는 이 점만은 분명하다. 당신은 존재하고 있고, 그것은 당신이 손수 만든 작품이 아니라는 이 점만은 확실하다. 그러나 이와 같은 문제에서조차 우리는 우리 스스로를 기만한다. '스스로 만든' 존재라고 주장하는 사람들이 있다. 그들은 이 곤란한 문제를 신에게 주지 않는다. 그들은 그들 자신을 만드는 일을 그들 자신이 했다고 한다. 이것은 어리석은 것이다. 그러나 우리는 너무나 눈이 멀어 우리 자신의 존재가 우리 손안에 있지 않다는 너무나 간단한 진리를 아는 데 실패하고 있다.

존재와 삶의 기본적 문제를 깊이 묵상해 본 적이 있는가? 당신 자신에게 다음과 같은 질문을, 즉 "나는 존재하지만 어떻게 내가 내 존재에 대해 책임이 있는가? 만일 내가 존재하지 않았다면 어디에서 내가 불평할 수 있겠는가? 존재하지 않으면서 불평하려는 자들이 어디에 있는가? 만약 내가 존재한다면, 나는 존재한다. 만약 내가 존재하지 않는다면, 나는 존재하지 않는다. 내가 존재한다는 것으로 오케이다. 그러나 내가 지금처럼 존재하지 않는다면 나는 무엇을 할 것인가?"라는 질문을 당신 자신에게 해 본 적이 있는가?

우리가 삶의 사실들을 정확하게 바라보기만 해도 우리는 정말이지 아무것도 우리의 손안에, 우리의 손들조차 우리의 손안에 있지 않다는 것을 알게 될 것이다. 당신의 손으로 당신의 손을 잡으려고 해 보라. 그리하면 당신은 실재를 알게 될 것이다. 정말이지 아무것도 우리의 힘 안에 있지 않다. 그렇다면 '나', '나에게', '나의 것'이라고 말하는 것은 무슨 의미가 있는가? 여기에서 모든 것이 일어나고 있으며, 함께 일어나고 있다. 그것은 유기적인 배열이고, 유기적인 전체이다. 여기에 있는 모든 것은 다른 모든 것들의 한 구성원이다. 오늘 아침 나의 정원에 피었던 꽃들이 피어 있지 않았다면, 내가 여기에 있을 것이라고 누가 말할 수 있는가? 여기에 있는 나의 존재와 내 정원에 피어 있는 몇 송이 꽃들 사이에 아무런 연결이 없다고 보통 우리는 말할 수 있다. 즉, 나는 저 꽃들이 피지 않았어도 여기에 있을 수 있었다고 말할 수 있다. 그러나 정말이지 이 두 가지 사건들은 직접적으로 연결되어 있다. 정원에 피어 있는 꽃의 존재와 여기 있는 나의 존재는 같은 사건의 두 극들이다.

　이제 만일 태양이 오늘 밤 사라진다면, 이 지구상에 있는 모든 생명은 즉시 사라질 것이다. 내일 아침이 없을 것이다. 그러므로 우리는 수억 마일 떨어져 있는 태양에 우리의 삶을 의존하고 있다. 태양은 좀 더 큰 어떤 태양들에 의존하고 있고, 그 더 큰 태양들은 차례로 은하에 존재하는 여전히 좀 더 큰 어떤 태양들에 의존하고 있다. 여기에 있는 모든 것은 다른 모든 것들에 의존하고 있다. 모든 생명은 진실로 상호 의존하고 있다. 우리는 서로 분리되지 않는다. 우리는 섬들이 아니다. 우리는 광대한 대륙이고, 끝없는 대륙이다. 여기에 있는 모든 것은 연합되어 있고, 하나이다.

　만일 당신이 열린 눈으로 이 사실을 보기만 한다면, 그때는 '나'와 '당신'이라는 것이 단지 인간의 발명품들이라는 것을, 완전히 틀린 발명품들이라는 것을 당신에게 상기시켜 줄 필요조차 없을 것이다. 당신이 그것을 알게 될 때, 당신은 또한 존재하고 있는 것을 알게 되며 진리도 알게 된다. 만일 당신이 그것을 명쾌하게 알지 못한다면, 당신은 자신이 누구인지, 실재가 무엇인지 알지 못한다. 그것을 알지 못하는 한, 당신은 '나'와 '당신'이라는 개념에 계속 매달릴 것이다. 당신은 미신 속에서, 꿈속에서 계속 살아가게 될 것이다.

　크리슈나는 바로 그 첫 번째 단계에서 기억하라고 당신에게 말하며, 그 밖의 다른 것은 말하지 않는다. 당신의 전체 여정은 한 단계에서 끝을 맺는다. 당신이 누구인지, 당신이 무엇인지, 당신이 어디에 있는지를 기억하라. 왜냐하면 이 기억함으로 모든 것이 드러나고 알려지기 때문이다. 이 기억하기는 축복이다.

완전함에 관한 질문이 하나 있습니다. 당신은 텅 빔이 완전함의 기본 특질이라고 말합니다. 붓다는 절대적 텅 빔을 얻었습니다. 그를 전체라고 부르지 않아야 합니까? 그리고 왜 텅 빔이 그 스스로 다차원적이지 않습니까?

몇 가지 점들이 이 질문과 관련해서 이해되어야만 한다.

내가 처음에 말했듯이 붓다는 텅 빔을 얻었다. 그래서 텅 빔은 그가 이룬 것이다. 그리고 성취된 텅 빔은 필연적으로 일차원이어야만 한다. 그리고 그것은 그것을 이룬 자에게 의존하게 된다.

그것을 다른 방법으로 이해해 보자. 만일 나의 내부를 비운다면, 만일 내 속에 있는 어떤 것을 부정한다면, 그것은 존재하기를 멈출 것이다. 그래서 나는 일종의 텅 빔을 얻게 될 것이다. 그러나 이 텅 빔은 내가 부정하였던 어떤 것이 그냥 없다는 의미이다. 그러나 우리가 만든 것이 아닌 다른 종류의 텅 빔이 있다. 이 텅 빔은 우리 존재에 대한 우리의 각성으로부터 태어난다. 우리는 텅 비어 있다. 우리는 텅 빔 그 자체이다. 그러므로 우리는 그것이 될 필요가 없다. 텅 빔은 바로 우리의 본질이다. 우리는 그것이다. 그리고 우리가 그것에 이르렀을 때, 그것은 어떤 사다나, 즉 어떤 수행이나 노력의 결과가 아니다. 그리고 이 텅 빔은 다차원적이다. 우리는 텅 빔이 되기 위해 어떤 것을 비워 내지 않았다. 우리는 우리가 텅 빔, 공이라는 것을 단지 회상했을 뿐이다. 우리는 텅 빔 그 자체다.

우리가 보는 붓다의 텅 빔은 성취된 텅 빔이다. 그리고 우리는 오직 성취된 텅 빔만을 볼 수 있다. 우리는 크리슈나 안에서 어떤 텅 빔도 볼 수 없다. 반대로 우리는 그가 충만하고 분주하며 활발히 활동한다고 말할 수 있다. 크리슈나의 현존은 느껴지지만 그의 부재는 느꺼지지 않는다. 우리는 크리슈나 속에 만져질 수 있는 어떤 것이 있음을 알 수 있지만, 그가 텅 비어 있다는 것은 알지 못한다. 그러나 우리는 붓다가 텅 비어 있다는 것은 알 수 있다. 그 이유는 붓다가 버렸던 어떤 것으로 우리 모두가 채워져 있기 때문이다. 우리는 분노로 가득 차 있다. 그러나 붓다는 그의 분노를 던져 버렸다. 우리는 난폭함으로 가득 차 있다. 그러나 붓다는 그의 난폭함을 떨쳐 버렸다. 우리는 매달림과 집착들로 가득 차 있다. 그러나 붓다는 그것들을 포기했다. 우리는 환영들로 가득 차 있다. 그러나 붓다는 자신의 환영들을 버렸다. 붓다는 우리가 채우고 있는 모든 허풍들을 비워 버렸다. 그래서 우리는 그의 텅 빔을 인식할 수 있다. 그렇게 하는 데 아무런 어려움이 없다.

그러나 우리는 크리슈나의 텅 빔을 알 수 없다. 그는 탐욕으로부터 자유롭지만 도박을 할 수 있다. 그는 분노로부터 자유롭지만, 무기들을 들고 싸움터로 간다. 그는 비폭력적이지만, 아르주나로 하여금 적과 싸우고 적들을 죽이라고 부추겼다. 그는 집착이 없지만, 사랑한다. 우리는 우리 자신 속에서 발견하는 모든 것을 크리슈나 속에서 발견한다. 그러므로 그의 텅 빔은 우리의 이해 너머에 있다. 붓다의 텅 빔은 정말이지 우리 모두가 가지고 있는 어떤 것의 부재이다. 그래서 우리는 그것을 알 수 있다. 붓다는 우리가 인간의 질병들이라고 알고 있는 모든 것의 텅 빔이다. 인간의 질병들에 관한 한, 그는 그것들로부터 자유롭다. 우리의 약함과 질병들 그 어느 것도 그를 괴롭히지 않는다. 그래서 우리는 붓다의 텅 빔을 이 정도로 볼 수 있다. 그러나 그는 그 공간으로부터 또 다른 도약을 한다. 아직 우리는 그것을 볼 수 없다. 우리가 볼 수 있는 텅 빔으로부터 그는 우리가 볼 수 없는 지고의 텅 빔으로 껑충 뛰어오른다.

붓다가 임종을 앞두고 있을 때, 떠남의 순간에 있을 때, 그의 제자가 물었다. "죽은 후에 스승님께서는 어디로 가십니까? 어디에 계실 것입니까? 목샤나 니르바나, 혹은 어떤 곳에 계실 것입니까? 그리고 어떻게 거기에 계실 것입니까?"

붓다는 말했다. "나는 어디에도 없을 것이다. 사실 나는 존재하지 않을 것이다." 제자들이 이 말을 이해하는 데 실패한다. 왜냐하면 탐욕과 애착 같은 모든 것을 포기한 자는 천상에 있는 어딘가에, 목샤라는 곳에 존재해야만 한다고 그들은 생각하기 때문이다. 그는 어딘가에 존재해야만 한다. 붓다는 다시 말한다. "나는 어디에도 없을 것이다. 나는 물의 표면 위에 그려진 선처럼 사라질 것이다. 물의 표면에 그려진 선이 존재하기를 그치면 그것이 어디에 있다고 말할 수 있겠는가? 그 이후에 그것이 어디에서 영원히 살 수 있는가? 그것은 어디에도 살지 않는다. 그것은 어디에도 없다. 그것은 존재하지 않는다. 이와 마찬가지로 나는 어디에도 존재하지 않을 것이다. 나는 존재하지 않을 것이다." 붓다의 제자들은 붓다가 말하는 것의 의미를 아직도 이해하지 못하고 있다.

크리슈나는 물의 표면 위에 그려진 선과 같이 그의 모든 삶을 산다. 그러므로 그는 제자를 찾지 않으며, 사람들의 이해 너머에 존재한다.

붓다와 마하비라는 그들의 마지막 순간에 한 차원의 텅 빔으로부터 지고의 텅 빔이라는 앞으로의 위대한 도약을 한다. 그러나 우리는 그것을 알 수 없다. 우리는 그것을 이해할 수 없다. 그것은 이해 너머에, 언어 너머에 있다. 크리슈나에 대한 우리의 어려움은 더 크다. 왜냐하면 그는 그 지고의 텅 빔 속에 살고, 그 텅 빔을 살기 때문이다. 물 위에 그려진 크리슈나의 선들은 사라지는 데 아무런 시간이 걸리지 않는다. 그는 매순간 선들을 그리고, 매순간 선들이 사라진다. 그는 매순간 살고 죽는 저 선들을 그릴 뿐만 아니라, 또한 같은 물 위에 그들과 상반되는 선들도 그린다. 동시에 나타나고 즉시에 모두가 사라지는 수많은 선들이 있다.

어느 화창한 날 붓다는 텅 빔을 얻었다. 크리슈나는 텅 빔 그 자체이다. 이것 때문에 크리슈나의 텅 빔은 이해 너머에 있다.

붓다가 텅 빔이, 의식이 되는 그 날, 그의 내부에 가두어 두었던 존재가 자유로워지고, 거대함, 무한함과 하나가 되었다. 그리고 그날 붓다 역시 존재하기를 그쳤다. 그는 한때 태어났고 보리수나무 아래에서 죽었던 고타마 싯다르타와는 이제 아무런 관련이 없다. 그 안에 존재의 텅 빔이었던 것이 이제 거대함, 무한함과 하나가 되기 위해 풀려났다. 바로 그러한 이유로 그 거대함에 대해, 거대한 존재와 하나 됨에 대해 말할 수 있는 아무런 이야기가 없다.

그러나 크리슈나가 극에서 극으로 그의 전체 삶을 사는 방식은 그 텅 빔의 이야기를 만든다. 만일 붓다가 지고의 텅 빔을 얻고 난 뒤에 이 지상에 계속해서 살았다면 그것이 어떨 것이라는 것을 우리에게 말해 줄 수 있었을 것이다. 그러나 이런 일은 일어나지 않는다. 그리고 우리는 그것을 볼 기회를 가질 수 없다. 그 가장 진기한 기회는 우리가 크리슈나와 함께 함으로 온다.

붓다의 절대적 텅 빔의 얻음과 그의 죽음은 함께 일어나지만, 크리슈나의 절대적 텅 빔과 그의 존재는 함께 걸어간다. 만일 붓다가 그의 완전한 니르바나, 즉 마하빠리니르바나(mahaparinirvana)로부터 돌아온다면, 그는 크리슈나와 아주 닮을 것이다. 그때 그는 선택하지 않을 것이다. 그는 이것은 나쁘고, 저것은 좋다고 말하지 않을 것이다. 그때 그는 이것은 선택하고 저것은 버리지 않을 것이다. 그때 그는 아무것도 하지 않을 것이다. 그는 단지 전체적으로 살 것이다. 크리슈나는 항상 그러한 방식으로 살고 있다. 붓다가 얻은 지고의 상태는 그저 크리슈나의 자연스러운, 일상적인 삶의 방식이다. 그러므로 크리슈나는 우리를 거대한 어려움 속에 빠지게 한다. 지고의 텅 빔을 얻은 이들은 이 지상에서 곧 사라진다. 그들은 성취의 바로 그 과정 속에서 사라진다. 그러므로 그들은 크리슈나가 한 것처럼 우리를 괴롭히지 않는다. 그들이 살아 있는 한, 도덕과 윤리에 관한 우리의 이상은 그들로부터 지지를 받아내는 것처럼 보인다. 그러나 크리슈나는 텅 빔으로 살고 있다. 그는 그 어떤 도덕적 믿음도 지지하는 것 같지 않다. 반면에 그는 모든 것을 혼란스럽게 하고 흔들어 놓는 것 같다. 이 사람은 우리를 무엇을 해야 하고 무엇을 하지 않아야 하는지 모르는 곳에, 완전한 혼란 속에 내버려둔다.

붓다와 마하비라로부터는 행위의 법칙이 오고, 크리슈나로부터는 존재의 법칙이 온다. 우리는 붓다와 마하비라로부터 행위의 길을 배우고, 크리슈나로부터 존재의 길을 배운다. 크리슈나는 그냥 존재 그 자체이다.

한 사람이 선(禪) 스승을 찾아가서 명상을 배우기를 원했다. 스승이 말했다. "만일 그대가 할 수 있다면 그저 나를 바라보고 명상을 배워라."

그 사람은 혼란스러웠다. 왜냐하면 스승은 정원에서 구덩이를 판다고 바빴기 때문이다. 그는 스승을 잠시 바라보고 나서 말했다. "저는 구덩이 파는 것을 충분히 보았습니다. 저는 구덩이를 많이 파 보았습니다. 저는 여기서 명상을 배우고자 합니다."

스승이 말했다. "만일 그대가 나를 바라보고 명상을 배울 수 없다면, 그 밖에 어떤 방법으로 명상을 배울 수 있겠는가? 나는 명상 그 자체이다. 내가 여기서 하는 모든 것은 명상이다. 내가 어떻게 구덩이를 파는지 잘 관찰하라."

그러자 방문자는 말했다. "저로 하여금 당신에게 가라고 말했던 사람들은 당신이 위대한 지식을 가진 분이라고 말했습니다. 그러나 제가 사람을 잘못 찾아온 것 같습니다. 지금까지 구덩이 파는 것을 지켜보았습니다만, 저는 그것을 어디에서든 할 수 있습니다." 그러자 스승은 그에게 며칠 동안 함께 머물자고 했다. 그래서 그 사람은 선 수도원에 머물렀다.

그동안 스승은 자신의 일을 했다. 그는 아침에 목욕을 했고, 정원에 있는 구덩이를 팠고, 화초에 물을 주었고, 식사를 했다. 그리고 밤에는 침대로 갔다. 둘째 날 방문객은 약이 올랐다. 그래서 다시 말했다. "저는 여기 명상을 배우러 왔습니다. 저는 당신이 아침부터 밤까지 하는 일과는 아무런 관련이 없습니다."

스승은 미소를 지으며 말했다. "나는 할 것을 가르치지 않았다. 나는 존재를 가르친다. 만약 그대가 구덩이를 파고 있는 나를 본다면, 그때 어떻게 명상이 구덩이를 파는지를 알아라. 내가 음식을 먹는 것을 볼 때는 어떻게 명상이 음식을 먹는지를 알아라. 나는 명상을 하지 않는다. 나는 명상 그 자체이다."

이제 그 방문객은 걱정되어 말했다. "저는 미친 사람에게 온 것 같습니다. 저는 명상은 행하는 것이라고 항상 들었습니다. 저는 누군가가 명상 그 자체일 수 있다는 말은 결코 들어 본 적이 없습니다." 이 말을 듣고 스승은 다음과 같이 말했다. "그대나 나 둘 가운데 누가 미친 자인지 결정하기는 어렵다. 그러니 우리 스스로 그것을 결정할 수는 없다."

우리 모두는 사랑해 왔다. 그러나 어느 누구도 아직 사랑 그 자체가 되지 못했다. 이제 만일 사랑 그 자체인 누군가가 온다면, 그 사람은 확실히 우리를 혼란스럽게 할 것이다. 왜냐하면 사랑은 항상 행위로서 우리에게 오기 때문이다. 우리는 결코 존재로서의 사랑을 알지 못한다. 우리는 이 사람과 저 사람을 사랑한다. 우리는 때로는 사랑하고 때로는 사랑하지 않는다. 그것은 항상 우리를 위한 활동의 형태이다. 그러므로 사랑 그 자체인 사람은 우리에게 불가사의한 존재일 것이다. 그의 존재 자체가 사랑이다. 그가 무엇을 하든 그것은 사랑이다. 그가 무엇을 하지 않든 그것 역시 사랑이다. 만약 그가 누군가를 껴안으면 그것은 사랑이다. 그가 누군가와 싸울 때 그것은 사랑이다. 그러한 사람을 이해한다는 것은 정말이지 어렵다. 그는 우리를 당황하게 한다. 만일 우리가 그에게 "좋은 사람이여! 왜 당신은 우리를 사랑하지 않습니까?"라고 말한다면 그는 말할 것이다. "어떻게 내가 사랑할 수 있는가? 나는 사랑이다. 사랑은 나를 위한 행위가 아니다. 사랑은 사랑이 아닌 사람들을 위한 행위이다."

이것이 크리슈나와 함께 하는 데서 오는 우리의 어려움이다. 크리슈나의 전체 존재는 텅 빔이고 공(空)이다. 그는 텅 빔이 되었다거나, 혹은 그가 내용들을 지움으로써 어떤 공간을 비우게 했다는 그러한 것이 아니다. 그는 존재하고 있는 것을 받아들인다. 그의 텅 빔은 이 전체적 수용으로부터 온다. 이 텅 빔과 붓다와 마하비라의 텅 빔 사이에는 차이점이 있다. 이 차이점은 그들이 지고한 텅 빔의 공간으로 마지막 도약이 이루어질 때까지 계속 존재한다. 그때까지 붓다와 마하비라의 어떤 것이 남아 있다. 마지막 점프를 하면 그들은 무(無)가 된다. 그러나 크리슈나는 그 무이다. 그의 모든 삶, 그리고 그의 텅 빔은 살아 있는 무이다. 붓다와 마하비라가 궁극의 도약을 하기 전에는 얻지 못하는 무이다. 삶의 마지막 순간에 그들은 우리가 알 수 있는 어떤 종류의 텅 빔으로 채워진다. 왜냐하면 그것은 내용물들을 비움으로 만들어졌기 때문이다. 그들이 마지막 점프를 취할 때 그들은 크리슈나의 텅 빔인 텅 빔에, 크리슈나의 무에 이른다.

이 지고의 텅 빔은 돌아옴이 없는 지점, 아무도 다시 되돌아올 수 없는 곳이라고 붓다와 마하비라 둘 다가 주장하는 것은 이런 이유 때문이다. 그러나 크리슈나는 라다에게 말한다. "우리는 여기 있어 왔고, 과거에도 여러 번 함께 춤추었다. 그리고 우리는 미래에도 여기에 존재할 것이며, 더 많은 시간을 함께 춤출 것이다." 붓다와 마하비라에게는 죽음과 함께 오는 그 텅 빔은 늘 그리고 영원히 잃어버리는 궁극의 죽음이다. 그 공으로부터, 그 너머로부터는 아무런 되돌아옴이 없다. 이것은 탄생과 죽음의, 도착과 출발의 순환하는 관계를 끊는 일이다. 그러나 크리슈나는 탄생과 죽음의 사슬을 두려워하지 않는다고 말한다. 왜냐하면 그는 이미 비어 있기 때문이다. 그는 목샤나 궁극적 자유에서 어떠한 것도 더 이상 기대하지 않는다. 그가 어디에 있든 그는 목샤에 있다고 말한다. 그가 여기에 계속해서 오는 데는 아무런 어려움이 없다.

꾸루끄쉐뜨라의 전투에서 크리슈나는 깨달은 어떤 사람들도 결코 하지 못했던 비범한 말을 한다. 그는 아르주나에게 말한다. "세상에 어려움이 있을 때마다 나는 계속해서 올 것이다. 나는 종교가 쇠퇴하고 분열될 때마다 계속해서 올 것이다."

붓다와 마하비라는 이런 말을 할 수 없다. 지상이 반 종교와 신성 모독으로, 어둠과 질병으로 습격을 당할 때 그들이 다시 돌아올 것이라는 말이 그들의 기록물 그 어디에도 없다. 오히려 그들은 말할 것이다. "어떻게 우리가 다시 올 수 있는가? 우리는 이제 깨달았고, 우리는 마하니르바나에 이르렀다." 그러나 크리슈나는 말한다. "걱정하지 말라. 나는 이 땅이 고난 속에 있을 때마다 돌아올 수 있다."

크리슈나가 다시 돌아올 수 있다고 말할 때, 그는 가고 오는 것에 있어 아무런 어려움이 없다는 것을 오직 의미한다. 그것은 그에게 아무런 차이를 만들지 않는다. 그의 텅 빔은 너무나 전체적이어서 아무 것도 그것에 영향을 줄 수 없다.

텅 빔과 텅 빔 사이에 어떤 차이점이 있다.

마하비라와 붓다는 해탈, 해방 즉 목샤의 의미에서만 텅 빔을 취할 수 있다. 왜냐하면 그들은 이 해방을 얻기 위해 모든 삶을 다해 갈망하고 노력했기 때문이다. 그러므로 그들이 이 텅 빔이 될 때 그들은 자유롭고 이완됨을 느낀다. 그것은 그들에게는 아무런 되돌아옴이 없는 지점이다. 되돌아옴이란 문제는 일어나지 않는다. 그들에게 있어 되돌아온다는 것은 탐욕과 분노의, 갈망과 애착의, 미움과 적개심의, 슬픔과 고통의 오래된 세상으로 되돌아오는 것을 의미할 것이다. 왜 의미 없는 투쟁과 전쟁과 고통으로 썩은 세상으로 되돌아오려 하는가? 그러므로 그들이 텅 빔으로 올 때 그들은 단지 그것 속으로 용해되기 시작하여 무한함 속으로 그냥 사라질 뿐이다. 그들이 남겨 두고 떠나 버린 똑같은 타락과 공포로 돌아간다는 말을 하지 않을 것이다.

그러나 세상으로 되돌아가는 것이 크리슈나에게는 어떠한 어려움도 없다. 필요하다면 그는 쉽게 돌아올 수 있다. 그는 사랑이나 애착, 분노와 적개심이라는 모든 상황에 있을 것이다. 그 어느 것도 그의 텅 빔과 그의 고요에 혼란을 가져오지 못할 것이다. 그는 오고 가는 것에 그 어떠한 어려움도 발견할 수 없다. 그의 텅 빔은 긍정적이고 완전하며, 살아 있고 역동적인 것이다.

그러나 경험에 관한 한, 그대가 붓다의 텅 빔으로 가든 크리슈나의 텅 빔으로 가든 같은 것이다. 둘은 당신을 희열로 데려갈 것이다. 그러나 붓다의 텅 빔은 그대를 이완과 휴식으로 데려다 줄 것이며, 아마도 크리슈나의 텅 빔은 그대를 거대한 행위로 안내할 것이다. 만일 우리가 '능동적인 공' 같은 말을 만들어 볼 수 있다면, 그것은 크리슈나의 텅 빔을 적절하게 묘사할 것이다. 붓다와 마하비라의 텅 빔은 '수동적인 공'이라 해야 한다. 희열은 양자에 공통적이지만 하나의 차이점이 있다. 능동적 공의 희열은 창조적인 존재일 것이고, 다른 종류의 희열은 거대한 공 속에 그것 자신을 용해시킬 것이다.

당신은 질문을 하나 더 할 수 있다. 그리고 난 뒤 우리 명상을 위해 앉자.

붓다는 니르바나, 즉 위대한 텅 빔에 이른 후 40년 동안 어떻게 살았습니까?

그가 붓다가 된 후 40년 혹은 42년 동안 살았다는 것은 사실이다. 마하비라 또한 대략 그와 같은 기간을 살았다. 그러나 붓다는 니르바나와 니르바나 사이에 차이를 둔다. 그는 몸을 떠나기 직전에 말하기를, 보리수나무 아래서 그가 얻은 것은 그냥 니르바나 즉 텅 빔이었고, 그가 지금 얻으려는 것은 마하니르바나 즉 지고의 텅 빔이 될 것이라고 했다. 그의 처음의 니르바나에서 붓다는 우리가 볼 수 있는 텅 빔을 얻었지만, 그의 두 번째 텅 빔 즉 그의 마하니르바나는 우리가 볼 수 없는 그러한 것이다. 물론 크리슈나나 붓다 같은 분은 그것을 볼 수 있다.

붓다가 그의 첫 번째 니르바나 이후 40년 동안 살았다는 것은 사실이지만, 이것은 지고의 텅 빔의 기간이 아니다. 붓다는 니르바나 이후 살아가는 데 약간의 어려움을, 약간의 장애를 발견하였다. 그것은 존재의 하나이고, 존재의 가장 미묘한 모습이 여전히 거기에 있었다. 그래서 만약 붓다가 이 마을 저 마을로 옮겨 다녔다면 그는 자비심으로 그랬지, 희열에서 그렇게 한 것이 아니었다. 그를 사람들에게 가도록 만든 것은 그의 자비심이었다. 그들은 사람들에게 가서 그 자신이 얻었던 것을 바라고 노력하여 얻을 수 있다고 말하였다.

그러나 크리슈나가 사람들에게 갈 때 그는 그의 희열로부터 갔지, 자비심으로부터 간 것이 아니었다. 자비심은 그의 장점이 아니다.

자비심은 붓다의 삶을 지배하는 주제이다. 붓다는 오로지 자비심에서 40년 동안을 이곳저곳으로 옮겨 다녔다. 그러나 그는 이 움직임이 종말로 다가올 때를 기다렸다. 그때 그는 그 모든 것으로부터 자유로울 것이다. 바로 그러한 이유 때문에 그는 니르바나에는 두 가지 종류, 즉 사마디와 함께 오는 사마디와 몸의 죽음으로 오는 사마디가 있다고 하였다. 니르바나와 더불어 마음이 존재하기를 그치고, 마하니르바나와 더불어 몸 역시 존재하기를 그친다. 이것을 그는 최상의 니르바나, 지고의 텅 빔을 가져오는 니르바나라고 하였다.

크리슈나에게는 그렇지 않다. 그에게는 니르바나와 마하니르바나가 손에 손을 잡고 있다.

네 번째 문

종교는 아무런 역사를 가지지 않는다. 그것은 영원하다

크리슈나는 언제 태어났습니까? 어떤 연구들이 지금까지 이루어졌습니까? 그리고 이 점에 대한 견해는 어떠하십니까? 깨달은 사람이 그러한 질문에 바로 대답할 수 없다고 생각하십니까?

크리슈나의 출생과 죽음의 시점에 관한 아무런 기록이 없다. 거기에는 합당한 이유가 있다. 우리는 출생과 죽음의 지배를 받지 않고 이 둘 모두를 초월한 사람들의 연대기적 기록을 유지한다는 것이 현명하지 않다고는 생각하지 않는다. 기록이란 것은 탄생과 죽음의 법칙에 지배를 받는 사람들의 경우에 보존된다. 탄생과 죽음의, 도착하고 떠나는 한계들을 초월한 사람들의 전기를 쓴다는 것은 의미가 없다. 우리가 그들의 전기를 쓸 수 없어서가 아니라—그것은 그리 어려운 일이 아니다—그러한 시도가 크리슈나의 삶의 정신을 거스를 것이기 때문이다. 바로 그러한 이유로 우리는 크리슈나의 전기를 쓰지 않았다.

동양의 여러 나라들은 서양에과 달리 그들의 역사에서 위대한 사람들의 이야기를 쓰지 않았다. 서양에서는 전기를 아주 자세하게 기록했는데, 이것 역시 이유가 있다. 그러나 이 주제에 있어서 동양은 지금 서양을 모방하고 있다. 그것 역시 이유가 없지는 않다.

기독교와 이슬람교 둘 다를 포함하고 있는 유대 전통의 종교들은 이 지상 위에 우리에게 주어진 단 하나의 삶, 단 하나의 태어남만이 있다고 믿는다. 모든 생명은 하나의 탄생과 하나의 죽음에 국한된다. 그것은 탄생에서 시작되어 죽음으로 완전히 끝난다. 이 삶의 이전뿐만 아니라 이후에도 아무런 다른 삶이 없다. 그러므로 인간의 삶이 한 번의 탄생과 죽음 사이의 짧은 간격 안에서 완전한 수명이 완성된다고 생각하는 사람들이 그것의 모든 기록을 지켜야 한다고 주장하는 것은 우연이 아니다. 그것은 자연스럽다.

하지만 삶이 계속해서 반복되고, 인간은 셀 수 없이 태어나고 죽으며, 오고 가는 고리가 거의 끝이 없다는 것을 아는 사람들은 위대한 이들의 역사를 쓴다는 것이 그리 중요하지 않다고 본다. 영원에서 영원으로 뻗어 있는 일을 쓴다는 것은 오히려 불가능하다. 그리고 더군다나 그것은 그것에 관한 우리 자신의 이해를 부정할 것이다. 이러한 이유 때문에 동양에서는 위대한 이들의 역사를 결코 기록하지 않았다. 그리고 그것은 신중한 생략이었고, 실재에 대한 우리의 이해에서 비롯된 생략이었다. 그것은 우리가 역사를 쓰는 능력이 부족하거나 달력이 없어서가 아니다. 세상에서 가장 오래된 달력은 여기 인도에서 만들어졌다. 그러므로 우리가 역사의 기록을 고의로 삼갔다는 것은 명백하다.

당신은 또한 깨달은 사람은 크리슈나가 언제 태어났는지를 바르게 말할 수 없는 이유에 대해 알고 싶어 할 것이다.

깨닫지 못한 사람은 크리슈나가 언제 태어났는지를 당신에게 말할 수 있을 것이나 깨달은 사람은 그럴 수 없다. 왜냐하면 깨달음과 시간 사이에는 아무런 연결이 없기 때문이다. 깨달음은 시간이 끝나는 곳에서 시작된다. 깨달음은 일시적이지 않다. 그것은 시간과 아무런 관계가 없다. 그것은 시간 없음이다. 깨달음이란 시간의 너머로 가는 것을 의미한다. 그래서 거기에는 시간들과 분들을 헤아리는 것이 멈추고, 변화들의 세상이 존재하기를 그치고, 영원한 것만이 존재하고, 아무런 과거와 아무런 미래가 없으며, 영원한 현재만이 존재하는 곳을 의미한다.

사마디, 즉 깨달음은 순간이라는 시간 내에는 일어나지 않는다. 그것은 순간이라는 시간이 정지할 때 일어난다.

크리슈나의 이야기는 고사하고, 깨달은 사람은 그 자신의 역사조차 말할 수 없다. 그는 자신이 언제 태어났고 언제 죽을지를 말할 수 없다. 그는 오직 다음과 같이 말한다. "태어남과 죽음이라는 이 문제는 도대체 무엇인가? 나는 결코 태어나지도 않았으며, 결코 죽지도 않을 것이다." 만약 오기도 하고 가기도 하며, 과거에서 미래로 끊임없이 움직이면서 짧은 현재를 만드는 시간의 강을 우리가 무엇이라고 불러야 하느냐고 깨달은 사람에게 묻는다면, 그는 다음과 같이 말할 것이다. "정말이지 아무것도 오고 가지 않는다. 존재하는 것은 존재한다. 그것은 움직이지도 변화하지도 않는다."

시간은 깨닫지 못한 마음의 개념이다. 그와 같은 시간은 마음의 산물이며, 시간은 마음의 소멸로 존재하기를 멈춘다.

몇몇 다른 각도에서 그것을 이해해 보자. 여러 가지 이유로 우리는 시간이 마음의 작품이라고 말한다. 첫째로, 당신이 행복할 때 시간은 당신에게서 빨리 움직인다. 당신이 불행할 때 시간은 천천히 간다. 당신이 사랑하는 이와 있다면 시간은 날개를 단 것처럼 빨리 지나간다. 당신이 적과 같이 있다면 시간은 달팽이처럼 느리게 움직인다. 시계에 관한 한, 그것은 당신이 행복하든 불행하든 그 자신의 속도로 갈 것이다. 하지만 마음은 다른 상황들에서는 시간을 다르게 받아들인다. 만약에 당신 가족 중 한 사람이 임종의 순간에 있다면, 밤은 너무 길어서 거의 끝나지 않을 것 같이 느껴져서, 마치 아침이 오지 않을 듯 할 것이다. 하지만 사랑하는 이와 같이 있다면, 같은 밤이 마치 경주를 하듯 빨리 지나갈 것이다. 시계는 두 가지 경우에 같은 것으로 있다. 연대기적 시간은 항상 같지만 심리적 시간은 아주 다르다. 그리고 그것의 측정은 마음의 변화 상태에 따라 다르다. 하지만 연대기적 시간을 지시하는 시계의 움직임은 당신에게 신경을 쓰지 않는다.

누군가가 아인슈타인에게 상대성 이론을 설명해 달라고 하자, 그는 다음과 같이 말했다는 기록이 있다. "설명하기가 무척 어렵군요. 지금 이 순간 이 이론에 대해 나와 의견을 나눌 수 있는 사람은 지구상에 겨우 12명 정도밖에 안 됩니다. 하지만 예를 들면서 당신에게 설명해 보겠습니다." 예를 들면서 아인슈타인은 시간이란 마음의 개념이라고 늘 설명하였다. 그는 말하기를 만약에 누군가 뜨거운 난로 옆에 앉아 있다면, 그에게 시간은 그의 연인 옆에 앉아 있을 때와는 다른 방식으로 흘러갈 것이다. 우리의 즐거움과 고통이 시간의 흐름을 결정한다.

사마디는 즐거움과 고통 너머에 있다. 그것은 희열의 상태이다. 희열 속에는 짧거나 긴 아무런 시간이 없다. 따라서 사마디를 이룬 자는 크리슈나가 언제 태어났는지, 그리고 언제 떠났는지 말할 수 없다. 사마디 상태에 있는 사람이 말할 수 있는 모든 것은 크리슈나가, 그의 존재가 영원하고 불멸이라는 것이다.

크리슈나의 존재뿐만 아니라 모든 사람의 존재는 영원불멸이다. 모든 존재는 영원하다.

밤에 잠이 들면 여러분 모두는 꿈을 꾼다. 하지만 당신은 꿈에서의 시간의 상태가 깨어 있을 때의 시간의 상태와는 근본적인 변화를 겪는다는 것을 관찰하지는 않았을 것이다. 사람들은 아주 짧은 순간 동안 존다. 그 짧은 몇 분의 순간에 그는 깨어 있는 상태에서는 통상 수년이 걸릴 어떤 것에 대해 꿈을 꾼다. 그는 어떤 여자와 결혼한 꿈을 꾼다. 그의 아내는 아이들을 낳았고, 그는 이제 아들과 딸의 결혼으로 바쁘다. 수년 동안 걸릴 사건들이 아주 짧은 순간에 압축되어 있다. 깨어난 후에 그의 꿈을 우리에게 말할 때, 우리는 그 내용을 믿기를 거부한다. 그러나 그는 그것이 분명한 사실이라고 말한다. 마음은 꿈꾸는 상태에서 변화를 겪는다. 그것과 더불어 시간의 개념이 변한다.

깊은 잠의 상태에서는 시간이 완전히 멈춘다. 그것을 산스끄리뜨에서는 수슙띠(suṣupti)의 상태라고 한다. 아침에 일어났을 때 당신은 지난밤에 깊이 잠들었다고 말한다. 이 지식은 수면 그 자체의 상태에서 이끌어 낸 것이 아니다. 그것은 저녁에 잠자기 위해 침실로 간 시간과 아침에 침실을 떠난 시간을 인식하고 그렇게 한다. 그러나 잠잘 때 그대는 시간을 인식하지 않는다. 그러므로 당신은 얼마나 오래 잤는지를 말할 수 없다.

최근에 나는 지난 아홉 달 동안 혼수상태에 빠져 있는 한 여인을 방문하였다. 그녀를 돌보고 있던 의사는 그녀가 3년 동안 더 혼수상태에 빠져 있을 것이며, 아마도 그러한 혼수상태에서 죽을 수도 있다고 말했다. 그녀가 의식을 되찾을 수 있는 가능성은 거의 없다. 그러나 만약 그녀가 3년이라는 긴 세월 후에 우연히 의식을 되찾는다면, 그녀는 자신이 얼마나 오랫동안 혼수상태에 빠져 있었는지 말할 수 있을까? 그녀 스스로는 결코 알지 못할 것이다.

깊은 잠 속에서 마음은 수면으로 간다. 그리고 마음은 시간을 자각하지 못한다. 사마디 중에 마음은 존재하기를 그친다. 사마디는 마음이 없는 상태이다.

그러므로 어떤 사람이 사마디 중에는 크리슈나가 언제 태어났고 언제 죽었는지를 알 수 없다.

임제는 선 수도승으로 유명하다. 어느 기분 좋은 날 아침, 그는 강의 중에 붓다는 결코 태어나지 않았다고 말하였다. 듣고 있는 사람들은 어안이 벙벙해졌다. 그들은 임제가 아마도 정신이 나갔다고 생각했다. 왜냐하면 그는 붓다의 상을 경배했던 불교 사원에 살고 있었으며 붓다를 사랑하는 사람이었기 때문이었다. 때때로 석가모니의 상 앞에서 춤을 추기도 하였던 바로 그 사람이 이제 "붓다가 태어났다고 도대체 누가 말하느냐?"라고 말하고 있다.

그 말을 듣던 청중이 말했다. "당신은 미쳤나요?"

그러자 임제가 말했다. "그래, 나는 너무나 오랫동안 미쳐 있었다. 왜냐하면 나는 붓다가 태어났다고 믿었기 때문이다. 시간 속에 태어난 사람은 언젠가 존재하기를 그칠 것이다. 그러므로 태어난 적이 있는 영원한 존재에 대해 말하는 것은 아무런 의미가 없다. 그러므로 그러한 이유로 나는 붓다가 결코 태어나지 않았다고 말한다. 그에 관한 이야기들은 거짓이다."

듣고 있는 사람들이 말했다. "경전들에는 붓다가 태어났고, 이 지상을 걸었으며, 이 사건을 목격한 사람들도 있다고 기록되어 있는데, 어떻게 그렇게 말할 수 있습니까?"

그러나 임제는 붓다는 결코 태어나지 않았다고 주장했다. "아마 그의 그림자가 태어나서 걸어 다녔겠지. 그러나 붓다는? 결코 아니다."

지금 태어나고 죽는, 나타나고 사라지는 것은 우리의 그림자에 지나지 않는다. 우리는 그림자가 아니다. 그래서 크리슈나의 삶에 관한 연대기적인 기록들은 일부러 기록되지 않았다.

종교는 아무런 역사를 가지지 않는다. 나타나고 사라지고, 오고 가고, 시작되고 끝나는 것은 역사를 가진다. 종교는 영원하다. 시작도 없으며 끝도 없다. 영원함이 의미하는 것은 끝도 없이 지속된다는 것이다. 그러므로 종교는 역사를, 사건들과 날짜들에 대한 기록을 갖지 않는다. 깨달은 사람은 언제 크리슈나가 태어났다거나 언제 사라졌다는 말을 할 수 없다. 그것은 전혀 필요하지 않고, 아무런 소용도 없기 때문이다. 만약 누군가가 그러한 말을 한다면, 그것은 오직 자신의 무지를 드러낼 뿐이다.

우리는 결코 태어나지 않았으며, 또한 결코 죽지 않을 것이다. 우리는 영원 이래로 여기에 존재해 오고 있다. 오직 영원만이 존재하고 있다.

그러나 우리 모두는 아침부터 다음 날 아침까지 계속 시간의 흔적을 따른다. 그리고 우리는 모든 것을 시간의 자로 잰다. 그것은 자연스럽지만 진실은 아니다. 시간은 우리의 빈약한 이해의 지수이며 우리는 우리의 이해력보다 더 잘 할 수 없다. 이 맥락에 한 우화가 떠오른다.

바다에 살고 있던 개구리가 작은 우물에 살고 있는 친구를 방문하였다. 우물 안 개구리는 바다가 어떤지를 알고 싶어 했다. 친구를 방문한 개구리는 우물처럼 그렇게 작은 공간에 살고 있는 개구리에게는 바다가 너무나 커서 알기 어렵다고 말했다. 우물 안 개구리는 우물의 중턱까지 뛰면서 "너의 바다가 이만큼 크니?"라고 물었다.

다른 개구리가 말했다. "미안하지만 이런 조그마한 우물의 척도로는 바다의 거대함을 측정할 수 없어."

그러자 우물 안의 개구리는 좀 더 높이 뛰면서, 우물의 끝에서 다른 끝까지 뛰면서 말했다. "이렇게 커?" 그러자 방문한 개구리는 고개를 저었다. 그의 친구는 화를 내면서 말했다. "너는 정신이 나간 것 같군! 내 우물보다 더 큰 땅은 이 세상에 없어. 그렇지. 나는 너의 바다가 얼마나 큰지 알 수 있는 또 다른 방법을 찾아볼 거야." 그러고 나서 그는 온 우물을 한 바퀴 돌면서 말했다. "그것이 이보다 더 클 수는 없어."

그러나 그는 여전히 방문자를 이해시키는 데 실패하였다. 그러자 방문자는 다음과 같이 말했다. "바다에 비하면, 이 우물은 어디에도 없어. 바다를 측량하기에는 이 우물이 너무나 작아."

우물 안 개구리는 화가 나서 그의 방문자에게 말했다. "여기에서 나가! 나는 이 정신 나간 소리를 견딜 수 없어! 이 우물보다 더 큰 것을 본 적이나 있니? 가장 큰 공간이라고 말해지고 있는 하늘조차 이 우물만 해. 더 크지는 않단 말이야! 나는 항상 여기에서 그것을 지켜보았어. 그것은 우물보다 더 크지 않아."

우리 모두는 우물 안의 시간으로 산다. 여기에 모든 것이 나타나고 사라지고, 오고 간다. 여기에 있는 모든 것은 단편적이다. 어떤 것은 과거가 되었고, 어떤 것은 미래이다. 과거와 미래 사이에 현재라고 알려져 있는 조그마한 움직임이 있다. 그것은 오자마자 곧 간다. 우리는 어떤 순간에 누가 태어났는지를 알기를 원한다. 어떤 순간에 우리는 어떤 우물에 감금된 우리 자신을 경험한다. 그리고는 그 순간과 그 우물을 알기를 원한다.

아니다. 예수, 붓다, 마하비라, 크리슈나는 한 순간 안에 가두어질 수 없다. 우리는 우리의 한계들과 우리의 단편들에 집착하고 있기 때문에 그들을 가두기 위해 노력한다. 서구 사람들의 이해가 성숙하면, 그들은 그리스도의 탄생과 죽음에 관한 모든 것을 잊을 것이다. 이 점에서 동양 사람들의 이해는 보다 더 깊다. 우리에 관한 서구의 많은 오해들이 있었다. 우리가 사물들을 보는 방식, 우리가 생각하고 말하는 방식을 그들은 이해할 수 없다. 서구에서 온 누군가가 띠르딴까라들의 삶에 대해 알기를 원했다. 그들 중에 몇몇은 수백만 년을 살았다는 말을 듣고 아연실색한다. 그가 어떻게 그 말을 받아들일 수 있겠는가? 그것은 불가능한 것처럼 보인다. 어떻게 그가 어떤 띠르딴까라들은 하늘만큼 크다는 것을 믿을 수 있겠는가? 그럴 수는 없다.

그것은 믿음의 문제가 아니라 이해의 문제이다. 만약 우물 안 개구리가 바다의 크기를 묘사하기에 충분할 정도로 대담하기를 원한다면, 그 개구리가 무슨 말을 할 것인가? 그것은 수백만 개의 우물들을 모아 놓은 것에 비길 수 있다고 말할 것이다. 그 우물은 그것의 야드자가 있어야만 하며, 모습이 있어야만 한다. 그러므로 우리는 수십억 년 세월의 합산으로 영원한 시대를 나타낸다. 그리고 무한자의 크기를 묘사하기 위해 우리는 무한자의 발은 확실히 땅에 뿌리를 내리는 반면에 무한자의 머리는 하늘에 닿는다고 말한다. 사실 하늘은 한 계가 없다.

그러므로 아는 사람들은 모든 측정들을 그만두기로 하고 종교의 역사를 쓰지 않았다.

크리슈나는 측정할 수 없고 영원하다. 그리고 그는 말들의 너머에 있으며, 표현할 수 없는 존재다.

예수의 삶에 대한 기록이 있어서 우리는 그가 1970년 전에 태어난 것을 압니다. 크리슈나에 대해서도 그와 같은 기록이 왜 가능하지 않습니까?

그러한 기록을 하는 것은 가능한 일이었다. 그것은 크리슈나와 함께 살았던 사람들에게 달려 있었다. 예수와 함께 살았던 사람들이 그의 삶을 기록했다. 예수 자신은 그렇게 하지 않았다. 예수가 하는 말을 본다면 당신은 내가 하는 말을 이해하게 될 것이다.

누군가가 예수에게 아브라함이 예수보다 먼저 태어났지 않았느냐고 물었을 때 그는 다음과 같이 말했다. "아니다. 아브라함이 있기 전에 내가 있었다." 그것은 무슨 말인가? 그렇게 말함으로써 예수는 시간을 완전히 부인했다. 아브라함은 예수보다 수천 년 전에 태어났다. 그러나 예수는 말한다. "아브라함이 태어나기 이전에 내가 있었다." 예수와 함께 살고 있던 사람들은 시간 지향적인 사람들이었다. 그들은 바다를 보지 못했다. 그들은 단지 우물들만을 보았다. 그래서 그들은 예수가 무엇인가 신비로운 것을 말한다고 생각했다. 그들은 예수가 시간 그 자체를 부인했다는 것을 이해하지 못했다.

누군가가 예수에게 물었다. "당신의 하나님 나라에는 특별한 무엇이 있습니까?" 예수는 말한다. "시간은 더 이상 존재하지 않을 것이다." 그러나 다시 그의 제자들은 그를 이해하는 데 실패하였다. 예수도, 크리슈나도 자신의 삶을 기록하지 않았다. 그들의 삶을 기록한 사람은 그들 주위의 사람들이었다. 예수에게는 크리슈나와 함께 살았던 사람들과 같은 제자들이 없었다. 이러한 점에서도 역시 크리슈나는 상당히 운이 좋다. 예수의 제자들은 무척이나 평범했다. 그들은 예수를 이해할 수 없었다. 바로 그러한 이유로 예수가 십자가에 못 박혔다. 그는 너무나 헤아릴 수 없고, 너무나 이해할 수 없는 존재이다. 우리는 크리슈나, 붓다와 마하비라가 예수보다 덜 위험하였기에 십자가에 못 박지 않은 것은 아니었다. 그들을 죽이지 않은 유일한 이유는 인도가 오랜 길을 여행하였기 때문이다. 인도는 너무나 많은 그와 같은 위험한 사람들을 견뎌 왔기 때문이다.

이 나라는 비범하고 초자연적인 사람, 탁월하고 신성한 많은 사람들의 오랜 계보를 보아 왔다. 그래서 점차 우리는 그들과 함께 사는 법을 배웠다. 그 결과로 우리는 그들이 살았던 방식을 이해하게 되었다. 예수나 모하메드 시대의 사람들은 이 이해를 가지지 못했다. 마호메트는 마하비라의 제자들과 같은 도량을 지닌 제자들을 가지지 못했다. 예수와 함께 살았던 사람들은 크리슈나와 함께 살았던 사람들의 통찰력을 지니지 못했다. 그것이 차이를 만들었다. 너무나 큰 차이를 만들었다.

예수도 크리슈나도 무엇인가를 쓰지 않았다는 점을 선명하게 이해해야만 한다. 그들의 입술을 거쳐 나온 모든 말은 그 말들을 들은 사람들에 의해 기록되었다.

그리스도가 한 마을에 이르자 그의 주위로 한 무리의 사람들이 모였다. 그가 그들에게 이야기하는 동안에 무리 뒤에 있던 누군가가 외쳤다. "그의 어머니가 도착하였네. 그녀가 지나가도록 길을 터 주게."

예수는 웃으면서 말했다. "누가 나의 어머니인가? 나는 결코 태어나지 않았다." 그러나 역사가는 한 날을 지적하고는 예수가 이 날에 태어났다고 기록하였다. 예수는 말한다. "나는 결코 태어나지 않았다. 어떻게 내가 어머니를 가질 수 있겠는가? 나는 영원하다." 그러나 그의 이 말을 기록했던 역사가들 역시 그가 어떤 특정한 날에 태어났다고 기록하였다.

크리슈나에 관하여 기록하였던 사람들은 심오한 통찰력을 지닌 사람들이었다. 그들은 자신이 영원하다고 거듭 말하며, 아르주나에게 "내가 그대에게 말하는 것은 과거 수천 년 동안 많은 사람들에게 말했던 것이다. 그리고 이것이 마지막 말이라고 생각하지 말라. 나는 계속해서 돌아와 이 말을 할 것이다. 그대는 여기 그대 앞에 있는 사람들이 그대의 손에 죽을 것이라고 잘못 생각하고 있다. 그들은 과거에 셀 수 없이 태어나고 죽곤 하였다. 그들은 미래에도 계속해서 여기에 있을 것이다."라고 말하는 사람인 크리슈나에 대해 기록을 남기는 것은 부당한 일일 것이라고 생각하였다. 이러한 이유로 크리슈나의 전기는 기록되지 않았다.

역사가 크리슈나의 삶의 잃어버린 기록들을 찾아 복원하기는 무척 어렵다. 왜냐하면 그것들은 일부러 잃어버렸기 때문이다. 크리슈나와 같은 사람들의 연대기적 설명을 덮기 위한 모든 노력이 있어 왔다. 누가 우빠니샤드들을 썼는지, 누가 베다들을 썼는지 아무도 모른다. 그들의 저자는 모두가 익명이다. 그들 익명의 저자들은 그들을 통하여 말하고 있는 자는 신이라고 말한다. 그래서 그들은 언급될 필요가 없다.

그러나 서양에서는 몇 번이고 예수가 "나는 아니다. 그러나 하늘에 계신 나의 아버지가 그것을 말한다."라고 말했지만 그들은 기록들을 남겼다. 연대기 편자는 예수가 그것을 말했다고 기록한다.

그러므로 만약 그것이 역사적 의미를 가지지 않는다면 이 나라가 잘못한 것이 아니다. 그것은 역사에 대한 자각의 결핍 때문이 아니라 우리가 가지는 보다 더 높은 자각, 영원에 대한 자각 때문에 그러한 것이다. 더욱 높은 자각은, 바로 그것의 본질 때문에 낮은 자각을 부인한다. 우리는 사건을 관통하여 흐르는 영, 사건의 영혼보다 사건 그 자체에 많은 가치를 두지는 않는다. 그러므로 우리는 크리슈나가 무엇을 먹었고 마셨는지에 대하여 관심을 기울이는 것이 아니라, 크리슈나가 먹고 마실 때 그것을 자각하고 있는 크리슈나 내면의 목격자를 알아차리는 데 각별한 주의를 하였다. 우리는 크리슈나가 언제 태어났는지를 기억하는 데는 관심이 없다. 그의 탄생으로 오고 그의 죽음으로 떠난 영, 영혼을 확실히 기억했다. 우리는 영혼의 물질적 틀보다는 가장 깊은 곳에 있는 영, 영혼에 훨씬 더 관심이 있었다.

영혼에 관한 한, 날짜와 연도들은 의미가 없다.

크리슈나나 그리스도와 같은 사람들의 가장 깊은 곳에 있는 영이 영원하다는 것은 사실입니다. 그러나 그들의 세속적인 신체들은 오고 갑니다. 그리고 여기에 있는 우리는 그들의 세속적 신체들의 시간-연속에 관심을 가집니다. 크리슈나-릴라와 마하바라따와 같은 주요한 사건들은 알 가치가 있습니다. 그 점을 깨우치고 싶습니다.

거친 신체를 중요하다고 여기며 집착하는 사람들은 거친 사건들을 중요하다고 여기며 집착한다. 그러나 신체가 단지 그림자에 불과하다는 사실을 아는 사람들에게는 그것이 그렇게 중요하지 않다. 크리슈나도 그 자신이 눈에 보이는 몸이라는 것을 받아들이지 않는다. 예수도 그 몸을 그 자신이라고 받아들이지 않는다. 그들은 자신이 몸이라는 것을 부인한다. 그러므로 그들의 몸에 대한 설명이 그들에 대한 설명으로 포함되지 않을 것이다.

불상은 붓다의 죽음 뒤 5백 년 동안에는 만들어지지 않았다. 왜냐하면 붓다는 그의 제자들에게 그렇게 하는 것을 금했기 때문이다. 그는 그의 신체적인 상을 만들지 말라고 분명히 말했다. 그래서 그를 따르는 사람들은 불상을 만들 수가 없었다. 5백 년 동안 그들은 그들의 바가반(Bhagavan)이 깨달음을 얻었던 보리수나무 아래의 그 그림으로 만족해야만 했다. 그들은 나무 아래에 앉아 있는 붓다를 보여 주지도 않았다. 그가 차지하고 있던 빈 공간만을 보여 주었다.

신체는 그림자에 불과하다. 그러므로 신체의 기록을 보유하는 것은 아무런 쓸모가 없다. 그러한 기록들을 보유했던 사람들은 미묘한, 보이지 않는 것에 대한 생각이 없었기 때문에 그렇게 하였다. 조악한 것, 신체적인 것, 외적인 것은 미묘한 것, 내적인 것, 영혼을 아는 사람들에게는 의미가 없어진다. 당신은 당신의 꿈들에 대한 기록들을 가지고 있는가? 당신은 당신이 꿈꾸었던 때와 꿈꾸었던 것들을 기억하는가? 당신은 매일 꿈꾸고 그것들을 잊는다. 왜? 왜냐하면 당신은 그것들이 꿈이라는 것을 알기 때문이다.

우리에게 분명한 크리슈나의 삶은 하나의 그림자, 하나의 꿈에 지나지 않는다. 우리는 예수가 꾸었던 꿈들을 기록해야 하는가? 아니다. 기록해서는 안 된다. 아마 어느 날 사람들이 크리슈나의 꿈들에 관하여 물어 올 때가 있을 것이다. 그들은 크리슈나가 이 땅에 태어났었는지 물을 것이다. 그는 꿈꾸고 있음에 틀림없다. 만약 그가 꿈꾸지 않았다면, 그때 그의 존재의 사실이 의문시될 것이다. 미래의 언젠가 꿈들이 어떤 공동체에게 중요해지는 때가 오고, 그래서 그들이 그들의 꿈들에 대한 기록을 보존한다면, 그들은 기록이 남아 있지 않은 사람들에 대해서는 그들이 도대체 존재했는지조차 믿지 못할 것이다.

우리의 삶이란 크리슈나, 그리스도, 그리고 마하비라의 눈에는 꿈에 불과하다. 그리고 만약 그들과 함께 살고 있는 사람들이 같은 방식으로 삶을 이해한다면, 그러한 꿈들을 기록한다는 것이 아무런 필요가 없다. 바로 그러한 이유로 우리는 크리슈나의 전기를 가지고 있지 않다. 전기의 부재는 그 스스로를 말하고 있다. 그것은 그의 시대가 크리슈나를 바르게 이해했다는 것을 말하고 있다.

나는 5백 년 동안 불상도 붓다의 그림도 만들어지지 않았다고 말했다. 만약 누군가가 그의 모습을 그리기를 원했다면, 그는 아래가 텅 비어 있는 보리수나무를 그렸을 것이다. 붓다는 정말이지 빈 공간이었다. 그의 상들과 그림들은 5백년 이후에 존재하게 되었다. 그때 이후에는 붓다의 신체적 삶이 꿈에 불과하다는 점을 바르게 이해한 사람들이 이 지상에서 사라졌기 때문이다. 그들 이후에 온 사람들은 그가 언제 태어났는지, 그가 언제 죽었는지, 그는 무엇을 하였는지, 그는 어떻게 생겼는지, 그가 어떻게 말하였는지를 자세하게 말하는 붓다의 전기를 만드는 것이 필요하다고 생각했다. 붓다의 그와 같은 기록들은 보다 이후에 만들어졌다.

아는 사람들은 기록을 남기지 않았다. 붓다의 무지한 열광자들이 그렇게 했다. 그러한 자료는 무지한 마음의 산물들이다.

더군다나 설령 크리슈나가 실제로 존재하지 않았다 한들, 그것이 당신의 삶에 무슨 차이를 만들겠는가? 그것은 아무런 차이를 만들어 내지 않을 것이다. 만약 그가 실제로 존재했다면, 그것이 당신의 삶에 어떤 차이를 만들어 낼 수 있겠는가? 아무것도 만들어 내지 않을 것이다. 그러나 당신은 만약 크리슈나가 존재하지 않았다면 그것이 실제로 차이를 만들어 낼 것이라고 말할 것이다. 그러나 나는 그 무엇이든 아무런 차이를 만들어 내지 않을 것이라고 말한다. 크리슈나가 존재했느냐, 존재하지 않았느냐는 문제가 아니다. 정말로 문제는 크리슈나가 상징하는 가장 깊은 존재, 영, 그리고 영혼이 가능한가 가능하지 않은가이다. 우리가 정말로 관심을 가지는 것은 크리슈나와 같은 사람이 가능한가 그렇지 않은가이다. 크리슈나가 실제로 존재했는가 존재하지 않았는가는 중요한 점이 아니다. 중요한 점은 그와 같은 사람이 가능한가이다. 가능하다면 크리슈나가 실제로 존재했는가는 아무런 의미도 갖지 않는다.

깨달은 사람은 크리슈나의 존재가 역사적인지 그렇지 않은지의 문제에는 관심이 없다. 만약 누군가가 와서 그는 역사적인 인물이 아니라고 말한다면, 나는 다음과 같이 말할 것이다. "그렇다면 그것을 그렇다고 받아들이시오. 그것을 받아들인다 해도 아무런 해가 되지 않으니까." 그것은 부적절한 질문이다. 관련이 있고 중요한 것은 크리슈나가 가능한지 또는 가능하지 않은지를 탐구하는 것이다. 왜냐하면 만약 그가 가능하다는 것을 당신이 깨달으면 당신의 삶이 변형될 것이기 때문이다.

반면에 만약 당신이 회의한다면, 설령 어느 날 고대 돌들에 기록되어 있는 크리슈나 삶의 모든 기록들을 당신이 보게 되더라도 당신은 그것을 믿지 않을 것이다. 이러한 기록들에도 당신은 그러한 사람이 가능하지 않다며 그것들을 믿지 않는다고 말할 것이다.

나는 그러한 사람은 가능하다고 말한다. 그러한 사람은 가능하기 때문에 나는 크리슈나가 있었고, 있을 수 있으며, 그가 거기에 있다고 말한다. 그러나 정말로 중요한 것은 그의 가장 깊은 존재, 그의 영, 그의 영혼이다.

우리는 단지 몸만을 본다. 우리는 내면에 있는 것, 몸 안에 살고 있는 것을 보지 않는다. 그러므로 우리는 바깥에 있는 것, 신체에 깊게 휘말리게 되었다. 붓다는 죽어가고 있다. 그래서 누군가가 그에게 그가 죽은 후에 어디에 있을 것인지를 묻는다. 붓다는 말한다. "나는 아무 데도 없을 것이다. 왜냐하면 나는 어디에도 결코 존재하지 않았기 때문이다. 나는 그대가 보고 있는 내가 아니다. 내가 보고 있는 내가 바로 나이다." 그러므로 외적인 삶은 신화나 드라마에 지나지 않는다. 그것은 중요하지 않다. 그래서 우리는 외적인 것은 전혀 중요하지 않다고 말하면서 그것의 역사를 쓰는 것을 거부했다. 우리는 미래에도 그러한 역사를 쓰지 않을 것이다.

그러나 후에 이 나라의 마음은 약해지고 두려워하게 되었다. 역사적인 인물인 것처럼 보이는 예수와 대비해 보았을 때 크리슈나는 전설적이고 신화적인 것처럼 보여 두려워졌다. 그리스도의 존재가 역사적인 인물이라는 많은 증거들이 있는 반면에, 크리슈나의 경우에는 아무것도 없다. 그래서 이 나라는 혼란스러워졌다. 그리고 우리의 마음은 이제 그리스도의 역사를 보존하도록 그리스도의 추종자들을 안내하였던 이유들에 영향을 받고 있다. 그래서 우리는 그런 쓸데없는 질문들을 일으키고 있다. 언젠가 우리가, 그리스도와 같은 인물이 그들 중에 있는데도 그들이 그의 탄생과 죽음의 시간들에 대한 기록들을 수집하고 모았다는 것은 아주 불행한 일이었다고 기독교인들에게 말할 수 있는 용기를 내는 편이 더 나을 것이다. 그것은 순전히 시간의 낭비다. 그러한 중요한 사람에 대하여 중요하지 않은 정보를 보관하는 것은 필요치 않다.

그러므로 나는 당신에게 그러한 작은 일들에 신경을 쓰지 말라고 말한다. 이 관심은 당신의 마음이 어떠하다는 것을 얘기해 준다. 이것은 당신이 몸, 몸의 탄생과 죽음, 몸의 외적 사건들에 가치를 주고 있음을 보여 준다. 그러나 이 몸은 단지 생명의 주변적인 것, 외적인 것이다. 정말로 중요한 것은 그것의 중심에 홀로 접촉되지 않은 채, 모든 관련과 집착들로부터 자유로운 채 있는 것이다. 중심에 있는 목격하고 있는 영혼이 정말로, 정말로 중요한 것이다.

죽어가는 순간에 당신이 자신의 삶을 뒤돌아본다면, 당신은 그것이 꿈과 아무런 차이가 없음을 알게 될 것이다. 오늘이라도 당신이 살았던 삶을 되돌아본다면, 당신은 그것이 실제인지 아니면 꿈들의 재료로 된 것인지 궁금해할 것이다. 당신이 그것을 정말로 살았는지 아니면 그것에 대하여 단지 꿈만 꾸었는지를 어떻게 아는가?

장자는 우리가 알고 있는 삶에 심오한 농담을 던졌다. 어느 좋은 날 아침, 그는 잠에서 깨어나 제자들을 불렀다. 그리고는 자신이 복잡한 문제에 직면했다고 말하면서 그들이 그 문제를 풀어 주기를 바랐다. 모든 제자들이 그의 주위에 모여들었다. 그들은 당황했다. 왜냐하면 항상 그들의 문제를 풀어 주었던 스승이 이제 자기들에게 스승의 문제를 풀어 달라고 하였기 때문이다. 그들은 장자가 문제를 가지고 있을 줄은 꿈에도 몰랐다. 그래서 그들은 말했다. "어떻게 스승님이 문제를 가질 수 있습니까? 우리는 스승님이 삶의 모든 문제들과 어려움의 너머에 있다고 항상 생각했습니다."

장자는 말했다. "그 문제는 저 너머의 문제라고 할 수 있는 그런 것이다. 지난밤에 나는 정원의 꽃들을 핥는 나비가 되는 꿈을 꾸었다."

제자들이 말했다. "그 꿈에 무슨 문제가 있습니까? 모든 사람들은 이런저런 꿈을 꿉니다."

장자는 말했다. "문제는 꿈으로 끝나지 않는다. 오늘 아침에 내가 깨어났을 때 나는 내가 다시 장자인 것을 알았다. 문제는 지금 나비가 장자가 된 꿈을 꾸고 있는가이다. 만약 사람이 나비가 되는 꿈을 꿀 수 있다면, 나비도 사람이 되는 꿈을 꿀 수 있을 것이다. 지금 나는 내가 지난밤에 꿈을 꾸었는지, 그렇지 않으면 나비가 바로 지금 꿈꾸는지에 대해 알기를 원한다." 장자의 제자들이 말했다. "그 질문은 우리의 한계를 넘어서고 있습니다. 스승님은 우리를 곤경에 빠뜨리고 계시군요. 지금까지 우리는 우리가 잠자면서 본 것은 꿈이고, 우리가 깨어 있는 동안에 본 것이 실재라고 확신했습니다. 그러나 지금 스승님은 우리를 온통 혼란스럽게 하시는군요."

그러자 장자가 말했다. "너희들이 낮에 자질구레한 일들을 하는 동안에 밤의 꿈들을 잊듯이, 너희들이 밤에 꿈을 꿀 때 낮에 보았던 모든 것을 망각한다는 점을 알지 못하느냐? 너희가 깨어 있는 동안에는 꿈들의 일부를 기억할 수 있는 반면에, 꿈꾸는 동안에는 낮에 본 것에 대해서 기억할 수는 없다는 것을 아는 일은 흥미롭다. 만약 기억이 결정적인 요인이라면, 밤의 꿈들이 낮의 꿈들보다도 더 실제적이어야 한다. 만약 사람이 잠잔다면, 그래서 영원히 잠잔다면, 그가 꿈꾸는 것이 실제가 아니라는 것을 어떻게 알 수 있겠는가? 모든 꿈은 너희가 꿈꾸는 동안에는 너무나 실제인 것처럼 보인다. 어떤 꿈도 꿈속에서는 비실제인 것으로 보이지 않는다."

크리슈나와 같은 사람에게는 우리가 우리의 삶으로 알고 있는 것, 우리의 신체적 삶으로 알고 있는 것은 다름 아닌 한 꾸러미의 꿈에 지나지 않는다. 그와 함께 살았던 사람들이 크리슈나를 바르게 이해하게 되었을 때, 그들은 크리슈나의 외적인 삶의 사건들을 기록하지 않기로 결정했다. 그리고 이 결정은 충만한 자각으로 이루어졌다. 그것에 대하여 아무런 우연적이거나 무의식적인 것은 없다. 그리고 그것은 중요하다. 게다가 그것은 당신을 위한 메시지를 가진다. 역사와 관련된 것을 철저히 피하라. 만약 당신이 역사에 휘말리게 된다면 당신은 모든 기록들, 모든 역사 너머에 있는 것을 잃게 될 것이다. 당신은 진리를 잃게 될 것이다.

크리슈나의 탄생이나 죽음과 같은 그의 조악한 삶의 기록들에 관심을 가지지 않아야 한다는 말씀에 완전히 동의합니다. 그러나 우리는 크리슈나가 자신의 삶을 살았던 방식, 그가 우리를 위해 가졌던 메시지, 그의 삶의 이야기의 의미를 알기를 분명히 원합니다. 조금 전에 종교는 영원하기 때문에 역사를 가질 수 없다고 말씀하셨습니다. 크리슈나가 바가바드 기따에서 비록 질은 떨어지더라도 자기 자신의 다르마로 사는 것이 다른 사람의 다르마로 사는 것보다 더 낫다고, 다른 사람의 다르마로 사는 것보다는 자기 자신의 다르마로 살다가 죽는 것이 더 낫다고 말할 때, 크리슈나가 의미하는 다르마, 즉 종교의 의미는 무엇입니까? 그는 다른 모든 다르마들은 위험하며, 어떤 희생을 치르더라도 버려야 한다고 말합니다. 만약 다르마가 하나이고 영원하다면, 왜 크리슈나가 그것을 좋은 것과 나쁜 것, 자신의 것과 다른 사람의 것으로 나눌 필요가 있다고 생각합니까?

크리슈나가 그런 말을 하는 것은 아주 절실하였다. 그의 말이 적힌 산스끄리뜨 경전에는 "Swadharme nidhanam shretah, pardharmo bhayawaha."라고 나와 있다. 우리는 그것을 여러 각도에서 이해할 필요가 있다.

여기에서 크리슈나는 힌두교, 기독교, 이슬람교와 같은 전통적 종교들이 사용하는 의미로 다르마(dharma)라는 말을 사용하지 않는다. 산스끄리뜨 다르마는 사람의 자기 본성, 자신의 타고난 본질, 자신의 근본 본질을 의미한다. 이런 의미에서 크리슈나는 그것을 최초의 본성 즉 자기 본성과, 이질적인 본성 즉 자신의 것이 아닌 본성으로 나눈다. 그것은 자기 자신의 개체성, 다른 사람들의 개체성과 아주 다른 자기 자신의 주체성의 문제이다. 다른 사람을 모방하지 않는, 그가 누구이든 다른 사람처럼 되려고 노력하지 않고 정말로 자기 자신이 되는 문제이다. 여기에서 크리슈나는 말한다. "당신 스스로에게 순수하여라. 다른 사람을 따르지 말고, 다른 사람을 흉내 내지 말고, 당신 자신의 진정한 본성을 따르라." 그는 말한다. "구루나 안내자를 따르지 말라. 그대 자신의 안내자가 되어라. 그대의 개별성, 그대의 주체성이 다른 사람에 의해 지배되고, 지시받고, 숨 막히도록 허용하지 말라. 간단히 말해, 어느 누구도 따르지 말고 모방하지도 말라."

아마도 다른 사람은 그 자신의 개인적, 주관적인 운명이 놓여 있는 어떤 곳으로 가고 있을 것이다. 그것은 그의 자유이다. 그러나 만약 당신이 그를 따른다면, 그것은 당신의 굴레가 될 것이다. 그리고 그대를 구속하게 될 것이다.

마하비라의 개별성은 그 자신의 것이다. 그것은 어떤 다른 사람의 개별성일 수 없다. 그리스도의 길은 다른 사람을 위한 길일 수 없다. 왜 그러할까?

내가 어디로 가든 나는 나 자신으로서만 갈 수 있다. 나는 나인 길을 갈 수 있다. 목적지에 도달하면 나의 자기, 즉 '나'는 사라질 것이라는 것은 사실이다. '나'가 사라지는 날, 다른 사람, '그' 또한 사라질 것이다. 그때 내가 얻을 본질 혹은 존재의 상태는 끝이 없는 영원이다. 이 초월적 본성은 비개인적이고 바다와 같은 것이다. 그러나 바로 지금 우리는 바다와 같지 않다. 우리는 강과 같다. 모든 강은 바다로 가는 그것 자신의 길을 발견해야만 한다. 바다에 이르면, 물론 강과 그의 길 둘 다는 바다 속으로 사라질 것이다.

여기서 크리슈나는 강에 관해 이야기하고 있으며 바다 그 자체에 관하여 이야기하지 않고 있다. 아르주나는 아직 바다에 이르는 길을 찾고 있는 강이다. 그리고 크리슈나는 강에게 그 자신의 길을 가고 다른 강의 길을 따르려 하거나 흉내 내려 하지 말라고 말한다. 다른 강은 그 자신의 길, 그 자신의 방향과 움직임이 있다. 그것은 그 자신의 길로, 그 자신에 의해 바다에 이를 것이다. 마찬가지로 당신은 자신의 길, 자신의 방향과 자신의 움직임을 만들어야 한다. 그러면 당신은 분명히 바다에 도달할 것이다. 강이 있다면 그 강은 의심의 여지없이 바다에 이를 것이다.

강은 결코 만들어진 길을 따라 움직이지 않는다는 점을 명심하라. 강은 항시 바다에 도달하는 자신의 길을 만든다. 삶 역시 이미 만들어진 길을 따르지 않는다. 삶은 그럴 수 없다. 삶은 강과 같다. 삶은 철길과 같지 않으며 강과 같은 것이다.

물론 당신이 이미 만들어진 길을 따라 움직인다면, 다른 것을 모방한다면, 거기에는 당신에게 허위와 거짓의 차트와 지도를 제공하는 어떤 사람이 항상 있을 것이다. 당신이 이 여행을 하는 한 당신은 자살 여행을 택한 것이 된다. 그러면 당신은 자기 자신을 파괴하기 시작하고, 자기 자신에게 다른 이의 개성을 강요하기 시작한다. 만일 어떤 사람이 나를 추종한다면, 그는 먼저 자신을 파괴하게 될 것이다. 그는 끊임없이 그의 마음속에 나를 간직하게 될 것이다. 그는 내가 하는 것처럼 할 것이다. 그는 내가 걷는 것처럼 걸을 것이다. 그는 내가 사는 것처럼 살 것이다. 그는 자신을 말살하고 나처럼 되려고 노력할 것이다. 그러나 그가 나와 같이 되려고 온갖 노력을 다하여도, 그는 결코 나와 같이 될 수 없다. 나는 그에게 겉보기와 가면으로서 봉사할 것이다. 깊은 곳에서 그는 그의 '그'로 남아 있을 것이다. 그는 그가 흉내 낸 사람이 결코 될 수 없으며, 그는 흉내 내고 있는 사람으로 남아 있을 것이다. 그가 무엇을 하든지, 가장 무도회의 사람은 가면을 쓰고 춤추고 있을 따름이지 그 자체는 될 수 없다.

크리슈나는 어떤 다른 사람의 성질로 사는 것보다 자신의 본질로 죽는 것이 낫다고 말한다. 흉내는 파괴적이고 자살적이다. 다른 사람의 삶의 방식으로 사는 것은 죽는 것보다 더 나쁘다. 그것은 산 죽음이다. 만약 어떤 사람이 자신의 존재의 길 위에서 죽는다면 그것은 그 스스로 새로운 삶을, 새롭고 숭고한 삶을 발견하였음을 의미한다. 만약 내가 나의 개별성을 유지한 채 나의 길에서 죽는다면, 그때 나의 죽음은 온전해지고, 그때 그것은 나의 죽음이 된다.

그러나 우리 모두는 빌려 온 삶을 살고 있다. 우리 자신의 삶조차 온전한 우리 자신의 삶이 아니다. 우리는 모두 낡은 거짓의 사람들이다. 크리슈나는 진정한 삶, 우리 자신의 삶을 나타낸다. 진정한 삶이란 개인이 되는 것, 자신의 개별성을 유지하는 것을 의미한다. '개인'이라는 말은 의미심장하다. 그것은 나눌 수 없는, 통합되어 있는, 그리고 하나라는 의미이다.

당신의 개별성을 파괴하려 하는, 당신을 파괴하여 그들의 추종자로 만들려고 하는 사람들이 온 사방에 있다. 그것은 그들 자아의 함정이다. 많은 사람들이 그들을 따른다는 사실이 그들의 자아를 만족시켜 준다. 그렇게 되면 그들은 자신을 사람들이 따라야 할 중요한 존재라고 느낀다. 그리고는 그들을 따르는 사람들을 노예화하려고 한다. 모든 면에서 그들을 노예화하려 한다. 그들은 수행이라는 이름으로 추종자들에게 그들의 의지를 강요하고 그들의 변덕조차 부과한다. 추종자들의 자유를 빼앗고, 실제로 그들을 노예화시킨다. 그들의 자유는 자신의 자아에 도전할 수 있기 때문에 추종자들의 자유를 파괴하려는 모든 것을 하는 것이다. 모든 구루들이, 모든 스승들이 그렇게 한다.

크리슈나의 이와 같은 말은 이색적인 것이고 드문 것이다. 그리고 그것은 상당한 의미를 갖는다. 어떤 구루, 어떤 스승도 크리슈나가 아르주나에게 말한 것처럼 "그대 자신에게 진실하여라."고 말할 용기를 가질 수 없다. 오직 친구나 동료만이 그러한 말을 할 수 있다. 그리고 기억하라, 크리슈나는 아르주나에게 구루가 아니라 그의 친구이다. 그는 스승으로서가 아니라 친구로서 그와 함께 있었다. 어느 스승도 크리슈나가 마하바라따의 전장에 있는 아르주나에게 한 것처럼 제자의 마부가 되는 데 동의하지 않는다. 오히려 스승은 제자를 그의 마부로 만들 것이다. 심지어 제자를 그의 마차의 말로 사용할 것이다.

크리슈나가 꾸루끄쉐뜨라 전쟁터에서 아르주나의 마부로 일했다는 것은 매우 드문 사건이다. 이 사건은 그들이 동등한 친구 관계라고 말한다. 친구 사이에는 당신 위나 당신 아래라는 것이 없다. 크리슈나는 아르주나에게 자신의 본성, 그의 본질적 개별성, 그의 근본적 존재, 그의 진정한 얼굴을 찾으라고 말한다. 그리고 그것이 되라고 말한다. 그는 그에게 그의 온전성으로부터 빗나가지 말라고, 자신의 존재와 어떤 다른 것으로 존재하지 말라고 한다. 왜 그는 이와 같이 말하였는가?

아르주나의 존재는 전사, 즉 끄샤뜨리아 계급이다. 그의 존재의 성질은 전사의 것이다. 그는 군인이다. 그런데 그는 산야신, 즉 포기자의 언어로 말하고 있다. 그는 그의 존재인 전사가 아니라 배반자처럼 말하고 있다. 만약 그가 샨야스를 받고 숲으로 들어갔다가 사자를 만난다면, 그는 사자의 먹이가 되지 않을 것이다. 그는 바로 사자와 싸울 것이다. 그는 브람민, 즉 지식인 집단이 아니다. 그는 바이샤, 즉 비즈니스맨도 아니다. 그는 수드라, 즉 일꾼도 아니다. 그는 지적인 것을 추구해도, 돈을 벌어도 행복해지지 않을 것이다.

그는 모험에서, 도전들과 만나는 데서, 싸움에서만 즐거움을 발견할 수 있다. 그는 도전의 행위를 통해서만 그 자신을 발견할 수 있다. 그러나 그는 그의 본질이 아닌 어떤 것을 말하고 있다. 그러므로 그는 궤도를 벗어나, 그의 자기 본성으로부터 일탈하고 있다. 그래서 크리슈나는 그에게 말한다. "나는 그대가 변절자, 도망자가 아니고 무사인 것을 안다. 그러나 그대는 도망자처럼 말하고 있다. 그대는 전쟁이 나쁘다고, 싸움이 나쁘다고, 살해가 나쁘다고 말한다. 전사는 결코 이런 말을 하지 않는다. 그대는 그런 말을 다른 사람들로부터 빌렸는가? 그것은 분명히 전사의 말이 아니다. 만일 그대가 누군가를 흉내 내려고 한다면 그대는 그대의 길에서 일탈하고 있는 것이다. 그러면 그대는 그대 자신을 낭비하고 있다. 그러므로 자신을 발견하고 진정한 그대 자신이 되어라."

만약 아르주나가 정말로 브람민이었다면, 크리슈나는 그에게 싸우라고 결코 요청하지 않았을 것이다 그는 기꺼이 아르주나에게 가라고 하였을 것이다. 그는 아르주나가 브람민의 길을 가는 것을 축복했을 것이다. 아르주나는 브람민이 아니다. 그러나 그는 그런 말을 할 용기가 없다. 아르주나는 칼을 쓰는 사람이다. 그는 옷 안에 칼의 날카로움과 공격성을 가지고 있다. 그는 손에 칼을 들었을 때 빛날 수 있다. 그는 용기와 용맹의, 전투와 전쟁의 깊이에서만 그의 영혼과 영혼의 완성을 발견할 수 있다. 그는 다른 방법으로는 자기를 실현할 수 없다. 바로 이러한 이유로 크리슈나는 그에게 다음과 같이 말한다. "빌린 삶을 살기보다는 자신의 진정한 본성을 지키다 죽는 것이 더 낫다. 빌린 삶을 사는 것은 비극이다. 이탈자로 살기보다는 전사로 죽어라. 이탈자는 죽은 삶을 살 것이다. 살아 있는 죽음이 죽은 삶보다 더 낫다."

여기서 크리슈나는 힌두이즘, 기독교나 이슬람교와 같은 종교들의 의미로 다르마를 사용하지 않는다. 그는 다르마를 사람의 개별성의 의미로 사용한다. 인도는 개별성의 기초로 네 개의 광범위한 구분 혹은 범주를 만들었다. 바르나(varna) 즉 카스트로 널리 알려진 것은 다름 아닌 개별성에 근거한 인간 존재들의 광범위한 범주들이다. 이 범주들은 특별하지도 배타적이지도 않다. 두 브람민 즉 지식인이 서로 같은 것은 아니다. 그들은 같지 않다. 두 끄샤뜨리아 즉 전사가 서로 같은 것은 아니다. 그러나 끄샤뜨리아들로 알려진 사람들 사이에는 확실히 유사성이 있다. 이 범주들은 인간의 성품을 깊이 연구한 후에 만들어졌다.

일을 통해서만 삶의 기쁨을 도출해 내는 사람들이 있다. 그는 일하는 사람 즉 수드라이다. 수드라이기 때문에 그가 낮은 존재는 아니다. 그렇게 생각하는 것은 정말로 잘못된 것이다. 그러나 불행히도 이 잘못된 해석이 광범위하게 받아들여졌다. 그것을 처음 생각해 낸 현자들에게는 책임이 없다. 그 책임은 바르나에 대한 그들의 잘못된 해석을 사회에 강요한 무지한 사람들에게 있음에 틀림없다. 현자들은 다만 일을, 서비스를 통해서만 그들의 기쁨을 찾을 수 있는 사람들이 있다는 말만을 하였다. 그들에게서 그들의 일을 빼앗으면 그들은 불행해질 것이다. 그들은 영혼을 잃을 것이다.

지금 한 부인이 와서 나의 다리에 마사지하고자 한다. 그 여자는 자신의 즐거움을 위해 그 일을 하는 것이다. 내가 그것을 요청하지도 않았고, 그녀는 나에게서 어떤 것을 얻으려고도 하지 않는다. 그러나 서비스는 그녀의 강점이기 때문에 그녀는 보상받았다고 느낀다. 그녀는 자기의 개별성을 되찾고, 또 영혼을 얻는다.

어떤 사람은 지식을 위해 부를 포기한다. 그는 가족을 떠나 거리에서 구걸하며 살려고 떠난다. 지식을 위해 굶주리기조차 한다. 우리는 그의 마음이 미쳤는지 의아해한다. 어떤 과학자는 독소의 맛이 어떠하며 그것이 사람을 죽이는지 알아보기 위해 치명적인 독약 소량을 그의 혀끝에 댄다. 그는 죽게 될 것이다. 그러나 그는 브람민이다. 그는 지식 탐구를 위해 있다. 그는 죽을 것이다. 그러나 그는 특별한 독의 비밀을 발견하게 될 것이다. 아마도 그는 살아남아서 자신이 발견한 것들을 세상에 말할 수도 있고, 그렇지 않을 수도 있다. 즉시 죽음을 가져오는 독들이 있다. 그러나 과감한 과학자는 한 가지 특별한 독을 먹을 것이다. 왜냐하면 자신의 죽음을 통하여 세상에 그것이 무엇인지를 말할 것이기 때문이다. 그것은 그에게 충분한 성취이다.

세상의 수천 가지 즐거움을 포기하고 한 가지 독을 시험하기 위해서 죽는 그를 보고 우리는 미쳤다고 말할 수 있다. 과학적 검증을 위해 그가 선택할 수 있는 다른 많은 것들이 있었다. 그러나 이 사람은 아는 자, 즉 브람민의 마음을 가지고 있다. 그는 서비스를 통해 기쁨을 끌어내지는 않을 것이다.

전쟁의 순간에 천재성이 최고로 빛나는 사람이 있다. 그는 싸움에서 자신의 최고의 잠재력을 발휘한다. 그는 자신의 모든 것을 걸 수 있는 어떤 지점에 이를 때 충만함을 느낀다. 그는 도박꾼이다. 그는 위험을 감수하지 않고는 살 수 없다. 그는 돈과 같은 사소한 것들에 거는 것으로는 만족할 수 없다. 그는 그의 전 인생을 건다. 매순간 삶과 죽음이 걸려 있다. 그때만이, 그는 만개한 꽃핌으로 갈 수 있다. 그러한 사람이 끄샤뜨리아, 사무라이, 전사다.

록펠러와 모건 같은 사람은 부를 모으는 데서 자신의 성취를 찾는다. 모건의 전기에 재미있는 일화가 보인다. 어느 날 그의 비서가 그에게 농담으로 이야기했다. "사장님, 저는 사장님을 뵙기 전에는 언젠가 모건 같은 인물이 되겠다는 꿈을 품었습니다. 그러나 지금 저는 사장님의 개인 비서 자격으로 가까운 곳에서 사장님을 보았습니다.

저의 꿈은 사라졌습니다. 만일 제가 선택을 할 수 있다면, 저는 신에게 모건 이외의 다른 어떤 것으로 저를 만들어 달라고 말할 것입니다. 모건이 되는 것보다는 모건의 비서가 되는 편이 훨씬 좋습니다."

모건은 약간 놀라서 질문을 하였다. "나에게 무슨 잘못이 있어서 당신이 이렇게 말하는가?" 비서가 말했다. "저는 사장님의 일하는 방식에 의문이 있습니다. 사환들은 아침 9시에 나오고, 사무원들은 10시에 사무실에 도착하고, 부장들은 11시에, 이사들은 12시에 나옵니다. 이사들은 오후 3시에 사무실을 나가고, 부장들은 4시에, 사무원들은 5시에, 사환들은 6시에 사무실을 나갑니다. 그러나 사장님은 매일 아침 7시에 도착해서 저녁 7시에 집으로 갑니다. 저는 사장님의 비서라는 것에 만족스럽습니다. 사장님은 어떻게 관리하시는 겁니까?"

이 사람은 모건을 이해할 수 없다. 모건은 바이샤, 비즈니스의 마음을 가지고 있다. 그는 부를 만들고 축적함으로써 자신의 행복, 자신의 영혼을 찾고 있다. 모건은 웃으며 그의 비서에게 말하였다. "사환들이 오기 전에 내가 사무실에 오는 것은 사실이다. 설립자이자 주인으로서 이른 시간에 여기에 올 때 느끼는 기쁨을 사환들은 느낄 수 없다. 이사들이 세 시에 사무실을 떠나는 것은 당연하다. 그러나 그들은 오직 이사들일 뿐이다. 나는 소유주이다." 모건 같은 사람은 부를 창조하고 소유할 때만 만족한다.

오랜 시간에 걸쳐 수백만의 인간을 연구한 후에 우리는 인간을 네 가지 광범위한 범주로 나누기로 결정하였다. 이 구분에는 아무런 위계란 것이 없다. 한 범주가 다른 것보다 높다거나 낮다는 것은 없다. 어리석은 빤디뜨들, 어리석은 학자들이 그것을 곧 계급화시켜 버렸다. 그것은 온갖 악을 만들어 버렸다. 네 가지 바르나로의 구분은 그 자체로는 매우 과학적이지만, 그것이 계급화 되는 것은 불행이고 건강하지 못하다. 그렇게 할 필요가 전혀 없었다.

바르나들로 인류를 구분한 것은 통찰, 그것에 관한 깊은 통찰을 나타낸다. 그래서 크리슈나는 아르주나에게 말한다 "남을 따라 사는 것보다는 그대의 자기 본성을 지키다 죽는 편이 더 낫다. 남을 따라 사는 것은 미친 짓이다."

사실 바르나는 자기 성품을 적절하게 구분하지 못한다. 결국 그것은 단지 넓게 대충 분류한 것이다. 실제로는 모든 사람은 독특하고 다르다. 둘조차 똑같지 않다. 신은 창조자이지, 기술자는 아니다. 그는 원래의 것들을, 직접적인 것들을 창조한다. 그는 한 번 창조한 것을 되풀이하지 않는다. 시인들과 화가들조차 되풀이하지 않는다. 만약 어떤 사람이 라빈드라나트 타고르에게 초창기에 지었던 것과 같은 시를 지어 달라고 요청하면, 그는 "나를 쏘아 버린 탄환으로 생각하는가? 당신은 내가 죽었다고 생각하는가? 만일 내가 시의 부스러기를 되풀이한다면 내 속의 창조자인 시인은 죽은 것이다. 지금 나는 단지 다른 오리지널 시만 쓸 수 있다." 그의 재주로 같은 그림들을 되풀이하여 그리는 화가는 아무런 가치가 없다.

한때 매우 재미있는 일이 피카소에게 일어났다. 어떤 사람이 피카소의 그림을 수천 달러를 주고 샀다. 그래서 그것이 진본 그림인지 모조품인지를 확인하기 위해 그 그림을 피카소에게 가지고 왔다. 위대한 화가는 말했다 "그것은 분명히 모조품입니다. 당신은 돈을 낭비하였습니다."

그 사람은 깜짝 놀라면서 말하였다.

"무슨 말을 하고 있는 것입니까? 당신의 부인이 그 작품을 진품이라고 확인하였습니다."

그가 이렇게 말할 때 피카소의 부인이 들어와서 피카소에게 말했다. "당신의 그림이 아니라고 말하는 것은 아주 잘못입니다. 그것은 당신의 그림이 확실합니다. 나는 당신이 그 그림을 그리는 것을 보았습니다. 당신은 그 그림에 사인까지 했습니다. 그것은 당신의 사인입니다. 어떻게 그것을 모조품이라고 말할 수 있습니까?"

피카소는 말했다. "나는 내가 그 그림을 그리지 않았다고 말하지 않았습니다. 그러나 그것은 모조품입니다. 나는 내 작품들 중 하나의 모조품을 만들었습니다. 그러므로 그것은 진정한, 오리지널 작품이 아닙니다. 그것은 창조자 피카소와는 아무런 관계가 없습니다. 그것을 만든 나에게는 그것은 모조품입니다. 어떤 다른 화가도 그렇게 그릴 수 있었습니다. 그래서 나는 그것을 나의 진본 그림이라고 말할 수 없습니다. 그것은 나의 그림의 모조품입니다. 첫 번째 그림이 진본입니다. 왜냐하면 내가 그것을 창조하였기 때문입니다. 이 그림은 그냥 모조품입니다."

신은 창조한다. 신은 창조 그 자체이다. 그러므로 신의 모든 창조 활동은 독창적이고 독특하고 진정한 것이다. 두 인간은 말할 것도 없고, 두 송이 장미꽃조차 똑같지 않다. 심지어 한 나무의 두 개의 잎조차 똑같지 않다. 길가에서 돌을 주워들고서 그것과 똑같은 조각이 있는지 이 세상을 돌아다녀 보라. 그것을 찾는 것은 불가능한 일이다. 신은 그 자신을 다 드러내지 않았다. 그가 쓰일 때, 그는 물론 쓰이고, 진정한 인간이 아닌 존재들을 만들기 시작할 것이다.

신은 크리슈나를 단 한 번만 창조하였다. 그 이래로 비록 오천 년이 지나갔지만, 신은 다른 크리슈나를 만들지 않았다. 신은 그렇게 하려고도 하지 않는다. 신은 마하비라를 오직 한 번, 처음이자 마지막의 마하비라를 창조하였다. 이천 년이 지났지만, 신은 예수 그리스도를 되풀이하여 만들지 않았다. 이와 마찬가지로 당신들 각각은 그의 독특한 창조물이다. 신은 당신도 되풀이하여 만들지 않을 것이다. 이것은 당신의 영광이고 위대함이다. 과거를 통틀어 당신 같은 다른 사람은 없었고, 어떤 미래에도 없을 것이다.

그러므로 당신 자신을, 당신의 개별성을, 당신의 존재를 잃지 말라. 신은 어떤 다른 사람의 이미지로 당신을 창조하지 않았다. 다른 사람을 복사하지 않았다. 그는 당신을 진정으로 새롭게 만들었다. 그러므로 그것을 거짓 작품으로 만들지 말라. 그렇게 하면 그것은 신의 믿음에 대한 배반이 될 것이다. 바로 그러한 이유로 크리슈나는 다음과 같이 말한다. "다른 사람의 본성으로 사는 것보다 자신의 본성으로 죽는 편이 오히려 낫다." 그것은 그냥 자살이다. 그것을 깨달아라. 실수로라도 어떤 다른 사람을 따르거나 다른 사람처럼 되지 말라. 자기 자신이 되는 것이 유일한 덕이며, 다른 사람과 같이 되려는 것이 유일한 죄이다.

그러나 이 가르침은 강으로서의 당신에게 적절한 것이지, 바다로서의 당신에게 말한 것이 아님을 잊지 말라. 왜냐하면 당신이 되어야 하는 것은 바다이기 때문이다. 거기에는 자기 자신이나 타인이 없다. 바다가 목적지이다. 그것은 당신이 강으로 당신의 여정을 시작하는 곳이 아니다. 당신은 당신의 여정을 개인으로, 어떤 사람으로 시작해야만 한다. 당신이 '나'도 다른 것도 없는 곳에 이를 때, 당신은 개인이기를 그칠 것이고, 당신은 아무도 아닐 것이다. 그러나 기억하라. 당신은 그곳에 어떤 다른 사람이 아닌, 당신 자신으로 이를 것이다.

이러한 맥락에서 크리슈나는 "Swadharme nidhanam shreyah pardharmo bhayvahah."라고 말하였다.

"다른 사람의 본성으로 살기보다는 자신의 본성으로 죽는 편이 더 좋다." 라고 크리슈나가 말할 때 그 말은 그가 아르주나를 억압하려는 것처럼 보입니다. 아마도 아르주나는 자신의 전사의 본성을 초월하여 브람민이 되려는 것처럼 보입니다. 그가 슬픔과 연민으로 압도될 때, 그는 그 자신의 본성을, 그의 진정한 본성을 성취하려고 노력하고 있습니다만, 크리슈나는 그를 되돌아가게 합니다. 둘째로, 크리슈나가 아르주나를 지배하려 하지 않고, 그 반대로 그를 자유롭게 한다고 말합니다. 그러나 바가바드 기따의 시작 무렵에 아르주나는 크리슈나에게 다음과 같이 말합니다. "나는 당신의 제자이며 당신에게 복종합니다." 그 말이 끝났을 때 아르주나는 다시 다음과 같이 말합니다. "나는 당신의 명령에 따르겠습니다." 그것은 크리슈나가 아르주나에게 그 자신을 스승으로 강요하는 것이 아닙니까?

이 맥락에서 몇 가지는 바르게 이해되어야 한다. 만일 사람들이 아르주나를 안다면, 그냥 지나치면서 보더라도 그가 전사가 아니라고 말할 수 없다. 그는 참으로 전사이다. 그것이 그의 분명한 개별성이다. 그리고 그의 슬픔과 비통은 순간적인 일이다. 그는 어떤 사람들을 죽이게 되어 있기 때문에 슬픈 것이 아니라, 그 자신의 가족과 친족들을 죽이게 되어 있기 때문에 슬프다. 만약 그들이 그 자신의 사람들이 아니었으면, 아르주나는 그들을 파리들처럼 죽였을 것이다. 그는 전쟁 때문에, 폭력 때문에 슬퍼한 것이 아니라 반대편에 있는 사람들에 대한 자신의 집착 때문에 슬퍼한다. 그는 비록 죽이는 것이

나쁘다고 말하지만, 그렇게 생각하지 않는다. 그것은 그냥 합리화이다. 그의 슬픔의 바탕은 그가 그와 긴밀하게 관련되어 있는 사람들과 싸워야만 한다는 데 있다. 그들 대부분이 그의 친족들이다.

그의 가족 중 가장 나이가 위인 비슈마와 그의 스승 드로나차리야는 전장에서 다른 편에 있다. 까우라바들은 사촌들이고 어린 시절부터 그와 함께 자랐다. 그들을 죽여야 한다는 것은 상상도 할 수 없는 일이다. 폭력은 그의 전쟁에 대한 저항의 진정한 이유가 아니다. 그는 오랫동안 많은 폭력에 탐닉하고 있었다. 이것은 폭력과 전쟁과의 첫 번째 접촉이 아니다. 그는 죽이는 것을 두려워하는 사람이 아니다. 그러나 그는 그 자신의 사람들을 죽이는 것을 두려워하고 있다. 그는 그들에 대한 집착의 끈 때문에 두려워한다.

브람민이 된다는 것은 집착되지 않는다는 것을 의미하기 때문에, 아르주나가 브람민이 되려고 노력한다고 말하는 것은 잘못이다. 사실 그에게 모든 집착을 벗어 버리라고 말하는 이는 크리슈나다. 만약 아르주나가 자신은 폭력을 반대한다고 솔직하게 말했다면, 크리슈나는 그에게 싸우라고 설득하지 않았을 것이다. 그는 또한 끄샤뜨리아 즉 전사인 마하비라를 설득하려고 하지 않았을 것이다. 그는 역시 전사인 붓다를 변화시키려고 노력하지 않았을 것이다. 자이나교의 스물네 명의 띠르딴까라들 모두가 끄샤뜨리아들이라는 것은 놀라운 일이다. 그들 중 어느 누구도 끄샤뜨리아 이외의 어떤 다른 바르나로 태어났으면 하고 생각하지 않았다. 정말로 놀라운 점은 비폭력은 끄샤뜨리아가 세상에 준 선물이라는 것이다. 거기에 대해서는 이유가 있다.

비폭력의 사상은 폭력에 깊게 적셔진 토양에만 뿌리를 내릴 수 있다. 여러 세대를 폭력으로 살았던 사람들은 비폭력 사상의 올바른 전달 수단이었다. 끄샤뜨리아들이 수단이 되었다.

크리슈나는 마하비라에게 폭력을 취하라고 설득할 수 없었다. 왜냐하면 마하비라는 그의 가족과 친족들을 죽이지 않을 것이라고 말하지 않기 때문이다. 그는 그들 때문에 슬퍼하지 않는다. 그는 그들을 버렸다. 그는 세상과의 모든 인연을 버렸다. 그의 입장은 전혀 달랐다. 그는 폭력을 비인간적이고 의미 없는 것으로 완전히 부정하였다. 그는 "폭력은 비종교적이다."라고 말하곤 하였다. 만일 크리슈나가 "자신의 본성으로 죽는 것이 더 좋다."라고 그와 논쟁을 하였다면, 그는 "죽이는 것은 나 자신의 본성이 아니다. 나는 죽이기 전에 죽을 것이다."라고 말했을 것이다. 그는 크리슈나에게 다음과 같이 말했을 것이다. "나에게 죽이라고 말하지 말라. 죽이는 것은 나의 본성이 아니다." 만일 바가바드 기따를 마하비라에게 설명하였다면, 그는 그냥 크리슈나의 전차에서 내렸을 것이다. 작별 인사를 하고 숲 속으로 물러갔을 것이다. 기따는 마하비라에게 아무 도움도 되지 않았을 것이다.

그러나 아르주나에게는 기따가 설득력이 있다. 그는 기따에 의해 감명을 받고 변화되었다. 기따는 크리슈나가 아르주나를 설득하는 데 성공했기 때문에 그에게 호소력을 지닌 것은 아니었다. 아르주나가 본능적으로 전사였기 때문에, 싸우는 것이 그의 골수 속에 있었기 때문에 기따는 그의 마음을 변화시켰다. 전쟁과 그와 관련된 폭력으로부터 온 그의 모든 혼란들 그리고 그의 탄식과 슬픔은 그의 깊은 배타적인 집착들에 기인한 반작용이었다.

그러므로 크리슈나는 아르주나의 마음의 하늘을 일시적으로 덮고 있는 구름 조각들을 몰아내는 데 성공하였다. 이 구름들은 그의 진정한 마음이 아니다. 구름들은 그의 하늘이 아니다. 그것이 그의 진정한 하늘이었다면, 크리슈나는 그것을 변화시키려 하지 않았을 것이다. 이것은 질문의 바깥에 있을 것이다. 그러면 기따는 전혀 나타나지 않았을 것이다. 크리슈나는 그것이 아르주나의 하늘, 그 자신의 자기 본성이었음을 알았을 것이다. 그러나 하늘은 그렇게 갑자기 오지 않는다.

아르주나의 온 삶은 그의 진정한 하늘이 브람민이 아니라 전사라는 사실을 보여 주고 있다. 그래서 그의 일탈은 하늘에 있는 일시적인 구름들과 같았다. 그것을 크리슈나는 추방하려고 한다. 만일 그것이 그의 본성이라면, 아르주나가 그것으로부터 벗어날 이유가 없다. 이것이 크리슈나가 그에게 말하려고 한 바다. "다른 사람의 성품으로 살기보다는 자신의 성품으로 죽는 것이 더 낫다." "이것이 나의 성품입니다. 다른 사람을 죽이기보다는 내가 죽는 것이 더 낫습니다. 용서해 주십시오. 나는 전쟁에서 벗어나렵니다."라고 말하였다면 어떻게 되었을까? 이야기는 바로 거기에서 끝이 났을 것이다. 크리슈나는 그에게 다른 성품을 찾으라고 요청하지 않을 것이다. 그 반대로 그는 거듭거듭 자신의 진정한 본성을 알고 그 안에 굳건히 있으라고 주장한다. 기따의 전체를 통하여 흐르고 있는 크리슈나의 모든 노력은 아르주나가 자신의 본성을 깨닫도록 하는 데 초점이 맞추어져 있다. 크리슈나는 그에게 그 무엇이든 다른 어떤 것을 부과하기를 원하지 않는다. 당신 질문의 다른 부분 또한 고려할 만한 가치가 있다.

물론 나는 크리슈나는 스승이 아니라고 말했다. 그는 아르주나에게 친구이다. 그러나 나는 아르주나가 제자가 아니라고 말하지 않았다. 나는 그런 말을 하지 않았다. 아르주나는 제자가 될 수 있다. 이것은 아르주나 편에서는 하나의 관계가 될 것이다. 그의 편에서 그는 제자임을 받아들일 수 있다. 그럼에도 불구하고 그것은 친구로 남아 있는 크리슈나와는 아무런 관련이 없다. 아르주나는 진정한 제자다. 그는 배우기를 원한다. 제자가 되는 것은 배울 준비가 되어 있음을 의미한다. 그래서 제자는 질문들을 하고 묻는다. 왜냐하면 그는 배우기를 원하기 때문이다.

제자로서 질문들을 하는 데는 방법이 있다. 그것은 그것 자신의 질서를 갖고 있다. 묻고 배우기 위해서 제자는 스승의 발밑에 앉아야만 한다. 그것은 배움의, 제자 됨의 일부분이다. 묻고 배우려면, 제자는 진지하게 배우려 해야 하고, 배우고 알려는 겸손을 가져야 한다는 것은 첫째로 필요한 부분이다. 크리슈나는 아르주나가 겸손하고 그의 발치에 앉기를 원하는 것이 아니다. 그의 편에서는 그는 친구로 남아 있다. 그는 스승이 아니다. 그는 아르주나의 질문들에 친구로서 답한다. 그것은 그와의 우정의 관계이다. 그러므로 그는 수고를 무릅쓰고 장황하게 설명한다.

만약 그가 스승이었다면 아르주나의 긴 질문과 계속되는 의심에 화가 났을 것이다. 그는 말했을 것이다. "이것으로 충분하다. 그대의 의심을 떨쳐 버리고 내가 말한 대로 하라. 질문하고 의심하는 것은 좋지 않다. 그대는 스승을 믿고 복종해야 한다. 내가 그대에게 싸우라고 말하면 질문하지 말고 싸워야만 한다. 나의 설명은 필요하지 않다." 아니다. 크리슈나는 아르주나가 알고 싶어하는 모든 것을 항상 기꺼이 대답하고 설명하려고 한다.

기따에 나와 있는 그와 같은 긴 논쟁, 정교한 설명이 충분한 증거다. 아르주나는 계속해서 같은 질문들을 일으킨다. 그는 새로운 질문을 가지고 있지는 않다. 그러나 크리슈나는 한 번도 반대하지 않는다. 이제 당신이 여기서 같은 행위를 하고 있다. 당신은 계속해서 같은 질문을 내놓고 있다. 그러나 그것은 나에게 어떤 차이도 없다.

당신이 같은 질문을 계속해서 한다는 것은 당신이 그것을 이해해야 한다는 것을 보여 준다. 그러므로 나는 그것을 거듭거듭 계속해서 설명하게 될 것이다. 그것은 나에게 문제가 되지 않는다. 이러한 정신으로 기따에는 그와 같은 긴 설명이 나와 있다. 이 기따는 크리슈나의 선물이 아니다. 그것은 아르주나의 선물이다. 왜냐하면 그는 하나의 질문 후에 또 다른 질문을 계속 하기 때문이다. 크리슈나는 그의 계속되는 질문에 반응해야만 한다. 아르주나는 배우고 싶은, 알고 싶은 마음을 가졌다. 그것은 매우 의미가 있다.

꾸루끄쉐뜨라 전장에서 모든 것이 말해지고 행해진 후에, 당신은 크리슈나가 그의 의지를 아르주나에게 부과하고는 그에게 거의 강제적으로 싸우라고 했다고 생각하는 경향이 있다. 당신은 아르주나가 필사적으로 도망가려고 하는데 크리슈나가 그의 지적인 논쟁들로 그를 싸우라고 선동하고 있다고 말할 수 있다. 그러나 그렇게 생각하는 것은 잘못이다. 진실로 말하자면 항상 크리슈나는 아르주나가 자유로워지도록, 그를 자신의 자유로 안내하도록 노력하고 있다. 그래서 크리슈나는 그에게 최대한 자세하게 그 잠재 가능성이 무엇인지, 그의 본질적 성품이 무엇인지를 설명하고 있는 것이다. 그는 아르주나를 아르주나에게 노출시킨다. 그는 아르주나를 아르주나에게 열어 준다. 기따의 모든 내용을 들은 후에 아르주나가 싸우기를 거부하고 도망간다면, 크리슈나는 "도망가지 말라."고 그에게 말하지 않았을 것이다. 그가 도망가는 것을 막을 사람은 아무도 없었다.

크리슈나가 그 자신의 편에서는 마하바라따 전쟁에 참여하지 않겠다고 결정한 것은 상당한 의미가 있다. 싸우려 하지 않는 사람이 다른 사람을 싸우도록 설득하기 위해 노력하고 있다. 그는 전쟁에서 완전히 떨어진 채로 있다. 그는 무기들을 잡으려 하지 않는다. 스스로는 싸우려 하지 않는 사람에 의해 아르주나가 싸우도록 설득을 당하는 것은 의외로 재미있는 일이다. 그것은 상당히 의미가 있는 일이다. 만일 크리슈나가 자신의 의지를 아르주나에게 강요했다면, 크리슈나는 아르주나에게 그를 따라서 싸우지 말라고 요청했을 것이다. 그때만이 아르주나는 크리슈나에게 강요당한다는 불평거리를 가질 수 있다. 크리슈나의 많은 이름 중의 하나인 란초르다스(Ranchordas)라는 이름을 아는가? 그것은 원래 전쟁의 이탈자라는 의미이다. 여기서 한 이탈자가 아르주나에게 용감한 사람이 싸우는 것처럼 싸우라고 선동하고 있다. 만약 크리슈나가 자신의 의지를 그에게 강요하기를 원했다면, "좋아, 이제 당신은 나의 제자이다. 나는 당신에게 싸우지 말라고 요청한다. 우리 함께 전쟁으로부터 도망가자."라고 말했을 것이다. 아니다. 그것은 전혀 강요가 아니다.

크리슈나가 아르주나에게 말한 모든 것은 이것이다. "나는 당신이 끄샤뜨리아임을 안다. 나는 당신이 전사로서 매우 충실하다는 것을 알고 있다. 당신이 자신을 아는 것보다 나는 당신을 더 잘 안다. 당신의 천성은 전사다. 그래서 나는 당신에게 그 점을 환기시키고 있을 뿐이다. 그것을 바르게 알고 당신이 하고 싶은 것을 하라."

기따의 전체는 당신이 누구인지를 당신에게 상기시키는 노력이다. 아르주나는 크리슈나가 말하고자 한 것을 들은 후에 결국은 싸우는 데 동의하기 때문에, 당신은 크리슈나가 자신의 의지를 그에게 강요한다고 생각하는 경향이 있다. 그러나 여기에는 진리의 다른 모습도 있다. 크리슈나 자신에게는 아무런 갈망이 없다. 그는 전혀 바람이 없다. 그의 바람 없음은 최상이고 자명하다. 그것은 완전하다.

마하바라따 전쟁에서 크리슈나 홀로 빤다바들의 편에 있다. 한편 그의 전 군대는 다른 편에, 적군 편에 있다. 당신의 군대가 당신이 반대하고 있는 사람들의 편에 있는 것, 이것이 전투를 하는 방법인가? 크리슈나가 빤다바들 편에 있는데, 그 자신의 군대, 그의 전 군대는 까우라바들 편에서 싸우고 있다.

그것은 모든 전쟁사에서도, 인류의 전 역사 속에서도 드문 사건이다. 만약 이것이 전쟁에서 싸우는 방법이라면, 그때 모든 전쟁들과 전사들은 잘못된 것이다. 히틀러가 자신의 군대가 동맹군, 즉 그의 적 편에서 싸우는 데 동의할 것이라고 상상할 수 있는가? 불가능하다. 군대는 그들을 만들고 그들을 가지고 있는 사람들을 위해 싸워야 한다는 것을 의미한다. 군대는 그 이외에 다른 의미는 없다. 호전적인 마음은 그의 모든 자원들이 전쟁에서 승리할 수 있도록 돕는 데 이용되도록 모든 노력을 다한다.

마하바라따는 불가사의한 전쟁이다. 크리슈나가 한쪽 편에 있고, 그의 온 군대는 적의 편에 있다. 분명히 이 사람은 싸움을 즐기는 것 같지는 않다. 그는 확실히 주전론자도 아니고 전쟁광도 아니다. 그는 전쟁을 도발하는 사람도 아니지만, 그렇다고 전쟁을 회피하는 사람 또한 아니다. 단지 전쟁의 상태가 있었기 때문에 그는 그 자신을 빤다바들 편에 주고, 그의 군대는 까우라바들 편에 주었다. 그러므로 당신은 나중에 그를 꾸짖을 수 없다. 크리슈나가 그 자신을 그러한 상황에 처하도록 한 것은 아주 의외의 상황이다. 참으로 그의 전체 구조, 그의 개별성은 독특하다.

마하바라따는 통상을 벗어난 별난 전쟁이다. 전투가 매일 저녁 중지된다. 양편 사람들이 같이 모이고, 농담을 서로 주고받고, 가족의 안부를 묻고 죽은 사람을 애도한다. 그것은 적과의 전쟁이라기보다는 공연되어야만 하는 연극, 상영되어야만 하는 드라마, 기쁘게 받아들여져야만 하는 불가피한 운명인 것처럼 보인다. 해가 진 후에 두 적군은 서로를 방문하고, 잡담하고, 함께 놀이하고, 함께 먹고 마시기조차 할 때, 거기에 증오의 흔적은 발견될 수 없다.

크리슈나뿐만 아니라 많은 사람들도 같은 이상한 상황에 있다는 것을 발견한다. 같은 가족의 구성원들이 나뉘어 두 적대적인 진영에 가담하고 있다. 심지어 절친한 친구들이 전쟁의 반대편 진영에 있는 것이 발견된다. 가장 놀라운 것은 전투가 일시적으로 끝난 후에, 크리슈나는 빤다바 형제들을 까우라바 군대의 최고 장군이자 사령관인 비슈마에게 평화에 관한 교육을 받도록 보낸다는 점이다. 그들은 적군의 장군에게 평화에 관한 교육을 받아야만 한다. 그들은 그의 제자들로서 그 앞에 앉는다. 비슈마의 메시지는 마하바라따 서사시에 평화의 장으로서 알려져 있다. 그것은 놀라운 일이다. 평화에 관하여 배우기 위해 적진으로 간다는 것은 기적 같은 일이다. 적은 평화의 교훈이 아니라 전쟁의 교훈을 가르친다. 따라서 당신은 교훈을 얻기 위해 그에게 갈 필요는 없다. 그러나 여기에 비슈마는 평화와 정의의 비법들을 그들에게 가르친다.

그것은 분명히 통상적인 전쟁은 아니다. 그것은 아주 예외적인 것이다. 그리고 이 전쟁의 군인들은 통상적인 군인들이 아니다. 바로 이러한 이유로 기따는 그 전쟁을 다르마 유다(dharma-yuddha), 즉 정의의 전쟁, 종교의 전쟁이라 부른다. 그 전쟁을 그렇게 부르는 데는 아주 충분한 이유가 있다.

크리슈나가 아르주나로 하여금 싸우도록 설득하려고 기따를 이야기한 것은 아니다. 그는 아르주나에게 그 자신의 진정한 본성, 전사의 본성을 드러내고자 이것을 이야기하였다.

유명한 조각가의 이야기가 떠오른다. 한 방문객이 그가 조각하는 것을 보기 위해 방문했을 때, 그는 바위를 조각하느라 바빴다. 조각가는 손에 조각칼과 망치를 들고 작업하고 있었다. 그가 능숙한 기술로 바위 조각들을 떼어내자 하나의 상이 저절로 나타나기 시작했다. 그때 돌로 된 정말로 아름다운 상이 방문객의 눈앞에 모습을 드러냈다. 방문객은 곧 매혹되었다. 그래서 그는 조각가에게 말했다. "축하합니다. 당신은 놀라운 예술가입니다. 나는 그렇게 섬세하고도 아름다운 작품을 창조하는 다른 예술가를 보지 못했습니다."

예술가가 말했다. "당신은 나를 잘못 이해하고 있습니다. 나는 상을 조각하지 않습니다. 나는 그것이 드러나도록 도울 뿐입니다. 조금 전 거리를 지나다가 길가의 이 바위에 숨겨져 있는 상을 보았습니다. 나는 그 바위를 집으로 가져와서 조각칼과 망치로 그것에 있는 불필요한 조각들을 제거했습니다. 그러자 숨겨져 있던 것이 드러났습니다. 나는 그것을 창조하지 않았습니다. 나는 그냥 그것을 드러나게 했을 뿐입니다."

크리슈나는 아르주나를 창조하지 않았다. 그는 오직 드러나게, 그의 본성이 드러나게 했을 뿐이다. 그는 그에게 그가 누구인지를 보게 하였다. 크리슈나의 조각칼은 그의 성격의 불필요하고 추한 부분을 깎아 내고 그를 그의 본래의 존재와 아름다움으로 회복시켰다. 기따의 마지막에 나타나는 것은 아르주나 자신의 존재와 그의 개별성이다. 그러나 우리에게는 크리슈나가 새로운 아르주나라는 조각상을 만든 것처럼 보인다. 조각가를 방문한 자도 같은 말을 했다. 그는 조각가가 그것을 조각하는 것을 자신의 눈으로 보았다. 그러나 이것은 조각가가 자신의 작품에 대해 느끼는 바가 아니다. 많은 조각가들은 먼저 바위 안에 있는 상을 보고는 그것들을 벗겨 냈을 뿐이라고 고백한다. 바위들은 조각가들에게 내부에 상이 숨겨져 있으니 벗겨 달라고 소리친다. 모든 바위들이 상들을 품고 있는 것은 아니다. 조각가들은 상이 어디에 숨겨져 있는지를 안다. 그래서 그것을 드러나게 한다. 이 상은 바위가 품고 있는 개별성, 즉 존재가 드러난 것이다.

기따 전체는 그냥 드러내는 과정이다. 그것은 아르주나의 본래의 가능성들을 드러낸다.

> 크리슈나는 아르주나의 스승이 아니라 친구라고 말씀하셨습니다. 그러므로 크리슈나는 아주 참을성 있게 아르주나의 말을 듣고 그의 수많은 의심들을 풀어 줍니다. 그러나 똑같은 기따에서 크리슈나는 "산샤야뜨마 비나쉬야띠(Sanshayatma vinashyati), 즉 의심하는 마음은 멸망한다."라고 말합니다. 그는 아르주나의 의심하는 마음을 바라보면서 그런 말을 합니다. 그러나 아이러니컬하게도 아르주나가 멸망하지 않고 그 대신에 까우라바들이 멸망합니다. 설명해 주십시오.

크리슈나가 "산샤야뜨마 비나쉬야띠(Sanshayatma vinashyati)."라고 말할 때, 그는 위대한 진리를 이야기하고 있다. 그러나 대부분의 사람들은 산샤야라는 단어를 번역하는 데 실패하고 있다. 산스끄리뜨 산샤야는 의심을 의미하지 않는다. 그것은 우유부단함, 갈등, 결정하지 못함의 상태를 의미한다.

의심은 결정의 상태이지, 비결정의 상태는 아니다. 의심은 결정적이며, 믿음 또한 결정적이다. 의심은 부정적인 결정인 반면에 믿음은 긍정적인 결정이다. 어떤 사람이 "신은 존재한다. 나는 그를 믿는다."라고 말한다. 이것은 그의 편의 결정이다. 이것은 긍정적인 결정이다. 다른 사람이 "신은 없다. 나는 신의 존재를 의심한다."라고 말한다. 이것 역시 결정이지만 부정적인 결정이다. 세 번째 사람은 "신은 있을 수도 있고, 없을 수도 있다."라고 말한다. 이것은 산샤야, 즉 우유부단한 상태이다. 우유부단은 파괴적이다. 왜냐하면 그것은 사람을 균형 속에 있지 못하게 하기 때문이다.

기따에서 크리슈나는 아르주나에게 말한다. "불분명하거나 우유부단하지 말라. 분명하고 결단력이 있어야 한다. 그대의 명확한 지성을 사용하여 그대가 누구인지, 그대가 무엇인지를 분명히 알아라. 그대가 끄샤뜨리아인지 브람민인지, 그대가 싸울 것인지 아니면 세상을 포기하고 산야스를 받을 것인지를 분명히 하라. 그대는 삶에서 그대의 기본적인 역할에 대하여 선명하고 결정적이어야 한다. 우유부단은 사람을 조각들로 나누며, 조각의 단편은 혼란과 갈등, 슬픔과 해체로 나아가게 한다. 그러면 그대는 와해되고 사라질 것이다."

기따에서 산샤야라는 단어는 의심을 의미하는 단어로 사용되었다. 그 안에 온갖 혼란과 잘못이 들어 있다. 나는 의심을 지지하지만 우유부단은 지지하지 않는다. 나는 의심하는 것은 좋다고, 의심은 필요하다고 생각한다. 크리슈나 역시 회의를 부정하지 않았을 것이다. 그는 회의를 옹호한다. 그렇기 때문에 그는 아르주나에게 질문을 계속하라고 말한다. 질문을 일으키는 것은 의심들을 일으키는 것을 의미한다. 그러나 그와 동시에 그는 우유부단을 경고한다. 그는 아르주나에게 우유부단하지 말라고, 갈등과 혼란 속에 머물지 말라고 말한다. 그가 무엇을 해야 하고, 무엇을 하지 말아야 할지 결정하는 데 무능력하지 말라고 한다. 그는 이것 혹은 저것, 존재하느냐 존재하지 않느냐의 수렁에 빠져들지 않아야 한다.

소렌 키에르케고르는 지난 세기의 중요한 사상가였다. 그는 '이것 혹은 저것(either-or)'이라는 제목의 책을 썼다. 이 제목으로 책을 썼을 뿐만 아니라, 그의 온 삶은 이 말, 즉 'either-or'의 구현이었다. 그가 태어난 곳인 코펜하겐 사람들은 그의 진짜 이름은 잊어버리고 그를 단지 'either-or'라고 불렀다. 그가 마을을 지나갈 때면, 그들은 서로 "여기 either-or가 지나간다."라고 말했다. 그는 교차로를 통과할 때 오른쪽으로 돌 것인지 왼쪽으로 돌 것인지를 생각하기 위해 오랫동안 서 있곤 했다. 자물통에 열쇠를 넣은 후에 그것을 돌릴 방향을 결정하는 데도 오랜 시간이 걸렸다.

소렌 키에르케고르는 레지나라는 이름의 여인과 사랑에 빠졌다. 레지나가 그에게 프로포즈를 했을 때, 그는 평생 동안 그녀와 결혼을 해야 할지, 말아야 할지를 결정할 수 없었다. 이것은 우유부단이지, 의심은 아니다.

크리슈나는 아르주나에게 우유부단에 희생되지 말라고 타이른다. 왜냐하면 그것은 그를 파괴시키기 때문이다. 우유부단의 포로가 되는 사람은 누구나 어쩔 수 없이 조각나 버린다. 왜냐하면 우유부단은 사람을 상반되는 조각들로 나누는 분열과 파멸로 가는 확실한 길이기 때문이다. 통합은 건강이고, 그것은 과단성에서 온다. 만일 당신이 당신의 삶에서 분명한 결정을 한다면, 당신은 바로 그 순간 틀림없이 즉각 통합적인 상태가 된다. 결정이 크면 클수록 더 큰 통합이 오게 된다. 만약 사람이 삶에서 총체적 결정에 이르면 그는 종합, 요가, 유니오 미스티아(unio mystia)를 얻는다. 크리슈나의 노력 모두는 우유부단을 뿌리 뽑는 방향으로 향해 있다. 그것은 의심과는 아무런 관련이 없다. 그는 말한다. "완전히 의심하라. 그러나 결코 우유부단에 머물지 말라." 나는 의심을 완전히 지지하는 사람이다. 그대는 의심해야만 한다. 믿음의 상이 나타날 때까지 의심이라는 조각칼을 계속 사용하라. 낯선 요소들을 제거하여, 제거해야 할 것이 아무것도 남지 않을 때까지 의심의 망치를 갖고서 바위를 계속 조각하라. 그때 믿음의 상이 그것의 완전한 광채로 나타날 것이다. 그러나 기억하라. 상이 나타난 후에도 의심의 망치를 계속 사용한다면, 당신은 상을 다치게 할 것이다. 당신은 자신의 존재를 다치게 할 것이다.

믿음은 의심의 궁극적 산물이다. 광기는 우유부단의 궁극적 산물이다. 그는 해체되고 패망할 것이다.

만일 당신이 그것을 이 관점에서 이해한다면, 당신은 크리슈나가 말하고자 하는 바를 이해할 것이다.

다섯 번째 문

당신 자신 이외에
어느 누구도 따르지 말라

크리슈나와 같은 영혼이 태어날 필요가 있게 만든 그 시대의 사회적 · 정치적 그리고 종교적인 상황들은 무엇이었습니까? 설명해 주십시오.

모든 시대와 모든 상황들이 크리슈나와 같은 의식이 탄생하기 위한 조건으로 충분하다. 사실 크리슈나와 같은 의식은 이 세상에 오기 위해 어떤 사회적 · 정치적 조건들을 필요로 하지 않는다. 그런 영혼은 시간에 전혀 의존하지 않는다. 자고 있거나 무의식적인 사람은 태어나기 위해서 어떤 조건들을 필요로 한다. 어떤 깨달은 사람도 그의 시간이라고 부르는 특정 시간에 태어나지 않는다. 이와 반대로 그는 자신이 태어날 시간을 만든다. 시간이 그를 따른다. 그는 시간을 따르지 않는다. 시간이 오고 감을 따르는 사람은 깨닫지 못한 사람들, 무의식의 사람들이다.

그러나 우리는 시대가 나쁘고 끔찍하기 때문에, 이러한 시대의 필요에 응답하기 위해 크리슈나가 태어난다고 생각한다. 그러나 이런 생각은 근본적으로 틀린 생각이다. 이런 유의 생각은 크리슈나와 같은 존재조차 원인과 결과에 연결되어 온다는 것을 의미한다. 그것은 우리가 크리슈나의 탄생조차 실용적인 품목으로 격하시킨다는 것을 보여 준다. 그리고 그것은 우리가 크리슈나를 우리의 이익에 봉사하는 존재로 보고 있음을 의미한다. 우리는 다른 방식으로는 그를 보지 못한다.

그것은 마치 꽃 한 송이가 길가에 피었는데 지나가는 사람이 그 꽃이 자기를 위해 피었으며, 그 꽃향기가 그를 위해 있다고 하는 것과 같다. 아마도 그는 어디에 가더라도 꽃들이 그가 가는 길에 향기를 퍼뜨리기 위해 피어 있다고 일기에 쓸 것이다. 그러나 꽃들은 심지어 인간이 가지 못하는 외딴 장소에서도 핀다. 꽃들은 그냥 피는 것이 좋아서 핀다. 꽃들은 다른 존재들을 기쁘게 하기 위해 피는 것이 아니다. 만일 누군가가 우연히 그들의 향기를 맡게 되더라도 그것은 전혀 다른 문제이다.

크리슈나와 같은 사람들은 그들 자신의 즐거움과 희열 때문에, 그것에 대한 사랑으로 태어난다. 그들은 다른 사람을 위해서 그렇게 하지 않는다. 다른 사람들이 그의 향기를 맡게 되더라도 그것은 다른 문제이다. 사람들이 크리슈나와 같은 인간의 현존으로부터 이익을 얻지 못할 때가 있는가? 모든 시대가 그를 필요로 할 것이며, 모든 시대가 그의 햇볕에 몸을 녹일 것이다. 정말이지, 모든 시대는 불행하다. 모든 시대는 고통에 빠져 있다. 그러므로 크리슈나와 같은 인간은 모든 시대에 적절하고 의미가 있다. 누가 향기를 좋아하지 않겠는가? 만약 누군가 향기에 접하게 된다면, 누가 그 향기를 즐기지 않겠는가? 꽃이 피어 있는 곳마다, 지나가는 사람들은 꽃의 향기를 확실히 접할 것이다. 내가 말하고자 하는 것은 크리슈나를 유용성의 의미로 생각하는 것은 잘못이라는 것이다.

그러나 우리는 우리 자신의 한계들을 가지고 있다. 우리는 우리의 유용성의 관점으로 모든 것을 보도록 조건 지어져 있다. 우리는 비실용적이고 목적이 없는 것에 아무런 의미를 부여하지 않는다. 구름이 하늘에 모일 때, 우리는 그것들이 우리의 들판에 영향을 주기 위해, 우리의 물탱크를 채우기 위해 거기에 있다고 생각한다. 만약 당신의 손목시계가 생각할 수 있다면, 그 시계는 당신의 손목이 다른 목적을 위해서가 아니라 자기의 이용을 위해 만들어졌다고 생각할 것이다. 만약 당신의 안경이 생각할 수 있다면, 안경은 당신의 눈이 자기를 위해 존재한다고 생각할 것이다. 하지만 물론 그것들은 생각할 수 없다.

사람은 생각을 하고 자기중심적이기 때문에, 우주에 있는 모든 것이 그와 그의 에고에 봉사하기 위해 존재한다고 생각한다. 꽃들이 만발하면 자기를 위해 활짝 핀다고, 별들이 움직이면 자기에게 봉사하기 위해 그렇게 한다고 생각한다. 태양이 그를 따뜻하게 하고 그에게 빛을 주기 위해 거기에 있다고 생각한다. 만약 크리슈나가 태어나면, 크리슈나가 그를 위해 태어난다고 생각한다. 그러나 이런 생각은 완전히 자기중심적이고 어리석은 것이다.

실용적으로 생각하는 것은 근본적으로 잘못된 생각이다. 삶의 모든 움직임은 비실용적이다. 그것은 목적이 없다. 삶은 그것 자신의 목적을 위해, 삶의 존재를 위해 존재하고 있다. 꽃은 그 자신의 즐거움에서 핀다. 강은 흐름이라는 즐거움을 위해 흐른다. 구름, 별, 은하수, 이 모든 것은 그들 자신의 희열로부터 움직인다. 그런데도 왜 당신은 그러한 것들이 당신을 위해 존재한다고 생각하는가?

당신 역시 당신 자신의 즐거움으로 여기에 존재하고 있다. 크리슈나와 같은 인물은 그 자신의 무아경으로 완전히 산다. 우리가 여러 방법으로 태양의 빛을 이용하는 것, 우리가 비의 도움으로 음식을 기르는 것, 꽃들로 화환을 만드는 것은 다른 문제이다. 그것들은 이 목적들을 위해 거기에 존재하는 것이 아니다. 마찬가지로 우리는 크리슈나 그리스도 같은 인물이 우리 가운데 있을 때 그의 존재를 이용한다.

그러나 우리는 우리의 보잘것없는 자아의 눈으로 모든 것을 바라보는 습관에 젖어 있다. 그러므로 우리는 왜 마하비라가 태어났는지를 항상 묻는다. 우리는 무슨 특별한 사회적이거나 정치적 조건들 때문에 붓다가 태어날 필요가 있었다고 생각한다. 이런 종류의 생각은 다른 암시를 갖고 있음을 기억하라. 그것은 위험한 생각이다. 그것은 인간의 의식이 사회적 조건들의 산물임을 의미한다.

이것은 칼 마르크스가 생각했던 방식이다. 마르크스는 의식이 사회의 조건들에 의하여 형성되며, 사회적 조건들은 의식에 의하여 형성된다고 말한다. 그러나 아이러니컬하게도 비공산주의자들도 이와 같은 방식으로 생각한다. 그들이 크리슈나가 어떤 사회적, 정치적 상황들 때문에 태어났다고 말할 때, 그들은 그가 이들 조건들의 산물이라고 말하고 있다는 점을 알아차리지 못하고 있을 것이다.

아니다. 사회적 상황들은 크리슈나의 출생과 아무런 관련이 없다. 어떤 사회적 조건도 크리슈나와 같은 높이의 의식을 낳는 것을 가능하게 할 수 없다. 크리슈나와 같은 인물이 세상을 방문할 때, 그는 사회가 자신의 훨씬 뒤에 있음을 발견한다. 그와 같이 뒤떨어진 사회는 크리슈나를 생산할 수 없다. 진실은, 크리슈나가 사회에—사회가 모르는 사이에—삶에 대한 새로운 이미지, 새로운 방향, 새로운 환경을 주었다는 것이다.

나의 견해로는 사회적 조건들은 중요하지 않다. 가장 가치 있는 것은 의식이다. 나는 삶이란 유용성을 위해 있는 것이 아니라고 말한다. 삶은 아무런 목적이나 목표가 없다. 삶은 놀이, 즉 릴라와 같은 것이다. 목적을 가진 삶과 유희로서의 삶의 차이를 이해하도록 노력하라. 어떤 사람은 아침에 "회사에 간다."라는 말을 하면서 어떤 곳을 지나 길거리를 걸어간다. 같은 사람이 산책하기 위해 같은 길을 걸어간다. 그는 어디에 이르러야 할 곳이 없다. 사람이 같고 길이 같지만, 두 걸음 사이에는 큰 차이가 있다. 사무실에 가는 것은 노력해야 하고 고된 일이지만, 저녁 산책은 놀이와 즐거움이다. 사무실을 향해 걸을 때 그는 무겁고 둔함을 느낀다. 걷기 위해 걷는 것일 때는 기쁨을 느낀다.

크리슈나와 같은 사람들은 목적을 가지고 살지 않는다. 그들에게 삶은 저녁 산책과 같다. 그들의 삶은 그냥 놀이, 즉 릴라이다. 만약 그가 길에 놓여 있는 엉겅퀴를 발견한다면 그는 엉겅퀴를 치운다. 그것은 다른 문제이다. 이것 역시 그의 즐거운 유희의 일부분이다. 그는 이익을 얻기 위한 동기로 그렇게 하지 않는다. 그는 걷기를 사랑하여, 그냥 걷기를 위해 걷는다. 길을 잃은 사람을 그는 친절히 도와 줄 것이다. 그 사람은 크리슈나를, 그를 특별히 도와 주기 위해 온 교통경찰이라고 생각하고는 달아나지 말아야 한다. 크리슈나와 같은 사람들은 목적을 갖고, 동기를 갖고 일을 하지 않는다. 그들은 원인과 결과의 법칙을 따르지 않는다.

나는 크리슈나, 붓다, 그리스도, 마하비라 같은 사람들은 우리 전통의 산물이거나 그 부산물이라고 생각하지 않는다. 그들은 모든 전통의 바깥에 존재한다. 그들은 원인이 없이 왔다. 혹은 그들 존재의 원인은 전적으로 내적인 것이라고 말할 수도 있다. 그것은 어떤 사회적 혹은 외적 조건들과 아무런 관련이 없다.

 나는 어떤 유명한 점성술사가 예언한 것은 무엇이나 사실로 일어났기 때문에 마을 사람들이 그를 무서워하게 되었다는 이야기를 들었다. 그래서 그 마을의 두 젊은이는 그 점성술사가 한 번이라도 거짓 예언을 하도록 만들기 위해 음모를 꾸몄다. 그때는 겨울이었기 때문에 그들 중 한 사람이 외투를 입고 그 안에 비둘기를 숨겼다. 그들은 함께 점성술사를 시험하기 위해 그의 집으로 갔다. 그들은 점성술사에게 그들이 외투 안에 비둘기를 숨겨 놓고 있는데 그 비둘기가 살아 있는지 죽었는지를 알고자 한다고 말하였다. 그들은 만약 점성술사가 비둘기가 살아 있다고 말하면 비둘기를 꺼내기 전에 질식시켜 죽이고, 만약 비둘기가 죽었다고 말하면 살아 있는 비둘기를 꺼내기로 마음을 정하고 있었다. 그 두 사람은 점성술사가 도저히 맞출 수 없다고 생각했다.

 그러나 그 점성술사의 대답은 그들이 생각했던 것이 아니었다. 그는 "그것은 너의 손안에 있다."라고 말하였다. "그 비둘기는 살아 있는 것도 죽은 것도 아니다. 그것은 너의 손안에 있다. 그것은 너에게 달려 있다." 그들은 당황하여 말하였다. "당신은 우리를 패배시켰습니다, 선생님."

 우리의 삶은 우리의 손안에 있다. 크리슈나와 같은 사람들에게 삶은 완전히 그들 자신의 손안에 있다. 그들은 그들이 살고자 하는 대로 산다. 사회적이거나 정치적인 조건들, 혹은 어떤 종류의 외적 압력과 같은 것들은 그들에게 아무런 차이를 만들지 못한다. 그들은 그들 자신의 길을 간다. 그 존재들은 전적으로 그들 자신이다. 물론 그들은 그들이 살고 있는 사회에 어느 정도는 적응을 한다. 그러나 그들은 사회에 대한 자비심으로 그렇게 한다. 그러한 적응은 처벌이 두렵기 때문에 혹은 보답을 바라고 하는 것이 아니다. 많은 일들이 특정한 시간 내에 그들이 살기 때문에 그냥 일어난다. 그러한 것들은 그들의 현존이 없이는 일어나지 않을 것이다. 그러나 이 일들은 중요하지 않으며 아무런 관련이 없는 일들이다. 그것들은 그들의 내적 삶과는 아무런 관련이 없다.

잘 들어라. 크리슈나와 같은 사람들은 어떤 사회를 위해 혹은 어떤 사회적, 정치적 조건들을 위해 이 세상에 오지도 않는다. 또한 그들은 어떤 유형의 사람들을 위해 오지도 않는다. 어떤 사람이 안내를 받고 그들 손에 의하여 보호까지 받는 것은 사실이지만 그것은 전적으로 다른 문제이다. 크리슈나는 그 자신의 희열로부터 꽃피어 나온 것이다. 이것은 원인이 없이 일어난다. 그것은 하늘에 있는 별들의 춤처럼, 땅 위에 있는 꽃들의 만발함처럼 원인이 없다. 그것은 소나무를 통과하여 흘러가는 미풍처럼, 우기에 비로 내리는 구름처럼 원인이 없다.

그러나 우리는 그렇게 목적 없이 살지 않는다. 우리 모두는 삶 안의 어떤 목적에 매여 있다. 그러므로 우리는 크리슈나를 이해할 수 없다. 우리는 삶에서 목표를 가지고, 목적을 가지고, 동기를 가지고 살고 있다. 심지어 어떤 사람을 사랑할 때에도 우리는 목적을 가지고 그렇게 한다. 우리는 사랑에 조건을 붙여, 즉 사랑에 끈을 달아 놓고 사랑을 준다. 우리는 항상 어떤 보답을 바란다. 우리는 사랑조차 아무런 목적이 없이, 무조건적으로, 오염되지 않은 채 하지 않는다. 우리는 결코 동기 없이, 그냥 그것에 대한 사랑으로 무엇인가를 하지 않는다. 기억하라. 만약 당신이 무엇인가를 원인 없이, 이유 없이, 동기 없이 시작하지 않는다면 당신은 종교적일 수 없다. 당신 삶의 어떤 것이 이유 없이 일어나는 날, 당신의 행위가 그 행위에 대한 아무런 동기나 조건을 가지지 않을 때, 당신이 어떤 것을 그냥 사랑과 즐거움으로 할 때, 그때 당신은 종교가 무엇인지, 신이 무엇인지를 알게 될 것이다.

크리슈나의 탄생은 원인이 없이 일어났다고 말씀하셨습니다. 그러나 기따에 보면 크리슈나 그 자신은 다음과 같이 말합니다. "어느 때라도 올바름이 쇠퇴하고 올바르지 않음이 일어나는 때마다 나는 나 자신을 태어나게 한다." 이에 대하여 설명하여 주십시오.

그렇다. 크리슈나는 종교가 기울 때마다 세상에 오게 된다고 말한다. 그러나 그가 정말로 말하려는 의미는 무엇일까?

절대적으로 자유로운 사람만이 이런 말을 할 수 있다. 당신은 당신이 올 필요가 있을 때마다 올 것이라고 말할 수 없다. 어떤 조건들이 충족되지 않으면 오지 않을 것이라는 말조차 할 수 없다. 당신의 탄생과 죽음은 원인과 결과의 법칙의 지배를 받는다. 당신은 당신의 과거 까르마의 긴 사슬에 묶여 있다. 당신은 이와 같은 약속을 하지 못한다. 감히 그런 말을 하지 못한다.

크리슈나는 원인이 없이 살고, 자기 식으로 살고, 그냥 살아가는 즐거움으로 살기 때문에 그러한 약속을 할 용기를 가지고 있다. 그 어떤 것이라도 이 이유 없는 희열로부터 일어날 수 있다. 오직 자유로운 의식만이 그러한 확신을 줄 수 있다. 크리슈나가 올 때, 그는 어떤 특별한 상황 때문이 아니라 그의 자유 때문에 온다. 그는 오고 가는 데 자유롭다. 만약 어떤 상황들이 거기에 있으면 그것들이 그에게 환생하도록 힘을 가할 것이라고 그는 말하지 않는다. 그것은 약속이다. 누가 그러한 약속을 할 수 있는가?

나는 마하바라따에 기록되어 있는 대단한 일화를 기억하고 있다. 화창한 아침이었다. 한 거지가 구걸하러 왔을 때, 빤다바들의 연장자인 유디슈티라는 자신의 집 베란다에 앉아 있었다. 거지가 오자 유디슈티라는 자신이 지금 바쁘니까 다음 날 방문하라고 말했다. 거지는 돌아갔다. 유디슈티라의 형제들 중의 하나인 비마가 이 말을 전해 들었다. 그는 재빨리 북을 집어 들고 큰 소리를 내며 마을의 거리로 뛰어나가려 했다. 유디슈티라는 이런 행동을 하고 있는 그를 보고 놀라서 물었다. "무슨 일이냐?"

비마는 말했다. "나의 형이 시간을 정복했다는 것을 마을 사람들에게 알리고자 합니다. 왜냐하면 형이 내일을 약속했기 때문입니다. 나는 형이 시간을 정복했다는 것을 정말로 몰랐습니다. 그러나 거지에게 한 형의 약속을 보고 나는 그것을 알았습니다. 형은 형이 내일까지 살 것이라고 확신합니까? 형은 내일 자선의 기분을 가질 수 있을 것이며, 그 거지에게 자선의 기분을 가질 것이라고 확신할 수 있습니까? 내일도 이 거지가 거지로 있을 것이라고 확신합니까? 형과 그 거지가 내일 다시 만날 수 있을 것이라는 것을 압니까? 그 약속은 형이 시간을 정복했음을 보여 주는 것입니다. 나는 마을 사람들에게 이 위대한 사건을 말해야 합니다. 나는 서둘러야 합니다. 나는 늦지 않기를 바랍니다. 내가 이 시간을 놓치면 나는 그 시간을 다시 가질 것이라고 확신할 수 없습니다."

그 말을 듣고 유디슈티라는 비마에게 다음과 같이 말했다. "잠시 기다려라. 내가 실수했다. 지고의 자유를 얻은 자만이 그러한 약속을 할 수 있다. 내가 그 거지에게 무엇인가를 바로 지금 줄 수 있도록 그를 다시 돌아오라고 하여라. 내일은 정말 알 수 없다."

크리슈나의 약속은 하루나 이틀에 한정되지 않는다. 그것은 무한함 전체를 포함하는 약속이다. 그는 말한다. "나는 종교가 쇠퇴할 때마다 올 것이다." 감옥에 있는 사람은 그러한 말을 할 수 없다. 어떤 사람을 감옥에 넣고 난 뒤, 내일 일이 생기면 그 사람이 당신에게 올 것이라는 보장을 할 수 있는지 물어보라. 그는 그런 보장을 할 수 없다. 이러한 보장은 지고한 자유의 상태에 있는 사람만이 할 수 있다. 아무런 제약을 받지 않는 자유로운 사람만이 그렇게 할 수 있다.

그러므로 크리슈나의 탄생은 어떤 조건들에도 의존하지 않고 있음을 기억하라. 그것은 최상의 지성, 조금의 제약도 없는 자유, 주권자의 행위이다. 이 차이를 선명히 이해할 필요가 있다. 이러한 증거로 볼 때 크리슈나는 시간과 시간의 조건들에 묶여 있지 않다. 그는 인과법칙의 지배를 받지 않는다. 그는 자유이다. 그는 자유 그 자체이다. 그리고 이 약속은 자유의 약속이다.

그러나 자유의 언어를 이해하기는 어렵다. 왜냐하면 우리는 자유가 무엇인지를 모르기 때문이다. 우리는 굴레 속에 있다. 우리는 제약되고 조건 지어져 있다. 그러므로 크리슈나가 무엇인가를 말할 때, 그것은 역설적으로 들린다. 그래서 우리는 우리 자신이 어려움에 처해 있음을 발견한다. 우리는 크리슈나가 어떤 법칙들에, 규칙들과 규제들에 묶여 있어서, 시간이 오면 우리를 방문할 것이라고 생각한다. 물은 끓는 지점까지 가열하면 수증기가 되는 법칙의 지배를 받는다. 그러나 만약 어느 날 물이 90도의 열에 끓을 수 있다고 말한다면 당신은 물이 자유로워졌다고, 이제 그것은 법칙의 지배를 받지 않는 것으로 간주할 수 있다. 기따에서 크리슈나가 한 약속은 의존의 모든 자취가 파괴된 절대적인 독립의 자각으로부터 일어난 것이다. 그러한 약속은 자유와 희열의 흐름이다.

아니다. 크리슈나 같은 사람은 당신 때문에 여기에 오지 않는다. 그는 그 자신의 의지로 온다. 그는 우리처럼 묶여 있지 않다. 그는 자유이다. 그는 자유 그 자체이다.

크리슈나가 기따에서 "의로운 자를 보호하고 사악한 자를 멸하기 위해 나는 올 것이다."라고 말할 때 그 의미는 무엇입니까?

"의로운 자를 보호하고 사악한 자를 멸하는" 이 두 구절은 같은 의미이다. 그러나 사악한 자가 어떻게 파멸되는가를 이해하는 것이 필요하다. 어떻게 사악한 자가 파멸될까? 그들을 죽인다고 파멸될까? 죽이는 것은 사악한 자를 파멸시키지 못한다. 크리슈나는 아무것도 죽일 수 없다는 것을 매우 잘 알고 있다. 사악한 사람을 끝내는 유일한 방법은 그를 의로운 사람, 성자로 변형시키는 것이다. 죽음은 그를 결코 끝내지 못한다. 그것은 단지 그 사람의 몸에 변화를 가져올 뿐이다. 죽이는 것은 아무런 차이를 만들지 못한다. 그는 다른 생에서도 계속 사악할 것이다. 사악한 사람은 그들이 의로워지도록 도움을 받을 때에만 끝이 올 수 있다. 다른 방법이 없다.

크리슈나가 말하는 또 다른 재미있는 점은 그가 고결한 사람들을, 성자들을 보호하기 위해 올 것이라는 말이다. 성자가 성자이기를 그칠 때, 그가 거짓 성자, 가짜 성자가 될 때, 성자는 보호를 필요로 한다. 성자가 어떻게 보호를 필요로 할 수 있는가? 의로운 자, 성자가 보호를 필요로 하는 그날은 좋지 않은 때일 것이다. 크리슈나가 의로운 자를 보호하기 위해 올 것이라고 말할 때, 그는 의로운 자가 의롭지 않은 자가 될 때 올 것이라는 점을 말하려고 하는 것이다. 의롭지 않은 자만이 보호를 필요로 한다. 의로운 자는 아무런 필요를 가지지 않는다. 크리슈나가 온다 하더라도 의로운 사람들은 다음과 같이 말할 것이다. "왜 당신은 헛된 노력을 하는가? 나는 나의 불안정 속에서도 안전하다." 성자, 의로운 자는 자신의 불안정 속에서 안정을, 위험에도 평정을 잃지 않는 사람이다. 성자는 불안정이라는 것이 도무지 없는 사람을 말한다. 그가 왜 그를 보호할 크리슈나 다른 사람을 필요로 하겠는가?

크리슈나의 약속은 아주 의미심장하다. 그는 의로운 자를 보호하기 위해 올 것이라고 말한다. 이 뜻은 의로운 자가 의롭기를 그칠 때, 그리고 의롭지 않은 자들이 의로운 자인 척 할 때 올 것이라는 의미이다. 오직 그때에만 악한 자를 변형시킬 필요가 있을 것이다. 크리슈나와 같은 사람은 악한 자를 벌할 필요가 없다. 어느 누구도 그렇게 할 수 있다. 우리 모두는 그렇게 한다. 법과 법정들이 그렇게 한다. 치안 판사와 재판관들이 그렇게 한다. 그러나 그들은 죄 있는 사람을 벌할 뿐이다. 그들은 그를 변화시키지는 않는다. 그들은 그를 좋은 사람, 의로운 사람으로 만들지 못한다. 그러나 의로운 자들이 의롭지 않은 사람들로 변화되기도 하는 이 세상에서 어떻게 의롭지 않은 자가 살아갈 것인가?

크리슈나의 이 말은 크게 오해되고 있었다. 소위 말하는 의로운 자들은 크리슈나가 그들을 보호하기 위해 올 것이라고 생각한다. 그러나 우리는 보호를 필요로 하는 자는 성자가 아니라는 점을 망각했다. 성자는 그 자신이 보호자이다. 보호를 받지 않음으로 그는 보호된다. 사악한 사람은 크리슈나가 그를 보호하기 위해 올 것이라고 생각한다. 그가 그렇게 생각한다면 그는 옳다. 그가 다른 사람들을 해치고 죽이는 데 깊은 관심을 가지기 때문에, 그는 항상 상처받지 않을까, 그 벌로 죽게 되지 않을까 두려워한다. 그러나 어느 누구도 정말로 죽을 수는 없다. 악한 자는 악한 자로 다시 태어날 것이다. 그러므로 크리슈나는 이와 같은 어리석음에 탐닉하지 않을 것이다.

"사악한 자를 멸하기 위해……"

사악한 자들은 의로움을 통해서만 제거할 수 있다. "의로운 자들을 보호하기 위해……" 의로운 자들은 그가 오직 겉으로만 의로울 때, 그의 내면의 정신이 의롭기를 그칠 때 보호될 필요가 있다.

이 말은 깊은 의미를 내포하고 있다.

사찰이나 사원에 살고 있는 수도승들은 크리슈나가 그들에게 특별한 관심을 가지고 있어서, 그들이 곤궁에 처할 때마다 그들에게 도움을 주기 위해 올 것이라고 믿는다. 그들은 어떤 식으로든 그들에게 해를 입히는 사람들을 사악하고 나쁜 사람이라고 생각함으로써 일종의 만족을 얻는다. 이것은 악한 자들에 대한 수도승들의 정의이지만, 그것은 잘못된 것이다. 진정한 성자는 자신에게 고문하는 자들조차 적이 아니라 친구로 대하는 사람이다. 어느 누구도 자신의 적으로, 자신의 고소자라도 적으로 보기를 그치는 자만이 성자이다. 그러나 소위 말하는 사람들, 정말로 정의롭지 못한 사람들은 아주 기뻐하는 마음으로 크리슈나가 그들에게 해를 입히고 고통을 주는 자들을 파괴할 것이라고 약속했다고 기뻐한다. 바로 이런 이유로 이 말은 이 나라에서 넓은 관심으로 받아들여졌다. 그 말은 만뜨라처럼 노래되고 있다. 그것은 마법의 말이 되었다.

그러나 크리슈나의 이 말이, 이 말을 흡족하게 바라보고 있는 바로 그 수도승들에게 큰 농담을 하고 있다는 사실을 우리는 깨닫지 못하고 있다. 그것은 그들에 대한 풍자이다. 그러나 이 풍자는 너무나 미묘한 것이어서 그들은 그것을 알아차리지 못한다. 크리슈나와 같은 사람이 농담을 할 때, 그 말은 매우 미묘하며 매우 깊고 심오함을 가진다. 이는 평범한 종류의 농담이 아니다. 때때로 우리는 이 농담을 이해하는 데 백 년이 더 걸릴 수도 있다.

농담을 할 때, 사람은 세 가지 유형으로 웃는다고 말한다. 농담의 의미심장함, 그것의 핵심을 즉시 이해하고 웃는 사람들이 있다. 그리고 이 웃음을 모방하여 웃는 사람들이 있다. 그리고 또 어떤 사람들은 너무나 둔하여 그 농담을 이해하지 못하고 있다는 사실이 발각되지 않기 위해 웃는다.

평범한 농담을 이해하는 것조차 시간이 필요하다. 그리고 크리슈나와 같은 사람이 만든 농담을 이해하기엔 너무나 많은 시간이 필요하다. 이 말은 소위 말하는 성자들에게 던지는 깊은 풍자이다. 그 말은 성자들조차 보호를 필요로 하는 때가 있다는 것이다.

신화를 보면 크리슈나가 라마로 환생하고 라마가 크리슈나로 환생했다는 것을 알 수 있습니다. 그래서 이 둘이 같은 존재로 보입니다. 이것에 대해 설명해 주십시오.

우주의 창조 과정을 깊이 있게 연구한 사람들에 따르면, 그 창조 과정은 세 겹이라고 말한다. 요즘의 과학에 의하여 행해진 물질 구조에 대한 연구에 의하면, 원자는 세 가지 구성 요소로 되어 있다고 말한다. 이것은 전자, 양전자, 중성자로 나누어질 수 있다. 종교의 세계에 대한 깊은 통찰력을 지닌 사람들은 오래 전에 창조 과정은 세 가지 부분, 즉 창조자 브람마, 유지자 비슈누, 파괴자 마헤쉬라는 것을 알았다. 시작되는 곳에는 창조가 있고, 마지막에는 죽음이 있으며, 그들 중간에는 아주 짧은 삶이 있다. 시작한 것은 반드시 그것의 끝이 오며, 그 둘 사이에는 우리가 삶이라고 부를 수 있는 짧은 거리의 여정이 있는 것과 같다.

비슈누는 브람마와 마헤쉬 즉 쉬바의 사이, 즉 이 둘의 중간에 있다. 비슈누는 삶을 유지시킨다. 그는 과정의 중간 부분에 있다. 브람마는 창조의 순간, 태어날 때 한 번 필요하다. 마찬가지로 쉬바는 파괴의 순간, 죽을 때 한 번 필요하다. 비슈누는 출생과 죽음 사이에 있는 삶의 기간을 포함한다. 그래서 탄생과 죽음 사이에 삶이 있다. 브람마, 비슈누, 마헤쉬는 사람들의 이름이 아니라 에너지들, 힘들의 이름이다.

우주의 창조 과정에 브람마와 쉬바는 아주 짧은 기간 동안 필요했지만, 삶을 지탱하고 있는 생의 에너지인, 베르그송의 용어로는 엘란 바이탈(elan vital)인 비슈누는 유희의 큰 역할을 한다. 바로 그러한 이유로 이 나라의 모든 아바따라 즉 화신은 비슈누의 화신이다. 그것은 그렇게 되어야만 한다. 당신 역시 비슈누의 화신이다. 비슈누만이 육체를 가지고 화신으로 태어날 수 있다. 왜냐하면 그는 생명이기 때문이다.

그러나 라마로 알려져 있는 사람이 크리슈나와 같은 사람이라고 생각하는 것은 잘못이다. 아니다. 라마 안에 나타났던 에너지, 엘란 바이탈이 크리슈나 안에서도 역시 나타나고 있는 것이다. 그것은 당신 안에 나타나고 있는 에너지와 같다. 라마 안에 나타났던 것이 그의 적인 라바나 안에는 나타나지 않았다는 어리석음을 지니지 말라. 그것은 길을 잃어버린 같은 에너지다. 라바나는 빗나간 비슈누다. 이 둘 사이에 다른 차이는 없다. 라바나의 경우에 같은 에너지가 궤도를 벗어났을 뿐이다.

삶 전체가 비슈누다. 모든 화신은 비슈누의 화신이다.

비슈누를 사람으로 생각하는 것은 잘못이다. 라마는 사람이다. 비슈누는 아니다. 크리슈나는 사람이다. 비슈누는 아니다. 비슈누는 에너지, 힘의 이름이다. 그러나 그를 사람으로 잘못 아는 데는 이유가 있다. 과거의 모든 통찰력은 시로 표현되었다. 시에서는 에너지를 사람으로 바꾼다. 필요에 의해 시는 그렇게 해야만 했다. 우리는 그것을 다른 방식으로 표현할 수 없었다. 그러나 이러한 표현 방식이 신화 속에 수많은 수수께끼 같은 인물들이 창조되는 결과를 낳았다.

나는 이야기를 들은 적이 있다. 어떤 사람이 임종을 앞두고 누워 있었다. 그는 기독교인이었다. 성직자가 마지막 의식을 행하기 위해 왔다. 관습대로 성직자는 죽어가고 있는 사람에게 물었다.

"당신은 성부를 믿습니까?"

그 사람은 조용히 있었다. 그 성직자는 다시 물었다.

"당신은 성자를 믿습니까?"

그 죽어가는 자는 침묵하고 있었다. 마지막으로 성직자가 물었다. "당신은 성령을 믿습니까?"

죽어가는 자는 그 주위에 있는 사람들에게 고개를 돌리면서 말했다. "보아라. 나는 죽어가고 있는데, 이 사람은 나에게 풀어야 할 수수께끼들을 주고 있다." 분명히 그것들은 죽어가는 사람에게는 수수께끼 같은 것들이었다.

죽어가는 자를 홀로 두어라. 살아 있는 자들에게도 그렇게 하여라. 삶은 크나큰 수수께끼이다. 우리 인생에서 삶을 무엇이라고 부를까? 생명이 어떻게 존재 속으로 들어오는가? 그것이 어떻게 진행되는가? 그것이 어떻게 끝이 나는가? 그것을 움직이게 하고, 성장하게 하고, 마침내 수축시켜 사라지게 하는 이 에너지는 무엇인가? 과학자들은 그들 분야의 용어로 그것을 전자, 양전자, 중성자라고 부른다. 그것은 쉬바, 비슈누, 브람마의 세 종교적 삼위일체처럼 세 가지로 되어 있다. 하나는 과학이고 다른 하나는 종교이지만 세 삼위가 거의 같다는 것은 흥미로운 사실이다. 양전자는 우리가 브람마와 같이 놓을 수 있는 정적인 에너지다. 중성자는 부정적 전자로서 파괴자인 쉬바와 같다고 할 수 있다. 그리고 양전자와 중성자 사이엔 아마도 우리가 비슈누라고 부를 수 있는 전자가 있다. 단지 언어적 차이만이 존재하는 것처럼 보인다. 하나는 종교의 언어로 말한 것이고, 다른 하나는 과학의 언어로 말하였다는 것이다.

모든 생명은 비슈누의 화신이다. 꽃이 피어날 때 그것은 비슈누가 피어나는 것이다. 강물이 흘러갈 때 그것은 비슈누가 흘러가는 것이다. 나무가 자랄 때 그것은 비슈누가 자라는 것이다. 남자 혹은 여자로 태어나고 자라고 사는 것은 비슈누이다. 죽음의, 파멸의 순간은 쉬바에게 속한다. 죽음의 순간에 쉬바는 비슈누로부터 넘겨받는다. 그는 파괴의 신이다. 그러므로 신화에는 쉬바에게 그의 딸을 결혼시키려는 자가 아무도 없다는 이야기가 있다. 어떻게 쉬바에게 근본적으로 창조의 원천인 여인을 줄 수 있겠는가?

비슈누의 화신이란 비슈누라는 이름을 지닌 어떤 사람이 라마의 화신으로, 다음에는 크리슈나로, 그리고 그 다음에는 어떤 다른 사람의 화신으로 나타났다는 것을 의미하지 않는다. 라마, 크리슈나, 그리고 모든 다른 존재들에게 내려가는 것은 비슈누로 알려져 있는 에너지다. 그것은 지금까지 계속 내려왔으며 영원히 계속 내려올 것이다. 쉬바 혹은 샹까라로 알려진 에너지는 삶을 끝내는 에너지다. 당신이 이 관점에서 그것을 이해한다면, 모든 것이 당신에게 선명해질 것이다. 그때 그것은 전혀 수수께끼가 아니고, 난해한 그 무엇도 아니다.

무엇인가를 창조하기 위한 최소한의 숫자는 셋이다. 셋보다 적으면 창조되지 않을 것이다. 둘은 충분치 않다. 하나는 창조를 불가능하게 할 것이다. 하나이면 모든 다양성이 사라지고 모든 것이 하나의 음조로 변한다. 둘로도 만들 수 없다. 왜냐하면 둘을 연결시키기 위해서는 세 번째 요인이 필수적이기 때문이다. 그렇지 않으면 둘은 결코 결합될 수 없을 것이다. 그들은 분리된 채로 떨어져 남아 있을 것이다. 그러므로 최소한으로 요구되는 숫자는 셋이다. 셋과 더불어 창조와 성장이 가능해진다. 창조는 셋보다 많아야 되며, 그보다 적어서는 안 된다.

그러나 이 셋은 정말로는 셋이 아니다. 그들은 하나의 같은 에너지의 다른 모습들이다. 왜냐하면 실재는 근본적으로 하나이기 때문이다. 이 때문에 우리는 세 얼굴을 가지면서 몸은 하나인 뜨리무르띠

(trimurti) 상을 만들었다. 우리는 하나가 다른 하나와 다른, 분리된 신들의 상을 만들지 않았다. 그것은 잘못이었을 것이다. 그것들은 정말로는 분리되지 않는 하나이다. 만일 신들이 분리된 실체들이라면 신들은 그들을 함께 연결하는 어떤 다른 것이 필요할 것이며, 그렇게 되면 그것은 무한한 회귀의 과정으로 안내할 것이다. 그러므로 우리는 삶에 계속해서 탄생을 주고, 그것을 발달시키고 유지시키며, 결국에는 그것을 파멸시키는 하나의 엘란 바이탈을 상징하는, 한 몸에 세 얼굴을 가진 뜨리무르띠를 만들었다. 이것은 그냥 형식적인 구분, 힘들의 구분에 불과하다. 세상에 존재를 가져오게 하기 위해 그것 자체를 셋으로 나눈 것은 하나의 생명의 힘이다.

> 크리슈나의 유희들, 그의 릴라들을 흉내 내거나 모방할 가치가 있다고 생각하십니까? 아니면 그것들을 그냥 고려하면 됩니까? 어떤 사람이 크리슈나를 따른다면, 그는 자신의 품위를 떨어뜨리는 것이 아닙니까?

소심한 사람, 겁 많은 사람은 크리슈나로부터 멀리 떨어져 있고자 할 것이다. 그러나 당신의 질문은 적절하지 않다.

크리슈나뿐만 아니라 어느 누구도 따라서는 안 된다. 이것은 당신이 크리슈나를 따르면 당신이 자신을 격하시킬 것이라는, 만약 당신이 어느 누군가를 따르면 당신 자신을 격하시킬 것이라는 그런 말이 아니다. 모든 종류의 따름, 모방은 당신을 격하시키며 파괴적이다. 그러나 우리는 유난히 크리슈나와 관련해서만 격하라는 이런 질문을 일으킨다. 우리는 마하비라, 붓다, 라마와 관련해서는 그와 같은 질문을 일으키지 않는다. 만약 당신이 라마를 따른다면, 어느 누구도 당신이 당신 자신을 격하시킬 것이라는 말을 하지 않는다. 왜 그들은 크리슈나와 관련해서만 이러한 질문을 일으키는가? 우리는 우리의 자식들이 라마를 따르도록 격려한다. 그러나 아이들이 크리슈나를 따르려 하면, 우리는 그들에게 조심하라고 말한다. 왜 그런가?

우리는 두려워한다. 우리는 두려움을 가진 사람이다. 우리는 용기가 아주 부족하다. 그래서 이 질문이 나온다.

나는 당신에게 말한다. 모두에게 말한다. 모든 따름은 자신을 격하시킨다. 모든 모방은 인품을 저하시킨다. 그 사람이 어느 누구이든 간에 당신이 어떤 사람을 모방한다면, 그대는 그대 자신을 파괴시킨다. 크리슈나이든 어느 누구든 모방할 가치가 없다. 확실히 크리슈나, 붓다, 그리스도 같은 인물은 고려되고 연구되고 올바르게 이해되어야 한다. 모든 깨달은 사람들은 고려되어야만 한다.

우리가 붓다를 생각하려 할 때, 그것은 어려운 것이 아니다. 그리스도를 생각하는 것 또한 어렵지 않다. 진정한 어려움은 우리가 크리슈나를 생각할 때 생겨난다. 왜? 왜냐하면 붓다, 마하비라, 그리스도의 삶은 우리의 철학적 모형들에 맞기 때문에 그렇다. 붓다, 마하비라, 그리스도는 우리의 사고 체계와 일치될 수 있다. 수행이 그들의 삶의 방식이다. 거기에는 그들이 넘을 수 없는 어떤 규범과 원리들이 있다. 다른 한편 크리슈나의 삶은 우리의 사고 체계들과 일치하지 않는다. 왜냐하면 그것은 모든 규범, 모든 한계, 모든 수행, 모든 구속을 초월하기 때문이다. 크리슈나의 삶은 모방하기가 불가능하다.

우리의 사고가 아무리 고상하다 하더라도 우리의 모든 사고는 제한되어 있으며 유한하다. 그래서 우리가 크리슈나를 생각하게 될 때, 우리는 곧 우리의 범위의 끝에 이른다. 크리슈나는 끝이 없는, 이해할 수 없는 것으로 남는다. 우리는 우리의 한계들을 넘어설 수 없다. 우리는 그렇게 하는 것이 어렵다는 것을 발견한다. 반면에 크리슈나는 아무런 한계들을 모른다. 그는 무한이다. 그러므로 크리슈나는 항상 우리의 앞에, 우리의 너머에 있다.

그러나 나는 "우리는 크리슈나를 더욱더 생각해야만 한다."라고 말한다. 왜냐하면 그는 광대하기 때문에, 그는 거대하며 장대하기 때문이다. 나의 견해로는 모든 생각이 끝나게 해 주는, 모든 생각들이 그치게 해 주는 공간으로 그대를 데려다 줄 수 있는 그만을 생각해야만 한다. 그대를 생각과 개념 너머로, 언어와 이미지 너머로 데려다 줄 수 있는 사람, 그대에게 영원하며 표현할 수 없는 어떤 것을 보여 줄 수 있는 사람만이 생각할 가치가 있다. 만약 당신이 크리슈나와 걷는다면, 당신은 끝없이 걸을 것이다. 그의 여행은 아무런 목적지가 없다. 말하자면 그에게는 여행 그 자체가 그의 목적지다. 그러나 당신의 입장에서는 어떤 곳에 이르러 쉬려고 할 것이다. 그러나 크리슈나는 말할 것이다. "우리는 아직 더 멀리, 그리고 아직 더 가야 한다."

생각, 생각하기는 궁극이 아니다. 그것은 단지 시작이다. 생각을 초월할 수 있는 때, 말들과 이미지들의 너머로 갈 수 있는 때가 여러분 각각의 삶에 와야만 한다. 당신의 생각, 당신의 생각하는 방식을 흔들고 충격을 줄 수 있는 사람만이 당신을 생각 너머로 데려갈 수 있다. 당신의 생각 내에 포함되기를 거부하는 사람, 당신의 노력에도 불구하고 당신의 생각 체계 모두를 부수어 버리는 사람, 당신의 생각 체계를 초월하는 사람만이 당신을 너머로 안내할 수 있다.

모든 사람을 고려하라. 그러나 어느 누구도, 크리슈나, 붓다, 그리스도조차 따르지 말라. 당신은 오직 한 사람을 따라야만 하는데, 그 사람은 당신이다. 모든 사람을 이해하라. 그리고는 당신 자신을 따르라. 당신의 본질적 성품을 따르라. 만약 당신이 모방하기를 원한다면 당신을, 어떤 다른 사람들이 아니라 당신 자신을 모방하라.

그러한 질문이 왜 크리슈나와 관련해서만 일어나는가? 그것은 분명히 두려움에서 일어난다. 우리는 크리슈나를 두려워한다. 그러나 왜인가? 우리는 그를 두려워한다. 왜냐하면 우리 모두는 극히 억압된 삶을 살아왔기 때문이다. 그것은 삶이라고 할 수 없다. 그것은 억제들과 억압들의 덩어리다. 우리의 삶에는 아무런 열려 있음이 없다. 그것은 극히 억제되고 막혀 있다. 바로 그러한 이유로 우리는 크리슈나를 두려워한다. 그를 생각만 해도 우리가 억압하고 있던 모든 것들이 별안간 표면으로 나타날까 봐 두려워한다. 우리의 억압의 논리, 우리의 억압의 철학이 약해질까 봐, 그리고 우리 주위에 세워 놓았던 벽, 우리의 모든 방어들이 부수어지고 떨어져 나갈까 봐 우리는 두려워한다. 만약 우리가 크리슈나와 접촉한다면 우리의 모든 가두어 놓았던 느낌들, 감정들이 스스로 표현하려는 출구를 향해 아우성칠까 봐 두려워한다.

두려움은 내적인 것이다. 불안은 심리적이다. 그러나 크리슈나에게 그 책임이 있는 것이 아니다. 책임은 우리에게 있다. 우리는 우리 자신에게 극히 잘못 행동하고 있다. 우리는 우리의 모든 삶에서 우리 자신을 잘못 대하고 있다. 우리는 우리 자신을, 우리의 삶을 계속 억압하고 있다. 우리는 항상 미지근한 그리고 조각난 삶들을 살아오고 있다. 우리는 우리 자신을 알고 받아들이는 노력을 결코 하지 않았다. 우리는 우리의 삶을 거의 살지 않았다.

우리의 삶은 우리 집의 응접실과 같다. 우리는 응접실을 치장하고,

가구로 꾸미고, 깨끗이 하고, 깔끔하게 유지한다. 그런데 그 외의 다른 방들은 지저분한 채로 놓아둔다. 이 방은 집의 다른 곳과는 아주 다르다. 만약 당신이 어떤 사람의 응접실을 우연히 방문한다면, 그것을 그의 집이라 여기지 말라. 그는 거기서 먹지 않으며, 거기서 잠자지 않는다. 거기서 그는 오직 손님들을 맞이할 뿐이다. 이 방은 다른 사람들에게 좋은 인상을 주려는 겉보기로서 만든 것이다. 그의 집은 그가 살고, 먹고, 불평하고, 다투고, 싸우는 그 자신이 있는 곳이다. 이 응접실은 다른 사람들을 속이기 위한 덮개, 마스크일 뿐이다. 그것은 그의 집이 아니며, 그의 진정한 삶이 아니다.

우리 모두는 진정한 우리의 모습을 숨기려는, 그리고 우리가 아닌 것을 보여 주려는 마스크를 쓰고 있다. 그것은 우리의 진정한 얼굴이 아니다. 우리의 진정한 삶은 무의식 깊은 곳에 숨겨지고 억압되어 있다. 그래서 우리는 그것을 스스로 알 수 없다. 우리는 그것을 돌보기를 멈추어 버렸다. 우리는 그것을 잊어버렸다.

우리는 마음의 지하실에 감추어진 우리의 억압들과 억제들을 두려워한다. 우리는 그것들을 보는 것조차 두려워한다. 이 말은 우리가 집의 나머지를 잊어버리고 응접실에만 갇혀 있는 사람과 같다는 의미다. 그 집의 나머지는 쓰레기 더미다. 그는 거기에 들어가기를 두려워한다. 우리의 삶이 얕고 피상적이고 흐리고 그늘지게 된 것은 그리 놀랄 일이 아니다.

이러한 이유로 우리는 크리슈나를 두려워한다.

크리슈나는 별도의 응접실을 두지 않는다. 그는 그의 온 집을 응접실로 만들고 거기에서 모든 삶을 산다. 그는 그의 집의 모든 곳에서 손님들을 받아들이며 집 전체를 책임진다. 크리슈나의 모든 삶은 열린 책이다. 그가 덮고 숨길 필요가 있는 것은 아무것도 없다. 무엇이든 있는 것은 있다. 그는 아무것도 거부하지 않는다. 그는 어떤 것도 억압하지 않는다. 그는 그의 삶과 싸우지 않는다. 그는 그의 삶을 온통 받아들인다.

너무나 억압하고 비밀스럽게 사는 우리가 크리슈나를 두려워하는 것은 자연스럽다. 우리는 우리 삶의 99%를 거절하고 억압하고는 그것을 무의식이라는 깊은 어두운 곳에 묻어 버렸다. 우리는 소위 말하는 삶의 1%만을 겨우 살고 있다. 그러나 거절되고 억압된 부분은 항상 문을 시끄럽게 하면서 두들기고 또 밀치고 나와서 공개된 삶을 살고 싶어 한다. 우리가 억압했던 모든 것이 항상 그것 자신을 표현하고 주장하려고 투쟁하고 있다. 매일 그것은 우리의 꿈으로, 백일몽으로, 그리고 많은 다른 방식들로 표현하고 있다. 우리는 그것을 밀어 넣으려고 온갖 노력을 다하고 있다. 그러나 우리가 그것을 방해하면 할수록 그것은 그것 자신을 주장한다. 우리의 모든 삶은 우리 자신의 숨겨 놓은 감정들, 욕구들, 그리고 갈망들과 싸우는 데 소모되고 있다. 인간은 그 자신에 대항하고 있다. 그는 그의 삶을 그 자신과 대항해서 싸우는 데 허비하고 있다. 왜냐하면 그는 끊임없는 패배를 자초하고는 궁극에는 연기로 사라지기 때문이다.

이러한 이유로 아무런 겉이 없는, 아무런 마스크가 없는, 한계 없이 열려 있는, 어느 것도 억압하지 않는, 숨길 것이 아무것도 없는, 삶을 총체적으로 받아들이는, 삶의 밝은 부분과 어두운 부분을 온통 받아들이는 크리슈나를 우리는 두려워한다. 우리는 그와 같은 사람과 접촉하기를 두려워한다. 우리의 억압된 영혼들은 우리에게 반항하고 우리를 압도하려고 일어날 것이다. 우리는 그에게 가까이 감으로 우리가 우리의 것, 즉 거짓 실체들, 거짓 인간이 되기를 그칠까 봐 두려워한다.

그러나 이러한 두려움조차 바르게 고려되고 이해될 만하다. 이 두려움은 크리슈나 때문이 아니라 우리 때문에, 우리가 이제까지 살아왔던 방식 때문에 존재한다. 열려 있고, 단순하고, 깨끗하고, 자연스러운 삶을 살았던 사람은 크리슈나를 두려워하지 않을 것이다. 그가 그의 삶에서 아무것도 억압하지 않았다면, 그는 결코 크리슈나를 두려워하지 않을 것이다. 그러면 그를 두려워할 아무런 이유가 없다. 그러므로 우리는 우리 자신의 두려움과 우리가 두려워하는 이유를 이해해야만 한다. 만약 우리가 두려움들을 가지고 있다면 그것은 우리가 우리 스스로에게 편하지 못한 병이 있다는 것이다. 그것은 우리가 병들었으며, 우리가 신경질적임을 의미한다. 우리는 이 조건을 변화시키려는, 두려움으로부터 완전히 자유로워지려는 노력을 해야만 한다.

그러므로 우리가 크리슈나와 접촉하여 그를 친밀하게 아는 것이 필수적이다. 우리는 어느 누구보다도 더 그를 필요로 한다. 그러나 우리는 우리가 이미 고상한 생각들과 접촉하고 있다고 생각한다. 우리는 "분노를 피하라."는 붓다의 가르침을 읽었다. 우리는 "그대의 이웃을 사랑하라."는 그리스도의 말을 읽었다. 그러나 기억하라. 우리가 매일 되풀이하는 이 고상한 아이디어들과 생각들은 우리가 우리 자신들을 억압하는 것과 우리 자신들로부터 우리 자신을 소외시키는 것을 도와 준다는 사실을. 그러나 우리는 크리슈나를 두려워한다. 왜 그럴까?

만약 당신이 크리슈나를 두려워한다면 그것은 좋은 것이다. 그것은 크리슈나가 당신에게 크게 도움이 될 것이라는 의미다. 그는 당신으로 하여금 가면을 벗도록, 그대 자신을 드러내도록, 그대 자신을 이해하도록, 그래서 다시 한 번 자연스럽고 단순해지도록 도울 것이다. 그에게 저항하지 말라. 그로부터 달아나지 말라. 그를 당신의 삶 안으로 들어오게 하라. 당신을 그와 직면하게 하라. 이렇게 직면할 때 당신은 그를 모방해서는 안 된다. 당신은 그를 오직 이해해야만 한다. 당신은 크리슈나를 만나는 과정에서 당신 자신을 만나게 될 것이다. 당신은 자신이 누구인지를, 자신이 무엇인지를 알게 될 것이다. 어쩌면 당신은 크리슈나가 무엇이고, 신이 무엇인지도 알게 될 것이다.

한 친구가 어느 날 나에게 와서 말했다. "크리슈나에게 16,000명의 부인들이 있었다는 것을 믿습니까?"

나는 그에게 말했다. "크리슈나는 그만두고, 당신 자신을 두고 생각해 보라. 당신은 16,000명보다 적은 부인으로 만족할 수 있는가?"

그는 조금 놀라서, "무슨 의미입니까?" 하고 물었다.

나는 말했다. "크리슈나가 16,000명의 부인을 두고 있었는지 그렇지 않은지는 중요하지 않다. 알아야 할 중요한 것은 모든 사람이 그 정도 숫자의 여자를 가지기를 바란다는 것이다. 만약 크리슈나가 16,000명의 부인을 가지고 있었다는 것을 확실히 알게 된다면, 나의 내면에 있는 남자는 즉시 그 자신을 주장하고는 그들을 역시 요구하기 시작할 것이다. 우리는 우리 안에 있는, 우리 안에 갇혀 있는 그 남자를 두려워한다. 그러나 그를 두려워하고, 그로부터 달아나는 것은 좋지 않다. 그는 직시되어야만 한다. 그는 알려지고 이해되는 존재여야 한다." 내일 그것에 대해 더 이야기하자. 자, 명상할 준비를 하라.

여섯 번째 문

나체와 옷 입는 것은
공존해야 한다

크리슈나가 태어났던 특별한 상황들을 설명하여 주십시오. 크리슈나와 그리스도의 출생에 어떤 유사점이 있습니까?

크리슈나의 탄생이든 그리스도의 탄생이든 어느 누구의 탄생이든 큰 차이가 없다. 그러나 우리는 신화에 나타난 탄생의 어떤 상징들의 의미를 이해하는 데 실패하기 때문에, 항상 한 탄생과 다른 탄생을 구분한다. 그러므로 그것들을 이해해야 한다.

크리슈나는 어두운 밤에, 새로운 달이 뜨는 밤에 태어났다고 한다. 사실 모든 것은 어두운 밤에 달이 어두울 때 태어난다. 탄생의 현상은 어둠에서 일어난다. 모든 것이 어둠 속에서 일어난다. 아무것도 낮의 빛 안에서 일어나지 않는다. 씨앗이 열리고 싹을 틔우는 것조차 땅의 어둡고 후미진 곳에서 일어난다. 비록 꽃이 빛 속에서 피기는 하지만 그것의 탄생은 밤에 일어난다.

탄생의 과정은 너무나 신비로워서 오직 어둠 속에서만 일어날 수 있다. 그것은 오직 어두울 때만 일어날 수 있다. 하나의 아이디어, 하나의 시는 시인의 마음의 어둡고 후미진 곳에서, 그의 무의식의 어두운 곳에서 처음으로 탄생한다. 이와 비슷하게, 명상과 희열은 지성의 빛이 도달할 수 없는 곳, 마음의 모든 과정이 멈추는 곳, 지식조차 존재하기를 그치는 어두운 곳에서 태어난다.

전설에 의하면 크리슈나가 탄생한 밤은 칠흑 같이 어두운 밤이었다고 한다. 그러나 어두운 곳에서 태어나지 않는 것이 있는가? 그것은 매우 정상적인 탄생의 과정이다. 거기에 별난 것은 아무것도 없다.

크리슈나의 탄생과 관련한 다른 것은 그가 감옥에서, 굴레 속에서 태어났다는 점이다. 그러나 누가 감옥에서 태어나지 않는가? 모든 사람이 굴레 속에서 태어난다. 아마도 어떤 사람은 죽기 전에 굴레로부터 벗어날 수도 있다. 그러나 우리 대부분은 굴레 속에서 태어나고, 굴레 속에서 죽는다. 모든 탄생은 우리를 묶고, 우리를 한계 지운다는 것은 진실이다. 몸으로 들어간다는 것은 감옥에 들어가는 것과 같다. 몸은 감옥이다. 그러므로 영혼이 어느 때, 어느 장소에서 태어나든 영혼은 항상 감옥 속에서 태어난다.

이 상징이 바르게 이해되지 못한 것은 불행이다. 고도로 시적인 표현을 역사적 사건으로 잘못 해석하였다. 사실 모든 탄생은 감옥에서 일어난다. 그러므로 또한 몇몇 예외를 제외하고, 모든 죽음 또한 감옥에서 일어난다. 극히 일부의 죽음만이 자유에서 일어난다. 그들은 정말이지 아주 희귀하다. 우리 대부분은 굴레 속에서 태어나며, 또한 굴레 속에서 죽는다. 출생은 필연적으로 굴레와 연결되어 있지만, 만약 누군가가 죽기 전에 자유로워질 수 있다면 그는 충족될 것이고 축복받을 것이다.

크리슈나의 탄생과 관련한 세 번째 것이 있다. 그것은 죽음에 대한 두려움이다. 위험이, 그가 살해되지 않을까 하는 두려움이 있다. 우리 모두가 죽음의 두려움에 직면하고 있지 않은가? 출생으로 인해 죽음 또한 피할 수 없는 가능성으로 온다. 어떤 사람은 태어난 후 바로 죽을 수 있다. 탄생 이후의 매순간은 죽음의 위험으로 에워싸여 있다. 어느 순간에라도 죽을 수 있다. 이 순간은 초대받지 않아도 은밀히 온다. 죽음은 그것과 연결되어 있는 단 하나의 필수적인 조건을 가지고 있다. 그것은 태어남이라는 조건이다. 태어남이 없이 어떻게 죽을 수 있겠는가? 갓 태어난 아이는 일흔 살 먹은 노인처럼 죽기 쉽다. 죽기 위해서는 태어남 말고는 어떤 다른 자격이 필요치 않다.

크리슈나가 태어난 이후 그는 죽음의 위험, 죽음의 공포에 직면한다. 그러나 이것은 우리들 각자의 경우와 정확히 일치한다. 태어난 이후에 우리는 무엇을 하는가? 우리는 죽기 시작하며, 죽기를 계속한다. 우리는 우리 삶의 매일, 매시간 죽는다. 우리가 삶이라고 알고 있는 것은 다름 아닌 죽음을 향한 길고 황량한 여행이다. 그것은 탄생으로 시작되어 죽음으로 끝이 난다. 그것이 전부이다.

크리슈나의 탄생과 관련하여 매우 의미심장한 다른 것이 있다. 그것은 크리슈나가 그의 삶에서 수많은 무서운 위험들과 맞섰다는 것이다. 그는 그것들 모두를 벗어난다. 크리슈나를 죽이려고 오는 사람은 누구나 그 사람 스스로 죽었다. 크리슈나와 직면할 때, 죽음이 죽는다고 우리는 말할 수 있다. 그를 죽게 하기 위한 모든 방법이 동원되었으나 그것들은 완전히 실패한다. 이것은 매우 의미가 깊다. 그것은 크리슈나는 우리 모두와 같지 않다는 의미이다. 죽음은 바로 첫 순간에 우리를 끝내 버릴 수 있다. 우리는 죽음의 첫 공격을 피할 수 없다. 하나의 작은 충격에도 우리는 더 이상 존재할 수 없을 것이다. 우리는 삶이 무엇인지 정말 모르고 있다. 우리는 죽음을 이기는 삶을 모르고 있다.

크리슈나의 이야기는 죽음에 대한 삶의 승리의 이야기다. 죽음은 여러 형태로 그에게 오지만 항상 실망하여 뒤로 물러선다. 우리 모두는 여러 가지로 변장하여 그를 에워싸고 있는 죽음에 관한 많은 이야기들을 안다. 죽음은 그의 손에 의해 계속 패배하기를 자초한다는 것도 안다. 그러나 우리는 이 이야기들 안으로 깊이 들어가 그것들의 진실을 찾아내는 데 결코 귀를 기울이지 않는다. 그 모두의 밑바닥에는 유일의 진리가 있다. 그것은 크리슈나는 삶을 향하여 승리로 행진하며, 매일의 죽음은 그 앞에서 그것의 무기들을 내려놓는다는 것이다. 상상할 수 있는 온갖 방법들이 그를 파괴하는 데 사용되지만, 그는 그것들 모두를 무력화시키고 최대한으로 살기를 계속한다. 그래서 마침내 죽음이 그에게 패배하고 굴복하는 날을 맞이하게 된다. 크리슈나는 정말로 죽음에 대한 삶의 승리를 대표한다.

그러나 이 진실은 내가 지금 이야기하고 있는 것처럼 소박하게 말해지지 않았다. 그 이유는 과거 시대의 사람들은 그러한 것을 소박하게 말할 수 있는 아무런 방법을 가지고 있지 못했기 때문이다. 이 점을 선명하게 이해하는 것이 좋을 것이다.

더 옛날로 돌아가면 갈수록 우리는 사고방식이 언어적이라기보다는 회화적이라는 것을 발견하게 된다. 지금도 당신은 꿈을 꿀 때 언어 대신에 그림과 이미지들을 사용한다는 것을 알아차릴 것이다. 우리는 아직까지 그림들로 꿈을 꾼다. 왜냐하면 꿈꾸는 것은 우리의 가장 원시적인 언어이기 때문이다. 우리의 꿈들은 이제 시대에 맞게 현대화되어야만 했다. 꿈에 관한 한, 현대의 사람과 만 년 전의 사람 간에는 아무런 차이가 나지 않는다. 우리의 꿈은 계속 원시적이다. 어느 누구도 현대적인 방식으로 꿈을 꾸지 않는다. 우리의 꿈들은 천 년 전, 혹은 백만 년 전과 같은 옛날의 것이다. 냉난방된 집에 살고 있는 오늘날의 사람들이 꿈꾸는 방식은 옛날 동굴에 살던 사람들이 꿈꾸는 방식과 같다. 꿈을 꾸는 방식에서는 거대한 숲에서 살고 있는 동굴 사람과 뉴욕의 마천루에 살고 있는 사람 간에 아무런 차이가 없다.

꿈의 특징은 전적으로 그림들로 스스로를 표현한다는 점이다. 야망에 찬 사람들이 자신의 야망을 표현하기 위해 어떤 방식으로 꿈을 꾸는가? 그들은 자신의 야망을 적절하게 표현하는 그림을 만든다. 아마도 그들은 날개를 만들어 하늘을 높이 날 것이다. 그들은 나무들, 산들, 심지어 별들조차 아래에 두고 높이, 더 높이 날 것이다. 그것은 그들의 야망에 아무런 끝이 없다는 것이다. 하늘조차 그것의 한계가 아니다. 그러나 그들의 꿈은 '야망'이라는 단어를 결코 사용하지 않을 것이다. 날아가는 그림이 그것을 더욱 잘 말해 줄 것이다.

우리가 꿈을 이해하는 데 어려움을 느끼는 이유 중 하나는, 꿈은 우리가 매일의 삶에서 사용하는 음성 언어와는 극히 다른 회화적 언어로 이루어지기 때문이다. 우리는 낮 시간 동안에는 단어들로 말한다. 그러나 밤에 꿈을 꿀 때는 그림들을 통해서 말한다. 낮 시간의 언어는 현대적이고 시대에 맞지만, 밤의 꿈의 언어는 늘 가장 원시적이다. 그들 간에는 수백만 년의 거리가 존재한다. 그러한 이유로 꿈이 말하고자 하는 바를 이해하는 것이 너무나 어렵다. 크리슈나에 대한 이야기들은 오래 전에 쓰였다. 그 시대에는 사람들이 그의 삶과 우주를 말보다는 상징들, 이미지들, 그림들로 생각하였다. 그러므로 우리는 이제 그것들이 무엇을 의미하고 있는지를 알기 위해 그것들을 해독해야만 한다. 우리는 우리의 말과 언어로 그것들을 번역해야만 한다.

그리스도의 삶이 어느 정도는 크리슈나의 삶과 같은 방식으로 시작된다는 점은 의미심장하다. 거기에는 큰 차이가 나지 않는다. 이러한 이유로 많은 사람들이 그리스도가 결코 생존한 적이 없었다고 말한다. 아직도 몇몇 사람들이 그런 주장에 매달리고 있다. 사실은 예루살렘에 옮겨 놓은 크리슈나의 이야기라는 것이다.

그들의 탄생 간에는 유사점이 아주 많다. 예수 역시 어두운 밤에 태어났다. 크리슈나 역시 죽음의 어두움 속에서 태어났다. 여기서 자신의 삼촌인 깜사 왕이 크리슈나를 죽이려고 한다. 예루살렘에서는 헤롯 왕이 예수를 죽이려고 찾고 있다. 깜사는 많은 아이들을 죽였다. 그들 중 한 명이 성장해서 자기를 죽일 것이라는 두려움 때문에 그렇게 했다. 예루살렘에서 헤롯도 같은 일을 저질렀다. 그는 새로 태어난 아이들은 누구나 죽였다. 그들 중 한 아이가 그를 죽일까 봐 그렇게 했다.

그러나 그리스도는 크리슈나가 아니다. 예수는 다른 사람이다. 그의 나머지 이야기는 아주 다르다. 그의 것이다. 그러나 그들 이야기들의 상징과 은유들은 아주 유사하다. 왜냐하면 모든 원시적 마음들은 아주 비슷하기 때문이다.

당신은 꿈의 언어가 온 세계에 걸쳐 같다는 것을 알고는 흐뭇해할 것이다. 영국인, 일본인, 에스키모인 모두가 같은 방식으로 꿈을 꾼다. 그러나 서로 의사소통을 위해 우리가 매일 사용하는 언어는 아주 다르며 다양하다. 꿈의 언어와 마찬가지로 전설들, 신화들과 뿌라나들은 온 세계에 걸쳐 같다. 그러므로 크리슈나와 그리스도의 탄생들을 기술하는 상징들, 그림들과 이야기들은 거의 같다.

크리슈나와 그리스도를 같은 사람으로 여기는 또 다른 이유가 있다. 그는 원래는 예수라고 불렸지만 훨씬 나중에 그리스도가 되었다. 크리슈나와 그리스도라는 두 말에는 큰 유사점이 있다. 그러므로 그리스도는 크리슈나의 파생어로 간주되었다. 나는 크리스토 바부(Kristo Babu)라는 이름을 가진 한 사람을 알고 있다. 내가 그에게 그 이름이 무엇을 의미하느냐고 물었을 때, 그는 원래 그의 이름은 크리슈나였는데 오래 사용을 하다가 그리스도로 바뀌었다고 하였다. 바로 이러한 방식으로 언어들이 변형을 거친다. 그때 나는 크리스토 바부에게 그리스도라는 단어가 왜 크리슈나의 파생어인지 그 이유를 말해 주었다.

예수는 완전히 다른 사람이다. 그러나 그리스도라는 단어는 크리슈나의 파생어인 것 같다. 깨달음을 얻은 후에 예수는 마치 고타마 싯다르타가 붓다가 된 것처럼, 바르드만이 마하비라가 된 것처럼 그리스도로 알려지게 되었다. 그리스도가 크리슈나의 파생어일 가능성이 있다. 예루살렘의 사람들은 예수가 마스터로서 진정한 의미의 스승이 되었기 때문에 그를 크리슈나의 이름을 따서 불렀다.

크리슈나와 그리스도는 다른 두 사람이다. 그들의 출생의 환경에서는 유사점이 있지만, 이 유사점은 그들이 같은 사람이라는 것이 아니라 그들의 탄생을 기술하기 위해 사용된 공통의 상징들과 은유들 때문이다.

칼 구스타프 융은 그가 원형이라고 부르는, 인간의 마음에 대한 독특한 것을 발견하였다. 그는 인간의 마음 깊숙한 곳에는 계속해서 반복되는 어떤 기본적이고 원시적인 이미지들이 있으며, 그것들은 모든 세계에서 같다고 말한다. 같은 원형적 이미지들이 크리슈나와 그리스도의 탄생 이야기들에서 반복된다. 내가 말했듯이 만약 당신이 탄생의 현상에 대해 바르게 이해한다면, 모든 사람의 탄생은 비슷하다는 점을 알게 될 것이다.

크리슈나라는 단어의 의미를 살펴보는 것이 필요하다. 크리슈나는 중심, 중력의 중심, 즉 모든 것을 그것 자신에게로 끌어당기고 잡아당기는 것을 의미한다. 크리슈나는 모든 것을 그것에게로 끌어당기는, 자석의 중심으로서 작용하는 사람을 의미한다.

어떤 의미에서 모든 탄생은 크리슈나의 탄생이다. 왜냐하면 우리 안에 있는 영혼은 몸들을 모두 끌어당기는 경향이 있는 중력의 중심이기 때문이다. 우리의 신체적 몸은 이 중심 주위로 당겨지며 만들어진다. 가족 그리고 사회, 심지어 세상도 그것 주위에 끌어당겨지고 만들어지고 있다. 모든 것은 우리가 크리슈나라고 부르는 중력의 중심 주위에서 일어난다. 그러므로 어떤 사람이 태어날 때마다 그것은 사실상 크리슈나의 탄생이다. 먼저 영혼, 즉 끌어당기는 힘의 중심이 태어나며, 그 다음에 다른 모든 것이 그것 주위에 구조화되기 시작한다. 결정화가 크리슈나 주위에 일어나고, 그것은 개체를 형성하는 쪽으로 나아간다. 그러므로 크리슈나의 탄생은 한 개체의 탄생이기도 하지만, 또한 다른 모든 사람의 탄생이기도 하다.

크리슈나의 탄생과 관련이 있는 어두움, 감옥, 그리고 죽음의 공포는 그 자체의 의미를 가지고 있다. 그러나 문제는 우리가 왜 그것들을 특별히 크리슈나와 관련 지우는가이다. 감옥 안에서 일어난 그의 탄생의 이야기가 사실이 아니라고 말하려는 것은 아니다. 그가 굴레 속에서 태어나지 않았다고 말하려는 것도 아니다. 나는 다만 다음의 것을 말하고자 할 따름이다. 즉, 그가 감옥에서, 굴레에서 태어났느냐 그렇지 않느냐를 말하는 것이 의미가 있는 것이 아니라, 의미 있는 것은 크리슈나와 같은 인물이 우리와 함께 존재하는 것이 가능하게 될 때 우리는 이 이야기 안에 인간 탄생의 전체적 원형을 포함시킨다는 것이다.

  기억하라. 위대한 존재의 이야기는 우리 자신의 이야기와 반대로 흐른다. 보통 사람의 이야기는 탄생으로 시작하고 죽음으로 끝난다. 그것은 탄생에서 죽음으로 달려가는 사건들의 연속성을 갖는다. 그러나 위대한 존재의 이야기는 그의 위대함이 훨씬 나중에 재구성된다는 간단한 이유 때문에 회고적으로 다시 쓰여지게 된다. 크리슈나와 같은 인물의 위대함을 인지하는 데 수년, 거의 40년 내지 50년이 걸린다. 그때 전설적인 이야기가 이 영광스러운 독특한 인물 주위에서 만들어지기 시작한다. 그때 우리는 그의 이야기, 그의 삶으로부터 적절한 조각들을 선택하고는 그것들을 다시 해석한다. 그러므로 나는 당신에게 위대한 사람의 이야기는 결코 역사적일 수 없으며, 항상 시적이고 신화적이고 신비롭다고 말한다. 그것은 회고적으로 다시 쓰여졌기 때문에 그러하다.

  우리가 하나의 사건을 되돌아볼 때, 어떤 것을 회고해서 볼 때, 그것은 상징적이 되며, 그 사건이 일어날 때에는 결코 가지고 있지 않았던 다른 의미화가 일어난다. 크리슈나와 같은 인물의 이야기는 한 번에 모든 것이 쓰여진 것이 아니었다. 매시대마다 그것을 쓰고 또 썼다. 더구나 수천 명의 작가들이 그에 대하여 쓰며, 그러므로 하나의 삶에 대한 수천 가지 해석들이 따르게 된다. 점차 크리슈나의 이야기는 개인의 이야기이기를 그치며, 크리슈나는 만들어진다. 크리슈나는 모든 탄생들의, 모든 삶들의 정수가 된다. 사실 그의 전기는 모든 인류의 전기가 되었다.

그러므로 나는 그것이 어떤 한 사람, 어떤 개인의 이야기라는 의미에서 그 이야기에 어떤 중요성을 부여하지 않는다. 크리슈나와 같은 인물은 개인이기를 그치고 상징이 되며, 집합적 마음의 원형이 된다.

이제 그것을 일화를 통해 이해해 보도록 하자.

위대한 화가가 매우 아름다운 여자의 초상화를 그렸다. 그의 친구들이 그것이 어느 여자의 그림인지를 알려고 하자, 그는 그들에게 말하였다. "이것은 어떤 한 여자의 그림이 아니다. 그 여자는 내가 나의 삶의 과정에서 보아 온 수천 명의 아름다운 여자들의 정수이다. 그녀의 눈은 어떤 사람의 것이며, 그녀의 코는 다른 사람의 것이며, 그녀의 입술은 세 번째 사람의 것이다. 나는 여러 여자들로부터 각각의 것을 가져왔다. 세상의 모든 곳으로 가 보라. 어디를 가더라도 당신은 그녀와 같은 여자를 찾지 못할 것이다. 그러므로 나는 당신에게 말한다. 화가가 그린 여자 그림을 믿고서 그녀를 찾으려고 하지 말라. 당신은 어디를 갈지라도 그녀를 찾지 못할 것이며 오직 평범한 여자만을 발견할 것이다."

이러한 이유로 우리는 종종 어려움에 빠진다. 우리는 그림이나 시에서만 존재할 뿐 다른 곳에서는 존재하지 않는 여자를 찾고 있다. 그림 속의 여자는 화가가 접하게 된 수천 여자들의 정수, 집합적 아름다움을 나타낸 것이다. 그녀는 정말로 하나 속에 녹아 있는 수천 명의 여자들이다. 당신은 피와 살을 갖고 있는 그 여자를 찾을 수 없다. 그녀는 화가가 미를 탐색하기 위한 과정에 만났던 수많은 여자들이 부르는 노래의 바탕음이다.

그러므로 크리슈나와 같은 인물이 우리 가운데 있을 때, 수백만 명의 남자와 여자의 본질, 정수가 그 안에 포함되어 있다. 그러므로 그를 다른 인류와 분리된 유일한 인간이라고 보지 말라. 어떤 사람이 그를 역사 속에서 찾는다면, 그는 그를 찾을 수 없을 것이다. 그는 인류의 상징, 이 나라에 태어난 인류의 한 특별한 조각이다. 그리고 이 인류가 지금까지 경험했던 모든 것들이 크리슈나의 부분이 되었다.

마찬가지로 예루살렘에 살았던 또 다른 인류의 조각의 정수가 예수의 부분이 되었다. 보통의 인간은 홀로 왔다가 가지만 크리슈나와 같은 원형은 영원히 재탄생될 것이다. 이 부가적인 과정은 방해받지 않고 진행된다. 모든 시대는 자기의 편린들을 새로운 경험들이라는 모습으로 그의 풍부함, 그의 풍요로움에 더할 것이다. 그러므로 이 집합적 무의식은 무한히 성장하기를 지속할 것이다.

이것이 내가 보는 크리슈나의 탄생의 의미다. 그의 출생과 관련한 사건들은 역사적일 수도 있고 그렇지 않을 수도 있다. 나에게 그것들은 조금도 중요하지 않다. 나에게 있어서는 이 사건들의 관점에서 크리슈나를 이해하는 것이 가장 중요하다. 만약 당신이 그것들을 올바른 방향에서 볼 수 있다면, 당신 역시 그것들이 당신 자신의 탄생 이야기의 부분임을 알 수 있을 것이다. 만약 당신이 우리의 탄생과 크리슈나의 탄생과의 일치와 조화를 발견한다면, 당신은 몸을 떠나게 될 때 크리슈나의 죽음과의 일치를 얻을 것이다. 이것이 가장 중요한 것이다.

크리슈나가 "모든 다른 의무들을 버리고, 나에게 복종하라." 그리고 "나는 의로운 자들을 보호하고 악한 자들을 멸하기 위해 올 것이다."라고 말할 때 크리슈나가 농담을 하고 있다고 어제 말씀하셨습니다. 그러나 저에게는 기따의 크리슈나는 농담을 하는 것 같지 않고, 아마도 바가바땀의 크리슈나가 농담을 하는 것처럼 보입니다. 그러나 무비판적 태도 때문에 우리는 두 크리슈나를 뒤섞어서 하나로 봅니다. 그래서 기따의 크리슈나도 농담하고 있다고 생각하는 경향이 있습니다. 기따의 크리슈나는 바가바땀의 크리슈나보다 약 2,000년 전에 태어났으며, 그들은 분명히 다른 두 인물이라는 사실을 분명히 해야만 합니다. 그 둘을 하나로 간주하여 조화시키려 한다면 우리는 우리 자신과 장소들을 아주 혼란스럽게 만들 뿐입니다. 샹까라는 바가바드 기따를 하나의 방식으로 해석하고, 띨락은 아주 다른 방식으로, 스승님께서는 또 제3의 방식으로 해석합니다. 이런 맥락에서 볼 때, 기따가 크리슈나의 가르침들의 진정한 선집인지 생각해 보아야 되지 않을까요?

나는 어제 크리슈나가 "나는 의로운 자들을 보호하고 의롭지 않은 자들을 멸하기 위해 올 것이다."라고 말했을 때 크리슈나가 농담을 하고 있다고 말했으며 그 이유를 설명하였다. 그러나 나는 크리슈나가 "모든 다른 종교들을 버리고, 피난처로서 나에게로만 오라."고 말했을 때에도 농담을 하고 있다고 말하지는 않았다. 다른 문제로 들어가기 전에 그것을 선명히 하자.

크리슈나가 "모든 종교들을 버리고, 피난처로서 나에게로 오라."고 말한 의미는 무엇일까? 여기에서 '모든 종교들을 버리고'라는 어구에 주목할 필요가 있다. 사실 세상에는 오직 하나의 종교만 있을 뿐이다. 왜냐하면 진리는 하나이기 때문이다. 많은 종교들이 있다고 생각하는 사람은 환영 속에 빠져 있다. 그러므로 크리슈나는 힌두교,

기독교 혹은 회교도와 같은 수식어로서의 모든 종교들을 버려야 한다는 의미로 말하고 있다. 왜냐하면 그것들 중 어느 것도 진정한 종교가 아니기 때문이다. 그는 많은 종교들을 버리기 위해서는 하나요, 오직 하나인 진정한 종교로 와야만 한다고 말한다.

이와 관련하여 크리슈나가 사용하는 말들은 의외이며 독특하다. 그는 "마메깜 샤라남 브라자(Mamekam Sharanam vraja)"라고 말한다. 그 의미는 "유일한 피난처인 내 안에서 피난처를 구하라."이다. 크리슈나는 여기에서 개인으로, 인간으로 말하는 것이 아니다. 그는 종교 그 자체를 대신하여 진정으로 말하고 있다. 그는 종교의 화신이다. 그는 말한다. "모든 종교들을 버려라. 종교로, 진정한 종교로 오라. 많은 것들을 버리고 하나로 오라." 이것은 유일한 것이다.

다음으로 그의 "유일한 피난처인 나에게로 오라."는 말을 자세히 음미해 보면, 그것이 미묘한 의미를 지니고 있음을 알게 될 것이다. 내가 '나' 또는 '나에게'라고 말할 때, 그것은 나에게는 '나' 또는 '나에게'이지만 당신에게는 '너'나 '너에게'가 된다. '나' 또는 '나에게'라는 의미가 그치게 될 것이다. 당신에게 있어서, 당신의 '나'는 당신의 것이지 나의 것이 아니다. 만약 크리슈나가 크리슈나 자신에게 복종해야 한다는 의미로 말한다면, 그 말은 당신 자신의 '나'가 아니라 어떤 '너'나 다른 누군가에게 복종하라는 의미일 것이다. '나'에게서 피난처를 구해야 한다고 아르주나에게 말했을 때, 크리슈나는 아르주나의 '나'는 크리슈나 자신이 아니라 아르주나 자신의 '나'라는 것을 알고 있다. 그러므로 아르주나는 그 자신의 '나'에, 그의 자기 본성에, 그 자신의 스와다르마에, 그 자신의 타고난 본성에 피난처를 구해야 할 것이다.

크리슈나는 그것을 분명히 농담으로 말하지 않았다. 그것은 드문 주장이며 엄청난 깊이와 의미를 지닌 의미심장한 말이다. 아마도 인류의 온 역사에서 어떤 주장도 이런 깊이, 즉 "많은 것들을 버리고 하나 안에서 피난처를 구하라. '너'를 버리고 '나' 안에서 피난처를 구하라. 수식어들을 지니고 있는 종교들, 전통적인 종교들을 버리고 하나요, 유일하게 하나인 종교에서 피난처를 구하라."는 메시지를 지니지 못했다.

그러나 이 말은 여전히 더욱 깊은 의미를 지니고 있다. 만약 아르주나가 그 자신 속에서 안식처를 구할 것이라고 말한다면, 그때 역시 그는 크리슈나를 이해하는 데 실패한다. 왜냐하면 종교의 안식처를 찾기 위해서는 자신의 자아, 그의 '나'를 먼저 포기해야 하기 때문이다. 복종하기 위해서는 자아를 포기하는 것이 필수적이다. 진정한 복종은 '나'의 복종, '나'의 소멸을 의미한다. 만약 아르주나가 그 스스로를 포기할 것이라고 말한다면 그는 전체의 요점을 놓쳤다. 포기는 '나'의 완전한 소멸 이후에만 가능하다.

우리가 "당신 자신을 버리고, 당신 자신 안에 피난처를 구하라. 종교들을 포기하고 종교 안에 피난처를 구하라. 많은 것들을 포기하고 하나 안에서 피난처를 구하라."고 말할 때, 지금 우리는 어렵고도 복잡한 땅을 밟아가고 있는 것이다. 하나를 버리면 당신은 많은 것을 버리는 것이다. 왜냐하면 우리는 많은 것 없이는 하나를 생각할 수 없기 때문이다. 그러므로 하나 안에서 피난처를 구하려면 그 하나 역시 포기해야 한다. 숫자들을 모조리 포기해야만 한다.

그러한 이유로, '하나'라는 단어가 혼동을 일으킬 수 있음을 알았을 때, 새 용어가 만들어져야 했다. 새 용어는 둘이 아닌 불이(不二)

를 의미하는 아드바이따이다. 우리는 일원론을 찬성하는 것이 아니었다. 왜냐하면 하나는 둘의 존재, 즉 하나 이외의 다른 무엇인가의 존재를 가정하기 때문이다. 그러므로 우리는 불이를 선택했는데 그것은 부적인 용어이다. 그것은 둘이 아닌, 두 번째라는 것이 없는 하나를 의미한다. 그것은 둘을 경계하라는 의미다. 그것은 하나가 둘과 관련되어 있으며, 하나는 둘과 관련되었을 때에만 알려질 수 있기 때문에 그러하다. 만약 내가 "나는 존재한다(I am)."를 알고 있다면 나는 '당신'이라는 맥락에서만, 당신과 관련해서만 그것을 안다. '당신'이 없다면 어디에서 '나'가 시작되고 끝나겠는가? 무엇이 그것의 한계인가? 그가 존재한다는 것을 아는 사람은 누구나 다른 사람과 대비해서 그것을 안다. 하나는 다른 것 없이 존재할 수 없다. 만약 어떤 사람이 진리가 하나라고 말한다면, 하나의 존재에 대한 그의 강조는 그가 부정하고 있는 다른 것을 자각하고 있음을 말하고 있다.

그러므로 크리슈나의 이 말은 상당히 깊은 의미를 지니고 있다.

이 맥락에서 다음의 말을 먼저 기억하자. 크리슈나는 크리슈나에게가 아니라 그 자신에게 복종하라고 아르주나에게 말한다. 즉 그는 자기 자신에게 복종해야 한다. 마음에 새겨야 할 둘째의 것은, 아르주나에게 자기 자신에게 복종해야 한다고 한 말은 그의 에고가 아니라 그 자신의 존재인 자아 없는 타고난 성품에 복종하라는 말이라는 것이다. 그리고 셋째, 어떤 종교든 상관없이 모든 종교를 버리라고 한다. 힌두교라는 예외도 두지 말고 모든 종교를 버려야만 한다. 왜냐하면 어떤 특정 종교에 매달리는 한, 그는 진정한 종교에 이를 수 없기 때문이다.

어떤 종교, 즉 힌두교, 기독교, 회교와 같은 특정한 종교에 충성을 하는 한, 어떤 형용사에 의해서도 결코 구속받지 않는 진정한 종교에 어떻게 이를 수 있겠는가? 종교는 아르주나와 같은 구도자가 자신이 속해 있는 전통적인 특정 종교를 포기한 후, 힌두교, 기독교, 불교와 같은 형용사적이며 구분하는 이름을 지닌 모든 종교를 포기한 후, 하나를 포함한 모든 수식어와 모든 숫자들을 포기한 후, 크리슈나, 그의 '나', 그의 자아조차 포기한 후에 온다.

이 말은 농담으로 한 것이 아니다.

질문자는 또한 기따의 크리슈나와 바가바땀의 크리슈나가 다른 두 사람인지를 알고 싶어 한다. 이 질문을 한 친구는 나중에 참석한 것 같다. 그래서 내가 전에 말한 내용을 놓쳤을 수도 있겠다. 그러므로 나는 다시 반복해서 설명하려 한다.

우리의 마음은 기따의 크리슈나와 바가바땀의 크리슈나를 구별하기를 아주 좋아하는 것 같다. 우리의 지성으로는 두 크리슈나를 조화시키는 것이 매우 어렵다. 이 둘은 아주 다른 것 같다. 다를 뿐만 아니라 대조적이기까지 하다. 기따의 크리슈나는 아주 심각하고 무겁고 엄숙한 반면에, 바가바땀의 크리슈나는 전혀 심각하지 않다. 그러므로 그 둘 사이에 만날 수 있는 지점이 전혀 없는 것 같다. 그래서 우리는 그 둘을 나누어 별개의 다른 두 사람으로 보려 한다.

우리는 그 둘을 분리하거나 아니면 크리슈나를 다중 인격이나 정신 분열증을 앓는 사람으로 보아야만 한다. 정신 분열증은 한 사람을 두 개의 단절된 다른 성격으로 나누는 정신병이다. 그래서 둘은 거의 서로 독립적으로 행동한다. 정신 분열증에 걸린 사람은 지금은 이런 말을 하고 다른 때에는 전적으로 다른 말을 하는 일종의 미친 사람이다. 그는 고양의 상태와 우울한 상태, 평화와 무질서, 제정신과 제정신이 아닌 상태를 순환하는 주기를 가진다. 그는 아침에는 이런 사람이었다가 오후에는 전혀 다른 사람이 된다. 그래서 우리는 크리슈나를 정신 분열증, 다중 인격자, 미치광이로 여길 것이다. 정신 분석학자인 프로이트를 따르는 사람들은 크리슈나를 정신 분열증, 다중 인격의 사람이라고 확실히 선언할 것이다.

만약 당신이 역사가에게 기따의 크리슈나와 바가바땀의 크리슈나의 모순을 설명하라고 하면, 그는 그가 같은 사람일 수 없다고 말할 것이다. 즉 그는 서로 다른 시대에 서로 다른 크리슈나가 태어난 것이 확실하다고 말할 것이다. 이것이 역사가들의 해석일 것이다. 왜냐하면 그는 한 사람이 수없이 많은 사람처럼 서로 간에 너무나 다르게 행동할 수 있다는 것을 이해할 수 없기 때문이다. 그래서 그는 바가바땀의 크리슈나가 기따의 크리슈나와 같지 않으며, 그들은 실제 다른 시대에 살았던 두 사람이라고 말할 것이다. 심지어 그는 많은 문헌들을 바탕으로 서로 다른 열두 명 이상의 크리슈나들을 만들어 갈 수도 있다.

그러나 나는 프로이트와 프로이트 학파의 견해를 받아들이지 않는다. 나는 크리슈나가 정신 분열증 사람이라는 것도 받아들일 수 없다. 정신 분열증인 사람, 다중 인격의 사람, 분리된 마음은 크리슈나가 가진 희열을 얻을 수 없다는 점에서 그렇게 말하는 것이다. 다중 인격을 지닌 정신적으로 병든 사람은 크리슈나가 풍부하게 가졌던 그 평화, 그 고요, 그 평온을 가질 수 없다. 내가 역사가의 의견에 동의할 수 없는 것은 그의 결론이 프로이트의 결론과 같은 이유들에 근거하고 있기 때문이다. 그는 한 사람이 서로 간에 너무나 다른 수많은 역할들을 해낼 수 있다는 점을 믿을 수 있도록 준비되지 않았다.

그래서 그는 같은 이름을 지닌 수많은 사람들이 다른 시대 혹은 동시에 있었다고 결론을 내린다. 정신 분석학자들이 하나의 마음을 여러 마음, 여러 성격으로 나누는 일을 하는 것처럼 역사가들은 한 장소에서 많은 사람들을 만드는 일을 한다.

나 자신의 견해로는 이 모든 상반된 견해들이 있음에도 불구하고 오직 하나의 크리슈나가 있었다. 그것이 그의 위대함이고 영광이다. 그것을 잘라내면 그는 무의미해지고 시시해진다. 그의 의미심장함, 그의 위대함은 모든 것들이 같이 있는, 모든 것들이 하나로 엮인, 모든 모순들이 살아서 손에 손을 잡는 존재이고, 그의 모든 모순들 속에서 하나의 위대한 조화를 이루고 있다는 데 있다. 그는 플루트를 연주할 수 있고, 춤도 출 수 있으며, 그와 동시에 바퀴와 같은 무기인 그의 차끄라(chakra)로 전장에서 적과 싸울 수도 있다. 이 두 역할 사이에 아무런 모순이 없다. 그는 마을의 소녀들과 장난을 칠 수도 있으며, 마을의 소녀들이 강에 목욕하려고 벗어 놓은 옷을 가지고 도망갈 수도 있다. 그리고 그는 기따에서처럼 가장 심오한 말들도 할 수 있다. 그는 도둑도 될 수 있고 완벽한 요기도 될 수 있다. 크리슈나는 너무나 많은 다양한 역할을 할 수 있는 사람이다. 그것이 그의 장엄함, 그의 영광이다. 이것이 크리슈나의 독특함, 그의 개별성이다. 당신은 그것을 라마, 붓다, 마하비라 혹은 예수 그리스도에게서는 찾을 수 없을 것이다.

크리슈나는 모순의 혼합이며, 모든 모순들의 아름다운 종합이다. 나는 이러한 모순들이 진정으로 모순되는 것이 아니기 때문에 이렇게 말한다. 사실 삶의 모든 진실은 모순들의 혼합이며 종합이다. 삶의 전체는 모순들 위에 바탕을 두고 있으며, 이 모순들 내에는 아무런 부조화가 없다. 오히려 그들 가운데에는 완전한 조화, 절대적인 조화가 있다.

지금은 아이인 사람이 같은 사람인 노인으로 성장할 것이다. 두 단계 간에 아무런 모순이 없다. 당신이 언제 아이였으며 언제 젊은이로 변했는지 말할 수 있는가? 당신은 말할 수 없다. 젊음과 노년 사이를 나누는 선을 그리기는 어려울 것이다. 말이나 언어로는 그 둘이 상반되는 것처럼 보인다. 그러나 그 둘이 정말로 상반되는가? 언제 젊음이 끝나고 노년이 시작되는지 그 날짜를 말할 수 있는가? 이 질문에 대답하기는 너무나 어려울 것이다. 그러한 날짜는 없다. 매일 젊음은 노년으로 변화해 가고 있다. 우리는 젊은이가 자칭 노인이며, 노인은 자신의 젊음을 완성한 사람이라고 말할 수 있다. 다른 차이는 없다.

우리는 평화와 무질서가 두 개의 다른 것이라고 생각한다. 그러나 그것들이 정말로 다를까? 평화의 끝과 혼란의 시작은 어디인가? 사전에는 평화와 혼란, 행복과 고통, 삶과 죽음이 상반되는 뜻을 가지지만, 실제 생활에서 혼란으로 바뀌는 것은 평화이며, 고통으로 바뀌는 것은 행복이며, 죽음으로 바뀌는 것은 삶이다. 다시 말해 실제 생활에서는 무질서가 질서로 바뀌며, 고통이 행복으로, 죽음이 삶으로 바뀐다. 실제 생활에서는 빛이 어둠으로 바뀌며, 아침이 저녁으로 바뀌고 낮이 밤으로 바뀌며 그 반대도 일어난다. 실제 삶에서 플러스와 마이너스는 반대의 것들이 아니다. 실제 삶에서 모든 상반되는 것으로 보이는 것들은 상호보완적인 것들이며, 그것은 하나이고 같은 에너지의 상호 작용이다.

만약 우리가 삶, 삶의 지고함, 지고한 음악, 삶의 의미심장함을 이 영원한 조화를 통하여 볼 수 있다면, 우리는 비로소 크리슈나를 이해할 수 있다. 바로 이러한 이유로 우리는 그를 신의 완전한 화신이라고 부른다. 그는 삶의 완벽한 상징이다. 그는 삶을 전부 나타내 준다.

붓다는 삶의 전부를 보여 주지는 않는다. 그는 단지 삶의 밝은 부분만 보여 줄 뿐이다. 그는 삶에서 좋은 것들만 보여 준다. 그는 삶 중에서 아침과 낮만 보여 준다. 그러나 삶의 저녁과 삶의 밤은 어떻게 해야 하는가? 붓다는 빛을 돌보겠지만 밤에는 무엇이 일어날 것인가? 그는 넥타를 상징하겠지만 누가 독을 돌볼 것인가? 이러한 이유로 붓다는 선명한 이미지를 갖고 있다. 그에게는 아무런 모순이 없다. 어느 누구도 담마빠다(Dhammapada)의 붓다가 뜨리삐따까(Tripitaka)의 붓다와 다르다고 말할 수 없다. 불교의 모든 책에서 붓다는 같은 채로 있다. 그러므로 어느 누구도 붓다를 정신 분열적 성격으로 부를 수 없다. 어느 누구도 그가 조각나 있고 상반된다고 말할 수 없다. 그는 통합되어 있는 하나이다. 그러나 우리는 어쩔 수 없이 크리슈나의 경우에는 모순의 문제를 일으킨다.

우리의 조건화된 마음에 그를 일치시키기 위해 우리의 개념과 범주들이라는 스크린을 통하여 크리슈나를 보는 대신에 그를 직접적이며 전체적으로 본다면, 아마 그것이 훨씬 더 나을 것이다. 그렇게 하기 위해서는 우리의 모든 개념과 범주들, 그리고 우리의 모든 편견을 내려놓는 것이 필요할 것이다. 나는 한 크리슈나가 아니라 그 이상의 크리슈나가 가능하다고 말하지 않는다. 나는 그런 것에는 관심이 없다. 아마도 역사가들은 기따의 크리슈나와 바가바땀의 크리슈나 간에는 2,000년의 거리가 있음을 증명할 것이다. 그것은 나를 단념시킬 수 없을 것이다. 나는 그 둘 간에 조금도 거리가 없다고 말할 것이다. 나에게는 크리슈나가 오직 하나일 때만 의미가 있다. 만약 그가 하나가 아니라면, 그는 완전히 무의미하다.

　나는 크리슈나의 역사에는 관심이 없다. 그가 실제로 존재했는지 그렇지 않았는지는 중요하지 않다. 내 견해로는 어떤 사람이 완성을 이룰 때마다 그가 삶과 존재의 완전한 꽃피움을 얻은 후에는, 그는 어쩔 수 없이 다차원이 될 것이다. 그는 하나로 합쳐진 많은 인간들이 될 것이다. 누군가가 삶의 전체성을 얻을 때마다 그의 불일치들은 일치가 될 것이며, 그의 모순들 속에는 조화가 있을 것이다. 누군가가 삶의 정점을 얻을 때마다, 삶의 극단들이 그 속에서 완벽한 결합과 통일성 속에서 만날 것이다. 우리는 우리의 빈약한 견해 때문에 통일성을 보지 못하지만 통일성은 거기에 있다.

　그것은 마치 내가 계단을 오르고 있는 동안에 계단의 아래층들과 높은 층들을 보지만 중간층들을 보지 못하는 것과 같다. 그 경우에, 나는 아래층과 높은 층이 서로 연결되어 있다고 생각할 수 있을까? 중간에 있는 층을 볼 때만, 그것들이 함께 존재한다고 동의할 것인가? 바닥과 높은 곳에 있는 층들은 같은 층의 부분들이다. 당신은 아래에서 오르기를 시작하여 꼭대기에서 끝낸다. 그것들은 같은 것의 연장들이다.

　크리슈나의 삶의 중간 부분은 당신에게 보이지 않는다. 왜냐하면 당신 자신의 중간층이 자신에게 보이지 않기 때문이다. 양쪽에 있는 것들의 연결이 자신에게 보이지 않기 때문이다. 당신은 자신의 평화로움을 보았으며 또 자신의 불안도 보았다. 그러나 당신은 평화와 동요 간에 있는 매우 얇고 미묘한 틈새의 순간을 보았는가? 당신은 그것을 보지 못했다. 당신은 사랑을 알고 또 미움을 안다. 그러나 또한 어떻게 사랑이 미움으로 변하는지, 그리고 어떻게 미움이 사랑으로 변하는지를 보았는가? 당신은 친구들을 적으로 만들었으며 적들을 친구로 만들었다. 그러나 지금껏 우정이 미움으로 혹은 그 반대로 변하는 미묘한 과정을, 그 연금술을 보았는가?

보통의 금속들을 금으로 변화시키려고 노력하였다는 연금술사들이 있었다. 그러나 그들은 잘못 이해하고 있다. 사람들은 정말로 철을 금으로 변화시키는 데 관심이 있다고 생각하였다. 그들이 알아보기를 원하였던 모든 것은 보통의 금속들과 최고로 높은 금속, 즉 금 사이에 어떤 연결이 있어야만 한다는 것이었다. 철과 금 사이에 아무런 연결이 없다는 것, 철과 금이 함께 연결되지 않는다는 것은 불가능하다. 온 우주가 하나가 아니라는 것, 아무런 연결이 없다는 것은 불가능하다.

저 정원에 피어 있는 꽃이 있고 내가 여기에 앉아 있다면, 나와 꽃 사이에는 어떤 연결이 있음에 틀림없다. 만약 내가 여기에서 행복하다면, 저기에 있는 꽃은 나의 행복에 기여했음에 틀림없다. 우리가 그 연결을 보지는 못해도, 그것은 아마 거기에 있을 것이다. 이와 마찬가지로 꽃이 시들고 내가 슬프다면, 우리가 보지는 못하지만 두 사건 간에는 어떤 연결이 있다. 삶은 함께이다. 삶의 모든 것은 함께이다. 함께 함이 삶이다. 연금술사들은 보통의 금속들과 금 사이에 어떤 연결이 있음에 틀림없다고 말한다. 그리고 그들은 그 연결을 밝히려고 노력하였다.

연금술은 금속들에만 국한되는 것이 아니다. 우리의 모든 삶에서 근본이 되는 본능은 더 높은, 가장 높은 것과 연결되어 있음에 틀림없다고 연금술은 말한다. 그렇지 않을 수 없다. 성(性)은 신과 관련되어야만 한다. 지상은 천국들과 연결되어야만 한다. 이와 마찬가지로 삶은 죽음과 연결되어야만 하며, 물질은 의식과 연결되어야만 한다. 바위조차 어떤 치밀한 방식으로 신과 연결되어 있다. 그렇지 않을 수 없다.

크리슈나는 이 숭고한 통일성과 조화의 상징과 같은 것이다. 그리고 나는 그와 같은 크리슈나가 실제로 나타났던 인물이라고 말한다. 역사가들이 이끌어낸 논쟁이 무엇일지라도, 나는 그것들을 쓰레기통에 버릴 것이다. 심리학자들은 그들의 용어를 가지고 올 것이다. 그러나 나는 그들에게 말할 것이다. "당신들은 미쳤다. 당신들은 크리슈나를 이해할 수 없다. 당신들은 인간의 마음을 부분들로 분석하고 이해하는 방법만을 알고 있다. 당신들은 통합하고 종합하는 방법을 알지 못한다. 그리고 마음의 종합, 통합을 알지 못한다."

프로이트는 인간의 마음을 탐구했으며, 분노에 대하여 프로이트만큼 알고 있는 사람은 거의 없다는 것은 사실이다. 그러나 만약 누군가가 그의 발가락을 밟으면 그는 즉시 제정신을 잃을 것이다. 화에 대한 그의 모든 노력에도 불구하고 화 없음이 화로 바뀌는 때를 그는 알지 못한다. 어느 누구나 그만큼 정신 장애들에 대하여 알지 못하지만, 그 자신의 성격에는 정신 이상의 경향들이 있다. 그것의 잠재성은 거기에 있다. 그는 어떤 순간에라도 정신 이상이 될 수 있다. 그 자신이 정신 이상처럼 행동할 때가 그의 삶의 여러 순간들에 있었다. 그래서 나는 심리학자들이 크리슈나에 대하여 말하는 것에 어떤 중요성도 부여하지 않는다. 왜냐하면 크리슈나는 마음을 초월했고 마음 너머로 갔기 때문이다.

크리슈나는 마음을 초월하였다. 그는 마음 너머로 갔다. 그리고 그는 모든 마음, 모든 종류의 마음 안에 있을 수 있는 영혼의 통합을 얻었다. 그러므로 나는 하나의 사람, 하나의 개인으로서의 크리슈나에 대하여 말할 것이다.

바가바드 기따가 정말로 크리슈나의 말이라고 생각합니까?

당신은 내가 기따를 크리슈나의 확실한 목소리로 여기는지를 물었다. 만약 크리슈나와 같은 사람이 있었더라면, 그때 기따는 믿을 만한 것임에 틀림없다. 크리슈나가 그렇게 말했는가 그렇지 않은가를 말하는 것은 적절하지 않다. 적절한 것은 크리슈나와 같은 사람이 무엇을 말한다면, 그는 기따와 같은 말을 할 것이라는 점이다. 비록 기따가 크리슈나가 말한 것이 아니라 비야사에 의해 기록되었다 할지라도 그것은 아무런 차이를 만들지 않는다. 비야사는 크리슈나와 같은 존재가 거기에 없다면 기따를 쓸 수 없다. 비록 기따가 크리슈나가 아니라 비야사에 의하여 말하여졌다 하더라도 그것은 크리슈나가 말한 기따이며, 그것은 같은 것으로 남는다.

크리슈나, 비야사, 혹은 어떤 다른 누군가가 기따의 저자라 하더라도 그것은 별로 중요하지 않다. 저자가 누구인지는 중요하지 않다. 중요한 것은 기따 그 자체이다. 그것은 하늘로부터 나타나지 않았다. 어떤 사람이 그것을 지었음에 틀림없다. 그러나 그의 이름을 밝히는 것은 중요하지 않다. 왜냐하면 기따는 그 자체로 충분하기 때문이다. 누가 그것을 썼는지는 아무런 차이를 만들지 않는다.

나는 그것을 아주 다른 각도로 본다. 나는 기따가 크리슈나의 진정한 목소리인가 아닌가에 문제를 두지 않을 것이다. 차라리 나는 기따가 진짜인지 그렇지 않은지를 물을 것이다. 그리고 나는 당신에게 기따가 존재하며, 그것은 진짜이며, 그것으로 크리슈나가 거기에 확실히 있다고 말한다. 나는 모든 것을 이와 같이 본다. 즉 기따는 존재하며, 기따는 말해졌으며, 기따는 쓰여졌으며, 기따는 존재 속에 있으며, 그것은 크리슈나 없이는 존재할 수 없다고. 그것을 말하거나 쓰기 위해서는 누군가가 필요하다. 그가 누구인지는 중요하지 않다. 기따를 탄생시키고 존재하게 만들기 위해서는 틀림없이 어떤 의식이, 어떤 지성이 있어야 한다.

갠지스 강의 존재는 그것의 근원인 강고뜨리가 어딘가에 있어야 함에 대한 충분한 증거이다. 강고뜨리가 갠지스 강의 존재에 대한 증거라기보다는 차라리 갠지스 강이 강고뜨리의 존재를 위한 증거이다. 만약 갠지스 강이 있다면, 우리는 강고뜨리가, 그것의 어머니가 있음에 틀림없다고 말할 수 있다. 그러므로 만약 기따가 있다면, 그때 그것의 저자인 어떤 크리슈나가 거기에 있음에 틀림없다. 그러므로 나는 기따에서 움직이기 시작하여 거기로부터 크리슈나에게로 움직일 것이다. 나는 그렇게 말한다. 왜냐하면 기따가 우리와 더불어 여전히 있으며, 그것이 존재 내에 있기 때문이다. 만약 우리가 크리슈나로부터 시작하여 기따에게로 간다면, 우리는 불필요한 어려움에 놓이게 될 것이다. 왜냐하면 그때는 크리슈나가 정말로 존재하는지 그렇지 않은지에 대한 의문이 일어날 것이기 때문이다. 그의 존재가 의심스러워지는 경우에는 기따가 의심스러워진다. 그러나 우리는 항상 좋지 못한 방식으로 행동한다.

바가바땀에 보면 분명히 에로틱해 보이는 크리슈나의 청년 시절의 일화가 나와 있습니다. 거기에 보면 고삐들로 알려져 있는 여인들이 야무나 강에서 나체로 목욕하고 있을 때, 크리슈나가 그들의 옷을 갖고 달아났으므로 여인들은 어쩔 수 없이 옷을 벗은 채 나올 수밖에 없었습니다. 여인들이 수줍어하면서 손으로 성기를 가리고 물에서 나올 때, 크리슈나는 그들에게 그들이 옷을 벗고 목욕함으로써 물의 신에게 잘못을 저질렀으니 그 신에게 손을 합장하여 인사함으로 용서를 구해야 하며, 그러면 옷을 돌려받을 수 있을 것이라고 말하였습니다. 이 단락의 바가바땀을 보면, 크리슈나는 여인들로 하여금 그들의 성기를 그에게 노출시키게 하였으며, 알몸 상태의 그들을 보고 아주 기뻐했다는 기록이 있습니다. 그리고 스승님은 인간 사회에서 나체주의의 개척자인 크리슈나의 강한 지지자인 것처럼 보입니다. 그런데 현재 서구에서 일고 있는 나체 클럽들과 스승님이 생각하는 나체주의 간에 어떤 차이가 있습니까? 옷이 문명을 나타내고 피부는 문화를 나타낸다는 말이 있습니다. 만약 우리가 옷을 벗어 버리면 한편으로 우리는 우리의 자연 상태에 있을 것이며, 다른 한편으로 우리는 야만인처럼 보일 것입니다. 그것은 원시 시대의 삶으로 되돌아가는, 밀림으로 되돌아가는 것이 되지 않을까요? 시계바늘을 거꾸로 돌리는 이것이 진보의 단계라 할 수 있겠습니까?

춤추는 여자와 수도승의 대화가 있다.

춤추는 여인이 수도승에게 말했다. "당신은 춤추고자 하는 갈망을 심하게 억눌러 수도승이 되었습니다."

수도승이 춤추는 여자에게 말하였다. "당신은 수도승이 되기 위한 갈망을 강하게 억눌러 춤추는 여자가 되었습니다."

처음의 것들이 처음에 와야 한다. 프로이트의 리비도라는 개념은 매우 의미가 있다. 리비도라는 단어의 정확한 의미는 성 에너지이다.

성 에너지는 퍼져 있으며, 인간의 삶뿐만 아니라 온 창조의 생명에 넓게 퍼져 있다. 온 우주는 성 에너지로 젖어 있다. 뿌라나들로 알려져 있는 힌두 신화에 보면 창조자 브람마가 성욕에 이끌려 세상을 만들었다고 말한다. 성 없이는 창조, 창조성이 불가능하다. 전체 창조물은 성으로부터 나온다. 우주에 있는 무엇이나 그것은 성의 결과이다. 꽃이 피는 것이든 새가 노래하는 것이든 삶의 모든 유희, 모든 표현은 성 에너지의 작용이다. 무한한 형태들로 창조의 무한한 파도들을 일으키는 바다 같은 성 에너지가 있다고 우리는 말할 수 있다.

더 깊은 의미에서는 신 그 자신이 이 성 에너지의 중심이다.

크리슈나의 삶에는 성에 대한 단순하고 자연스러우며 천진한 수용이 있다. 인간의 자발적이며, 더럽혀지지 않으며, 그리고 편안한 성품이 그의 삶에서 그것의 충분한 표현법을 발견했다. 어떤 것도 부정되지 않으며, 아무것도 억압되지 않는다. 있는 그대로의 삶이란 삶의 완전한 단순성, 자연성을 받아들이며 사는 것이다. 그리고 그것은 그것에 대한, 존재에 대한 깊은 감사함으로 사는 것이다.

그러므로 크리슈나의 삶에서 일어난 사건들을 억압하고 변화시키며 왜곡하려는 사람들은 오직 그들 자신의 가책을 느끼는 마음, 그들의 억압된 성과 정신적 아픔을 배반하고 있을 뿐이다. 그래서 고삐들의 옷을 훔치고 그들의 나체에 장난을 한 것은 어린 크리슈나라고 주장했다. 우리는 그것들을 어린아이의 장난으로 생각하면서 위안을 얻는다. 왜냐하면 그 또래의 아이들은 상대의 나체를 보는 데 재미를 느끼기 때문이다.

소년 소녀들의 이런 호기심은 아주 자연스러운 것이다. 소년이든 소녀이든 간에 아이가 자신의 신체를 자각하게 되자마자, 그 또는 그녀는 자신의 몸과 상대되는 성의 몸에 다소 차이가 있음을 깨닫는다. 소년은 그가 여자 형제의 몸과 다르다는 것을 알아차리게 되고, 소녀는 남자 형제의 몸과 다르다는 것을 알게 된다. 이러한 인식은 만약 소년들과 소녀들이 어느 시간 동안 나체로 사는 것이 허락된다면 문제가 되지 않을 것이다. 그러나 가족 중의 윗사람들이 성에 강박적이면 그들은 아이들에게도 아주 어린 나이 때부터 옷 입는 것을 강요할 것이며, 그러면 소년과 소녀들은 이성의 몸들과 자연스럽게 친숙해지지 못하게 된다. 그래서 고삐들의 옷을 가지고 달아나서 그들의 나체를 엿보는 크리슈나의 어린 시절에는 아무런 이상한 것이 없다는 주장이었다. 모든 소년은 나체의 소녀를 보려 한다.

지금의 문화는 나무, 호수, 강과 친숙하지 못하도록 하였기에 아이들은 다른 사람들의 몸을 엿보는 새로운 방법들을 찾아야만 한다. 프로이트는 소년들이 의사놀이를 하면서 소녀들을 환자로 간주하여 침대에 눕히고는 그녀의 몸을 관찰한다고 말했다. 이것은 아주 자연스러운 호기심이며 거기에 나쁜 것은 없다. 소년들과 소녀들은 이성의 몸들과 친숙해지기를 좋아한다. 이 친숙은 청년기에 서로 더 친밀해지도록 그들을 준비시킬 것이다.

크리슈나가 아이였을 때 이 모든 행위를 했다는 것은 가능하다. 그러나 그것은 다 자란 크리슈나에게도 역시 불가능한 것은 아니다. 그것이 우리에게는 불가능할 수도 있으나 크리슈나에게는 그렇지 않다. 왜냐하면 크리슈나는 삶 그 자체를 있는 그대로 받아들이며, 어떠한 꾸밈도 없이, 어떤 가장도 없이 삶을 자연스럽게 살기 때문이다. 그리고 그가 태어난 곳에서의 문화는 크리슈나가 그런 것처럼 자연스럽고 자발적인 긍정적 삶을 살아갔다. 그가 이러한 사건들을 결코 언급할 수 없는 우리의 사회에서 태어났다면, 우리는 그것들을 그냥 억압했을 것이며 우리의 문헌에서 그에 대한 기록들을 삭제했을 것이다. 그러나 바가바땀과 유사한 책들은 그러한 것들을 잘못되거나 그릇된 어떤 것으로 보지 않았으며 그래서 순진함과 자연스러움으로 그것들을 언급하고 있다. 이러한 책들은 수천 년 동안 존재해 왔으며, 이 수천 년 동안 아무도 다음과 같은 질문을 하지 않았다. "크리슈나는 도대체 어떤 사람인가?" 오직 현대에 와서만 이 질문이 일어나고 있다. 그 질문을 하는 사람은 바로 우리이다.

크리슈나의 삶의 이 에피소드들이 일어났던 문화는 그것들을 아무렇지 않게 받아들였다. 이것은 그 에피소드들이 오로지 크리슈나의 놀이만이 아니라, 많은 크리슈나들, 많은 고삐들이 함께 했던 그 시대의 일상적인 놀이였음을 보여 준다. 크리슈나 시대는 우리의 시대와는 완전히 달랐음에 틀림없다. 그 시대는 삶을 매우 긍정하고, 생생하고, 자연스러웠으며, 이해하는 문화였다. 그 시대는 대단했다.

나는 바가바땀에서 언급하고 있는 고삐들이 어린아이들이었다는 것을 받아들일 수 없다. 그들은 그들 자신이 완전히 다른 성을 갖고 있는 소녀들이라는 것을 알기 시작한 나이였고, 그들이 매우 수줍어하게 되는 나이였고, 그들은 다른 사람들로부터 숨겨야 할 무언가를 가지고 있다는 것을 아는 나이였음에 틀림없다. 이것은 소년들이 그들의 몸을 알고, 그리고 보면서 몸에 흥미를 느끼기 시작하는 바로 그때이다. 두 가지 일은 함께 일어난다. 크리슈나의 여자 친구들인 이들 고삐들은 크리슈나와 대략 같은 나이였음에 틀림없다. 그것은 크리슈나가 왜 나체인 그들을 보는 것에 흥미를 느꼈는지와 그들이 왜 그들의 나체를 숨기기 위해 노력했는지에 대한 이유이다.

이 맥락에서 남성의 마음과 여성의 마음 사이에 있는 많은 차이들 중 다음과 같은 한 가지 중요한 차이가 있다는 것을 이해하는 것이 필요하다. 남자는 나체의 여성을 보는 것에 흥미를 느낀다. 그들은 엿보는 것을 즐긴다. 그러나 반면에 여자는 나체의 남자를 보는 것에 흥미를 느끼지 않는다. 남자가 여자의 나체에 깊은 흥미를 느낀다는 것은 재미가 있는 일이다. 이런 이유로 세계 도처에 그렇게도 많은 여자들의 누드 상들이 있다.

남성의 누드 상은 드물며, 단지 동성애를 허용하는 문화들에서만 볼 수 있다. 예를 들어, 그런 나체의 남성상들은 동성애 관계가 유행하던 소크라테스와 플라톤 시대의 그리스에서 만들어졌다. 그러므로 이들 남성 누드 상은 남자들에 의해 그리고 또한 남자들을 위해 만들어졌다. 여자들은 남성들의 나체에 흥미를 거의 느끼지 않는다. 그래서 남자들을 위한 잡지는 여자들의 나체 사진을 많이 싣지만, 여자들을 위한 잡지에는 남자들의 나체 사진이 없다. 여자들은 남자들의 이런 광기에 대해 그저 미소 지을 뿐이다.

당신은 알아채지 못했을 수도 있지만, 사랑의 깊은 순간에 애인의 옷을 벗기기를 원하는 쪽은 남자다. 여자는 그렇지 않다. 사랑하는 동안 남자는 그의 눈을 뜨고 있지만, 여자는 으레 눈을 감는다. 심지어 그녀는 애인에게 키스를 받을 때조차 대체로 눈을 감는다. 그녀는 보는 것에 흥미가 없다. 그녀는 애인을 받아들여 그와 하나가 되는 것에 흥미가 있다. 하지만 남자는 그의 여자를 바라보는 것에 깊은 흥미를 느낀다. 그리고 여성에게 자신을 숨기려는 욕망을 일어나게 하는 것은 이 남성의 흥미이다.

그래서 온 세상의 여자들은 다양한 방법으로 그들의 몸을 감춘다.

그러나 그들의 몸을 감추기 위한 이 욕망이 그들에게 문제를 가져온다. 왜냐하면 그들이 너무 많이 감추면 매력을 잃기 때문이다. 그래서 그들은 두 가지 일을 동시에 한다. 즉 그들의 몸을 감추기는 하지만 그와 동시에 노출시키는 방식으로 몸을 감추는 것이다. 그들은 몸을 감추면서도 동시에 드러낸다. 같은 옷이 몸을 감추고 드러내는 데 영리한 방식으로 사용된다. 그들은 일반적으로 훔쳐보는 사람들을 두려워하기 때문에 감추지만, 또한 남자를 유혹하기 위해 몸을 드러낼 필요가 있다. 그래서 그들은 동시에 그들 자신을 드러내고 숨기는 것 사이의 갈등 속에 있다. 그들은 두 필요 사이의 균형을 찾아야만 한다.

그러므로 고삐들이 손으로 성기를 가리고 강에서 나온 것은 당연하다. 이 에피소드는 아주 자연스럽다. 그들에게 손을 합장한 채 물의 신에게 경배하라는 크리슈나의 요청 또한 자연스럽다. 거기에 이상한 것은 아무것도 없다. 이것은 남성의 마음이 행동하는 방식이다. 크리슈나는 매우 단순하고 자연스러운 남성의 마음을 가지고 있다. 그는 완전한 남자의 마음을 가지고 있다고 말할 수 있다. 그의 마음에 관한 아무런 비틀림도, 아무런 억압도, 아무런 가장도 없다. 이야기들을 쓴 사람은 아무런 가장이 없는, 아주 단순하고 순진한 사람이었다. 그들은 일어났던 그대로를 정확하게 썼다. 그들은 어떤 억제하는 원칙도 갖지 않았고 그 문제에 대해 죄책감도 가지지 않았다.

당신이 에로틱하다고 말하는 이 이야기들이 크리슈나를 신의 완전한 화신으로 부르는 바가바땀에 쓰여 있다는 것은 의미가 있다. 그 책의 저자들은 당신이 지금 미리 생각하는 것처럼 이 이야기들이 신으로서의 그의 존재를 의심하게 만들 수 있을 것이라고는 생각하지 않다. 나는 당신에게 인간이 아닌 신만이 순수하고, 단순하고, 자연스럽고, 겸손하고, 자발적일 수 있다고 말한다. 어떤 인간도 신만큼 단순하고 자발적이 될 수 없다. 인간은 매우 복잡하다. 인간은 개념들, 아이디어들, 이상들에 따라서 모든 일을 한다. 인간은 그가 말하고 행동하는 모든 일을 미리 계획한다. 나는 크리슈나가 그것을 미리 계획하지 않았다고 말한다. 그는 고삐들이 어떻게 행동할 것인지, 그리고 그에 대한 반응으로 그가 무엇을 해야 될 것인지에 대한 어떤 아이디어들을 가지지 않았다. 모든 일은 극히 자발적이고 자연스럽게 일어났다. 그리고 그 일이 일어났던 그대로 정확하게 묘사했던 사람들은 참으로 위대했다. 분명히 그들은 단순하고, 진실하고, 복잡하지 않고, 순진한 사람들이었다. 당신은 그랬을 수도 있겠지만, 그들은 그 이야기들을 억압하려 하거나 편집하려고 하지 않았다.

크리슈나의 삶 속의 이 에피소드들이 우리를 난처하게 하고 우리를 어려움 속으로 밀어 넣기 시작하게 된 것은 훨씬 후에 일어났다. 우리의 변화하는 아이디어들과 이상들, 그리고 새로운 도덕적 규범들 때문에 결국 우리를 혼란스럽게 만들 수 있는 많은 것들이 과거에 존재하고 있다. 우리는 그것들을 추억으로 생각하여 판단하려고 노력한다. 그것이 우리를 어려움에 빠뜨린다.

나의 견해로 성 에너지는 크리슈나의 삶에 있어서 가장 자연스럽고도 아름답게 표현되고 있다고 생각한다. 그는 성을 기탄없이, 어떤 가장 없이 받아들였다. 그는 가장 자연스러운 삶을 살았다. 그리고 중요한 것은 그가 살았던 사회는 너무나 자연스럽게 그리고 너무나 숨김없이 크리슈나를 받아들였다는 점이다.

질문자는 내가 나체주의의 개척자인지를 또한 알고자 한다. 어떤 면에서는 그렇다. 내가 옷 입는 것을 반대하는 것은 아니다. 옷에 대항하는 것은 시계바늘을 거꾸로 돌리는 것과 같을 것이다. 옷은 유용하다. 옷은 필요하다. 그러나 그것이 어떤 도덕적 가치를 가지고 있는 것은 아니다. 그것은 실용적이다. 그러나 그것은 도덕성과는 아무런 관련성이 없다. 겨울에 우리는 추위로부터 우리를 보호하기 위해 옷이 필요하다. 여름에는 다른 종류의 옷이 필요하다. 그리고 당신은 대중 속에 있을 때 옷이 필요하다. 왜냐하면 누드로 있는 당신을 보기를 원하지 않는 사람들의 기분을 상하게 할 권리가 없기 때문이다. 그것은 일종의 침해가 될 것이다.

그러나 이것은 그들 때문에 집 안에서 우리의 몸을 드러내는 자유조차 없다는 의미는 아니다. 그렇다. 옷은 우리가 신발을 사용하는 것처럼 사용되어야 한다. 우리는 집 안에 있는 동안에는 신발을 신지 않는다. 집에 도착하면 우리는 신발을 현관에 벗어 두고 맨발로 이 방에서 저 방으로 걸어 다닌다. 그리고 우리가 맨발로 있을지라도, 어느 누구도 왜 우리가 맨발로 있는지를 묻지 않는다.

우리는 옷을 자연스럽게 받아들여야 한다. 그것에 대하여 어떤 거친 태도가 있어서는 안 된다. 우리가 나체를 자연스럽게 받아들일 때만 그것은 가능하다. 자연스럽게 나체를 받아들이지 못한다면, 당신은 옷을 자연스럽게 수용할 수 없다. 만약 당신이 나체를 부정하고 비난한다면, 옷은 그것이 갖지 않고 있는 도덕적 가치를 떠맡는다. 사실 인간은 지금 너무 많은 옷을 입고 있다. 그렇기 때문에 인간은 똑같은 옷들로 그 자신을 표현하는 방법들과 수단들을 찾아야만 한다. 이것이 부도덕을 일으킨다.

나는 우리가 나체를 자연스러운 일로 받아들여야 한다고 생각한다.

우리는 알몸으로 태어났고, 심지어 옷 뒤에 알몸으로 있다. 신은 우리 모두를 알몸으로 만든다. 신은 우리를 여기에 옷을 입혀 보내지 않는다. 알몸은 단순하고 자연스럽다. 알몸 주위에는 순수의 오라(aura)가 있다. 그러나 그것은 우리가 벗어야만 한다는 의미는 아니다.

신이 우리를 만든 방식 안에서 우리는 변화들을 만든다. 신이 만든 태양으로부터 우리 자신을 보호하기 위해 우리는 양산을 사용한다. 그것은 신에 대한 도전의 의미는 아니다. 양산은 뜨거운 태양으로부터 우리를 보호한다. 이렇게 하는 것은 태양이 그러하듯 신성한 사랑의 부분이다. 빛과 그늘 간에는 아무런 모순이 없다. 우리는 우리의 편의와 즐거움을 위해 자유로이 선택한다.

그러나 만약 어느 날 그늘에 앉아 있는 것은 선이고 태양 아래를 걷는 것은 죄라 한다면, 그때 그늘에 앉아 있는 것은 벌의 한 종류로 바뀔 수도 있을 것이다. 그러면 그때 사람들은 아주 몰래 비밀스럽게 햇빛을 즐기기 시작할 것이다. 햇빛을 즐기는 것과 같은 그런 단순하고 자연스러운 일이 죄로 변할 것이다. 이러한 방식으로 완전히 쓸데없고 어리석은 많은 부도덕과 죄와 범죄가 일어난다. 우리가 짊어지고 고통 받아야만 하는 많은 죄의 짐들은 우리 자신의 어리석은 생각의 결과이다.

나는 나체가 삶의 한 사실임을 믿는다. 우리는 그것을 자연스러운 현상으로 그냥 받아들여야만 한다. 그것으로부터 도망칠 필요가 없다. 그러나 우리는 그것을 금기로 만들었다. 그 때문에 우리는 이 금기를 피하기 위해 많은 우회 장치들에 의지해야만 한다. 나체주의 포스터들, 포르노, 그리고 나이트클럽들은 이 금지의 부산물들이다. 그것들은 우리가 나체를 우리 삶의 자연스러운 부분으로 받아들일 때 사라질 것이다. 나는 옷에 대한 포괄적인 금지를 지지하지는 않는다. 그것은 확실히 시계바늘을 거꾸로 돌리는 일일 것이다. 그러나 가족 구성원들이 때때로 옷 없이 함께 앉을 수 있다면 그것은 좋을 것이다. 만약 겨울 아침에 우리가 태양 아래 알몸으로 앉아 있거나 때때로 여름에 강에서 알몸으로 수영한다면 좋을 것이다. 그것은 우리의 육체적 · 정신적 건강, 모두에 좋은 것이다. 만약 우리가 삶의 방법들로 옷과 알몸을 함께 받아들인다면 우리는 나체인 원시인들이 가지지 못했던 옷의 이익들을 가질 것이고, 동시에 우리는 옷에 너무 사로잡힘으로써 오는 불편들과 부조화들을 모면할 것이다. 그리고 그것은 내가 제시하고 있는 진보적인 제안이다. 그것은 나체주의자들과 옷에 사로잡힌 사람들 둘 다를 위한 진일보한 제안이다.

나체주의 클럽은 사회에 너무 많은 옷을 강요했던 이들에 대한 일종의 반란이고 반작용이다. 나는 나체주의 클럽을 지지하지 않으며, 옷에 사로잡힌 이들도 지지하지 않는다. 나는 대안을 제시한다. 옷에 사로잡히지 말라. 그리하면 나체주의 클럽들은 사라질 것이다. 나체주의 클럽들은 옷에 사로잡힌 우리의 병들을 치료하기 위한 방향의 한 단계라고 추측된다. 그러나 나는 말한다. 병으로부터 벗어나면 치료는 사라질 것이다. 전체 사회를 질병으로부터 자유롭게 하고 건강하게 하라.

나는 말한다. 만약 아버지와 젊은 아들이, 어머니와 젊은 아들이 집에서 알몸으로 함께 목욕한다면, 이 아들은 결코 소녀들을 괴롭히거나 시장 안에서 그들에게 일부러 부딪치면서 지나가는 그러한 일에 결코 빠지지 않을 것이다. 이런 일들이 어떤 의미를 지니지는 않을 것이다. 만약 남자와 여자 사이에 존재하는 거리가 상당히 줄어든다면, 소위 말하는 많은 청소년 범죄들이 사라질 것이다. 젊은 남자가 젊은 여자를 스치며 지나갈 때—그는 정말로 그 거리를 줄이기 위해 애쓰고 있다—그는 점잖게 그녀를 건드릴 방법이 없기 때문에 거친 방식으로, 험한 방식으로 건드린다. 만약 내가 나의 손으로 사랑하는 여자의 손을 잡고서 얼마나 사랑하는지를 말할 수 있다면, 그리고 내가 살고 있는 사회가 그것을 아름다운 것으로 받아들이는 데 자연스러우면 여자에 대한 나쁜 행동은 드물어질 것이다. 그러나 그런 사회는 포기해야 할 정도로 아직 멀다.

아름다운 꽃을 발견했을 때 우리는 잠시 동안 그 곁에 멈춰 그것을 바라보고 난 뒤에 다시 길을 간다. 꽃을 스쳐 지나가면서 결코 그것에 상처 입히고자 하지 않는다. 그러나 만약 어느 날 꽃들이 법을 만들고 그 자신들을 쳐다보는 사람들을 막기 위해 경찰을 고용한다면, 사람들은 곧 꽃들을 난폭하게 대할 것이다. 그때 부도덕이 존재 안으로 들어오게 될 것이다. 사실상 너무 많은 도덕이 부도덕을 낳는다. 만약 당신이 너무 도덕적이라면 당신은 오래지 않아 부도덕해지기 마련이다. 그러므로 만약 한 사회가 옷에 사로잡힌다면 그 사회는 곧 나체주의 클럽들을 일으킬 것이다.

나는 나체주의 클럽들을 지지하지 않는다. 옷에 대한 집착을 지지하지 않기 때문이다. 나는 쉽고, 자연스럽고, 자발적인 삶을 지지한다. 나는 아무런 왜곡이 없는 있는 그대로의 삶을 받아들이는 사람이다. 크리슈나는 이것을 승인하는, 자연스러운 것 모두를 자연스럽게 받아들이는 독특한 상징이다.

남자가 추방당하는 것에 대한 두려움 없이 자신이 좋아하는 여자의 손을 자유롭게 잡을 수 있는 사회가 필요하다고 말씀하셨습니다. 그것이 부도덕이라는 문제를 일으키기 때문에, 우리는 부도덕에 관한 견해를 알고 싶습니다. 어떤 사람이 여자의 손을 잡을 뿐 아니라 함께 침대로 가자고 요구하는 것은 어떻습니까? 그것이 많은 남자들과 여자들의 삶에 갈등을 일으키지 않을까요? 많은 남편들을 곤란에 빠뜨리지 않을까요?

(그때 누군가가 위의 것과 유사한 질문을 했다.)

크리슈나는 삶의 두 극단을 나타냅니다. 한편으로 그는 고삐들의 옷을 훔치고, 다른 한편으로는 공개적인 자리에서 까우라바들이 드라우빠디의 옷을 벗기자 그녀에게 옷을 가져다줍니다. 그의 삶의 이러한 측면들은 실로 독특하고 예사롭지 않고 신성한 것입니까? 아니면 그냥 예외적인 것에 불과합니까? 게다가 그의 피부색에 대한 이야기들이 분분합니다. 드라우빠디에게 옷을 준 크리슈나의 피부색은 검다고 말해지고 있습니다. 바가바땀에서는 그의 피부색을 하얀색, 노란색, 푸른색으로 묘사하고 있습니다. 시인들은 환상적인 방법으로 그의 푸른 피부색을 찬양하고 있습니다. 이에 대해 말씀해 주십시오.

자연스러움에 관한 한, 몸의 한쪽 팔다리와 다른 쪽 팔다리 사이에는 차이가 없다. 만약 차이가 있다면 그것은 인간이 만든 것이다. 우리가 보는 차이는 우리 자신의 창조물이다. 그것은 실제가 아니다. 몸에 있는 모든 팔다리는 똑같다. 손과 다리 사이에는 차이가 없다. 그러나 우리는 심지어 우리 몸의 부분들을 나누고, 그것들을 분류했다. 모든 사람에게 공개되는 집의 거실과 같은 부분이 있고, 똑같은 집에 자물쇠가 채워져 있는 숨겨지고 비밀스러운 벽장과 같은 또 다른 부분이 있다. 심지어 우리의 몸까지 나누어진다면 그 나누어진 몸은 건강하지 못한 몸이다. 그러나 본질적으로 몸 그 자체는 유기적인 전체이다. 그것은 나눌 수 없다. 한쪽 팔다리와 다른 쪽 팔다리 사이에는 아무런 구분이 없다. 인간이 그의 자연스러운 건강을 되찾을 때 인간들이 만든 구분들이 사라질 것이다.

그러나 한 사람이 다른 사람과의 관계에서 그 사람의 몸에 대한 자유를 얼마나 가질 수 있는지를 질문한 것은 옳다. 당신의 손으로 어떤 사람의 손을 사랑스럽게 잡는 것은 좋다. 그러나 그렇게 하는 데 있어서 당신은 또한 다른 사람의 느낌들을 충분히 고려해야만 한다. 내가 이야기하고 있는 자연스러운 삶의 가능성을 지닌 자연스러운 사회에서는, 사람은 다른 사람을 언제나 충분히 고려할 것이다. 다른 사람의 손을 잡을 때는 그 또는 그녀가 불필요하게 상처를 받지 않는지, 불편을 느끼지 않는지를 보아야만 한다. 이러한 고려는 그 자연스러움에 이르는 기초가 될 것이다. 아마도 손을 잡는 것이 나에게는 즐거울지라도 나에게 손을 잡힌 사람에게는 상처가 될지도 모른다. 내가 나의 행복을 추구할 수 있는 것만큼 그도 자유로이 그의 행복을 추구할 수 있는 존재이다. 내가 나의 행복에 대한 권리를 지닌 것처럼 그도 그의 행복에 대한 권리를 지니고 있다. 그러므로 내가 어떤 사람의 손을 잡는 데 있어서, 나는 그것이 나에게 즐거움을 준다는 것을 알아야 할 뿐만 아니라 다른 사람이 그것을 어떻게 받아들이는지도 알아야만 한다.

나는 자유롭다. 내 자유는 완전하다. 하지만 그것은 나에게 한정된 것이다. 내 자유가 다른 사람의 자유를 침범할 수는 없다. 그의 자유는 나의 것만큼이나 완전하기 때문이다. 다른 사람과 관계할 때, 나의 자유에는 그의 자유에 대한 책임도 있을 것이다. 그렇지 않으면 자유는 방종이 되고 무의미해진다. 자유는 분할할 수 없기 때문이다. 자유와 책임은 당연히 함께 한다.

당신이 나에게로 와서 나를 껴안는다면, 분명히 당신은 그것에 대해 행복을 느낄 것이다. 그러나 나 또한 같은 방법으로 느껴야 할 필요는 없다. 당신의 포옹에 의해 나는 상처받을 수 있고 방해받을 수도 있다. 그러므로 당신이 당신의 행복을 구할 권리를 부여받고 있다면, 나는 상처받는 것을 피할 똑같은 권리를 동등하게 부여받고 있다. 이 이해는 자연스럽고, 사리 분별력이 있는 건강한 사회가 만들어지기 위해서는 필요 불가결한 조건이다. 자연스러운 사회는 치안판사, 경찰과 감옥의 도움이 강제되는 법률들을 가지지 않을 것이며, 단지 그 사회는 그 사회를 보살피는 구성원들의 이해와 인식에 달려 있을 뿐이다.

당신은 또한 나의 도덕관을 알기를 원한다. 나에게는 다른 사람에 대한 존중이 도덕이다. 나는 나 자신을 존중하는 만큼 다른 사람을 존중해야 한다. 이것이 도덕의 핵심이다. 이 날개 아래에 모든 종류의 도덕이 있다. 나 자신을 위해 내가 원하는 만큼의 존중으로 다른 사람을 존중하는 것이 도덕의 주춧돌이다. 이것보다 더 높은 도덕은 없다. 내가 나 자신을 다른 사람 위에 올려놓을 때 나는 부도덕해진다. 내가 나 자신을 목적이라 생각하고 타인들을 수단으로 생각하는 날, 나는 완전히 부도덕해진다. 각 사람은 그 자신이 목적이라는 것을 내가 진실로 알 때까지는 나는 부도덕하다.

그리고 당신은 아내가 다른 사람이 손을 잡거나 그녀를 껴안는 것을 허락한다면 남편이 상처받을 수 있다고 말한다. 그것은 충분히 가능하다. 사실상 남편이라는 제도 그 자체가 부도덕의 한 종류이다. 결혼이란 남편이 자신과 결혼한 여자를 평생 동안 하나의 수단으로 바꾸어 놓았다는 사실의 선언이다. 남자는 그녀에 대한 자신의 소유권을 확립하기 위해 한 여자를 샀다고 말한다. 하지만 사람은 소유될 수 없다. 단지 사물만이 소유될 수 있다. 당신이 사람을 소유할 때 당신은 그 사람을 사물로 격하시킨다. 사람에 대한 이 소유권은 가장 나쁜 종류의 부도덕이다.

나는 결혼은 부도덕이라고 말한다. 사랑은 도덕이지만 결혼은 완전히 부도덕하다. 더 좋은 세상에는 결혼이라는 것이 없을 것이다. 더 좋은 세상에서는 한 남자와 한 여자가 평생 동안 친구와 동료로 살아가겠지만, 이 관계에는 계약이나 매매, 속박, 강제와 강압 같은 요소가 없을 것이다. 이 관계는 서로에 대한 사랑에 완전히 기반을 둘 것이다. 그것은 그들의 사랑의 반영이고, 그 외에 아무것도 아닐 것이다.

사랑이 법의 보호를 구하는 날, 그것은 죽음을 자초한다. 사랑이 계약되고 법제화된 결혼으로 바뀌는 날, 사랑은 바로 죽는다. 내가 한 여자에게 말하기를, 그녀가 나의 아내이므로 나는 그녀의 사랑을 받을 권리가 있다고 한다면, 나는 실제로는 그녀의 사랑을 요청하고 있는 것이 아니라 그녀에 대한 나의 법적인 소유권을 주장하고 있는 것이다. 아마도 그 순간에 아내에게는 사랑하는 감정이 없을지도 모른다. 왜냐하면 사랑의 순간들이라는 것이 있기 때문이다. 그리고 그 순간들은 매우 희귀하다. 보통 사람들은 하루 24시간 내내 사랑하는 상태에 있을 수 없다. 그것은 사랑 그 자체가 된 드문 사람들에게만 가능할 수 있다. 보통 사람들은 늘 사랑할 수가 없다. 그들은 아주 드물게 찾아오는 사랑의 순간들을 기다려야만 한다. 그러나 법은 그런 순간들을 기다리지 않을 것이다. 나는 나의 아내에게 지금 바로 나를 사랑해야 한다고 말할 수 있다. 그녀는 나의 아내이기 때문이다. 그리고 그녀는 굴복해야만 할 것이다. 그런데 사랑은 당신이 누군가에 의해 사랑을 강요당하는 순간 죽는다. 만약 나의 아내가 나에게 사랑하는 감정이 없고, 지금 바로 나를 사랑하지 않는다고 말한다면 법적인 문제들이 곧 일어날 것이다.

대부분의 윤리적 개념들과 도덕적인 법들은 부자연스럽고, 독단적이고, 비현실적이다. 도덕이란 이름으로 우리는 우리 자신에게 완전히 불가능한 것들을 강요하고 있다. 부도덕이 만연한 것은 그 때문이다. 도덕에 대한 우리의 개념 그 자체가 부도덕하다고, 부도덕을 낳는 것은 도덕이라고 말하는 것은 이상해 보일 것이다. 그러나 그것은 사실이다. 만약 내가 오늘 누군가를 사랑한다면, 나는 내일 다른 사람을 사랑하진 않을 것이라는 약속을 그 사람에게 할 수 있는가? 그것을 보장하는 것은 불가능하다. 아직 오지 않은 내일에 대해 내가 어떻게 말할 수 있겠는가? 그리고 아직 알지 못하는 사람에 대해 어떻게 말할 수 있겠는가? 만약 내가 그러한 약속을 한다면, 문제들이 내일 일어날 수밖에 없다. 내일 나의 맹세와 나의 약속을 모르는 사람이 나타날 수 있다. 내일은 내가 오늘 한 약속을 알 수 없는 완전히 다른 가슴이나 마음의 상태가 일어날 수 있다. 만약 내가 내일 다른 사람과 사랑에 빠진다면, 이 약속, 이 맹세는 그 사랑을 방해하게 될 것이다.

만약 내가 내일 다른 사람과 사랑에 빠진다면, 그것은 불가능하지 않은데, 나는 두 가지 대안에 직면하게 될 것이다. 한편으로 나는 은밀한 연애를 해야 할 것이고, 다른 한편으로는 영원히 사랑한다고 약속한 사람을 사랑하는 척 해야 할 것이다. 이것은 어디에서나 일어나고 있는 현실이다. 하지만 진정한 사랑이 지하로 가도록 강요당하고 거짓 사랑이 팽배하는 사회가 바로 부도덕하고 추한 사회 아닌가?

그래서 나는 결혼을 부도덕하다고 생각한다. 나는 그것이 부도덕한 사회의 작품이라고 말한다. 그리고 결혼은 다시 수많은 부도덕을 일으킨다. 매춘은 그들 중 하나이다. 이것은 결혼의 부산물이다. 사람들이 결혼 제도를 강화하고 결혼을 신성불가침으로 만들려는 곳에 매춘은 즉시 나타난다.

인도 신화의 사비뜨리(Savitri)처럼, 매춘부는 아내들의 순결을 보호한다. 만약 당신이 아내들의 순결을 지키고자 한다면 매춘이 그 답이다. 아내는 그녀의 남편이 이웃의 아내와 사랑에 빠지는 것보다는 오히려 매춘부에게 가는 것을 더 좋아할 것이다. 왜냐하면 사랑에 휩쓸린다면 그것은 너무나 위험한 것이 되기 때문이다. 만약 남편이 다른 여자와 사랑에 빠진다면 위험에 놓일 수 있으나, 그가 이따금 매음굴을 방문한다면 아내의 지위는 안전할 것이다. 매춘은 휩쓸림을 요구하지 않는다. 당신은 그것을 돈으로 살 수 있다. 사랑은 깊은 휩쓸림을 요구한다. 따라서 아내들은 매춘 제도에 동의했다. 그러나 그들은 사랑에는, 그녀의 남편이 다른 여자와 사랑에 빠지는 것에는 동의할 수 없다.

내가 성이나 사랑은 자연스러운 것이고 또 자연스럽게 받아들여야 한다고 말하면, 당신은 도덕주의적으로 양육되고 금기들에 지배당하는 사람들을 어려움 속에 빠트릴 것이라는 주장으로 내 말에 반대한다. 나는 당신에게 말한다. 그런 사람은 이미 깊은 괴로움 속에 있다고, 그리고 내가 여기에서 하는 말이 그가 곤경에서 벗어나도록 도울 수 있다고. 그는 이미 충분한 괴로움과 문제들에 에워싸여 있다. 깊은 물 속에 빠져 있지 않은 사람이 어디에 있는가? 그는 정말로 물에 빠져 있다. 하지만 우리는 그 어려움을 보지 못하고 있다. 그것들은 너무나 오래되었고 우리에게 너무 익숙해져 있기 때문에 우리는 보지 못하고 있다. 만약 질병이 만성적이라면 우리는 그것을 잊는 경향이 있다. 내가 말한 것이 새로운 어려움을 가져올 수 있다. 당신에게 어려움을 정말로 가져올 것이라는 의미에서가 아니라, 당신을 정말로 힘들게 하는 오랜 습관들, 오래된 조건화들을 포기하도록 요청할 것이라는 의미에서 그렇다.

그러나 만약 어느 날 인류가 삶을 있는 그대로 단순하고 자연스럽고도 자발적인 것으로 받아들이는 데에 동의한다면, 만약 사람들이 그들 자신에게 부자연스럽고 불가능한 도덕들을 부과하기를 포기한다면, 그때 수천 수만의 크리슈나가 이 세상을 걸을 것이다. 그러면 온 세상은 크리슈나들로 뒤덮일 것이다.

끝으로 당신은 왜 크리슈나가 많은 색깔로 묘사되었는지 알기를 원한다. 참으로 그는 많은 색깔을 가진 사람이었다. 그는 다채로운 사람이었다. 그는 한 가지 색깔로 소개될 수 없다. 그는 참으로 다색이었다. 그의 피부 색깔은 하나 이상일 수 없지만, 그의 삶은 무지개의 모든 색깔을 가지고 있다. 그리고 많은 부분은 당신이 그를 보는 당신의 눈에 달려 있다. 사실상 당신은 당신 자신이 지니고 있는 지각의 색깔로 그를 본다.

우리는 여러 색깔을 지니고 있다. 우리는 마음의 상태에 따라 다른 색깔들을 본다. 사람은 자신의 가슴-마음의 상태들에 따라 참으로 같을 수 없기 때문이다. 나는 사랑하고 있을 때 특정한 색깔을 지니고 있으며, 화났을 때는 아주 다른 색깔을 지닌다. 당신은 나와 사랑에 빠졌을 때는 하나의 방식으로 나를 보며, 나를 미워할 때는 완전히 다른 방식으로 나를 본다. 색깔들은 매일, 하루의 거의 매시간마다, 하루의 매순간마다 변하고 있다. 여기의 모든 것은 변화 속에 있다. 영원한 것은 아무것도 없다. 이 세상에서 영원이라는 개념은 거짓말이다. 변화의 법칙을 제외하고 모든 것이 변화하고 있다.

크리슈나의 색깔이 주로 검은색으로 묘사되고 있는 것은 사실이다. 거기에는 이유가 있다. 어두운 색은 보이는 것처럼 그의 견실함의 상징이다. 그것은 그가 끊임없이 변화하고 있으며, 가변성은 어둠의 변화하는 그늘들로 나타난 불변의 요인이라는 것을 의미한다. 이 나라는 검은 색깔을 좋아하는 취향을 다소 가지고 있다. 사실상 흰색은 검은색만큼 결코 아름답지 않다.

일반적으로 흰색 피부를 아름다운 것으로 생각한다. 흰 피부의 광택과 매력이 몸의 많은 추한 모습들을 숨길 수 있기 때문이다. 그러나 거무스름한 피부는 결코 어떤 것도 숨기지 않는다. 그것은 몸의 모든 모습을 있는 그대로 보여 준다. 바로 이러한 이유로 당신은 검은색 피부를 가진 사람들 중에 잘생긴 사람들이 적고, 그 반면에 흰색 피부를 가진 사람들 중에 아름다운 얼굴들을 많이 볼 수 있다고 생각한다. 그러나 검은 피부를 가진 정말로 아름다운 사람이 있을 때마다 그 사람은 가장 아름다운 흰색 피부를 가진 사람을 그늘로 넣어버린다. 검은색의 아름다움은 최상이다. 그것은 아주 희귀하다. 이런 이유로 우리는 라마, 크리슈나, 그리고 다른 아름다운 사람들을 검은 색깔들로 묘사했다. 검은 피부는 드물다. 흰색 피부를 가진 잘생긴 사람을 보는 것은 흔한 일이다. 검은 피부를 가진 잘생긴 사람을 보는 것은 드물다.

우리가 이 색을 더 좋아하는 또 다른 이유들이 있다. 흰색은 깊이가 부족하다. 흰색은 물론 팽창력이 있다. 그러나 흰 얼굴은 대개 평평하며 좀처럼 깊지 않다. 그러나 검은색은 깊이와 강렬함을 가지고 있다. 물론 그것은 팽창력이 있지는 않다. 강이 깊을 때는 언제나 물이 검고 아름답게 보임을 당신은 알지 못했는가? 검은 얼굴의 아름다움은 피부로 끝나지 않는다. 그것은 피부 한 꺼풀의 깊이가 아니다. 그것은 많은 층들, 투명성의 층들을 가지고 있다. 이에 반해서 흰색 얼굴은 평평하다. 그것은 피부로 끝난다. 바로 이러한 이유로 흰 얼굴의 사람을 만났을 때, 당신은 잠시 후에 그에게 지루함을 느끼기 시작한다. 검은색은 인내하고 있다. 그것은 당신을 지루하게 하지 않는다. 그것은 그늘 위에 그늘을 또 가지고 있다.

당신은 지금 서양의 모든 매력적인 여성들이 그들의 몸을 태양에 드러냄으로써 태우는 선탠에 대해 열광적이라는 것을 알면 놀랄 것이다. 피부색을 검게 만들기 위해 몹시 뜨거운 태양이 내려 쪼이는 해변에 누워 있는 그들을 당신은 많이 볼 수 있다. 왜 선탠이 크게 유행하는 것일까? 사실은 문화가 최고점에 도달하게 될 때마다 팽창력은 그 의미를 상실하고, 문화는 깊이와 강도를 구하기 시작한다. 우리는 서양인이 훨씬 아름답다고 생각하는 경향이 있다. 하지만 서양인들은 외양의 아름다움에 대해서는 끝을 내었다. 그들은 지금 깊이의 아름다움을 찾아 나서고 있다. 지금 서양의 미인은 더욱더 검어지기 위해 노력하고 있다. 흰색 피부를 가진 사람들은 검은색 피부의 사람들보다 더 아름답게 보이려고 하는 특징을 갖고 있다. 하지만 흰색의 아름다움은 깊이와 투명성이 부족하다. 그것은 평평하고 지루하다.

그러한 이유 때문에 우리는 어두운 색을 선택했다. 나는 크리슈나가 실제로 검은 피부색이었다는 주장을 받아들이지 않는다. 그럴 필요는 없다. 하지만 우리는 어두운 색깔을 하고 있는 그를 보았다. 우리는 이 색깔을 그에게 주었다. 그는 너무나 아름다운 사람이었기에 우리는 그를 흰 피부의 사람이라고 생각할 수 없었다. 아마도 그는 정말로 검은 피부를 가졌을 것이다. 그것은 나에게 그리 중요한 것이 아니다. 중요한 것은 그것의 시적 측면, 그것의 시이다. 크리슈나는 다채로운 사람이었다. 그리고 그는 우리가 그의 존재를 평범한 흰색 피부를 가진 존재로 생각할 수 없을 정도의 깊이를 가진 존재였다. 계속해서 그의 얼굴을 들여다보고, 그것의 아름다움과 더없는 행복을 통찰하는 것은 정말 기쁨이었다.

그러므로 비록 많은 색깔을 지닌 크리슈나를 보았을지라도 우리는 그에게 하나의 색깔을, 어두운 색깔을 주었다. 그래서 우리는 그를 쉬얌(Shyam)이라고 불렀다. 그것의 의미는 검거나 깊은 푸른색을 의미한다. 크리슈나는 검다는 의미를 또한 가지고 있다. 그를 그렇다고 생각했을 뿐만 아니라 우리는 심지어 그를 그렇게 이름 지었다. 당신이 크리슈나, 쉬얌, 또는 사왈리아(Sawalia)라고 말할지라도 그것은 모두 같은 것을 의미한다.

당신은 또한 크리슈나가 한편으로는 고삐들의 옷을 벗기고, 다른 한편으로는 까우라바들이 대중 앞에서 드라우빠디의 옷을 벗기려 하자 그녀에게 옷을 주기 위해 달려간 이유를 알기를 원한다. 의미가 있는 질문이다. 사실 여자의 옷을 결코 한 번도 벗겨 본 적이 없는 사람은 꿈과 환상 속에서 평생 동안 여자들의 옷을 벗기기를 계속할 것이다. 그러나 나체를 알고 있는 사람은 이제 나체를 잘 감쌀 수 있고, 나체에 옷을 입힐 수 있다.

여자가 옷을 입고 있는 것과 옷을 벗는 것 사이에는 분명한 차이가 있다. 사랑 안에서 옷을 벗은 것이 허락된다. 만약 당신이 어떤 여자와 사랑하고 있다면, 그녀는 당신이 옷을 벗기는 데 대해 기쁘게 동의할 수 있다. 그러나 드라우빠디는 사랑이 없는 상태에서 옷이 벗겨지고 있었다. 그녀는 절대적인 증오와 원한 속에서 옷이 벗겨지고 있었다. 그녀의 옷을 벗기고 있던 사람들은 그녀에 대해 약간의 사랑도 없었다. 그들은 그녀에게 굴욕감을 느끼게 하려 하였다. 그래서 그것은 난폭하고 야만적인 행위였다.

내가 되풀이하여 말하고 있는 점은, 나는 사실들에 많은 중요성을 부여하지 않는다는 것이다. 나는 기적으로 아주 먼 거리에서 드라우빠디에게 옷을 주는 크리슈나의 이야기를 역사적인 사실로 보지 않는다. 이것은 단지 크리슈나가 나체가 되고 있는 그녀에게 효과적인 방법으로 왔다는 것을 말하기 위한 상징이다. 나는 크리슈나가 실제로 까우라바들이 그녀에게 굴욕을 주지 못하도록 막았다고 믿는다. 그러나 시인이 이 사건을 묘사할 때, 그는 그것을 시로 바꾼다. 그리고 우리가 결국 한 사건에 대한 같은 시를 보게 될 때, 그것은 기적처럼 보인다. 시 그 자체는 기적이다. 시보다 더 큰 기적은 없다. 그것은 크리슈나가 그 자신의 방법으로 그 일에 개입하고 막았다는 것을 말하고자 한다는 것을 의미한다.

드라우빠디의 이름들 중 하나는 크리슈나의 여성형인 크리슈나아

(Krishnaa)임을 아는 것은 의미가 있다. 사실상 인간의 온 역사에서 크리슈나와 같은 다채로운 남자와 드라우빠디 같은 멋지고 영광스러운 여자는 결코 없었다. 드라우빠디는 정말로 비교할 수 없는 존재이다. 우리는 시따와 다른 여자들에 대하여 많은 말을 했다. 하지만 드라우빠디는 그들 못지않게 훌륭했다. 그러나 우리는 그녀가 우연히 다섯 남자의 아내가 되었기 때문에 어려워한다. 그녀의 삶에 대해 올바른 평가를 하는 데 있어서 이 사실이 종종 우리의 판단 속으로 들어온다. 하지만 한 남자의 아내가 되는 것이 얼마나 어려운지를 기억하라. 예외적인 능력과 소양이 있는 여자만이 동시에 다섯 남자의 아내가 될 수 있다.

크리슈나는 크리슈나아와 깊은 사랑에 빠진다. 그녀는 그의 가장 친밀한 연인들 중의 하나이다. 그 사랑은 그녀가 최악의 창피를 당하고 있는 순간 그녀를 구하기 위해 온다. 그러나 우리가 드라우빠디에 대해 다시 논할 때 그 주제를 보다 심도 있게 다룰 것이다.

아메다바드(Ahmedabad)에서 크리슈나에 관해 논할 때, 바수데바와 그의 아내 데바끼와의 성교는 그냥 성적인 것이 아니라 영적 교제였으며, 그것이 크리슈나와 같은 사람이 태어난 이유라고 말씀하셨습니다. 그 견해에 대해 한 가지 궁금한 점이 있습니다. 왜 라마와 크리슈나의 아들은 그들의 부모만큼 재능이 있고 훌륭하지 않았습니까? 라마와 크리슈나가 그들의 아내와 영적인 성교를 하지 않았다고 말할 수 있을까요?

이 점에 관하여 말하건대 두 가지가 이해되어야만 한다.
내가 사랑하는 두 사람 간의 영적 교제에 대해 말한다고 해서 성적인 교제를 비난하고 있는 것은 아니다. 내가 말하는 영적인 교제에 의하면, 남자와 여자 두 사람이 사랑할 때 그들은 육체적인 수준뿐만 아니라 영적인 수준으로 만난다. 단순한 육체적인 성교로부터 태어난 아이는 영적인 교제로 태어날 수 있는 아이의 탁월성의 높이까지 도달할 수 없다. 나는 크리슈나를 영적인 교제의 아이라고 생각한다. 그것은 예수를 알고 있던 사람들이 그의 어머니 마리아는 예수를 낳은 후에도 동정녀로 남았다고 말할 수 있었던 이유이다. 비록 마리아와 요셉이 육체적으로 사랑을 했겠지만 그 교제는 육체적인 것보다 훨씬 더 영적이었다는 것은 진실이다. 섹스에 대한 그들의 욕망은 그렇게 강하지 않았다. 교제의 육체적인 부분은 영적 만남의 그림자와 같았다. 분명히 예수를 낳은 책임은 육체적 교제, 그림자에 있는 것이 아니다.

그러나 그 질문은 중요하다. 왜 크리슈나와 라마의 아들들은 재능이 없었고, 훌륭하지 않았는가? 타당한 이유들이 있다. 첫째로 크리슈나를 능가할 수 있는 아들을 낳는 것은 불가능하다. 크리슈나는 어떤 아들도 도달할 수 없는 정점에 있다. 물론 보통 사람인 바수데바는 그 자신보다 더 훌륭한 아들을 낳을 수 있다. 하지만 크리슈나는 그럴 수 없다. 크리슈나의 아들은 역사에 의해 잊혀 질 수밖에 없다. 왜냐하면 크리슈나는 그보다 항상 뛰어날 것이기 때문이다. 빈디야찰 산맥의 가장 높은 꼭대기조차 에베레스트 앞에서는 난쟁이처럼 보일 것이다. 모든 것은 상대적이다. 모든 사람은 크리슈나 앞에서는 무의미함으로 빛을 잃는다.

크리슈나, 붓다, 라마, 마하비라와 같은 사람의 자손은 어떤 타고난 불리한 조건 아래에 살아야만 한다. 라마의 아들, 라바와 꾸샤는 당연히 뛰어나다. 하지만 그들은 아버지의 높은 위대함 앞에서 빛을 잃는다. 만약 그들이 보통의 부모들에게 태어났다면 그들은 역사를 만들었을 것이다. 그들은 실제로 비상한 사람들이었다. 어떻게 라마의 아들들이 보통 사람일 수 있겠는가? 그러나 라마와 견주어 그들은 역사 속에서 뒷자리에 앉아 있어야만 했다. 다슈라타는 정말로 평범한 사람이었다. 그는 라마의 아버지였기 때문에 세상에 알려졌다. 그 자신으로서 그는 중요한 존재가 아니었지만, 그는 단지 위대한 사람의 아버지였기 때문에 위대해졌다. 그러나 위대한 아버지의 위대한 아들조차 그 정도로 위대해질 수 없다. 비교해 볼 때 그는 그의 아버지보다 더 작을 것이다.

크리슈나와 그의 아내들 사이의 교제는 영적이었다. 그의 자손은 영적인 결합으로 태어났다. 그러나 우리가 그들을 평가하려 할 때 그것은 필연적으로 상대적이고, 비교될 수밖에 없다. 그렇지 않을 수가 없다.

당신은 훌륭한 인도 왕 악바르와 관련된 일화를 알고 있다. 한때 그는 나라의 어떤 중요한 문제를 의논하기 위해 궁정에 앉아 있었다. 그는 의자에서 일어나 흰색 분필로 칠판 위에 선 하나를 그렸다. 그리고는 대신들에게 그 선을 건드리지 말고 어떤 방법으로든 그 선을 작게 만들라고 했다. 그 선을 건드리지 않고 그것을 줄일 수 있는 방법은 아무도 생각할 수 없었다. 그때 훌륭한 재치로 유명했던 왕의 절친한 친구 버발이 의자에서 일어나 이미 그려진 선보다 더 긴 다른 선을 그었다. 그려져 있던 선은 크기를 줄이지 않은 채 더 작아졌다.

라바와 꾸샤는 참으로 위대하다. 하지만 그들은 이미 최고의 위대함에 있는 그들의 아버지를 능가할 수 없었다. 그들은 거대했던 그들

아버지의 위대함의 그림자 안에서 잊혀졌다. 만약 그들이 라마의 아들들이 아니었다면 그들은 빛을 발했을 것이다. 그때 역사는 확실히 그들을 기억했을 것이다.

리비도, 성 에너지, 그리고 영적 교제에 대해 말씀하셨습니다. 이 맥락에서 크리슈나와 라다와 관련한 미묘하지만 분명한 질문이 하나 일어납니다. 플루트가 크리슈나의 것이지만 그것으로부터 흘러나오는 음악은 라다의 것인 것 같습니다. 크리슈나가 노래하면 노래의 시적인 주스와 아름다움은 라다로부터 옵니다. 크리슈나가 춤출 때 라다는 짤랑거리는 소리와 그것의 리듬을 만듭니다. 그러므로 그들은 어쩔 수 없이 하나입니다. 그것이 라다크리슈나가 우리의 표어요, 우리의 노래가 된 이유입니다. 비록 룩미니가 크리슈나와 결혼했지만 아무도 룩미니-크리슈나라고 말하지 않습니다. 만약 라다가 크리슈나의 삶으로부터 제외된다면 크리슈나는 너무나 단편적이고 창백해 보일 것입니다. 하지만 아이러니는 라다는 크리슈나의 무수한 에로틱한 놀이를 묘사하고 있는 기본 경전인 바가바땀에는 언급조차 되지 않는다는 것입니다. 스승님은 크리슈나와 너무나 닮았기 때문에 이 질문에 답할 적절한 분입니다. 설명해 주실 수 있겠습니까?

경전들을 정독한 사람들은 실제로 경전들이 라다를 언급조차 하지 않는다는 사실에 놀란다. 몇몇 사람들이 라다와 같은 사람이 존재한 적이 없다고 생각하는 것은 바로 그러한 사실 때문이다. 그들은 그녀가 후대 시인들의 상상의 창조물이라고 말한다. 역사와 역사적 사실들에 의존하는 사람들이 이 점에 관하여 상당한 어려움에 처하는 것은 당연하다. 크리슈나와 관련된 초기의 경전들에서 라다가 언급되지 않고 있다는 것은 사실이다. 그녀에 대해 말하고 있는 문헌들은 훨씬 후대의 문헌이다.

이 논점에 대한 나의 개인적인 견해는 정반대이다. 그녀가 언급되지 않은 이유는 아주 다르다고 나는 믿는다. 라다는 크리슈나의 존재 안에 그녀 자신을 너무나 완전하게 녹여 버렸다. 그녀는 그와 너무나 연합되었고 그와 너무나 하나가 되었기에 문헌 안에서 그녀를 분리시킬 이유가 없었다.

분리된 정체성을 유지한 채 크리슈나와 관계하였던 사람들은 아주 많이 언급되고 있다. 그러나 분리된 정체성을 잃고서 크리슈나 속에 녹아들어 마침내 크리슈나의 그림자처럼 살았던 사람들을 언급하는 것이 필요하다고 경전들은 생각하지 않았다. 누군가를 언급하기 위해서는 그 사람이 독립된 정체성을 가질 필요가 있다. 룩미니는 분리되어 있다. 그녀는 본래대로의 자신의 정체성을 가지고 있으며, 그래서 경전들에 잘 기록되어 있다. 그녀는 크리슈나를 사랑했을 수도 있지만 그와 하나 되지는 않았다. 그녀는 크리슈나와 관련되어 있었지만 크리슈나 안에 그녀 자신을 녹이지는 못했다. 누군가와 관련되어 있다는 것은 당신이 그 사람으로부터 분리되어 있다는 것을 의미한다.

라다는 크리슈나와의 관계의 한 종류가 아니다. 그녀는 크리슈나 그 자체이다. 그러므로 나의 견해로는 그녀가 분리되어 언급되지 않았던 것은 정말 옳은 일이다. 그것은 그래야 했다.

그러므로 오래된 경전들에서 라다가 언급되지 않았던 이 첫 번째 이유를 기억하라. 그녀는 크리슈나의 그림자인 것처럼 보이지 않는다. 그녀는 우리가 그녀를 알 수 있고 그녀를 인식할 수 있을 만큼 충분히 분리되어 있지 않다. 그녀는 그녀임을 확인할 수도, 이름 붙일 수도, 그녀에게 위치를 줄 수도 없을 만큼 그렇게 그와 분리될 수 없는 하나이다.

크리슈나는 라다 없이는 불완전하다는 것이 진실이다. 나는 크리슈나는 완전한 남자이고 완벽한 남성이라고 여러 번 말했다. 이 사실은 깊이 이해되어야만 한다. 이 지구상에 완전한 남자는 거의 없다. 모든 남자는 여성적 측면을 가지며, 이와 비슷하게 모든 여자는 남성적 측면을 지니고 있다. 심리학자들은 모든 인간 존재는 양성적이라고 말한다. 모든 남자 안에는 여성이 있고 모든 여자 안에는 남성이 있다. 남녀 차이는 정도의 차이다. 남자는 60퍼센트가 남성이고, 40퍼센트가 여성이다. 그리고 이와 유사하게 여자는 60퍼센트가 여성이고, 40퍼센트가 남성이다. 하지만 여성인 것처럼 보이는 남자들이 있는데, 그들의 여성적인 성분이 우세하기 때문이다. 이와 비슷하게 그들 안에 남성적 요소가 우세하기 때문에 남자 같은 여자도 있다. 크리슈나는 이 규칙에서 제외된다. 나는 그를 완전한 남자라고 생각한다. 그의 안에는 여성적인 요소는 전혀 없다. 같은 방법으로 나는 미라(Meera)를 완전한 여자로 부를 것이다. 그녀는 그녀 안에 남성성을 전혀 가지지 않고 있다.

완전한 남성성이라는 이 주제에 또 다른 측면이 있다. 만약 한 사람이 완전한 남자라면 그는 다른 의미에서 불완전할 것이고, 그래서 그는 그를 완전하게 하기 위해 완전한 여자가 필요할 것이다. 그는 그녀 없이는 지낼 수 없다. 물론 부분적으로 남자이고 부분적으로 여자인 불완전한 남자는 여성 없이도 지낼 수 있다. 그 안에 이미 붙박이 여자가 있기 때문이다. 하지만 크리슈나와 같은 완전한 남자에게 라다는 절대로 필요하다. 라다와 같은 완전한 여자가 절대로 필요하다. 그는 라다 없이는 지낼 수 없다.

　기본적으로 공격성은 남자의 방식이고, 복종은 여자의 방식이다. 그러나 우리들 대부분이 불완전한 남자이고 불완전한 여자이기에 어떤 남자도 완전하게 공격적일 수 없고, 어떤 여자도 완전하게 복종적일 수 없다. 바로 그러한 이유로 두 불완전한 남자와 여자가 서로 관련될 때, 그들의 관계는 지속되는 갈등과 다툼으로 괴로움을 겪는다. 그렇게 되어야만 한다. 모든 여자 안에는 공격적인 요소가 있기 때문에 그녀는 때때로 공격적이게 된다. 그녀 안에 있는 본래 여성은 승복하고 복종하려는 준비가 되어 있다. 그러므로 그녀가 머리를 그녀의 남자의 발에 숙이는 순간들도 있으며, 그녀가 그를 목 졸라 죽이고 싶은 순간들도 있다. 이것들은 그녀 성격의 두 측면이다. 이와 마찬가지로 남자는 너무 공격적이어서 때때로 연인을 좌지우지하려 하고, 완전히 지배하려 한다. 그리고 때로는 너무 복종적이어서 공처가의 모습이 된다. 그 역시 그의 두 측면을 지니고 있다.

　룩미니는 그녀 안에 있는 남성적 요소 때문에 크리슈나와 깊은 조화를 이룰 수 없다. 라다는 완전한 여성이고, 따라서 크리슈나 안에 절대적으로 그녀 자신을 녹일 수 있다. 그에 대한 그녀의 복종은 완전하다. 크리슈나는 어느 정도의 남자다움을 지니고 있는 여자와는 깊이 친밀할 수 없다. 그러한 여성과 친교하기 위해서는 부분적으로 여성적일 필요가 있다. 그러나 그는 완전한 남자이다. 그에게는 여성다움의 흔적이 전혀 없다. 그래서 만약 어떤 여자가 그와 깊은 관계를 원한다면 그는 여성에게 완전한 복종을 요구할 것이다. 절대적인 복종에는 아무것도 부족한 것이 없다. 그는 온전한 그녀를 요구할 것이다. 그러나 이것은 그가 오직 받기만 하고 그 자신을 주지 않을 것이라는 의미는 아니다. 그는 답례로 그 자신의 전부를 줄 것이다.

이러한 이유로 오래된 경전들에 너무 많이 언급되고 있으며 정당한 요구자인 룩미니는 결국 장면에서 사라진다. 그리고 알려지지 않은 존재이며, 크리슈나에게 아무런 정당한 요구도 할 수 없었던 라다는 무대의 중심에 서게 된다. 룩미니는 그의 법적인 아내이며 그와 정당하게 결혼한 반면, 라다는 크리슈나에게 아무것도 아닌 아웃사이더이다. 룩미니와 그의 관계는 제도적이었으며 사회적으로 인정되었던 반면에, 그와 라다 관계는 하나의 우정, 사랑이었다. 라다는 크리슈나에 대해 어떤 법적인 요구를 할 수 없다. 어떤 법정도 그녀가 크리슈나에 대해 어떤 법률적 요구를 할 수 있다고 판결을 내릴 수 없을 것이다. 하지만 아이러니는 시간의 경과 속에 룩미니는 잊혀져 역사에서 사라지지만, 이 여자 라다는 크리슈나에게 모든 것이 된다는 것이다. 그래서 그녀의 이름은 영원히 그의 이름에 덧붙여져 있다.

그리고 이러한 연결에서 더욱 중요한 것은 크리슈나와의 사랑을 위해 모든 것을 희생하고, 그녀 자신의 개인적 정체성을 잃고, 크리슈나의 단순한 그림자로 산 라다는 그들 공동의 이름에서 첫 부분이 된다는 점이다. 우리는 그들을 라다크리슈나라고 부르지 크리슈나라다라고 부르지 않는다. 그것은 전적으로 복종하는 사람은 모든 것을 얻는다는 것을, 뒷줄에 서는 사람이 결국에는 그 줄의 앞에 선다는 것을 의미한다.

그렇다. 우리는 라다 없는 크리슈나를 생각할 수 없다. 라다는 크리슈나의 유연함과 고상함의 전체를 구성한다. 무엇이든지 크리슈나 안에 섬세하고 아름다운 것이 있다면 그것은 라다로부터 온다. 그녀는 그의 노래이고, 그의 춤이고, 그의 안에 있는 여성적인 것 전부이다. 홀로의 크리슈나는 전적으로 남성이다. 따라서 그의 이름만을 언급하는 것은 의미가 없다. 그러한 이유로 그들은 연합된 하나이며 라다크리슈나가 되었다. 삶의 양극단이 라다크리슈나 안에서 만나고 섞인다. 그리고 이것은 크리슈나의 완전함에 더해진다.

당신은 여자 곁에 서 있는 마하비라를 생각할 수 없다. 여자는 그에게는 어울리지 않는다. 여자가 없을 때 그는 훨씬 그 자신답다. 마하비라는 한 여자와 결혼하였으며, 그들은 한 아이를 낳았다. 그러나 자이나교의 한 분파인 디감바라는 이것을 사실로 받아들이지 않는다. 그들은 마하비라는 아내와 자식이 없었다고 말한다. 그러나 나는 마하비라가 결혼했다는 것은 역사적으로 사실이며, 심리적으로 디감바라가 말하는 것도 옳다고 생각한다. 심리적으로 마하비라 같은 남자와 한 여자 간에는 아무런 연결이 있을 수 없다. 그것은 완전히 무의미하다. 심지어 그것이 사실이라 할지라도 우리는 그것을 받아들일 수 없다. 마하비라가 어떻게 한 여자와 사랑할 수 있겠는가? 불가능하다. 마하비라의 삶 전체에 그런 사랑은 흔적조차 없다.

붓다는 한 아내가 있었다. 세상을 포기할 때 그는 여자를 떠났다. 이와 마찬가지로 우리는 그리스도를 한 여성과 관련지을 수 없다. 그는 독신으로서 아름답다. 그리고 그의 독신 생활은 의미심장하다. 그리고 이 의미에서 역시 그들 모두, 즉 마하비라, 붓다와 그리스도는 불완전하고 단편적이다.

우주의 거대한 조직 안에서 긍정적인 것은 부정적인 것 없이는 불완전하며, 양전기는 음전기 없이는 불완전하다. 인간 삶의 짜임새 안에서, 남자는 여자 없이는 매우 불완전하다. 남자와 여자가 함께 하는 것이, 남성다움과 여성다움이 함께 하는 것이, 공격성과 복종이 함께 하는 것이, 전쟁과 평화가 함께 하는 것이 완벽한 연합, 완전한 삶에 이바지하는 것이다.

만약 우리가 라다크리슈나의 연합을 묘사할 적당한 상징을 원한다면 오직 한자로만 표현할 수 있는데, 그것은 음과 양이라고 불린다. 한자는 모든 사물과 모든 말을 그림으로 나타내는 그림 언어이다. 그것은 우주에 대한 중국인의 상징인 음과 양을 나타내는 그림이다. 이 상징은 한 마리는 흰색, 다른 한 마리는 검은색인 두 물고기로 만들어진 원주가 있는 원 모양의 형상 안에 있다. 각 물고기의 꼬리는 다른 물고기의 입 안에 있다. 그래서 그들은 우주를 나타내는 완전한 원을 만든다. 흰 물고기로 만들어진 그 원의 절반은 어둠 속에서 표현되고, 검은 물고기로 만들어진 원의 다른 절반은 빛 속에서 표현된다. 흰 물고기는 자연 속에 있는 활동적인 남성의 원리를, 검은 물고기는 당연히 여성다움의 수동적 원리를 나타내는 음을 대표한다. 그리고 음과 양은 존재하게 되는 모든 것을 낳도록 서로 결합된다.

라다와 크리슈나는 완전하고 풍부한, 삶의 완전한 원을 만든다. 이런 의미에서 역시 크리슈나는 완전하고 전체이다. 우리는 그를 단편들로, 그리고 라다로부터 분리시켜서 생각할 수 없다. 만약 당신이 라다로부터 그를 떼어 낸다면, 그는 빛을 잃을 것이다. 그는 그의 모든 색을 잃을 것이다. 라다는 크리슈나의 초상화가 드러나서 빛날 수 있도록 하기 위한 가장 적절한 캔버스로 봉사한다. 우리는 어두운 밤이 없는 밝은 별들을 생각할 수 없다. 밤이 깊을수록 별들은 더욱 빛난다. 별들은 낮 동안도 매우 많다. 그들이 하늘에서 사라진다고 생각하지 말라. 심지어 우리가 맑게 갠 아침에 앉아 있는 동안에도 하늘에는 별들이 흩뿌려져 있다. 하지만 우리는 햇빛 때문에 그것들을 볼 수 없다. 만약 당신이 깊은 우물 속으로 들어간다면, 말하자면 3백 피트 깊이로 들어간다면, 당신은 지금 곧바로 그곳에서 별들을 볼 수 있다. 우물을 덮고 있는 깊은 어둠의 층이 있기 때문이다. 그것들은 암흑의 배경 때문에 밤에 나타나 빛난다.

그를 사방에서 에워싸고 있는 라다를 배경으로 하여 크리슈나의 삶은 환하게 빛난다. 그녀와의 교제 안에서 크리슈나는 그의 완전한 개화에 도달한다. 만약 크리슈나가 꽃이라면, 라다는 꽃의 뿌리 역할을 한다. 그들은 완전하게 함께 한다. 우리는 그들을 분리시킬 수 없다. 그들은 참으로 삶의 일체감을 나타내고 있다.

라다크리슈나는 완전한 커플, 완전한 이름을 만든다. 크리슈나 홀로는 불완전한 이름이다.

일곱 번째 문

일을 축제로 만들라

결혼은 부도덕하다고 말씀하셨습니다. 그런데 크리슈나는 역사적으로 볼 때 가장 결혼을 많이 하였습니다. 그는 부도덕한 결혼을 조장한 죄가 있지 않습니까?

나는 결혼이 부도덕하다고 말하지만 결혼하는 것이 부도덕하다고는 말하지 않는다. 서로 사랑에 빠진 남녀가 함께 살고 싶어 하고, 그래서 사랑으로부터 나온 결혼은 부도덕한 것이 아닐 것이다. 그러나 우리는 그 반대로 하고 있다. 우리는 결혼을 통해 사랑을 쥐어짜려 하지만 그것은 불가능하다. 결혼이란 속박이며, 사랑은 자유이다. 그러나 사랑 속에 있는 남녀는 같이 살고 싶어 한다. 그것은 자연스러운 것이다. 이 함께 함은 사랑으로부터 흘러나올 것이다. 결혼은 사랑의 그림자이어야 하지, 그 반대가 되어서는 안 된다.

결혼의 폐지 이후에는 한 남자와 한 여자가 함께 살지 않을 것이라고 나는 말하지 않는다. 단지 그때라야 그들이 정말로 함께 살 것이라는 것은 진실이다. 그들이 같이 살고 있는 것처럼 보이는 그 순간에도 그들은 정말로 함께 사는 것이 아니다. 그저 육체적으로만 함께 하는 것은 진정으로 함께 하는 것이 아니다. 공간 내에서 아주 가까이 산다는 것이 같이 산다는 것은 아니다. 그래서 결혼을 통해 한 쌍이 되었다고 해서 진정한 한 쌍, 진실한 결합인 것은 아니다.

내가 부도덕이라 부르는 것은 결혼 제도이다. 결혼 제도는 이 세상에서 추방당해야 할 사랑의 유형이다. 모든 제도는 자연스럽지 않다. 그것은 인간의 자연스런 느낌들과 정서들에 반대되는 것이다. 그것들을 억압하지 않고는 결혼이란 존재할 수 없다. 어떤 두 사람이 서로 사랑에 빠졌을 때, 그들의 사랑은 독특하며 비교할 수 없다. 어떤 다른 두 사람도 서로 간에 같은 방식으로 사랑한 적이 없다. 그러나 두 사람이 결혼했을 때, 그 결혼은 매우 일상적이고 평범한 것으로 변한다. 수많은 사람들은 결혼 생활이 어떠하다는 것을 알고 있다. 사랑은 원천적이며 독특한 현상이지만, 반면에 결혼은 그냥 전통이며 반복일 뿐이다. 결혼은 사랑의 목을 조여 죽게 한다. 결혼이란 제도는 지배적이고 힘을 가진다. 그래서 이 제도는 사랑을 제어하고 방해한다.

우리가 우리의 삶에서 사랑 그 자체를 최우선으로 인정할 때, 한 남자와 한 여자가 계약이나 타협의 방식이 아니라 사랑에서 사랑으로, 그리고 사랑만으로 함께 살게 되는 날, 우리가 알고 있는 결혼은 존재하기를 그칠 것이다. 그리고 결혼과 함께 이혼이라는 오늘날의 제도 역시 사라질 것이다. 그때 한 쌍은 어떤 다른 이유에서가 아니라 그들의 사랑과 행복을 위해 같이 살 것이다. 그리고 그들 사이의 사랑이 마르고 사라질 때, 그들은 서로 친구로 지내거나 헤어질 것이다. 사회는 그 어떤 방법으로도 그들의 길 안으로 오지 못할 것이다.

나는 반복한다. 제도로서의 결혼은 부도덕하며, 사랑의 결과로서 오는 결혼은 매우 자연스럽다. 거기에는 부도덕이라는 것이 없다.

사랑을 바탕으로 한 결혼에서 아이들의 위치는 어떠할까요? 그들은 어디에 속합니까? 그들이 사회적 문제가 되지 않을까요? 설명해 주십시오.

만약 사랑이 결혼의 토대가 된다면 많은 문제들이 나타날 것처럼 보인다. 그러나 우리가 낡은 개념들과 신념들의 스크린을 통해 볼 때에만 그러한 것들이 나타난다. 우리가 사랑을 최고의 가치로 인정할 때, 아이가 개인이나 부모에게 속한다는 그런 생각은 의미가 없어질 것이다. 정말이지 아이들은 개인에게 속하지 않는다. 아이들은 정말이지 결코 그들에게 속하지 않는다. 아버지가 알려지지 않고, 어머니만이 알려졌던 시대가 있었다. 어머니가 가족의 상위에 있었고, 혈통은 모계를 통하여 헤아려졌다.

당신은 '아버지'라는 단어가 그리 오래되지 않았다는 것을 알면 놀랄 것이다. 아저씨란 단어가 훨씬 더 오래되었다. '어머니'는 고대의 언어인 반면, '아버지'는 매우 새로운 단어이다. 아버지는 우리가 결혼을 제도화시켰을 때 그 배경에 나타났다. 그는 전에는 알려지지 않았다. 종족의 모든 남성이 아버지와 같았다. 단지 아이의 엄마만이 알려졌다. 모든 부족은 그 부족의 아이들을 사랑했다. 그들은 어느 누구에게도 속하지 않았기 때문에 그들 모두에게 속했다.

아이들에 대한 소유권이 개인들, 부모들에게 주어진다는 것이 아이들에게 좋다고 말하는 것은 옳지 않다. 진정한 선은 아이들이 모든 공동체나 사회에 속할 때 발생할 것이다.

우리가 사랑을 결혼의 근거로 삼았을 때 아이들의 위치는 무엇이냐고 당신은 묻는다. 그들이 사회적 문제가 되지 않겠느냐고? 아니다. 그들은 그때 사회적 문제가 되지 않을 것이다. 그들이 바로 지금 사회의 문제가 되는 것은 우리가 그들을 소수의 개인, 즉 그들이 양친이든 친척이든 그들에게 내맡겼을 때이다. 우리 앞에 활짝 열린 미래의 가능성들에 대한 새로운 전망으로 볼 때, 확실한 것은 우리 사회의 오래된 기초들이 더 이상 지속되지 않는다는 것이다.

예를 들어, 구시대에는 아이가 태어나기 위해서는 아버지가 필수적이었다. 미래에는 그렇지 않을 것이다. 사실, 남자는 이미 포화 상태이다. 이제 나의 정자는 내가 죽은 후에도 수천 년 동안 보존될 수 있고, 나의 죽음 이후에 만 년이 지나도 아이를 낳아 줄 수 있다.

그런 미래에는 여태까지 없어서는 안 될 어머니조차 아이의 탄생에 필요가 없어질 것이다. 과학이 탄생의 방법과 수단들(우리는 지금 그 완료의 단계에 와 있는데)을 발견하고 있으며, 어머니가 그녀의 자궁에 아홉 달 동안 아이를 안고 다닐 필요가 없을 것이다. 시험관 같은 도구나 기계가 일을 더 잘할 것이다. 어머니의 자궁 안에서 아이에게 할 수 있는 모든 유용한 것들이 제공될 것이며, 아이는 시험관, 혹은 우리가 그것을 무엇이라 부르든 그러한 것에 의해 더 잘 보호될 것이다. 그때 아이의 혈통을 알기란 어려울 것이다. 그때 전 사회 구조는 변해야만 할 것이다. 그때 모든 여자들과 남자들은 그 지역 사회의 집단적인 보호 아래에 자라고 있을 아이들의 어머니 역할과 아버지 역할을 하게 될 것이다. 확실히 모든 것이 변할 것이다.

내가 말하는 일은 일어날 수밖에 없다. 왜냐하면 과학의 이런 방식들이 세상의 모든 곳에서 지금 널리 발달하고 있기 때문이다. 그러나 계속해서 구시대적인 낡은 방식들로 생각하기 때문에 우리는 그것을 이해하지 못한다. 당신에게서 지금 아이가 태어나려고 한다면, 당신은 아이의 건강과 보호를 위해 가능한 한 최고의 의사와 상의한다. 당신은 단지 그 아이의 아버지나 어머니일 뿐, 당신의 아이를 의학적으로도 다룰 수 있다고 생각하지는 않는다. 같은 방식으로 당신은 아이를 위해 옷을 만들어 줄 훌륭한 재단사에게로 간다. 당신이 그의 부모가 되었다고 해서 당신이 옷을 만들지는 않는다. 마찬가지로 당신의 이해가 깊어짐에 따라 당신은 아이들이 당신 자신보다 훨씬 더 건강한 정자의 도움을 받아 태어나길 원할 것이다. 그래서 아이가 육체적으로, 정신적으로 지체되지 않고, 건강한 신체와 지적인 마음을 갖게 되기를 원할 것이다. 당신은 당신 아이의 탄생을 위해 할 수 있는 한 가장 좋은 정자를 가지길 원할 것이다.

어머니가 되려는 사람의 입장에서는 외적으로 더 낫고 건강한 방법으로 아이가 자랄 수 있는 시설들이 만들어질 수 있다면 그녀의 자궁 안에 아이를 아홉 달 동안 넣고 다니기를 좋아하지 않을 것이다. 그때 오늘날과 같은 부모의 역할은 필요치 않을 것이다. 그래서 부모의 역할이 중단되면, 어떻게 결혼 그 자체가 존재할 수 있겠는가? 그때 결혼의 근거는 사라질 것이다. 한편으로는 기술이, 다른 한편으로는 인간 마음의 과학이 아이들에 대한 개인적인 소유권을 사라지게 하는 쪽으로 향하고 있다.

이것은 사회 구조 안에서의 이러한 급격한 변화와 더불어 모든 인간의 문제들이 끝날 것이라는 의미는 아니다. 우리가 만든 각각의 새로운 경험과 변화는 그 자체의 문제들을 함께 가져올 것이다. 그와 같은 문제들이 일어나지 말아야 한다는 것은 중요한 점이 아니다. 인간은 항상 문제들을 가지고 있을 것이다. 중요한 점은 우리가 지금 가지고 있는 것보다 더 새롭고 더 큰 문제들을 다루어야 한다는 것이다. 진정한 질문은 오늘날의 우리의 문제들이 우리가 과거에 가졌던 것들보다 더 나아야 한다는 것이다.

결혼의 폐지와 함께 남자와 남자, 남자와 여자 간의 모든 갈등이 영원히 사라질 것이라는 말은 아니다. 그러나 확실히 결혼으로 빚어진 수많은 갈등들은 사라질 것이다. 그러나 보다 더 새로운 충돌들과 새로운 문제들이 일어날 것이며, 그 문제들을 다루는 것은 기쁨이 될 것이다. 이 행성 위에 살기 위해서는 문제들이 항상 필요할 것이다. 왜냐하면 우리가 성장하고 성숙하는 것은 문제들과의 투쟁을 통해서이기 때문이다.

이와 연관해서 우리의 여정에 계속해서 오는 특별한 문제를 알 필요가 있다. 그 특별한 문제는 우리에게 살기 위해 주어진 사회 제도의 문제들을 참아 내는 데 우리가 익숙해 있다는 것이다. 그러므로 우리는 비록 새로운 제도가 필요하고 또 가능하다 할지라도 더욱 훌륭하고 더욱 높은 사회 제도와 더불어 오게 될 이 새롭고 친숙하지 못한 문제들을 직면하기를 두려워한다. 따라서 우리는 저급하고 죽어가는 제도에 묶여 있다. 그것이 우리의 진정한 어려움을, 우리의 진정한 문제를 만들고 있는 것이다. 그러나 만약 이런 변화의 과정에서 더 새롭고 더 나은 문제들이 가능하다면, 그 변화로 나아가 그런 문제들과 맞붙어 싸워서 그것들을 해결하는 것이 옳다는 것을 이해하는 것이 우리의 지성이 감당해야 할 과제이다.

인간의 삶에서 사랑이 충분히 꽃피지 않는 한, 그는 삶의 영광과 장엄함을 얻을 수 없을 것이며 빛을 잃을 것이라고 나는 생각한다. 사랑이 없는 삶은 우둔하고 메마르다. 그것은 정말로 사막이다. 그래서 나는 문제들로 가득하고 에너지와 열정으로 가득 찬 삶이 둔하고 쓸쓸하고 죽어 버린 삶보다는 훨씬 더 낫다고 생각한다. 작은 일화로 이 토론을 결론짓고 싶다.

작은 들풀들이 낡은 도시 벽의 갈라진 틈에서 보호받으며 살고 있었다. 높은 벽의 갈라진 틈에 의해 완벽하게 보호받았기 때문에 바람과 폭풍우도 그들을 방해하지 못했다. 똑같은 이유로 햇볕도 그들을 태울 수 없었고, 폭우 또한 그들을 다치게 할 수 없었다.

이 작은 들풀들의 이웃에 장미덩굴이 있었다. 아름다운 장미꽃을 보면서 이 들풀들은 자신의 존재를 열등하고 부끄럽게 느끼게 되었다. 그래서 어느 맑은 날 아침에 이 들풀들은 신께 기도했다. "우리는 얼굴 없는 꽃으로 살 만큼 살았습니다. 이제 저희를 장미로 바꿔 주십시오."

신이 그 물음에 답했다. "어찌하여 불필요한 곤란 속으로 들어가려 하는가? 장미의 인생은 매우 험난하다. 폭풍이 몰아치면 폭풍으로 인해 뿌리째 흔들린다. 꽃이 필 때면, 그것을 꺾으려 주위에 이미 어느 누군가가 와 있다. 너는 안전하게 보호받는 삶을 살고 있다. 이것을 저버리지 말라."

그러나 들풀들은 계속 주장하였다. "우리는 오랫동안 보호받는 삶을 살았습니다. 우리는 이제 위험하게 살고자 합니다. 24시간 동안만이라도 우리를 장미로 있도록 만들어 주십시오."

다른 들풀들이 소리쳤다. "정신 나간 소리 하지 마세요. 우리가 듣기로 우리의 몇몇 조상들이 장미가 되겠다는 이런 열망 때문에 심각한 고통을 받았다고 했습니다. 우리 종족의 경험이 말하고 있지 않습니까. 우리가 있는 그대로 있는 것이 안전하다는 것을요. 우리는 장미가 되려는 노력을 하지 말아야 합니다."

그러나 이 작은 식물은 다시 말했다. "저는 별들과 이야기하고 싶습니다. 저는 폭풍들과 싸우고 싶습니다. 저는 폭우 속에서 숨 쉬고 싶습니다. 저는 장미가 되기로 결심했습니다."

결국 신은 양보했다. 어느 맑은 날 아침 이 작은 들풀들은 장미가 되었다. 그리고 즉시 그의 시련과 고난들의 영웅담이 시작되었다. 폭풍우가 와서 뿌리를 흔들었다. 폭우가 와서 물 속에 잠기게 했다. 한낮의 태양이 꽃잎들을 불태우는 고통을 주었다. 그는 모든 순간에, 모든 방면에서 위험에 노출되어 있었다. 다시 한 번 다른 나이 많은 들풀들이 그 새로 태어난 장미 주위에 모여들어 말했다. "우리가 너에게 그렇게 하지 말라고 말했는데 너는 말을 듣지 않았다. 너는 예전의 삶이 얼마나 안전했는지 알지 못하는가? 그 나름의 문제들이 있다 하더라도, 그것들은 오래되고 친숙한 문제들이다. 우리는 그것들에 익숙해 있다. 그것은 괜찮았다. 너는 너의 삶에 얼마나 많은 혼란들을 만들었는지 알기나 하니?"

이에 이 갓 태어난 장미는 말했다. "당신은 어리석습니다. 높은 벽으로 보호받으면서 살아가는 작은 들풀로 오랫동안 안전한 삶을 사느니 차라리 24시간 동안만이라도 위험한 삶을 살아보는 것이 더 낫다고 나는 생각합니다. 폭풍 속에서 숨을 쉬고 바람과 싸우는 것은 위대했습니다. 나는 태양과 얼굴을 맞대었고 별들과 이야기했습니다. 나는 내 영혼을 성취했고 너무나 만족합니다. 나는 완전히 살았고, 이제 완전히 죽으려 합니다. 당신의 삶에 관한 한, 당신은 살아 있는 죽음을 살고 있습니다."

　세상으로 돌아가는 것은 크리슈나에게 어떤 차이도 만들지 않는다. 돌아가는 것이 필요하다면 그는 쉽게 돌아갈 수 있다. 그는 그 자신을 매 상황, 즉 사랑과 애착, 성냄과 분노 속에 남을 수 있다. 아무것도 그의 텅 빔, 그의 고요를 깨뜨릴 수 없다. 그 무엇이 오고 가더라도 그는 아무런 어려움을 발견할 수 없을 것이다. 그의 텅 빔은 긍정적이고 완벽하며, 살아 있고 역동적이다. 그러나 그것의 경험에 관한 한, 당신이 붓다의 텅 빔으로 가든 혹은 크리슈나의 텅 빔으로 가든 그것은 동일하다. 둘 다 당신을 희열로 데려갈 것이다. 그러나 붓다의 텅 빔은 당신에게 이완과 휴식을 가져다주는 반면, 크리슈나의 텅 빔은 당신을 거대한 행위로 데려갈 것이다. 만약 우리가 '능동적 공(空)'이라는 말을 만들어 낼 수 있다면, 그것은 크리슈나의 텅 빔을 적절하게 묘사하는 말이 될 것이다. 붓다와 마하비라의 텅 빔은 '수동적 공'이라고 불러야만 한다. 희열은 둘 다에 공통적으로 있지만 한 가지 차이점이 있다. 능동적 공의 희열은 창조적일 것이다. 그리고 다른 종류의 희열은 그 자신을 위대한 공 속에 녹일 것이다.

　당신은 한 가지 더 물어볼 수 있다. 그런 후에 우리는 명상을 위해 앉을 것이다.

　붓다가 니르바나, 즉 위대한 텅 빔을 얻은 후 40년 동안의 삶은 어떠하였습니까?

　붓다가 된 후 붓다는 40년 내지 42년을 살았다는 것은 사실이다. 마하비라 역시 똑같은 기간을 살았다. 그러나 붓다는 니르바나와 니르바나 간의 차이를 만들었다. 육신을 버리기 바로 직전에 그는 말하기를, 보리수나무 아래에서 그가 얻었던 것은 그냥 니르바나 즉 텅 빔이고, 그가 지금 얻으려 하는 것은 마하니르바나 즉 지고의 텅 빔이 될 것이라고 했다. 그의 첫 번째 니르바나에서 붓다는 우리가 알 수 있는 텅 빔에 이르지만, 그의 두 번째 텅 빔 즉 마하니르바나는 우리가 볼 수 없는 것이다. 물론 크리슈나나 붓다 같은 사람들은 그것을 볼 수 있다.

붓다가 그의 첫 번째 니르바나를 얻은 후 40년 동안 살았다는 것은 사실이다. 그러나 이것은 지고의 텅 빔이 아니었다. 붓다는 니르바나를 얻은 후의 삶 속에서 약간의 어려움, 약간의 장애를 발견하였다. 그것은 존재의 한 모습으로, 미묘한 모습으로 여전히 거기에 있었다. 그래서 만약 붓다가 이 마을에서 저 마을로 이동한다면, 그것은 자비심에서 나온 것이지, 희열에서 나온 것은 아니었다. 그로 하여금 사람들에게 그 자신이 얻었던 것을 그들 역시 바랄 수 있고 노력하여 얻을 수 있다고 말하게 한 것은 그의 자비심이다.

그러나 크리슈나가 사람들에게 갔을 때, 그는 자비심에서 나온 것이 아니라 그의 희열에서 그렇게 한다. 자비심은 그의 장점이 아니다.

자비심은 붓다의 삶에서 지배적인 주제이다. 그가 40년 동안 이곳저곳으로 옮겨 다닌 것은 진정한 자비심에서 온 것이다. 그러나 그는 이런 옮겨 다님이 끝나고 그 모두로부터 자유로워지는 순간이 오기를 기다린다. 그러한 이유로 그는 두 종류의 니르바나, 즉 사마와 함께 오는 첫 번째 니르바나와 몸의 죽음과 함께 오는 두 번째 니르바나가 있다고 말한다. 니르바나로 마음이 존재하기를 그치고, 마하니르바나로 몸이 존재하기를 그친다. 이것을 그는 최상의 니르바나라고 부른다. 그것은 그것과 더불어 지고의 텅 빔을 낳는다.

크리슈나에게는 그렇지 않다. 그에게는 니르바나와 마하니르바나가 서로 손을 잡는다.

만약 우리가 완전히 살아 있기를 원한다면, 만약 우리가 풍요롭고 완전한 삶을 살기를 원한다면, 우리는 새롭고 살아 있는 문제들을 얼마든지 초대하고 거기에 맞설 준비가 되어 있어야만 한다. 만약 우리가 우리의 모든 문제들을 완전히 끝내려고 노력한다면 우리는 병적이고 죽은 삶을 살 것이다. 문제들은 필요하다. 그러나 그것들은 항상 새롭고 살아 있는 문제들이어야 한다. 인간은 그 문제들을 정면으로 만나 그것들을 해결하려는 의지, 자신감, 그리고 용기를 가져야 한다. 그것이 진정한 삶을 만드는 것이다. 인류가 그러한 문제를 풀지 말아야 할 이유는 어디에도 없다.

우리의 현재 사회 구조는 전적으로 두려움, 온갖 종류의 두려움 위에 기초해 있다. 그것의 밑바탕에는 두려움이 있다. A에서 Z까지 두려움을 향해 있다. 우리는 우리를 둘러싸고 있는 모든 것을 두려워하고 있으며, 우리가 우리의 오래된 한계들을 벗어나도록 허락하지 않는다. 그리고 우리는 우리의 생명과 삶이 무엇으로 만들어져 있는지를 결코 생각하지 않는다. 무엇이 일어날지 모르는 두려움이 우리로 하여금 앞으로의 어떤 새로운 단계들에 발을 들여놓지 못하게 한다. 그래서 우리는 우리의 문제들의 실제 상태를 보기를 거부한다. 때문에 만약 우리가 정말로 존재하고 있는 것을 본다면, 우리는 새로운 것을 위해 낡은 것을 변화시키지 않을 수 없을 것이다. 오래된 것은 너무나 부패해 있다. 그러나 새로운 것에 대한 우리의 두려움이 우리의 발을 족쇄로 채우고 있다. 그래서 우리는 낡은 것을 질질 끌고 다니기를 계속한다.

나는 수십만 명의 사람들을 접할 기회가 있었다. 그래서 나는 아주 가까이 그들을 관찰하였다. 나는 그들의 마음과 가슴속을 정말로 엿볼 수 있었다. 내가 말하고자 하는 것은 남녀를 불문하고 자신의 결혼생활에 만족하고 있는 사람은 단 한 사람도, 그리고 결혼으로 인하여 고통에 젖지 않은 사람은 한 사람도 발견할 수 없었다는 것이다. 그러나 만약 당신이 그들에게 그런 점들을 지적한다면, 즉시 그들은 그것들에 대하여 무엇인가를 하려 할 때 일어나게 될 갖가지 문제들을 낱낱이 열거할 것이다. 모순은 그들이 그 문제들에 너무나 익숙해져 있기 때문에 그들 스스로 그것들을 인식하지 못한다는 점이다.

그것은 마치 우리가 새장 안에 있는 한 마리 새에게 저 열린 창공으로 날아가라고 요청한다면, 그 새는 새장 안에 있는 것이 너무나 안전하며, 반면에 저 창공의 자유는 그에게 많은 문제를 낳을 것이라고 말하는 것과 같다. 변화를 일으키면 문제들은 일어나게 되어 있다. 새장 안에 있는 새에 관한 한, 새의 어려움은 셀 수 없이 많을 것이다. 왜냐하면 그 새는 거대한 창공으로 날아오르는 데 대한 아무런 경험이 없기 때문이다. 그러나 선택을 해야만 한다.

새장 안이 안전하다고 할지라도 이 안전함은 창공으로 날아오르는 자유와 희열에 비교해 보았을 때 무슨 가치가 있겠는가? 만약 당신이 안전만을 생각한다면 그때는 무덤이 이 지상에서 가장 안전한 장소가 될 것이다.

크리슈나의 감각적 즐거움의 길을 본 사람들은 이것이 그들을 자유롭게 하기보다는 타락시킨다고 스와미 사하자난다는 비난합니다. 그 비난을 뒷받침하는 이유로 그는 두 가지를 들었습니다. 첫째로, 만약 어떤 사람이 고삐 같은 헌신자의 모습으로 크리슈나를 숭배한다면, 이 숭배는 불명예스러운 어떤 것 속으로 타락시키기 쉬울 것이라는 점입니다. 둘째로, 만약 어떤 사람이 크리슈나의 방식대로 삶을 축제로 바꾼다면, 그것은 인간의 탐닉에 대한 욕망을 자극할 것이라는 점입니다.

(위와 같은 맥락의 다른 질문이 있다.)

라마의 헌신자들의 방식이 크리슈나의 헌신자들의 방식보다 우월하지 않습니까? 라마의 최고의 헌신자인 하누만과 관련이 있는 금욕, 초연, 역동성과 지혜 같은 덕목들이 크리슈나의 헌신자들, 예컨대 미라(Meera), 나르시(Narsi), 수르다스(Surdas)에게는 부족합니다. 그들 모두는 사회를 위한 봉사에 대해서는 관심이 없었습니다.

그리고 마지막으로 제가 알고 싶은 것은 동시대의 화가들이 예수 그리스도에게는 수염을 그렸지만 왜 라마, 크리슈나, 마하비라 및 붓다에게는 그리지 않았는가 하는 것입니다.

우선 삶이 행해져야 할 일련의 의무와 일인지, 아니면 축제인지를 알아보자. 만약 삶이 일이고 의무라면, 삶은 짐과 장애물로 변할 수밖에 없다. 그러면 우리는 우리가 하고 있는 것처럼 무거운 가슴으로 그것을 겪어 내야만 할 것이다. 크리슈나는 삶을 일로, 의무로 여기지 않는다. 그는 삶을 축제로, 잔치로 여긴다. 삶은 진실로 거대한 향연이며 희열의 축제이다. 그것은 숙제가 아니며, 어쩔 수 없이 행해야만 하는 과제도 아니다.

  삶을 축제로 여긴다고 해서 어떤 사람이 일하기를 그만두지는 않을 것이다. 그는 확실히 일을 하겠지만, 그의 일은 잔치의 한 부분이 될 것이다. 그것은 축제의 향기를 가질 것이다. 그때 일은 노래 및 춤과 동반하여 일어날 것이다. 거기에는 너무 많은 일이 있지 않을 것이라는, 즉 양이 적을 것이라는 것은 사실이다. 그러나 질적으로는 아주 우수할 것이다. 양적으로는 일이 줄어들겠지만 질적으로는 측정할 수 없는 것이 될 것이다.

  일에 중독이 된 사람이, 모든 것을 일로 바꾸는 사람이 어떻게 삶을 긴장으로, 오직 긴장으로 채우고 있는지를 당신은 잘 알고 있을 것이다. 삶의 모든 불안은 일 중독자들이 만든 작품이다. 그들은 삶을 작업장으로 바꿔 놓았다. 그들의 슬로건은 "하라, 아니면 죽어라."이다. 그들은 말한다. "당신이 살아 있는 한, 무엇인가를 하라. 만약 당신이 아무것도 할 수 없다면 죽어라." 그들은 일을 제외한 삶의 어떤 다른 비전도 가지고 있지 않다. 무엇을 위해 일하는가? 왜 인간은 일을 하는가?

  인간은 일한다. 그러므로 그는 살 수 있다. 그럼 산다는 것은 무엇을 의미하는가? 산다는 것은 삶을 축복하는 것을 의미한다. 우리의 삶에서 춤출 수 있는 순간을 가지기 위해 우리는 일을 한다. 정말이지, 일은 삶을 축복하려는 방법일 뿐이다.

  그러나 모순은 우리가 사는 방식에는 삶을 축복하고 춤추며 노래 부를 수 있는 아무런 여분의 시간이 남아 있지 않다는 것이다. 우리는 수단을 목적으로 몰아간다. 우리는 일이 삶의 모든 것이며 모든 목적이라 생각한다. 그때 삶은 두 장소에, 즉 집과 사무실로 제한된다. 집에서 사무실로, 사무실에서 집으로 오가는 것이 우리가 아는 삶의 전부가 된다. 사실, 집은 이미 집이기를 그치고 있다. 저녁에 사무실을 떠나면서도 우리는 사무실을 집으로 가지고 온다. 그때 심리적으로 우리는 엉망이 된다. 우리는 뒤엉키는 삶을, 혼란스럽고 맥 풀린 삶을 산다. 그러면서 우리는 언젠가는 긴장이 풀리고 편안하며 즐거운 삶의 시간을 보낼 수 있을 것이라는 기대 속에서 우리의 나머지 삶들을 향하여 계속 달린다. 그렇지만 그날은 정말이지 결코 오지 않는다. 그날은 결코 오지 않을 것이다. 정말이지, 일 중독자들은 삶에는 휴식, 즐거움과 희열이 있다는 것을 결코 모르고 있을 것이다.

크리슈나는 삶을 잔치로, 놀이로, 즐거움으로 여긴다. 꽃들과 새들, 별들이 어떻게 삶을 받아들이고 있는가? 인간만 제외하고 온 세상은 삶을 놀이로, 즐거움으로 받아들인다. 꽃들에게 왜 꽃을 피우느냐고 물어보라. 무엇 때문에? 꽃은 목적 없이 꽃을 피운다. 별은 목적 없이 하늘을 가로지르며 나아간다. 그리고 목적 없이 바람은 불며, 또 불기를 계속한다. 인간을 제외하면 태양 아래 모든 것들은 하나의 유희, 카니발이다. 오로지 인간만이 일하고 수고하며 수많은 눈물을 쏟아내고 있다. 인간을 제외하면 온 우주는 축제이다. 모든 것의 매순간은 축제이다.

크리슈나는 인간의 삶 속에 축제를 가져온다. 그는 말한다. 인간이 이 우주적 축제와 하나가 되게 하라고.

삶을 축제로 바꾸면 노동이 없을 것이라는 의미는 아니다. 바람이 일을 하지 않는 것은 아니다. 그것은 항상 움직이며 불고 있다. 별들이 게으름을 피우고 있는 것은 아니다. 그들은 항상 움직이고 있다. 꽃들이 그들의 꽃을 피울 때 그들은 아무것도 하지 않는 것이 아니다. 정말이지 그들은 많은 일들을 하고 있다. 하지만 그들에게 있어서 그 일을 한다는 것은 중요한 것이 아니다. 중요한 것은 존재이다. 그들에게는 존재가 일차적이고 행위는 이차적이다. 축복은 처음에 오며, 일은 그들의 삶에서 뒷자리를 차지한다. 일은 축복을 위한 준비다.

만약 당신이 원시 부족들의 삶 속으로 들어가 그들의 삶을 살펴본다면, 당신은 일이 축제와 연관돼 있다는 것을 알게 될 것이다. 그들은 저녁에는 맘껏 노래하고 춤을 출 수 있도록 낮 동안에는 종일 일한다. 그러나 문명화된 인간은 낮뿐만 아니라 밤에도 일을 한다. 그는 밤낮으로 일을 하는 것을 자랑한다. 그에게 왜 일하는지를 물어본다면 오늘 일하면 내일 쉴 수 있기 때문이라고 답할 것이다. 그는 언젠가 쉴 수 있을 것이라는 희망을 가지고 계속 일을 하면서 이완과 휴식을 연기한다. 하지만 그날은 그에게 결코 오지 않는다.

나는 크리슈나가 삶을 하나의 축제라고 하는 점에 완전히 동의한다. 나는 향연자이다. 인간이 하루 종일 일을 해서 얻는 것이 무엇이냐고 물어봐도 될까? 만약 그가 일을 사랑하기 때문에 일한다면 다르다. 그러나 인간이 일의 의미를 모른 채 여태까지 일을 해서 얻은 것이 무엇인지를 나는 알고 싶다.

그리스 신화에 시지프스에 관한 이야기가 있다. 그는 신들로부터 유죄 선고를 받은 왕이다. 그는 무거운 바위를 언덕 위까지 굴리고 간다. 그것이 밑으로 떨어지면 다시 언덕 위로 굴리고 간다. 몇 번이고 되풀이하여 시지프스는 바위를 언덕 아래에서 꼭대기까지 옮겨야만 하였다. 이것이 '오르막 일'이 의미하는 바이다. 일중독은 시지프스처럼 끝없이 바위를 언덕 위까지 굴리고 가다가 그것이 밑으로 떨어지면 다시 시작하는 것과 같다. 그는 이제 언덕 꼭대기까지 바위를 굴려 올리다가 바위가 떨어지면 또다시 밀고 올라가는 일에 전념하고 있다. 그래서 그가 자신의 삶 전체에서 기쁨과 즐거움이 있는 순간을 아는 기회는 결코 오지 않는다.

이러한 일 중독자들이 이 세상을 미친 집으로 만들었다. 모든 사람들이 어떤 곳으로 달려가서 도착하는 데 미쳐 있다. 어느 누구도 이 '어떤 곳'이 어디에 있는지를 모른다. 나는 어떤 사람이 택시를 잡아 타고 난 뒤 운전사에게 빨리 가자고 요청했다는 이야기를 들었다. 그래서 택시는 달렸다. 잠시 후에 운전사가 어디로 가야 하는지를 물었을 때 그 남자는 대답했다. "그것을 말이라고 하나요. 나는 빨리 가야만 합니다."

이 세상의 모든 사람들은 그처럼 달리고 있으며, 모든 사람들이 삶을 서두르고 있다. "서둘러요."는 우리의 표어가 되었다. 하지만 "우리가 어디로 가고 있지?"라고 묻는 사람은 아무도 없다. 우리는 열심히 일을 하지만, 왜 우리가 열심히 일을 해야 하는지는 모른다. 왜 자신이 하루 종일 일에 치이는지를 생각할 시간조차 갖지 못하고 있다. 그는 달리고 있다. 왜냐하면 그의 이웃이 달리고 있고, 친구들이 달리고 있고, 이 세상이 달리고 있기 때문이다. 모든 사람들이 다른 뛰는 사람들에게 뒤처질까 두려워 달리고 있다.

일 중독자들은 세상에 거대한 해를 끼쳐 왔다. 그들이 세상에 끼친 가장 큰 해는 삶의 축복과 축제의 순간들을 삶에서 빼앗아 왔다는 것이다. 그들로 인해 이 세상에서 축제는 거의 사라지고, 매일 점점 더 둔하고 메마르고 불행해지고 있다.

사실 오락은 이 현재의 세상에서 축제를 대신해 왔다. 그러나 오락은 축제와는 아주 다르다. 오락과 축제는 결코 같은 것이 아니다. 축제 속에서는 당신은 참가자이다. 오락 속에서는 당신은 단지 구경꾼이다. 오락 속에서 당신은 타인들이 당신을 위해 놀이하는 것을 본다. 그러므로 축제는 능동적인 반면, 오락은 수동적이다. 축제 속에서 당신은 춤을 추는 반면, 오락 속에서 당신은 당신이 지불한 대가로 누군가가 춤추는 것을 지켜본다. 춤추는 것과 대가를 받고 일단의 전문인들이 춤추는 것을 보는 것은 다른 세계이다. 당신은 낮 동안 열심히 일하고, 저녁에는 녹초가 되어 다른 사람이 춤추는 것을 보기 위해 콘서트에 간다. 이것이 당신이 할 수 있는 전부이지만, 그러나 그것은 축제를 위한 변명은 되지 않는다.

알베르 까뮈는 우리가 사랑을 할 시간이 없기 때문에, 우리를 대신하여 사랑해 줄 하인들을 둘 날이 멀지 않았다고 말했다. 너무 바빠서 우리는 사랑할 시간이 없다. 우리는 다른 누군가를 고용하여 우리를 위해 이 일을 하게 할 것이다. 사랑은 축제이지만 일 중독자들에게 사랑은 불필요한 일이 되어 버렸다. 사랑은 어떤 이득을 주지 않는다. 그것은 은행 이자를 더해 주지도 않는다. 사랑은 그것 자체가 목적이다. 사랑은 비즈니스로 변화될 수 없다. 그러나 일에 중독된 사람들은 사랑에 빠지는 것을 시간 낭비라 여긴다. 비서와 같은 처지에 있는 사람들은 사랑을 다루고 처리하라는 말을 들을지도 모른다.

일에 대한 강박이 우리의 삶에서 오는 축제의 순간들을 사라지게 하였다. 그래서 축제와 함께 오는 흥분과 스릴을 가져가 버렸다. 이 때문에 어느 누구도 행복하지 않고, 어느 누구도 기쁘지 않으며, 어느 누구도 활짝 피지 못한다. 바로 이러한 이유로 고통이 인류의 상징이 되어 버렸다.

우리는 축제의 대용물을 찾아야 했다. 그래서 오락이 그 대용물이 되었다. 우리는 몇 분의 휴식 시간, 짧은 기분 전환의 순간이 필요하기 때문이다. 그러나 오락은 매우 빈약한 대용물이다. 왜냐하면 다른 사람들이 그것을 행하고 우리는 오직 보는 자들이기 때문이다. 이것은 사랑하고 있는 누군가를 지켜봄으로써 우리가 얻는 대리 만족과 같다. 이것은 정확히 당신이 영화를 볼 때 하고 있는 것이다. 당신은 서로 사랑에 빠진 남녀를 지켜보면서 대리로 그것을 즐긴다. 이는 거짓된 대용물이다. 그것은 정말 쓸데없는 것이다. 이것은 당신에게 사랑의 맛을 주지는 않을 것이다. 그것은 당신의 사랑에의 갈증을 충분히 만족시켜 주지 않을 것이다. 반면 당신의 불만족과 고뇌는 깊어질 것이며 당신을 더욱 깊은 슬픔에 머물게 할 것이다.

제발 사랑을 직접 알고 사랑 속으로 뛰어들어라. 오직 그때 당신은 만족하고 행복할 것이다. 진정한 사랑만이 삶을 축제로 만들 수 있다. 오락은 그렇지 않을 것이다.

크리슈나는 축제를 위한 모든 것이다. 그는 삶을 위대한 놀이로, 거대한 드라마로 여긴다. 일 중독자들은 세상에 어떤 선을 행하는 대신에, 인간의 삶에 오직 혼란과 복잡함만을 만들었다. 그들이 삶을 너무나 복잡하게 만들었기 때문에 산다는 것이 너무나 힘들고 고통스러워져 버렸다.

하누만과 같은 라마의 헌신자들이 강하고 능동적이며 진지한 사람들로 보이는 것은 진실이다. 크리슈나의 헌신자들은 그렇지 않다. 미라(Meera)는 춤을 추고 노래를 부르지만, 그녀는 하누만처럼 다이나믹한 것으로 보이지 않는다. 그녀는 그렇게 될 수 없다. 그 이유는 라마가 삶을 진지하게 받아들여 삶이 모두 일이라는 것을 믿는 반면에,

크리슈나는 삶을 심각하지 않은 것으로, 삶을 춤으로, 축제로 받아들이기 때문이다. 축제로서의 삶은 전혀 다른 것이다. 일로서의 삶은 축제로서의 삶 앞에 쓸데없는 것으로 무색해진다. 하누만과 24시간 동안 같이 지낼 것을 요청받는다면 당신은 두 가지를 생각할 것이다. 오랫동안 그와 같은 방에서 살아야만 한다면 당신은 그로부터 도망가길 원할 것이다. 그러나 당신은 미라와는 얼마든지 오랫동안 즐겁게 살 수 있을 것이다.

크리슈나의 연인들이 점차 외적 활동의 세상으로부터, 외부 세상으로부터 물러났던 것은 사실이다. 그들은 삶의 내부로 깊이 들어가 그것의 희열의 샘물을 마셨다. 이것은 그래야만 되는 것이다. 왜냐하면 크리슈나는 당신이 어떻게, 언제 외적 활동들에서 당신 스스로를 잃고 삶 그 자체를 그리워하게 되는지를 알기 때문이다.

미라 같은 헌신자들이 많아지면 평화롭고 행복한 세상이 될 것이다. 하누만과 같은 헌신자들이 넘쳐나는 세상에는 휴식이 없는 투쟁하는 세상, 슬픈 세상이 될 것이다. 만약 그런 상태가 오면 레슬링의 시작과 끝을 알리는 벨이 모든 곳에서 나타날 것이며, 사회는 충돌과 경쟁으로 지배될 것이다. 우리는 하나나 둘 정도의 하누만은 수용할 수 있다. 그 이상이 되면 벅찰 것이다. 그러나 미라들은 얼마든지 환영받을 것이다. 미라는 깊은 단계에서 삶과 접촉하고 있다. 하누만은 표면적으로 산다. 하누만은 충직한 하인이나 보조자 그 이상은 아니다. 그는 그냥 주인에게 봉사할 뿐이다. 물론 그는 성실하고 끈기 있고 열심히 일한다. 미라는 다르다. 그녀는 희귀하다. 그녀의 희열, 그녀의 황홀은 존재로부터 오는 것이지 행위로부터 오지는 않는다. 그녀에게는 그저 존재하는 것이 축제이며 기쁨이다. 그녀의 노래, 그녀의 춤은 그녀를 위한 일이 아니며, 그녀의 희열, 그녀의 황홀의 표현이다. 그녀는 너무나 축복에 겨워 노래와 춤으로 뛰어들고 있다.

나는 이 세상이 점점 더 노래와 춤, 음악과 축제로 채워지기를 바란다. 외적인 세상, 즉 외부와 행위의 세상에 관한 한 우리는 내적 여행을 위해 필요한 범위에서만 뛰어들어야 한다. 그 이상은 필요치 않다. 우리는 빵이 필요하지만 빵이 전부는 아니다. 우리는 살기 위해 빵이 필요하지만 사람들은 빵을 무턱대고 사다 놓고 있으며, 그러는 사이 먹는 것과 사는 것에 관해서는 전부 잊어버린다. 그들이 빵을 산더미같이 쌓아 놓는 데 성공할 때쯤이면 그들은 식욕을 잃어버리고, 이 거대한 재고더미를 가지고 무얼 해야 할지 모르게 될 것이다.

알렉산더가 인도를 향해 길을 떠날 때 그는 그 시대의 위대한 현자인 디오게네스를 만나러 갔다. 디오게네스는 알렉산더에게 물었다. "당신은 무엇을 위해, 어디로 가고 있습니까?"

알렉산더가 말했다. "나는 우선 소아시아를 정복하려 합니다."

그러자 디오게네스는 물었다. "그럼, 소아시아를 정복한 후에는 무엇을 하실 것입니까?"

"인도를 정복하러 갈 것입니다."라고 미래의 정복자가 말했다.

"그 다음에는요?"라고 현인이 물었다.

"나는 온 세상을 정복해야 합니다."라고 알렉산더가 대답했다.

디오게네스는 강가의 모래 언덕에 누워 있었다. 그는 옷을 모두 벗고는 아침 햇살을 즐기고 있었다. 그는 다시 물었다. "이 세상을 정복한 다음에는 무엇을 하실 것입니까?"

알렉산더는 대답했다. "그때 나는 휴식할 것입니다."

알렉산더의 이 대답을 듣고 디오게네스는 한바탕 웃었다. 그리고는 좀 떨어져 앉아 있던 그의 동료인 개를 불렀다. 그 개가 다가왔을 때 디오게네스는 개에게 다음과 같이 말했다. "이 미친 왕이 말하는 것을 들어보렴. 이 사람은 세상을 정복한 후에 쉴 거라고 말한다. 우리는 땅을 조금도 정복할 필요도 없이 지금 여기에서 쉬고 있는데 말이다." 그러고 나서 그는 알렉산더에게 말했다. "만약 휴식이 당신의 궁극의 목표라면, 이 아름다운 강가에서 지금 당장 저와 저의 개랑 즐기시지 않으시렵니까? 우리 모두가 그렇게 할 수 있는 충분한 자리가 있습니다. 저는 이미 쉬고 있습니다. 결국 그 모두를 한 후에 쉬려고 당신은 이 세상에 왜 그렇게도 많은 곤란과 장애를 일으키려 합니까? 당신은 바로 여기 지금에 쉴 수 있습니다."

그러자 당황한 알렉산더는 말했다. "당신이 말하는 것은 매우 이치에 맞아 보입니다. 그러나 나는 지금 당장 쉴 수 없습니다. 나는 우선 세계를 정복해야 합니다."

현자는 말했다. "세상의 정복과 휴식 사이에는 아무런 연관이 없습니다. 여기에 있는 나는 세상을 정복하지 않고도 잘 쉬고 있습니다."

"당신의 말은 일리가 있습니다."라고 알렉산더가 말하면서 덧붙였다. "그러나 나는 이미 내 길을 가고 있습니다. 여행 중에는 되돌아갈 수 없습니다."

디오게네스가 그들의 대화의 마지막에 했던 말은 나중에 이루어졌다. 그는 말했다. "당신은 사실 여행 도중에 돌아올 것입니다." 누가 자신의 여행을 마친 뒤에 돌아온 적이 있는가? 인도에서 돌아오는 도중에 그 정복자는 죽었다. 그는 그리스에 도착할 수 없었다.

모든 알렉산더는 죽으며, 여행의 도중에 죽는다. 그들은 부를 모으나 그것을 즐길 시간은 가지지 못한다. 그들은 오케스트라의 모든 악기들을 수집하기 위해 온갖 것을 다하며, 그 모든 것들이 준비됐을 때는 그것들을 연주할 능력을 잃어버린 것에 대한 절망에 직면한다. 그들의 손에는 아무것도 없다. 우는 것밖에 그들이 할 수 있는 것은 없다. 알렉산더는 빈손으로 죽었다.

아니다. 인생은 축제를 의미한다. 축제가 인생의 주 음표이다. 만약 누군가가 당신에게 묻는다면, 당신에게 이런 질문을 하는 것이 더 좋다. "나는 일하기 위해 사는가, 아니면 살기 위해 일하는가?" 그러면 그 답은 당신에게 아주 명백해질 것이다. 당신은 크리슈나에게 더욱 가까이 다가갈 것이다. 당신은 살기 위해 모든 것을 하지, 일하기 위해 그리고 의미 없이 일하기 위해 살지는 않는다. 살기 위해서는 많은 일을 할 필요가 없다. 너무 많은 일을 한다는 것은 아무런 의미가 없다.

살기 위해 일한다는 이 자세가 확실한 기반으로 다져지면, 우리의 많은 불행과 고통은 사라질 것이다. 우리의 많은 불행은 너무 많은 일을 하려는 우리의 광기에서 일어난다. 이 광기가 사라지면, 우리가 이 순간에 가지고 있는 것보다 세상에 훨씬 더 많은 평화와 즐거움과 환호가 있을 것이다. 과로가 사라짐에 따라 많은 것들이 사라질 것이다. 긴장과 불안이 사라질 것이고, 정신병과 정신 병원들이 사라질 것이다. 당신이 그것을 해로운 것으로 받아들이면, 많은 해들이 정리될 것이다. 정말 온전한 세상이 될 것이다.

따라서 나는 크리슈나의 삶에 대한 축제의 비전에 완전히 동의한다고 말한다.

당신은 또한 라마, 크리슈나, 마하비라, 붓다 같은 이 나라의 모든 아바따들과 띠르딴까라들을 그림으로 그릴 때 왜 수염을 그리지 않

있었는지를 알기 원한다. 그 이유는 무엇일까?

그들 모두가 턱수염이 없었다고 나는 생각하지 않는다. 한두 명은 예외였을 것이다. 그들이 턱수염이 없었다는 것은 사실이 아니다. 그렇지만 그들 중 어느 누구도 턱수염이 있는 것으로 그려지지 않았던 것은 사실이다. 틀림없이 이유가 있다.

첫째로, 수염이 자라기 전의 시기는 자신의 인생에서 가장 신선하고 좋은 때이다. 그것은 삶의 신선함의 절정의 순간이다. 이후의 삶은 쇠퇴하기 시작한다. 그러나 크리슈나 같은 사람들에 관한 한 우리는 그들을 그 신선함, 그 무한히 신선함을 지닌 모습을 그림으로 보았다. 이 신선함이 그들의 일생 동안 유지되고 있음을 보았다. 그들의 신선함에는 쇠퇴의 순간이 절대 없다. 그들은 항상 젊고 새롭다. 그들이 나이를 안 먹고 늙지 않는다는 것이 아니다. 그들 모두가 나이를 먹지만 그들의 의식에 관한 한 그것은 항상 청년의 상태이다. 그들의 의식은 영원히 젊고, 영원히 새롭고, 영원히 신선하다.

턱수염이 없는 라마, 크리슈나, 마하비라, 붓다의 이 그림들과 초상화들은 그들의 인간적인 모습을 나타내는 것이 아니다. 그것들은 그들의 혼, 그들의 영혼, 그들의 의식을 나타내고 있다. 우리는 유년기, 청년기, 노년기 내내 그들이 지니고 있는 변함없는 신선함, 젊음을 보았다. 우리는 그들의 그림과 초상화들에서 그 신선함에 사로잡혔다.

우리는 크리슈나를 지팡이에 의지하고 있는 노인으로는 결코 생각할 수 없다. 그가 오래 살았기 때문에 늙었음에는 틀림이 없지만 그가 노인으로서 어떤 모습을 보였는지는 상상하지 못한다. 그의 내면에는 영원히 젊고 살아 있는 무엇인가가 있다.

다른 한편으로는 늙어 보이는 아이들이 있다. 최근 나는 어느 마을을 방문했는데 거기서 13살 또는 14살이 채 안 되어 보이는 소녀를 만났다. 그녀는 목샤, 즉 해방을 원했다. 지금 이 소녀는 벌써 나이든 여성이다. 나는 그녀에게 그렇게 말했다. 아직 많은 인생을 살지 않았지만 그녀는 해방에 대해서 말한다. 아직 속박당해 있지 않지만 그녀는 속박으로부터 자유로워지길 원한다. 그녀는 가족 모두가 종교적이라고 나에게 말했다. 나는 그녀의 가족을 방문하기까지 했는데, 슬프고 우울하고 정말로 죽은 종교적인 가족이었다. 가족 모두는 목샤를 기다리고 있었다. 아무도 살아갈 시간을 가지지 못했다. 그녀의 아버지는 생기 없어 보였고, 어머니도 그랬다. 그 가족의 어린애들조차 결핍되고 병들어 보였다. 나에게는 그들이 단식과 굶주림의 그림자 안에서 살고 있는 것 같았다. 그들은 쇠진해 있었고 죽어 있었다.

자연적으로 이 소녀는 나이를 먹었다. 만약 어느 화가가 그녀를 그린다면 그는 그녀를 젊은 여성으로 보여 주기를 원하지 않았을 것이다. 그것은 믿을 수 없는 그림이 될 것이다. 화가는 그녀를 70이나 80살의 여성으로 보여 주어야만 할 것이다. 그것이 그녀의 정확한 정신 연령일 것이다.

붓다, 마하비라, 크리슈나, 라마는 항상 젊고, 정말로 청년이다. 우리는 그들을 25살로 그릴 수 있었을 것이다. 그것이 청년의 나이다. 그러면 그들은 턱수염이 있게 보여져야만 할 것이다. 그러나 우리는 그들을 턱수염과 콧수염이 없는 10대들로 그렸다. 왜? 여기에도 역시 이유가 있다. 그들을 턱수염과 콧수염이 있는 25살로 그리는 것이 적합하지 않았다. 왜냐하면 그것은 그들이 늙어 가는 과정에 있다는 것을 보여 주기 때문이다. 일단 어떤 일이 시작되면, 그것은 필연적으로 끝에 이르게 된다. 당신은 턱수염과 콧수염이 있는 영원한 젊음을 그릴 수는 없다. 그것은 바로 그 목적을 좌절시킬 것이다. 그러므로 청년기가 그들을 보여 주기에 맞는 나이다. 왜냐하면 그것이 새로움의 최적의 시기이기 때문이다.

왜 크리슈나 같은 사람이 턱수염 없이 보여지는가에 대한 또 다른 이유가 있다. 남성이 보는 미의 개념은 여성다움이다. 그것은 여성의 미에서 가져온다. 남성에게는 남성이 아닌 여성이 미의 이미지이다. 그리고 우리의 화가 및 조각가, 시인, 그리고 경전의 작가들은 대부분 남자들이었다. 자연적으로 만약 그들이 누군가를 아름답게 묘사해야 한다면, 그들은 여성적 미의 관점으로 그렇게 할 것이다. 그래서 만약 크리슈나가 아름다운 사람으로 그려져야만 한다면―그는 최고인데, 누가 그보다 다 아름다울 수가 있는가?―그는 틀림없이 아주 아름다운 여성적인 미로 보여지게 될 것이다. 그것이 붓다, 크리슈나와 같은 사람들의 조각과 그림이 여성적인 얼굴을 가지는 이유이다. 그들의 이미지는 분명히 여성적이다. 그것들은 남성적인 것과는 거리가 멀다. 왜냐하면 미에 대한 남성의 이해는 여성미에 대한 이해로부터 오기 때문이다.

이러한 이유로 남성의 미적 감각의 성장과 함께 전 세계적으로 남성은 턱수염과 콧수염을 면도하기 시작했다. 먼저, 남성은 크리슈나와 붓다의 얼굴에서 수염을 면도하였고, 그런 다음 자기 자신도 면도했다. 남성은 여성의 얼굴이 자신보다 훨씬 더 아름답다고 믿기 때문에 여성을 다양한 방법으로 모방하려고 애를 써 왔다.

그러나 미에 대한 여성의 개념은 아주 다르다. 미에 대한 여성의 개념은 남성적인 것이고, 남성적 미의 이해에 기반을 두고 있다. 여성은 다른 여성의 미에 의해서 매혹되는 것이 아니라, 항상 남성적 미에 의해 매혹이 된다. 미에 대한 여성의 이미지는 남성의 얼굴에서부터 나온다. 그래서 나는 만약에 여성이 크리슈나와 붓다의 얼굴을 그렸다면 분명히 턱수염과 콧수염이 있게 보여 주었을 것이라고 생각한다.

나는 오늘날까지도 여성은 면도한 얼굴의 남성을 좋아한다고 생각하지 않는다. 그런 남성은 여성에게 여성적으로 보인다. 턱수염과 콧수염이 여성에게는 남성다움의 상징이다. 당신은 얼굴에 턱수염과 콧수염이 있는 채로 나타난 여성에 대해 어떻게 반응할지 바로 생각해 보라. 그녀는 혐오감을 줄 것이다. 같은 방법으로 턱수염과 콧수염이 없는 남성은 여성에게 혐오감을 줄 것이다. 그녀가 그렇게 말하는지 말하지 않는지는 다른 문제이다. 왜냐하면 여성은 좋아하고 싫어함을 표현할 수 있는 그 정도의 자유조차 지니고 있지 않기 때문이다. 그녀가 생각하는 방식조차 남성에 의해 결정된다. 여성은 그녀의 선호도 주장할 수가 없다.

언제 그리고 어디에서든 남성적 미가 그것의 풍부한 장엄함으로 나타날 때마다 턱수염과 콧수염이 남성의 얼굴에 돌아올 것임을 기억하라. 턱수염과 콧수염이 돌아올 때 남성적 미가 항상 절정을 얻어 왔다. 그러나 남성이 여성을 모방하기 시작할 때 그는 자신의 턱수염을 깎아 내고, 따라서 그의 남성다움의 일부를 잃는다.

여성이 대규모로 남성을 모방하려고 애쓰는 것은 아이러니다. 이런 대유행은 거의 전 세계적으로 일어나고 있다. 여성은 이제 남성과 같이 청바지를 입으려 한다. 왜냐하면 미에 대한 여성의 개념은 그들의 남성의 모습에 대한 이해에 기반을 두기 때문이다. 여성은 남성이 하는 것과 똑같이 손목에 시계를 차고 싶어 한다. 여성이 남성의 직업을 가지는 것도 같은 이유이다. 여성은 남성이 미와 힘의 그림이라고 생각한다. 그들의 여성 해방운동은 남성을 모방하는 방향으로 이동하고 있다. 그리고 만약 언젠가 여성이 이기고자 한다면, 여성이 이길 가능성이 충분하다. 왜냐하면 남성들은 오랫동안 지배자였고, 여성이 중앙 무대를 차지하기 위해서는 남성들은 이제 물러나야만 하기 때문이다. 여성이 턱수염과 콧수염을 기르는 것은 놀라운 일이 아닐 것이다. 오늘날 우리는 그것을 생각조차 할 수가 없다. 그것은 전혀 생각할 수 없는 것처럼 보인다. 그러나 여성은 벌써 더 미묘한 방법으로 턱수염과 콧수염을 기르기 시작했다. 여성은 모든 면에서 남성을 닮기 위해 그야말로 최선을 다하고 있다. 그들은 남성처럼 보이기를 원한다. 그들은 복사물이 되기 위해 애를 쓴다.

그러나 남성이 여성을 모방하든 여성이 남성을 모방하든, 그것은 추하고 우스꽝스럽다. 그것은 전적으로 어리석다. 모방 그 자체가 어리석다.

크리슈나, 라마, 붓다를 묘사한 화가들과 조각가들은 여성적 미의 찬양자들인 남성이었고, 바로 이 이유 때문에 이런 초상화들 그 어느 것도 진짜일 수 없다고 말할 수 있다. 만약 당신이 24개의 자이나 띠르딴까라들의 상을 본다면 그들이 서로 간에 최소한의 차이도 없이 모두 닮았다는 사실을 알고 놀랄 것이다. 만약 당신이 그 상들의 밑에 새겨진 여러 이름들을 없앤다면, 당신은 서로 간의 구별을 알아볼 수 없을 것이다. 그것들은 정확하게 똑같다. 이와 마찬가지로, 마하비라와 붓다의 상들 간에는 옷 이외에 차이점이 없다. 마하비라가 나체인 반면에, 붓다는 옷을 입었다. 당신은 그들 모두가 실제로 닮았다고 생각하는가?

아니다. 그들 모두가 닮기는 불가능하다. 두 명의 사람이 같은 얼굴을 가지는 일은 쌍둥이라도 거의 일어나기가 힘들다. 그러나 화가들과 조각가들은 기적을 일구어 냈다. 어떻게? 붓다를 그리는 데 관여했던 화가는 그의 그림을 영원히 가장 아름다운 것으로 만들기 위해 최선을 다하고 있다. 마하비라의 조각가도 같은 목적의 마음으로 일했다. 미의 완벽함을 실현하고자 하는 그들의 이런 노력의 총체적 결과로 그들의 이미지들은 서로 닮아 버렸다.

> 스승님은 살기에 충분한 것 그 이상이 아니라, 살기에 충분할 만큼만 일해야 한다고 말씀하십니다. 일에 대한 이런 태도가 만연되면, 미라는 그녀의 손에 악기인 딴뿌라를 들지 않을 것이며, 우리는 스승님의 강연들을 기록할 수 없을 것입니다. 딴뿌라와 녹음기는 인간 노동의 결실입니다. 그래서 다음과 같은 질문을 드립니다. 만약 사람들이 삶의 길로 축제를 받아들인다면, 어떻게 빈곤이 사라지겠습니까?

미라의 딴뿌라가 일 중독자들의 작품인지 아니면 축제를 삶의 길로 받아들이는 사람들의 작품인지를 생각해 보는 것은 가치가 있다. 일 중독자들은 딴뿌라를 만들지 않는다. 그들은 삽을 만든다. 딴뿌라는 일과는 아무런 관계가 없다. 일의 옹호자는 망치, 도끼, 칼을 생산한다. 딴뿌라는 인생을 유희와 즐거움으로 받아들이는 사람들의 창조물이다. 딴뿌라든 따지마할이든 그 무엇이든 인간의 창조물에서 훌륭한 것은 삶의 길이 축제인 사람들의 선물이다. 이 아름다운 것들은 그들의 꿈과 환상으로부터 나온다.

삶을 축제로 여기는 사람들이 삶을 일과 노동으로 여기는 사람들의 도움을 받아야 한다는 것은 자연스럽다. 일 중독자들도 역시 그들의 일을 놀이로 받아들일 수 있다. 그때 그들이 하는 일의 질은 매우 달라질 것이다. 그리고 그들의 삶의 질과 살아가는 방식도 그렇게 될 것이다. 따지마할에 대리석을 놓은 노동자들은 이 놀라운 건축 작품을 그저 보기만 해도 느낄 수 있는 즐거움을 결코 알지 못했다고 나는 생각한다. 따지마할을 건설했던 노동자들에게는 이것은 단순한 일, 생계 수단이었다. 같은 대리석을 축제의 방식으로 쌓을 수는 없었을까?

나는 이 이야기를 반복하여 말하길 좋아한다. 어느 마을 교외에 사원을 세우는 중이었다. 몇 명의 노동자들이 건축을 위해 돌을 절단하느라 바쁘다. 나그네가 무엇이 세워지는지를 보기 위해 길을 멈춘다. 그는 노동자 중 한 명에게로 가서 "당신은 무엇을 하고 있습니까?"라고 묻는다.

그 사람은 슬프고 심각해 보였다. 심지어 자기 자신에게 화가 나 있는 것처럼 보였다. 그 노동자는 방문자의 얼굴을 쳐다보지도 않고 "당신은 내가 돌을 자르고 있는 것이 안 보입니까?"라고 말했다.

나그네는 다른 노동자에게 가서 "당신은 무엇을 하고 있습니까?"라고 동일한 질문을 하였다.

이 사람도 역시 슬퍼 보였다. 그러나 화가 나 있지는 않았다. 그는 망치와 정을 내려놓고 방문자를 쳐다보며 침울하게 말했다. "나는 빵을 얻고 있소." 그리고는 다시 일을 시작했다.

나그네는 사원의 정문 부근에서 똑같은 일을 하고 있는 세 번째 노동자에게로 다가갔다. 그는 행복한 기분으로 노래를 부르고 있었다.

"친구여, 당신은 무엇을 하고 있습니까?" 나그네는 그에게 같은 질문을 했다.

노동자는 아주 기쁜 목소리로 말했다. "나는 사원을 짓고 있습니다." 그러고 나서 그는 계속 돌을 자르며 노래를 불렀다.

세 사람 모두 돌을 자르는 동일한 일을 하고 있지만, 일에 대한 그들의 자세는 서로 판이하게 달랐다. 세 번째 노동자는 노동을 축제로 바꾸었다. 그는 일과 노래를 함께 할 수 있다.

나는 빈곤을 퇴치하지 말라고, 기술과 풍요로움을 가지지 말라고는 하지 않는다. 내가 말하고자 하는 모든 것은 축제의 방식으로 기술과 부를 만들 수 있다는 것이다. 그것들을 의무와 일로 다룰 필요가 없다는 것이다. 축제로 오는 풍요로움은 그것 자체의 아름다움을 가지고 있다. 당신은 힘과 고통을 동반한 노동으로 빈곤을 물리칠 수 있지만, 당신의 부에도 불구하고 여전히 가난할 것이다. 영적인 빈곤은 당신이 일을 축제로 바꿀 때까지는 없어지지 않을 것이다. 아마 축제의 방식은 시간이 더 걸릴 것이다. 그러나 그것은 두 종류의 빈곤, 즉 물질적 빈곤과 영적 빈곤을 둘 다 없앨 것이다.

그것은 정말로 우리가 하는 일에 대한 우리 자세의 문제이다. 자세의 변화로, 일을 축제로 바꾸는 것으로, 삶의 전체 환경이 변한다.

정원사는 당신의 정원에서 일한다. 그것이 그의 생계 수단이다. 그는 그의 일을 축제로 여기지 않는다. 그러나 그는 할 수 있다. 아무도 그가 그의 자세를 바꾸려는 선택을 하는 데 관여할 수 없다. 가령 그는 양식을 벌어야만 하기 때문에 일할 수도 있다. 그는 양식을 벌어야 하지만, 동시에 그의 일을 즐길 수 있고, 꽃들이 피어날 때 축제를 벌일 수 있으며, 꽃들과 함께 춤추고 노래할 수 있다. 그 자신과 그의 일에 대한 자세를 제외하고, 누가 그의 길을 방해하겠는가? 그리고 신기하게도 일을 어떤 목적을 달성하기 위한 수단으로만 여기는 사람은 많은 부를 벌지 못한다. 그러나 만약 그가 자신의 일을 즐겁게 받아들인다면, 만약 그가 꽃들이 피는 것을 즐긴다면, 만약 축제가 먼저이고 일이 이차적이라면, 그는 전에는 결코 알지 못했던 삶의 부를 얻을 것이다. 그러면 같은 정원의 일은 그가 어떤 다른 방법으로는 결코 알지 못할 행복을 그에게 가져다줄 것이다.

　빈곤은 사라져야 한다. 고통은 사라져야 한다. 그러나 그것들은 사람이 삶의 축제에 참여할 수 있도록 하기 위해 사라져야만 한다. 가난한 사람으로 남아 있는 한, 그가 삶을 축하하거나 삶의 축제에 참여하는 것은 힘들다. 바로 이러한 이유로 나는 가난을 몰아내는 것을 지지한다. 나에게 있어, 가난을 몰아낸다는 것은 단순히 가난한 사람에게 의식주를 주는 것만을 의미하지 않는다. 그것은 필요하긴 하지만 전부는 아니다. 나의 관점으로는 만약 사람에게 물질적인 필요들이 채워지지 않는다면, 그는 그의 시야를 삶의 보다 높은 필요, 즉 영의 실현, 혹은 당신이 그것을 무엇이라 부르든 그것을 일어나게 할 수 없다. 빵은 오직 그의 배를 채울 수 있을 뿐이다. 그의 영을 충족시키기 위해서는 삶에서 즐거움과 축제의 환경이 절실히 필요하다.

　그리고 만약 우리가 보다 높은 삶의 영역들에, 영혼 또는 영에 관심을 기울인다면, 그때 우리는 모든 일을 축제로 바꿀 수 있다. 그러면 우리는 밭을 일구면서 함께 노래를 부를 것이다. 우리는 씨를 뿌리면서 동시에 춤을 출 수 있다. 최근까지 이것이 모든 곳에서 일어났던 삶의 방식이었다. 농부는 그의 농장에서 일하면서 노래를 불렀다. 현대식 공장의 노동자는 이 마술을 잃어버렸다. 그 결과로 그의 일은 즐거워지기를 멈추었고, 지루하고 마음에 내키지 않는 것이 되어 버렸다. 공장은 일터일 따름이다. 그것은 노동자가 충분하거나 충분하지 못한 급여를 받기 위해 7시간 동안 일 하는 것 이외의 아무것도 아니다. 바로 그러한 이유로 하루 일을 마치고 저녁에 집으로 돌아왔을 때 노동자는 죽도록 지치고 망가지고 병든다.

그러나 나는 말한다. 조만간에 노래가 공장 안으로 들어갈 것이다. 대단한 연구들이 많은 선진국들에서 진행되고 있고, 이 발견은 그들을 밝아지게 하고 있다. 일만 행해지는 것은 중단되어야 한다. 일은 즐겁고 기쁜 것이 되어야만 한다. 공장들이 음악으로 울려 퍼질 날이 멀지 않았다. 왜냐하면 음악 없이는 사람은 점점 더 공허해지고 불행해질 것이기 때문이다. 그리고 공장들에 도입된 음악은 일꾼들에게 즐거움을 줄 뿐만 아니라, 일의 질도 높여 줄 것이다.

가정주부가 집에서 요리를 한다. 그녀는 호텔에서 요리사가 하는 방식으로 요리를 할 수 있다. 그러나 그러면 요리는 지겹고 피곤한 일이 될 것이다. 대신에 그녀는 그녀를 찾아올 연인을 위해 준비하는 마음으로 요리를 할 수도 있다. 그러면 요리는 그녀를 결코 피곤하게 하지 않는 축제가 될 것이다. 정말이지 그러한 일은 아주 잘 이루어진다. 그러나 단순히 일만 하는 것은 당신을 지치고 피곤하고 완전히 탈진시킬 것이다. 그것은 정말이지 우리가 하는 일을 향한 우리 자세의 문제이다.

크리슈나는 마음을 초월하였다고 말씀하셨습니다. 그리고 크리슈나가 마음의 자연스러운 본능들에 의해 고삐들의 옷을 뺏었다고 또한 말씀하셨습니다. 마음을 초월한 사람이 어떻게 그런 행동을 할 수 있습니까? 만약 그렇다면 그것은 동물들의 본능적인 행동과 다를 바 없지 않습니까?

크리슈나가 마음을 초월하였다고 말했을 때 그것은 그가 마음을 가지지 않는다는 것을 의미하는 것이 아니다. 마음을 초월한다는 것은 마음 너머에 있는 것을 알았다는 의미다. 마음은 심지어 마음을 초월한 후에도 남아 있다. 그러나 그것은 전적으로 다른 마음이다. 그것은 너머에 있는 것에 의해 깨끗해지고, 고요해지고, 흠뻑 젖은 마음이다. 크리슈나는 그의 마음보다 더 크다. 그러나 마음은 그의 안에 있다.

마음의 초월은 두 가지 방법으로 시도될 수 있다. 만약 당신이 억압과 투쟁을 통하여 마음을 초월하려고 노력한다면, 마음은 분열되고 상처를 입을 것이다. 그것은 분열된 마음으로 퇴보할 것이다. 그러나 만약 당신이 사랑과 이해를 통한 우호적인 방법으로 마음을 초월한다면, 마음은 통합되고 지혜 안에 자리잡을 것이다.

내가 나의 육체를 초월했다고 말할 때, 그것은 내가 나의 육체가 아니라거나 나의 육체가 존재하기를 그쳐 버렸다는 것을 의미하는 것이 아니다. 그것은 내가 이제 단지 나의 육체뿐만이 아니라 그것보다 훨씬 더 이상의 것이라는 의미다. 나는 육체에 무엇인가를 더한 것이다. 무언가가 육체에 더해졌다. 어제까지 나는 내가 오직 육체뿐이라고 생각했다. 그러나 지금 나는 내가 육체 이상의 무엇이라는 것을 안다. 나는 육체를 가지고 있다. '플러스의 무엇인가'가 육체를 없애지 않았으며, 오히려 그것은 육체를 훨씬 고양시키고 풍요롭게 하였다. 이제 나는 영혼도 가지고 있다. 나는 육체와 영혼 둘 다를 가진 존재이다.

마찬가지로 내가 신을 알 때, 그것은 나의 영혼과 정신이 존재하기를 중단하였다는 것을 의미하는 것이 아니다. 그것은 단지 내가 이제 몸, 정신, 그리고 신 모두라는 것을 의미한다. 그러면 마음과 영혼은 거대하고 무한한 그것 속으로 빨려든다. 그것은 무엇인가를 잃는 것이 아니라, 상승하여 나아갈수록 더욱더 많은 것을 얻는 것이다.

그래서 크리슈나가 마음을 초월했다고 말할 때 나는 그가 마음 너머의 것을 알았다는, 그가 거대하고 영원한 것을 알았다는 것을 말하고자 하는 것이다. 그러나 그는 마음을, 더 민감하고 더 섬세하게 자각하는 마음을 계속 가지고 있다. 크리슈나는 마음을 적대시하지 않는다. 그는 싸움과 억압의 방법으로 마음을 초월하지 않았다. 그는 아주 친숙한 방법으로 마음과 더불어 살면서 마음을 초월하였다. 그러므로 그와 여자 친구들 사이에서 일어난 일은 무엇이나 그의 굉장히 순수한 마음의 자연적인 표출이라고 나는 말한다. 그는 자연스럽고 순수하고 자발적으로 행동하지 않을 수 없다.

마음이 갈등 내에 있고, 마음이 마음 자신과 싸울 때 마음은 자연스럽지 못하다. 마음의 조각 중 하나는 이것을 하라고 말하고, 또 다른 조각은 이것을 하지 말라고 할 때, 마음은 자연스럽지 못하다. 전체 마음이 함께 하여 통합된 하나가 될 때, 마음이 하는 모든 것은 자연스럽다. 무슨 일이 일어나고 안 일어나는 것은 자연스럽고 자발적이다. 그때 마음에 관해 부자연스러운 것은 아무것도 없게 된다. 자연스러운 것이 옳은 것이다. 그러나 당신은 올바르게 질문했다. "만약 그렇다면 사람과 동물 사이에는 어떤 다른 점이 있습니까?"

어떤 면에서는 사람과 동물 사이에는 아무런 차이점이 없다. 또 다른 면에서는 차이점이 아주 크다. 동물은 자연스럽고 순진하지만, 그렇다는 것을 자각하지 못한다. 크리슈나는 자연스럽고 순진하지만, 그렇다는 것을 자각한다. 그들의 자연스러움과 순진함의 면에서는 크리슈나와 동물이 매우 유사하지만, 의식에 관련해서는 그들 사이에 거대한 차이점이 있다.

동물은 본능적으로 자발적이고 자연스럽게 움직이고 행동하며 놓아주는 상태에서 살지만, 그렇다는 것을 자각하지 못하며 동물의 모든 활동은 기계적이다. 크리슈나 또한 놓아주는 상태에서 살고, 그의 천성이 자유롭도록 그리고 충만한 유희를 허용하지만, 그는 그렇다는 것을 완전히 자각한다. 그의 목격하는 중심은 항상 경계를 하고 그의 안이나 주변에서 일어나는 모든 일을 자각한다. 동물은 목격하는 중심이 없다.

크리슈나가 마음을 초월한 반면, 동물은 마음의 수준 아래에 있다. 동물은 마음이라는 것을 가지고 있지 않고, 오직 육체와 본능을 가지고 있으며 기계적으로 기능한다. 그래서 마음 위에 있는 사람과 마음 아래에 있는 사람 간에는 일종의 유사점이 있다.

성자들 사이에 널리 퍼져 있는 속담이 하나 있는데, 어떤 사람이 최고로 높은 지혜에 이르게 될 때 그는 이 지구상에서 가장 무지한 사람처럼 된다는 것이다. 이 속담에는 몇 가지 진실이 담겨 있다.

고대 인도의 성자들 중에 자르바라뜨라는 한 성자가 있었다. 그는 글자 그대로의 바라뜨였다. 바라뜨란 무지한 자라는 뜻이다. 정말로 그는 이 나라에서 가장 현명한 성자들 중의 하나였지만, 자르바라뜨라는 이름을 지니고 있었다. 왜냐하면 그가 지극히 무지한 사람처럼 보였기 때문이다. 어떤 면에서 완벽한 지혜는 완벽한 무지로 보인다.

적어도 완벽함에 있어서는 그들은 유사하다. 지혜로운 사람은 휴식 상태에 있다. 왜냐하면 그는 모든 것을 알았고, 그래서 더 알아야 할 것이 없기 때문이다. 무지한 사람 또한 휴식 상태에 있다. 왜냐하면 그는 아는 것이 아무것도 없기 때문이다. 휴식이 없기 위해서는 조금 아는 것이 필요하다. 동물은 무의식적으로 활동한다. 크리슈나는 완전한 자각으로 기능한다. 자각됨이 없이 그에게 일어나는 일은 아무것도 없다.

이러한 이유로 어떤 사람이 최고의 지혜에 이를 때 그는 어린아이처럼 된다고 말한다. 누군가가 예수에게 물어보았다. "신의 왕국은 어떻습니까? 신의 경지에 도달한 사람은 어떻습니까?" 예수는 말한다. "신의 경지에 이른 사람은 어린아이와 같이 된다." 그러나 예수는 어린아이가 신의 경지에 이른다고 말하지 않는다. 만약 그렇다면 모든 어린아이들이 신의 경지에 이를 것이다. 그는 신의 경지에 이른 사람은 어린아이가 된다고 말하는 것이 아니라 어린아이처럼 된다고 말한다. 만약 성자는 어린아이가 된다고 말하면 그것은 어린아이가 완벽한 지혜를 가지고 있다는 것을 의미하는데, 이것은 그런 경우가 아니다. 만약 어린아이들이 완벽하다면 우리는 그들에게 아무것도 할 필요가 없을 것이다. 아니다. 어린아이는 발달된 마음의 수준 아래에 있는 반면에, 성자는 마음 너머로 가 버렸다. 어린아이는 갈등, 긴장, 투쟁의 단계를 통과해야만 한다. 성자는 모든 갈등과 긴장에서 벗어났다. 어린아이는 잠재적으로 인간이 그에게 유산으로 준 모든 질병을 지니고 있다. 현자는 그러한 병들에서 벗어났다. 진화 과정에서 동물조차 인간의 모든 질병을 통과해야만 할 것이다. 그러나 여기 질병들에서 살아남았고, 질병들을 초월하였고, 질병들 너머로 간 크리슈나가 있다.

사람과 동물의 유사성과 차이점은 잘 정의된다.

스승님께서는 스와다르마(swadharma), 즉 자기 본성, 사람의 타고난 개별성에 대해 말씀하셨습니다. 바가바드 기따에서는 비록 질적으로는 떨어지더라도 자기 자신의 성품을 행하는 것이, 질적으로 우수하기는 하지만 다른 사람의 성품을 행하는 것보다 더 좋다고 말합니다. 그렇다면 질문은 다음과 같습니다. 왜 사람의 타고난 개별성인 자기 본성이 질적으로 열등합니까?

이 강연의 마지막 질문이다. 답을 하고 난 뒤 우리는 앉아서 명상을 할 것이다.

당신은 한 사람의 자기 본성 혹은 타고난 개별성이 어떻게 질적으로 낮을 수 있는지를 묻는다. 이와 관련해서는 두 가지 점이 고려되어야만 한다.

첫 번째로 무엇이든 그 기원에서는 아무런 특성, 성질이 없이 존재한다. 그것이 모습을 취하고 성장한 후에야 그것은 속성을 모은다. 하나의 씨앗이 있다. 그것은 그 무엇이든 아무런 속성을 지니지 않고 있다. 그 씨앗은 그저 잠재성만을 지니고 있다. 그것은 이것 이외에는 아무런 특성이 없다. 씨앗은 아직 피지 않은 꽃에 탄생을 줄 수 있다. 내일이면 씨앗은 꽃이 될 것이다. 이 꽃은 어떤 특성들과 성질들을 가질 것이다. 그것은 빨강이 될 것이고, 향기도 지닐 것이다. 그때 그것은 그것 자신의 개별성을 지니게 될 것이다. 그러나 지금 당장 씨앗으로서, 그것 내에는 아무것도 없다. 씨앗은 그것 자신을 표현하

적어도 완벽함에 있어서는 그들은 유사하다. 지혜로운 사람은 휴식 상태에 있다. 왜냐하면 그는 모든 것을 알았고, 그래서 더 알아야 할 것이 없기 때문이다. 무지한 사람 또한 휴식 상태에 있다. 왜냐하면 그는 아는 것이 아무것도 없기 때문이다. 휴식이 없기 위해서는 조금 아는 것이 필요하다. 동물은 무의식적으로 활동한다. 크리슈나는 완전한 자각으로 기능한다. 자각됨이 없이 그에게 일어나는 일은 아무것도 없다.

이러한 이유로 어떤 사람이 최고의 지혜에 이를 때 그는 어린아이처럼 된다고 말한다. 누군가가 예수에게 물어보았다. "신의 왕국은 어떻습니까? 신의 경지에 도달한 사람은 어떻습니까?" 예수는 말한다. "신의 경지에 이른 사람은 어린아이와 같이 된다." 그러나 예수는 어린아이가 신의 경지에 이른다고 말하지 않는다. 만약 그렇다면 모든 어린아이들이 신의 경지에 이를 것이다. 그는 신의 경지에 이른 사람은 어린아이가 된다고 말하는 것이 아니라 어린아이처럼 된다고 말한다. 만약 성자는 어린아이가 된다고 말하면 그것은 어린아이가 완벽한 지혜를 가지고 있다는 것을 의미하는데, 이것은 그런 경우가 아니다. 만약 어린아이들이 완벽하다면 우리는 그들에게 아무것도 할 필요가 없을 것이다. 아니다. 어린아이는 발달된 마음의 수준 아래에 있는 반면에, 성자는 마음 너머로 가 버렸다. 어린아이는 갈등, 긴장, 투쟁의 단계를 통과해야만 한다. 성자는 모든 갈등과 긴장에서 벗어났다. 어린아이는 잠재적으로 인간이 그에게 유산으로 준 모든 질병을 지니고 있다. 현자는 그러한 병들에서 벗어났다. 진화 과정에서 동물조차 인간의 모든 질병을 통과해야만 할 것이다. 그러나 여기 질병들에서 살아남았고, 질병들을 초월하였고, 질병들 너머로 간 크리슈나가 있다.

사람과 동물의 유사성과 차이점은 잘 정의된다.

스승님께서는 스와다르마(swadharma), 즉 자기 본성, 사람의 타고난 개별성에 대해 말씀하셨습니다. 바가바드 기따에서는 비록 질적으로는 떨어지더라도 자기 자신의 성품을 행하는 것이, 질적으로 우수하기는 하지만 다른 사람의 성품을 행하는 것보다 더 좋다고 말합니다. 그렇다면 질문은 다음과 같습니다. 왜 사람의 타고난 개별성인 자기 본성이 질적으로 열등합니까?

이 강연의 마지막 질문이다. 답을 하고 난 뒤 우리는 앉아서 명상을 할 것이다.

당신은 한 사람의 자기 본성 혹은 타고난 개별성이 어떻게 질적으로 낮을 수 있는지를 묻는다. 이와 관련해서는 두 가지 점이 고려되어야만 한다.

첫 번째로 무엇이든 그 기원에서는 아무런 특성, 성질이 없이 존재한다. 그것이 모습을 취하고 성장한 후에야 그것은 속성을 모은다. 하나의 씨앗이 있다. 그것은 그 무엇이든 아무런 속성을 지니지 않고 있다. 그 씨앗은 그저 잠재성만을 지니고 있다. 그것은 이것 이외에는 아무런 특성이 없다. 씨앗은 아직 피지 않은 꽃에 탄생을 줄 수 있다. 내일이면 씨앗은 꽃이 될 것이다. 이 꽃은 어떤 특성들과 성질들을 가질 것이다. 그것은 빨강이 될 것이고, 향기도 지닐 것이다. 그때 그것은 그것 자신의 개별성을 지니게 될 것이다. 그러나 지금 당장 씨앗으로서, 그것 내에는 아무것도 없다. 씨앗은 그것 자신을 표현하게 된 후에야, 발아하고 성장하여 꽃을 피우고 난 후에야 특성들을 얻을 것이다.

세상은 많은 특성을 가지고 있다. 신은 아무것도 가지고 있지 않다. 신은 씨앗과 같은 것이다. 그는 나타나지 않고 있다. 신이 세상의 형태로 그 자신을 나타낼 때 그는 특성들을 얻으며, 이 특성들은 그가 다시 나타나지 않을 때 사라진다. 어떤 사람은 성자이고, 다른 사람은 도둑이다. 성자와 도둑으로서 그들은 어떤 특성들을 가지고 있지만, 그들 즉 성자와 도둑이 잠을 잘 때는 그들은 어떤 특성도 가지지 않는다. 성자는 성자로 남아 있지 않고, 도둑 또한 도둑으로 남지 않는다. 잠들면 모든 특성은 사라진다. 잠은 특성이 없는 상태이다. 특성들은 깨어난 상태에 나타난다. 잠과 더불어 특성들도 자게 된다. 특성들이 깨어날 때 성자는 다시 성자가 될 것이고, 도둑은 다시 도둑이 될 것이다. 잠 속에서 우리는 우리의 개별성, 즉 우리의 타고난 본성에 아주 가깝다. 그보다는 우리가 그것에 가장 가깝다는 말이 맞다. 사마디 속에서, 무아의 경지 속에서 우리는 사실상 가장 높은 본성인 우리의 최상의 본성에 이르게 된다.

그러므로 원래의 본성을 경험하는 것은 그 무엇이든 간에 아무런 특성과 특징도 전혀 지니지 않는 것이다. 그러나 자신의 본성이 그것 자신을 나타낼 때 그것은 특성들을 얻는다. 특성과 무 특성은 두 개의 것이 아니다. 그것들은 모순되지 않는다. 그것들은 단지 나타나고 나타나지 않는 방식들일 뿐이다.

자기 본성, 최상의 본성은 두 가지 상태를 가진다. 하나는 그것이 씨앗의 형태, 잠자는 그것 자신 속에 흡수되어 있을 때인 나타나지 않음의 상태이다. 다른 하나는 나타남의 상태이다. 그때 그것은 형상과 속성들을 지닌다. 정말이지 어떤 나타남도 형상과 속성들이 없이는 존재할 수 없다. 그것은 형상, 모양, 색깔, 그리고 특성을 지녀야만 한다.

작은 이야기 하나가 마음에 떠오른다. 선(禪)의 이야기다. 선 스승은 그의 제자들에게 그림 그리는 방법을 가르친다. 그림 그리기는 그가 실제로 제자들을 명상으로 이끄는 매개물이다. 사람은 어디에서나 명상으로 여행할 수 있다. 당신이 명상을 시작할 수 없는 곳은 이 세상에 없다. 어느 날 아침 그에게 명상하러 모여든 제자들은 10명이었다. 그는 그들에게 말한다. "대강의 윤곽이 이와 같은 그림을 그려 오라. 여기 풀밭에 소가 있고, 소가 풀을 뜯고 있다. 너희들은 그것을 그려야 한다. 그러나 기억하라. 그 그림은 어떤 형상과 속성도 없어야 한다."

제자들은 굉장한 어려움을 느꼈다. 제자들을 어려움, 위기 속에 두는 것이 스승이 해야 할 일이다. 왜냐하면 오직 이 위기 속에서만 그들은 스스로를 자각할 수 있기 때문이다. 제자들은 형상과 속성이 없는 그림을 그리는 것이 굉장히 힘들다는 것을 발견한다. 그것은 불가능한 일 같이 보인다. 그들은 선과 색깔을 사용해야만 한다. 그들은 소에게 어떤 형상을 주어야만 한다. 그들은 온 들판에 풀을 보여야만 한다.

10명의 제자들 중 9명이 그리기를 시도하고, 이튿날 분명한 선이 없는 어떤 유형의 그림들을 가지고 돌아온다. 모든 것이 흐릿하고 불확실하다. 그러나 소 같은 것이 각각의 그림 속에 있다. 풀밭을 그릴 때 그들은 추상 기법을 사용하여 가능한 한 형태가 없게 하였다. 그럼에도 그들은 몇 종류의 색깔은 사용해야만 했다.

서로의 그림을 살펴보면서 한 제자가 친구들 중 한 명에게 묻는다. "소는 어디에 있는가?"

다른 이가 대답한다. "내가 이 그림을 그리는 동안에는 소에 대한 어떤 생각이 있었어. 그러나 지금은 소가 어디에 있는지를 말할 수 없어."

스승은 9개의 그림 모두를 받지 않으며 말한다. "형상과 속성이 없어야 하는 그림 속에 어떻게 소가 색깔과 속성을 가질 수 있는가?"

10번째 제자는 그의 손에 그냥 텅 빈 종이 한 장을 가지고 있다. 스승이 말한다. "그래, 바로 이것이야."

그림 그리기를 시도했던 9명의 제자들은 실망하면서 이의를 제기한다. "소가 어디에 있습니까?"

스승은 말한다. "소는 풀을 뜯어 먹고 난 후 집으로 갔다."

"그러면 풀은 어디에 있습니까?" 그들은 더 이의를 제기한다.

스승이 말한다. "소가 다 먹어 버렸다. 그래서 모든 것이 그들의 원래 자리로 돌아가 버렸다. 모든 것은 그들의 나타나지 않은 상태로 돌아가 버렸다. 이것이 정말로 형상과 속성이 없는 그림이다. 그것은 풀 뜯어 먹기를 마친 소와, 소가 다 뜯어먹은 풀의 구역을 보여 준다. 빈 공간, 단지 공간만이 거기에 있다."

가장 깊은 수준의 자기 본성은 어떠한 형상도 속성도 가지지 않는다. 그것은 절대적으로 빈 상태이다. 풀이 나타나고 소가 그것을 뜯어 먹으려고 올 때 그것이 나타난다. 그러면 속성들의 유희가 일어난다. 소가 풀을 다 뜯어 먹고 난 후에는 그것 모두는 다시 나타나지 않은 상태로 되돌아간다.

우리 세상의 이 거대한 팽창은 형상이 없는 공에서 태어났고, 그것은 다시 같은 공의 상태로 돌아갈 것이다. 모든 것은 나타나고 사라지지만 그 근원은 똑같은 공, 거대한 공이다. 그리고 전체는 그것의 본질로는 이름도 형상도 모양도 형용사도 가질 수 없으며 그 공 내에 숨겨져 있다.

이런 의미에서 모든 다른 것과 마찬가지로 자기 본성은 두 가지 상태를 가지고 있다. 나타남과 나타나지 않음이 그것이다. 나타남이 이름과 형상, 속성들을 지니고 있는 반면에, 나타나지 않음은 그 무엇이든 아무것도 가지지 않는다.

이와 마찬가지로 우리는 크리슈나를 두 가지 면에서 보아야 한다. 왜냐하면 그는 두 가지 면을 가지고 있기 때문이다. 그의 하나의 면은 보이는 것이고, 다른 하나의 면은 보이지 않는 것이다. 회의론자는 오직 보이는 것, 크리슈나의 나타난 면만을 보겠지만, 신념을 지닌, 믿음을 지닌 자는 다른 면, 즉 보이지 않고 나타나지 않은 면도 역시 볼 것이다. 생각, 묵상, 논리는 형상 즉 나타남을 넘어갈 수 없다. 그러나 믿고 기도하고 명상하는 자는 실재, 보이지 않는 것, 나타나지 않은 것으로 들어갈 수 있다. 그러나 형상, 나타남, 거친 것을 파악하는 것조차 실패하는 사람이 형상이 없는 것, 나타남이 없는 것, 미묘한 것에 도달하기를 기대한다는 것은 거의 불가능하다.

그러나 올바르게 사용된 사고와 논리는 당신으로 하여금 보여지는 것 즉 나타남이 끝나고, 보여지지 않는 것 즉 나타나지 않는 것이 시작되는 지점까지 데려갈 수 있다. 그것 너머에서는 사고는 절대적으로 쓸모가 없다. 그것 너머로는 점프와 도약이 필수적이다. 그것을 넘기 위해서는 자신의 지성과 마음을 벗어 버려야만 한다. 당신은 자기 자신의 마음 너머로, 자기 너머로 가야만 한다. 사실상 당신 자신을 넘어서야만 한다.

　그러나 마음의 이 초월은 당신이 이전에 알고 있던 모든 것을 아는 것을 중단해야 할 것이라는 의미는 아니다. 이제 전에 알고 있던 모든 것은 새롭게 얻어진 초월의 지식 안으로 흡수되고 동화될 것이다. 바로 그날 나타남과 나타나지 않음이 서로 만나고 서로의 속으로 들어가 궁극의 진리가 존재하게 된다.

여덟 번째 문

이기기를 원하지 않는 자만이 이긴다

크리슈나의 생애, 특히 그의 어린 시절은 특이한 영웅적 이야기들로 가득 차 있습니다. 그는 폭군 깜사 왕을 죽였고 끄르띠, 아가, 바까 및 고따까 같은 악마들을 멸하였습니다. 결투에 있어서는 차누르, 무스띠까 같은 강한 레슬러들을 이겼습니다. 깔리아로 알려져 있는 아주 독한 뱀도 굴복시켰습니다. 그리고 온 숲으로 번진 불을 한 손으로 껐습니다. 이것을 실화라 생각하십니까, 아니면 신화라 생각하십니까? 그리고 그것들이 암시하고 있는 상징은 무엇입니까?

"크리슈나가 여기에서 사악한 것을 멸하지만 실은 그들을 변화시키고 교화시키려고 하는 것이다."라는 스승님의 말씀을 떠올리고 싶습니다. 그러나 이 이야기들은 그가 정말로 그들을 멸하였다는 점 분명히 하고 있습니다. 설명하여 주십시오.

이와 관련하여 크리슈나를 이해하려고 했던 사람들을 항상 당황하게 만든 한 가지를 이해할 필요가 있다. 십대의 크리슈나가 그대가 말하고 있는 그와 같은 힘 있는 사람들과 어떻게 싸우고 이기는 것이 가능한가? 사람들은 이 문제를 해결하기 위한 방법을 한 가지만 가지고 있었는데, 그 유일한 방법은 크리슈나를 전지전능한 힘을 지닌, 자신이 원하는 것은 무엇이나 할 수 있는 신의 화신으로 받아들이는 것이었다. 그러나 그것의 깊은 의미는 강한 자가 약한 자를 이긴다는 것, 큰 힘이 작은 힘을 이긴다는 의미와 같은 것이다. 그들은 비록 크리슈나가 어리지만 너무나 힘이 강해서 악마들조차 그와 상대하지 못한다고 말한다. 그러나 나의 견해로 그와 같은 해석은 크리슈나의 삶에 대한 판단으로는 충분하지 않다. 기본적으로 이런 해석들은 혼란과 잘못된 생각에서 일어난다. 그것들은 강한 자가 약한 자를 이긴다는 일반적인 신념으로부터 온다.

내가 여기에서 말하고자 하는 것은 전적으로 다른 어떤 것이다. 그것을 이해하는 것이 필요하다. 나의 견해로는 이기기를 갈망하지 않는 자만이 이기며, 이기려 하는 자는 진다. 내가 이해한 바로는 이 모든 이야기들은 같은 것을 말하고 있다. 즉 이기려는 갈망을 조금도 지니지 않은 자는 이길 것이며, 이기려고 갈망하는 자는 질 것이다. 사실 패배는 이기려는 바로 그 갈망 속에 그 자신을 숨기고 있다. 그리고 이기려는 갈망이 없다는 것은 그 사람이 벌써 이겼다는 것을, 그는 더 이상 이기는 것을 필요로 하지 않는다는 것을 의미한다.

당신은 그것을 다른 방법으로 이해할 수 있다. 만약 어떤 사람이 삶 속에서 이기기를 갈망하고 노력한다면, 그것은 깊은 의미에서 그가 어떤 것이 부족하다는 것을, 열등감 콤플렉스로 고통을 당하고 있다는 것을 의미한다. 깊숙한 곳에서 그러한 사람은 승리를 통하여 감추려고 노력하는 열등감을 자각하고 있다. 반면에 어떤 사람이 이기려고 하지 않는다는 것은 그가 이미 우월함에 자리 잡고 있다는 것을 의미한다. 승리에 의지함으로써 반증하고자 하는 열등감의 그늘조차 그에게는 없다.

만약 우리가 도교적 관점으로부터 그것을 바라본다면 이해하기가 쉬워질 것이다. 어느 날 노자는 그의 친구들에게 말했다. "어느 누구도 나의 온 삶에서 나를 이길 수 없다."

그의 친구 중 한 명이 자리에서 일어나 말했다. "제발 당신을 무적으로 만든 비밀을 우리에게 말해 주시오. 우리 중 아무도 인생에서 패하기를 원하는 사람은 없기 때문이오."

노자는 웃기 시작했다. 그리고는 그에게 말했다. "나의 이야기 모두를 들어 보기 전에는 그 비밀을 이해할 수 없을 것이다. 내가 이야기를 끝내지도 않았는데 당신은 나의 말을 끊었다. 그 이야기를 끝마치게 해 달라. 내가 이미 패배했기 때문에 어느 누구도 나를 패배시킬 수 없다고 나는 말한다. 나는 결코 이기려고 하지 않기 때문에 나를 패배시키기는 어렵다." 그런 후 노자는 그의 비밀을 그들이 이해할 수 있다고 생각한다면 그들이 실수한 것이라고 말했다.

이기려는 바로 그 갈망이 당신을 패배로 나아가게 할 것이다. 결국은 패배로 방향을 돌리게 하는 것은 성공을 향한 갈망이다. 살고자 하는 과도한 갈망이 당신을 무덤 속으로 몰아넣는다. 건강에 대한 집착은 병으로 바뀌게 할 것이다. 인생은 매우 이상하다. 여기에서 우리는 갈망하고 매달리는 바로 그것은 놓치고 우리가 구하지 않는 것을 발견한다. 만약 어떤 것을 찾지 않는다면, 이 말은 그에게 그것이 부족하지 않다는 것을 의미한다. 즉, 그는 이미 그것을 가지고 있다.

나는 크리슈나가 매우 강하기 때문에 이긴다고 말하지 않을 것이다. 그것은 큰 물고기가 작은 물고기를 먹어 치운다는 오래된 논리와 같을 것이다. 크리슈나가 그의 힘 때문에 이겼다면 그것은 아무런 특별한 것이 아니다. 그렇다면 만약 악마들이 크리슈나보다 더 강했다면 그들이 이겼을지도 모른다. 그것은 단순한 힘의 계산이다. 그러나 지금까지 사람들은 어떤 다른 기준들을 가지지 않았기 때문에 이런 말로 크리슈나의 승리를 설명해 왔다.

예수는 다음과 같이 말한다. "온유한 자는 복이 있나니, 그들이 땅을 상속받을 것이다." 겸손한 자들이 땅을 얻을 것이라는 말은 매우 모순적인 설명이다. 그러나 진실이다. 크리슈나는 이기기를 바라지 않기 때문에 이긴다. 실제로 어린아이는 이기는 것에 관심이 없다. 그는 단지 게임을 하는 데 관심이 있다. 이기기를, 정복하기를 바라는 것은 마음이 병들었을 때 인간의 삶에 나중에 나타난다. 크리슈나에게는 모든 것이 놀이다. 심지어 크리슈나가 강력한 악마들이나 다른 것들과 싸움을 할 때에도 그것은 크리슈나에게는 놀이다. 한편으로 악마들은 몹시 이기고 싶어 한다. 이것 역시 승리나 패배에 대해 아무런 생각이 없고 모든 것을 놀이로 여기는 순진하고 겸손한 어린이와는 상반된다. 악마들은 그의 손에 의해 패배한다. 당연히 그렇게 될 수밖에 없다.

일본에 유도라고 불리는 무술이 있다. 유술이라고 알려져 있는 다른 비슷한 것도 있다. 그것들을 이해하고 아는 것이 좋다. 유도는 격투 기술이다. 그러나 그것은 매우 이상하고 독특한 격투 방식이다. 유도의 규칙들은 우리가 잘 알고 있는 평범한 경기의 규칙들과는 매우 대조적이다. 만약 내가 격투 경기에서 당신과 싸워야 한다면, 나는 당신을 공격할 것이다. 내가 당신을 공격하면 당신은 스스로를 방어하기 위해 모든 것을 할 것이다. 이것이 모든 싸움의 일반적인 규칙이다. 그러나 유도는 정반대의 규칙들을 가지고 있다.

유도의 주요 규칙은 다음과 같다. 공격하지 말라. 공격하는 사람은 패배할 것이다. 많은 에너지가 공격할 때 소모되기 때문에 적이 공격하도록 만들고 나는 편안하게 긴장을 풀고 있는 것이 좋다. 나는 공격하는 상대방을 자극하는 것을 제외하고는 아무것도 하지 않아야 한다. 그의 분노, 그의 적대감을 자극하면서도, 나는 나 자신의 평화를 지키기 위해 모든 면에서 조심해야만 한다. 그리고 유도의 또 다른 규칙은 만약 상대가 나를 공격하거나 치더라도 나는 전혀 저항하지 않아야 한다는 것이다. 이와 반대로 나의 신체는 전적으로 공격을 수용하고 흡수할 정도의 이완 상태에 있어야 한다. 이상하지만 사실이다.

이것이 유도의 비밀이다. 당신이 나서서 공격하지 말라. 공격하기 위해서는 상대방을 자극하라. 만약 공격을 당하면 완벽한 편안함으로 공격을 받아들이고 그것을 흡수하라.

만약 당신이 만취한 사람과 함께 황소가 끄는 수레를 타고 여행을 하다가 수레가 도랑으로 떨어지면, 당신은 상처를 입지만 만취한 사람은 상처를 입지 않고 밖으로 나올 것이라는 것을 아는가? 왜 그런지 당신은 아는가? 만취한 사람이 더 강하기 때문에 다치지 않을까? 당신은 약하기 때문에 상처를 입을까? 아니다. 그렇지 않다. 수레에 사고가 났을 때 당신은 의식이 있으며, 그것은 당신으로 하여금 사고의 위험들에 대하여 신경을 쓰게 만든다. 당신은 자신이 상처를 입을 것이라고 생각한다. 그러므로 당신의 모든 신체는 임박한 고통으로부터 스스로를 구하기 위해 긴장되고 굳어진다. 이와는 반대로 만취한 사람은 수레에서 떨어졌다는 아무런 생각이 없다. 그에게는 수레가 길 위에 있든 도랑에 있든 차이가 없다. 그는 스스로를 방어하기 위한 어떠한 노력도 하지 않는다. 오히려 그 반대로 그는 떨어지는 수레와 전체 사고와 충분히 협력한다. 그는 어떠한 방법으로도 저항하지 않는다. 이런 이유로 그는 다치지 않는다. 술을 많이 마신 사람이 떨어질 때, 그는 한 자루 가득한 면화처럼 떨어진다. 그래서 그는 다치지 않는다.

어린이를 보라. 그는 매일 떨어져도 뼈가 부러지지 않는다. 나이가 많은 사람들이 떨어지면 곧 병원으로 간다. 무엇이 문제인가? 어린이가 어른보다 더 강한 것인가? 아니다. 어린이는 떨어질 때 저항하지 않는다는, 그가 떨어짐과 협조한다는 간단한 이유로 다치지 않는다. 그는 떨어지는 것을 수용한다. 그를 돕는 것은 힘이 아니라 바로 이 수용성이다.

유도에서는 만약 어떤 사람이 당신을 치면, 당신은 아무런 저항이 없이 그것을 수용해야만 한다고 말한다. 유도는 어렵다. 이 경기를 배우는 것은 매우 힘들다. 유도의 경기에서 당신은 공격적이어서도 방어적이어서도 안 된다. 왜냐하면 두 방법 모두 에너지가 소비되기 때문이다. 경쟁자를 치기보다는 그가 당신을 공격하도록, 때리도록 자극해야만 한다. 그리고 즉시 그 공격을 수용하고 흡수하도록 완전한 준비 상태에 있어야 한다. 간단히 말해서, 당신은 공격과 더불어 녹아들어야 한다. 그렇게 한다면 당신은 다치지 않을 뿐만 아니라 공격과 함께 오는 여분의 에너지 또한 얻게 된다. 그래서 유도에서는 종종 약한 경쟁자가 이기고, 오히려 매우 강한 상대방이 지는 일이 일어난다.

나는 크리슈나가 유도를 안다고 말하지 않는다. 그러나 실제로 모든 어린이는 어떤 점에서는 유도를 안다. 유도는 그들의 비밀이다. 만약 크리슈나가 그의 강력한 적들과 싸워 이겼다면, 그 이유는 싸우는 것이 그에게는 놀이, 장난, 재미였기 때문이다. 나는 그의 영웅적 행위에 관한 모든 이야기들이 역사적 사실이라고는 말하지 않는다. 나는 그들의 역사성에는 관심이 없다. 나는 그들의 심리적 진실을 연구하고 있다.

크리슈나가 공격적이지 않다는 점을 기억해야 한다. 그는 정복의 임무를 띠고 있지 않다. 크리슈나를 파멸시킬 목적으로 그를 공격하는 것은 항상 다른 사람들이다. 그리고 만약 무하마드 알리가 크리슈나 같은 어린이와 싸우게 된다면 그는 반드시 패배한다. 그의 행동들은 그가 본질적으로 약하고 두려워한다는 것을 보여 준다. 그는 자신감이 많이 부족하다. 그는 이미 정복된 사람이다. 그는 싸움을 쫓아갈 필요가 없다. 그는 경기 전에 자신의 패배를 수용해야만 했다.

어떤 사람이 다른 사람을 공격하거나 파괴할 것에 대하여 생각한다면, 그는 다른 사람 앞에 자신의 열등감을 이미 인정했다는 것을 뜻하는 것이다. 정말로 강하고 거대한 사람이라면 어떤 사람을 싸워 굴복시킨다는 것은 생각할 수 없다. 왜냐하면 그는 어떤 식으로든 그 자신이 다른 사람보다 열등하다는 것을 발견할 수 없기 때문이다. 그는 자신의 자신감을 지키기 위해서 어떤 누군가를 파괴시킬 필요가 없다. 그는 그 자신에게 만족하고 있다. 사람을 공격적이고 난폭하게 만드는 것은 항상 내면에 있는 열등감이다.

매우 강력한 적들을 이긴 크리슈나의 승리의 비밀은 부드럽고 약한 어린이가 되는 데에 있다. 그것은 누구와 싸워 패배시키는 것을 좋아하지 않는 데 있다. 그것은 그의 전혀 욕망 없음에 있다. 이 사건들이 역사적인지 아닌지에 대해서는 나는 관심이 없다. 그러나 나는 유도의 철학, 유술의 동적 기술이 크리슈나의 생애로부터 시작한다고 생각한다.

나는 크리슈나가 유술의 첫 대가라고 말할 것이다. 인도, 중국, 일본의 어느 누구도 크리슈나가 그의 적들을 이긴 놀랄 만한 승리의 비밀이 있음을 알 수 없다. 이기기를 원하지 않는 것이 그의 비밀이다. 그는 모든 것 심지어 적의 공격까지도 놀이로 받아들인다. 그는 큰 놀이로 공격에 반응한다. 한편으로 그의 공격자는 긴장하고 걱정하며, 이기기 위해 근심하며, 자신의 삶에 대해 근심한다. 그는 분열되었고 파괴되어 있다. 그러므로 그는 크리슈나 앞에서 지게 마련이다. 그 모두는 어린이를 패배시키는 것이 어렵다는 것을 의미한다.

크리슈나가 그의 양모 야소다에게 우주 전체가 그의 입 속에 있는 담겨 있는 모습을 보여 주었다고 말합니다. 그는 또한 아르주나에게 자신의 우주적 모습을 보여 주려고 그에게 신성한 눈을 선물로 주었다는 이야기도 있습니다. 아르주나가 크리슈나의 우주적 모습을 본 후에 크리슈나는 아르주나로부터 그 신성한 눈을 도로 가져갔다고 말합니다. 이 일화들의 의미를 말씀해 주십시오.

우리는 우주적 모습을 볼 수 있는 눈을 가지고 있지 못하지만, 신의 우주적 모습은 어디에나 존재하고 있다. 만약 우리가 눈을 가지고 있다면 우리는 우주를 모든 곳에서 볼 수 있다. 크리슈나는 야소다가 그의 입 속에서 우주 전체를 보게 하는 수단이다. 대체로 모든 어머니는 자신의 아들 속에서 형상화된 우주의 비전을 본다. 모든 어머니는 자신의 아들 속에서 지고의 존재의 비전을 가진다. 어머니들이 시간이 흐름에 따라 이러한 비전을 놓치게 되는 것은 또 다른 이야기지만 어떤 단계에서 그녀는 확실히 그것을 가진다.

야소다는 크리슈나의 입 속에서 우주, 신의 우주적 형상과 신 그 자체를 볼 수 있었다. 모든 어머니도 다소 그렇게 한다. 그러나 야소다는 완벽한 어머니였기 때문에 그것을 충분히 볼 수 있었다. 그리고 크리슈나가 완벽한 아들이었기 때문에 그는 올바른 수단이 될 수 있었다. 그것은 놀랄 만한 일이 전혀 아니다. 만약 당신이 매우 다정한 눈길로 나를 볼 수 있다면 당신 역시 내 안에서 신을 볼 것이다. 당신에게 필요한 것은 모든 것을 볼 수 있는 눈을 갖는 일이다.

그리고 둘째로, 올바른 매개물도 똑같이 필요하다. 그러면 당신은 작은 과일이나 꽃 안에 담겨져 있는 전체 우주의 얼굴을 볼 수 있다. 여기 전체적인 것, 거대한 것이 모든 원자 내에 숨겨져 있다. 바다 전체가 물 한 방울 안에 담겨져 있다. 만약 당신이 한 방울의 물을 깊이 있게 그리고 총체적으로 볼 수 있다면 당신은 그것 안에 숨겨져 있는 바다 전체를 볼 것이다.

아르주나 역시 크리슈나를 그와 같이 깊이 있게 사랑하기 때문에 그는 볼 수 있었다. 그것은 아르주나와 크리슈나 사이에 존재하는 흔치 않은 우정이다. 아르주나가 크리슈나와 아주 밀접한 순간에 크리슈나 속에서 신의 우주적 모습을 본다는 것은 아무런 놀라운 일이 아니다.

그러한 일이 단지 한 번만 일어났던 것은 아니다. 그것은 수천 번이나 일어났다. 그런 일은 항상 일어난다. 그러한 모든 경우들이 기록되지 않았을 뿐이다.

한때 선물로 주어졌던 신의 비전을 도로 가져갈 수 있는지를 이해하는 것은 좋은 일이다. 신의 비전은 사실상 선물로서 주어지는 것도 아니고 도로 가져갈 수 있는 것도 아니다. 그것은 어느 순간에 일어나고, 다시 없어질 수도 있을 것이다. 그것은 진정으로 하나의 일어남이다. 어느 순간에 당신은 모든 것이 선명하게 보이는 의식의 정점에 접촉한다. 그러나 정점 위에서 살기는 매우 힘들다. 이 축복을 얻기 위해, 이것을 받기 위해서는 수백만의 삶들이 소요될 것이다. 보통 사람들은 여러 차례 그 꼭대기에서 내려와야만 한다. 그것은 마치 땅에서 점프하는 것과 같다. 한 순간, 마치 날고 있는 새처럼 당신은 지구를 당기는 중력의 밖에 있다. 그러나 단지 그 순간에만 그러하다. 그 순간이 지나면 당신은 다시 땅 위로 돌아온다. 그러나 당신은 잠시 동안 새처럼 날개로 나는 것이 어떠한지를 알았다.

이와 마찬가지로 의식은 자체의 중력의 장을 갖고 있다. 그 힘은 의식을 밑으로 끌어당긴다. 특별한 상황에서 당신의 의식은 번갯불의 섬광과 같은 높이로 점프할 수 있다. 당신은 거대한 것을 흘긋 볼 수 있다. 그리고 나서 다시 지상으로 되돌아온다. 확실히 지금 당신은 흘긋 보기 전의 당신과 같은 사람이 아니다. 거대함을 순간적으로 흘긋 보는 것만으로도 당신을 변화시키기에 충분하기 때문에 당신은 다시 같은 사람이 될 수는 없다. 당신은 지금 다른 사람이다. 그러나 흘긋 봄은 다시 잃었다.

그것은 마치 내가 어두운 밤에 걸어가고 있는데 갑자기 나타난 번갯불로 내 앞에 있는 언덕과 꽃들을 명확히 볼 수 있는 것과 같다. 번갯불이 사라지자 꽃들과 언덕들은 다시 어둠에 싸인다. 그러나 이제 비록 다시 같은 어둠으로 되돌아오지만, 나는 번갯불이 일어나기 전의 나와 같은 사람이 아니다. 심지어 더 어두워 보인다. 불빛이 있기 전에 나는 언덕과 꽃들과 나무들이 있다는 것을 자각하지 못했다. 그러나 이제는 그것들이 거기에 있다는 것을 안다. 비록 어둠이 전보다 더 깊어졌을지라도 이제 그것은 언덕과 나무와 꽃들에 대한 나의 자각을 빼앗을 수 없다. 지금 그것들은 나 자신의 부분들이 되어 버렸다. 내가 다시 그것들을 보든 보지 않든 관계없이 그것들이 거기에 있다. 그것들이 존재하고 있다는 것을 나는 내 존재의 깊은 곳에서 안다. 이제 꽃들의 향기는 어둠 속에서도 나에게 이를 것이다. 바람은 언덕으로부터 메시지를 나에게 가져올 것이다. 어둠은 그것들을 나에게 숨길 수 있다. 그러나 어둠은 그것들이 존재한다는 나의 자각을 지울 수 없다.

　어느 누구도 당신에게 신의 비전을 줄 수는 없다. 그러나 크리슈나는 아르주나에게 신의 비전을 줄 것이라고 말하는 것처럼 보인다. 이것이 당신을 너무나 어렵게 만든다. 정말로 인간의 언어는 모호성으로 고통을 당한다. 언어는 여전히 표현의 명료성이 부족하다. 우리는 사람이 정말로 말하고자 하는 것을 전하기 위해 생명력이 없는 말을 사용해야만 한다. 사람들은 종종 "나는 이러이러한 나의 사랑을 주었다."라고 말한다. 그러나 사랑은 주어질 수 없다. 사랑은 물건이 아니다. 사랑은 단순히 일어난다. 그것은 주는 것도 받는 것도 아니다. 한 어머니가 "나는 아들에게 아주 많은 사랑을 줍니다."라고 말한다. 그것은 틀린 말이다. 사랑은 어머니와 아들 사이에 그냥 일어났다.

바로 이러한 언어적 미숙함이 신의 비전에 관한 크리슈나의 말에서 이 질문을 일어나게 만들었다. 그것 이상은 아니다. 사랑처럼 그것은 일어난다. 그것은 주거나 받을 수 없다. 그리고 사랑처럼 그것은 또한 없어질 수 있다. 높은 것들은 달성되고 그리고는 잃게 된다. 가장 높은 곳에 머물기는 어렵다. 힐러리와 텐싱은 에베레스트 산에 올라 정상에 깃발을 꽂았다. 그리고는 평지로 돌아왔다. 에베레스트 산이나 그처럼 높은 어떤 산에서 살아가는 것은 힘들다. 그러나 언젠가 우리는 오랜 기간 동안 에베레스트 산 위에서 살 수 있게 될 것이다. 그러나 의식의 정상에 사는 것은 더 어려울 것이다. 굉장히 어려울 것이다. 그러나 불가능하지는 않다. 크리슈나와 같은 사람은 거기에 산다. 아르주나와 같은 사람들은 한때 그곳으로 도약하여 그것을 보고 난 뒤 지상으로 떨어졌다.

신의 비전은 일어난다. 그것은 주는 것이나 받는 것이 아니다. 그러나 우리의 언어는 '주고 받는' 용어로 생각한다. 그러므로 이러한 어려움이 일어난다. 신의 비전이 그 순간에 크리슈나와 아르주나 사이에 일어났다고 말하는 것이 맞을 것이다. 크리슈나는 도구이자 매개물이었고 아르주나는 점프했던 사람이었다. 그러나 일반적인 언어로 우리는 크리슈나가 그에게 신의 비전을 주었다고 말할 것이다. 만약 열려 있고 다정한 눈을 지닌 사람이 여기에 앉아 있는 나를 본다면 어떤 일이 그에게 일어날 것이다. 그러나 그 일이 일어날 때, 그는 그것을 나에게 받은 선물이라고 말할 것이다. 그러나 내가 누구에게 그것을 선물했을까? 만약 내가 몇 마디 말로 그것을 말해야 한다면, 나도 같은 방법으로 말할 것이다. 그러나 실제로 나는 그것을 선물할 수 없다.

화학은 촉매제라는 용어를 가지고 있다. 그것은 의미가 있다. 촉매제는 바로 그 존재가 무엇인가를 일어나게 하는 것이다. 비록 실제로는 아무것도 하지 않고 있으며 그것 자신도 아무런 영향을 받지 않은 채 있을지라도 그것은 이 일어남의 과정을 촉진시키고 빠르게 한다. 예를 들어, 만약 우리가 수소와 산소를 결합하여 물을 만들어야 한다면 이 결합이 일어나기 위해서는 전기가 있어야만 한다. 전기의 존재 없이는 수소와 산소는 결합하여 물로 변하지 않는다.

구름 속에 있는 수소와 산소의 요소들이 결합하여 물과 비를 만드는 것은 하늘에 있는 번개 때문이다. 번개의 도움 없이는 구름들이 비로 변하지 않을 것이다. 그러나 어느 누구도 전기가 이 변화에 영향을 미치는 어떤 일을 한다고 말할 수는 없다. 전기는 아무것도 하지 않는다. 그 자신의 편에서 전기는 수소와 산소가 결합하여 물이 되는 과정에 전혀 활동을 하지도, 영향을 받지도 않는다. 전기의 존재만으로 기적을 행하기에 충분하다.

화학에서는 전기와 같은 잘 알려진 많은 촉매제들이 있다. 그리고 모든 촉매제들은 그 과정에 아무것도 잃지 않으며, 또 그것들은 어느 것도 잃거나 행하지 않는다는 것이 연구 결과로 밝혀졌다.

크리슈나는 그런 촉매제이다.

스승, 구루는 환영이다. 이 세상에는 어떤 스승도 없다. 그들은 모두 촉매제일 뿐이다. 어떤 사람의 현존에서 당신의 의식은 그 존재 없이는 불가능한 높이에 이를 수 있다. 그러나 아르주나는 크리슈나가 자신에게 신의 비전을 주었다고 느끼게 마련이다. 이와 같은 어떤 것이 라마크리슈나 앞에서 비베까난다에게 일어났을 때, 그는 그것이 라마크리슈나의 선물이었다고 확실히 말할 것이다. 만약 라마크리슈나가 언어적 뉘앙스에 관심을 가지지 않는다면, 그도 역시 그 말에 찬성할 것이다. 나 같은 사람을 제외하고, 어느 누구도 언어상의 적합성을 따져 보려 하지 않는다. 그들에게는 '주고', 그리고 '받는' 이라는 용어로 충분하다. '주고 받는' 이라는 용어는 여기에서 적합하지 않다. 그러나 우리는 정말로 그러한 초월적 경험들을 표현하기에 적합한 말을 가지고 있지 않다.

반 고흐와 같은 화가에게 그가 어떤 그림을 그렸느냐고 물어보라. 그는 "아니오, 나는 그리지 않았소. 그것은 그냥 나를 통해 일어났소."라고 말할 것이다. 그러나 당신은 "그것이 무슨 차이가 있는가?"라고 말할 것이다. 그것은 정말로 큰 차이를 만든다. 아마 반 고흐는 언어적 적합성의 문제를 벗어나기 위해 그가 그림을 그렸다고 당신에게 말할 것이다. 어떤 면에서는 그것은 틀리지 않다. 그는 그림을 그렸고, 사람들은 그가 그림을 그리는 것을 보았다. 그러나 반 고흐는 그의 가장 깊은 곳의 존재에서 그가 정말로 이 그림의 창조자가 아니라는 것을 안다. 그는 다만 수단이고 매개물이다. 그것은 일어남이지 행하는 것이 아니다. 그것은 미지의 것으로부터, 그의 가장 깊은 존재로부터 일어났다. 그는 단지 그것의 매개물, 그것의 수단이 되었다. 반 고흐는 "나는 단지 그것이 나타나는 것을 목격하였을 뿐이다."라고 말할 것이다.

크리슈나와 아르주나 사이에서 일어난 신의 비전의 이 우연한 일어남은 유일한 사건이 아니다. 그것은 여러 번 일어났다. 이것은 붓다와 목갈라얀 사이에, 붓다와 사리풋따 사이에, 마하비라와 고타마 사이에, 예수와 누가 사이에, 라마크리슈나와 비베까난다 사이에 일어났다. 그것은 수천 번 일어났다. 그것은 기적이 아니다. 기적들은 일어나지 않는다. 어떤 일을 기적으로 여기는 것은 우리의 무지이다. 그렇지 않다면 기적들은 존재할 여지를 갖지 않는다. 일어나는 일은 무엇이나 과학적 현상, 사실, 진실이다. 존재하는 모든 것은 사실이고 진실이다. 그러나 무지한 우리는 그것을 어떤 기적으로 본다.

신의 비전은 정말 무서운 것입니까? 아르주나는 신의 비전을 보고 왜 두려워했습니까?

아르주나가 두려워했기 때문에 당신은 신의 비전이 겁나는 것인지를 알고 싶어 한다. 만약 어떤 사람이 준비되지 않았다면, 그럴 수 있다. 행복이라 하더라도 만약 그것이 당신에게 뜻하지 않게 온다면, 당신을 갑자기 놀라게 할 것이다. 복권에 당첨된 사람은 이것을 알아야만 한다. 만약 부나 가난이 갑자기 닥친다면 가난은 부만큼 어떤 사람을 죽이지 않을 것이다.

나는 이 이야기를 반복하여 말하는 것을 좋아한다. 어떤 사람이 복권에 당첨되었다. 그의 부인은 매우 걱정되었다. 그 돈은 그녀의 가난한 남편에게는 너무나 많은 돈이었다. 당첨금은 십만 달러였다. 5달러조차 그에게는 큰 금액이었다. 그는 십만 달러를 전부 가지게 되어 있었다. 그러나 그 소식이 왔을 때 다행히 남편은 집에 없었다. 그는 서기로 일하는 그의 사무실에 있었다. 그래서 그녀는 시골 교회로 급히 달려갔다. 그리고 목사에게 말했다. "저의 남편이 십만 달러의 복권에 당첨되었습니다. 그것은 그에게 너무 많은 돈입니다. 곧 그는 그의 사무실에서 돌아올 것입니다. 그래서 저는 이 행복한 소식이 그를 죽일지도 모른다는 사실이 두렵습니다. 어떻게 하면 좋겠습니까?"

"걱정하지 마세요. 제가 곧 당신 집으로 가겠습니다."

목사가 왔다. 부인은 목사에게 어떻게 할 계획인지를 물었다. 목사는 말했다. "저는 전체 계획을 생각해 냈습니다. 그는 그의 행복을 분할로 받을 것입니다." 그 나이 많은 남편이 집으로 왔을 때, 목사는 그에게 말하였다. "당신이 오만 달러의 복권에 당첨되었다는 사실을 알면 당신은 기쁠 것입니다."

그 서기는 말했다. "만약 그것이 사실이라면, 저는 교회에 이만 오천 달러를 기부할 것입니다." 이 이야기를 듣고서 목사는 심장마비로 죽었다. 이만 오천 달러는 가난한 목사에게는 너무 큰 돈이었다.

아르주나에게 일어난 일은 아주 갑작스러웠다. 사리풋따와 목갈라얀에게는 그렇지 않았다. 그들은 이것을 위해 오랫동안 준비해 왔다. 명상의 길에 있는 사람들은 신을 경험해도 결코 겁을 먹지 않는다. 그러나 명상을 하지 않은 사람들에게는 그것은 정말로 파괴적이다. 그 경험은 너무나 거대하고, 너무나 갑작스럽고, 너무나 희열에 넘치기에 그것을 감당하기가 매우 어려울 것이기 때문이다. 그 경험이 가져오는 갑작스러움과 넘쳐나는 기쁨은 당신의 심장을 멈추게 할 수 있으며, 당신에게 죽음을 초래할 수도 있다.

고통은 우리에게 너무나 익숙해져 있기 때문에 우리를 크게 두렵게 하지 않는다. 어느 면에서 우리는 고통에 늘 준비되어 있다. 사실 우리는 매일 고통을 통해 살아간다. 우리는 아침부터 저녁까지 고통 속에서 산다. 우리는 고통과 함께 성장한다. 우리는 고통과 더불어 길러졌다. 고통은 우리 삶의 길이 되어 버렸다. 그래서 우리는 그것들이 초래하는 가장 큰 불운들과 고통들을 다룰 수 있다. 그것들을 조절하는 데는 2~3일도 걸리지 않는다. 그러나 행복은 우리 삶의 길이 아니다. 심지어 조금의 행복도 우리를 불안하게 만든다. 아르주나에게 열린 것은 보통의 행복이 아니었다. 그것은 쇄도하는 행복이었다. 그리고 그것은 갑자기 왔기 때문에 거대한 강도를 가지고 있었다. 그래서 그는 두려웠고 "그만! 그것을 물러가게 해 주십시오! 나는 더 이상 감당할 수 없습니다!"라고 외쳤다. 그것은 당연하고 매우 지당하다. 아니러니컬하지만 그렇다.

세상에는 가장 큰 고통에 대항할 수 있는 강한 사람들이 많이 있지만, 큰 행복에 대항할 수 있는 사람은 많지 않다. 비록 우리가 항상 행복을 기원하지만, 만약 갑자기 행복에 이르면 우리는 놀라 공포에 사로잡혀 소리칠 것이다. 바로 그러한 이유로 신은 분할로, 작게, 아주 인색한 방법으로 우리에게 행복을 허락한다. 행복이 갑자기, 그리고 크게 올 때마다 그것은 우리를 겁나게 한다.

첫 번째로 드린 질문들 중 마지막 부분의 답을 스승님께 듣지 못했습니다. 스승님의 말씀에 따르면 크리슈나가 악한 자를 파멸시키려고 여기에 있다고 말할 때, 그는 실제로 그들을 변화시키고 변형시키려는 의미라고 말씀하셨습니다. 그러나 그의 실제 삶의 많은 이야기들을 보면 그가 정말로 악한 자들을 멸하였다는 점이 분명합니다.

이 문제를 이해하는 것이 좋을 것이다.

우리에게 살인으로 보이는 것이 크리슈나의 눈에는 실제로 살인이 아니다. 바가바드 기따를 이해하는 사람들은 알 것이다. 우리가 살인으로 생각하는 것은 실제로는 살인이 아니다. 크리슈나의 관점에서는 아무도 살해당하지 않으며, 아무도 살해당할 수 없다. 그러면 그때 크리슈나가 하는 것은 무엇인가? 우리는 그의 삶의 이야기들에서 많은 악마들과 괴물들을 죽이는 그를 발견한다.

그것을 이해하기 위해서 당신은 그 문제의 아주 깊은 곳으로 나와 함께 여행해야만 할 것이다. 그것을 이해하기 위해서 우리는 몇 가지 사항, 몇 가지 경전을 살펴볼 텐데, 그것은 당신이 이해할 수 있는 수준을 넘어설 것이다.

만약 당신이 그것을 종교의 과학의 용어로 바르게 이해한다면, 그 때 그것은 다음의 내용을 의미할 것이다. 즉 크리슈나는 특정한 악마 혹은 사악한 사람의 신체 조직을 뿌리째 뽑고, 그의 조건 형성, 그의 몸과 마음을 망라한 전체 조직을 파괴하고, 그래서 그의 내면에 있는 영혼을 굴레로부터 해방시켰다는 것이다. 종교적 용어로 그것은 이러한 의미이다. 어떤 사람이 그의 현재의 몸과 마음이 이번 생에서 변형되지 않을 것이라는 것을 본다면, 크리슈나는 그를 그것의 지배들로부터 풀려나게 하여 그의 미래의 성장에 도움이 될 새로운 몸을 찾도록 그를 떠나보내는 것이 더 낫다고 생각한다. 만약 어떤 사람의 신체적 틀이 너무나 둔하고 죽어 있어서 모든 변화들을 거부하고 있다면, 그때는 그로 하여금 그 자신을 위해 새로운 모습을 찾도록 돕는 것이 필요하다.

예들 들어 이해해 보자. 글을 모르는 노인에게 교육을 시키려 한다면 그것은 불가능한 일임을 알게 될 것이다. 성인을 교육시키는 것은 정말로 어려운 일이다. 성인은 너무나 심하게 조건 지어져 있고, 감수성들이 너무나 둔하고 무디어졌으며, 오래된 습관들은 너무나 견고하고 강하여 그를 오래된 조건 형성들과 습관들로부터 자유롭게 하기는 거의 불가능하다. 심지어 배우고자 하는 의욕이 있을지라도 그는 할 수 없을 것이다. 그러나 이제 과학은 노인들도 처음부터 모든 것을 배울 수 있도록 그들에게 아이의 몸을 제공할 수 있는 새로운 조건들을 만들려고 한다. 그것은 굉장한 것이 될 것이다. 바로 이것이 크리슈나가 몇몇 악함에 찌든 사람들에게 한 것이다. 그는 그들이 삶의 여정을 새롭게 시작할 수 있도록 오래된 몸으로부터 그들을 해방시킨다.

전쟁터에서 라마의 손에 의해 죽은 라바나가 나중에 그에게 감사의 감정을 느낀 것은 이상하지만 의미가 있다. 그는 죽어가면서 그에게 아낌없이 감사를 드린다. 이와 마찬가지로 크리슈나에 의해 살해당한 모든 존재들이 그에게 감사함을 느꼈다. 이 감사의 느낌은 그들의 영혼의 깊은 곳으로부터 나왔다. 왜냐하면 그들은 돌처럼 강한 감옥으로부터 풀려난 느낌을 가졌기 때문이다. 또한 그들은 그들의 여행을 새롭게, 그리고 처음부터 시작할 수 있다고 느꼈다. 그러나 우리에게는 그들이 그냥 끝난 것처럼 보인다. 만약 당신이 그것에 관한 나의 관점을 알기를 원한다면 나는 크리슈나가 그들의 삶을 새롭게 시작할 수 있는, 올바른 방식으로 삶을 살 수 있는 신선한 기회를 주었다고 말할 것이다. 그는 그들에게 무엇인가를 쓸 수 있는 깨끗한 종이를 주었다.

크리슈나의 관점이나 나의 관점에서 보면, 아무도 죽지 않는다. 죽을 아무런 방법이 없다. 죽음은 거짓말이다. 그것은 당신이 죽음의 연회로 가서 사람을 멋대로 죽여도 된다는 것을 의미하는 것은 아니다. 물론 어느 누구도 죽지 않는다는 사실을 알게 되는 날, 당신은 죽일 권리를 얻게 될 것이다. 그때 죽음은 아주 다른 의미를 가질 것이기 때문이다. 그러나 그때 당신은 당신 편에서 죽을 준비가 되어 있어야 한다. 왜냐하면 죽음이라는 말은 정말로 틀린 이름이며 실제로는 아무도 죽지 않는다는 것을 당신이 진정으로 알고 있다는 것을 입증하는 것은 이 준비뿐이기 때문이다.

크리슈나는 이 준비를 충분히 갖추고 있다. 가끔 그는 얼굴에 미소를 띠면서 죽음의 소굴로 들어간다. 그것이 유일한 증거이다. 아직 어린아이지만 그는 깔리아라는 무서운 뱀과 씨름하며 싸운다. 어릴 때 그는 가장 힘센 악마들과 싸운다. 이 모든 것은 무엇을 의미하는가? 이는 어느 누구도 죽지 않으며, 죽음은 거짓이고 환영이라는 것을 의미한다. 비록 죽음이라는 것이 외형은 가지고 있지만 아무런 실체를 지니고 있지 않다는 것을 의미한다. 만약 우리가 죽음이 거짓이라는 것을 안다면, 그때 우리는 우리의 몸들을 변화시킬 필요가 있음을 알게 될 것이다.

다른 방식으로 이해하도록 해 보자. 어떤 사람의 신장이 제 기능을 하지 못하면, 외과 의사는 다른 신장을 이식한다. 우리는 그렇게 하기를 거부하지 않는다. 그러나 어떤 면에서 당신의 몸은 변화되었다. 당신의 폐가 고장이 나서 플라스틱 폐로 교체되었다. 그것 역시 몸의 부분적인 변화이다. 지금 우리는 몸의 부분들을 변화시키고 있다. 그러나 머지않아 우리는 몸 전체를 변화시킬 수 있을 것이다. 아무런 어려움이 없을 것이다. 지금까지는 우리의 몸을 변화시키는 것은 자연의 일이었다. 그러나 이제 과학이 자연의 일을 떠맡을 것이다. 과학은 크리슈나의 시대에는 그렇게 발달하지 못하였다. 그러므로 그는 사악한 사람들을 죽이고는 그들의 삶을 새롭게 시작할 수 있도록 그들에게 새로운 몸을 주라고 자연에게 요청해야만 했다. 그러나 미래에는 어떤 다른 방식으로 자신의 삶의 길을 변화시키기를 완강히 거부하는 범죄자에게 그의 몸을 바꾸어 버리는 것이 충분히 가능할 것이다. 우리는 그를 벌하지 않을 것이다. 단지 그의 신체의 틀 전부를 바꿀 것이다. 그것은 실험실에서 행해질 것이다. 그때 우리는 크리슈나를 완전히 이해할 것이다.

그러므로 나는 크리슈나가 악한 자들을 파멸시켰다는 주장을 받아들이지 않는다. 그는 단지 그들을 변형시켰을 뿐이다. 다른 말로 하면, 크리슈나는 그들에게 새로운 변형의 여정을 시작하게 했다. 그는 그들이 다시 한 번 처음부터 시작할 수 있도록 그들에게 새로운 몸, 새로운 눈, 새로운 마음을 가진 사람들로 개조해 달라는 요청으로 자연의 작업장으로 되돌려 보냈다.

> 미세한 몸과 그 몸에 담겨져 있는 마음의 과거 조건화가 거친 몸의 변화로 바뀔 수 있다고 생각하십니까?

그것들은 그들 자신에 의해서는 변화하지 않는다. 그러나 만약 어떤 사람이 크리슈나와 같은 사람의 손에 죽는다면 그것은 큰 차이를 만들 것이다. 그리고 이 기회는 덕을 많이 쌓은 까르마들의 결과로 가끔 온다.

보통의 죽음으로는 마음이 변화하지 않는다. 다만 몸만 변화한다. 몸을 제외하고 사람의 미세한 내용은 그 어떤 것도 몸의 죽음으로 변화되지 않는다. 그러나 크리슈나와 같은 사람의 손에 죽으면 그것은 그것 자체로 위대한 현상이다. 촉매제 앞에서 일어났기 때문이다. 당신이 그와 같은 존재가 있는 곳에서 죽는다면, 그의 진동이 당신의 미세한 몸 안으로 들어올 것이다. 크리슈나와의 만남에 장애가 되었던 당신의 거친 몸이 없어지고 미세한 몸으로 크리슈나의 진동을 받아들임으로, 당신과 크리슈나의 만남은 더욱 촉진될 것이다. 그리고 그 만남은 당신에게 굉장한 결과들을 낳을 것이다.

크리슈나와의 그와 같은 만남은 아르주나에게는 보통의 방법으로 가능하다. 왜냐하면 아르주나는 자신의 몸을 벗어날 가능성이 아주 많기 때문이다. 깊은 사랑 안에서 모든 사람은 그와 같은 도약을 할 가능성이 있다. 그러나 만약 당신이 깊은 증오의 상태에 있다면 그것은 불가능하다. 증오의 상태에서는 당신의 몸은 당신에게 튼튼한 감옥이 된다. 당신은 몸 바깥으로 결코 걸어 나올 수 없다. 이것이 사랑과 증오의 차이다. 만약 당신과 내가 서로 사랑한다면, 우리도 우리의 몸 밖으로 걸어 나와서, 미묘한 몸들이 만나는 공간에서 만나 섞일 수 있다. 그러나 만약 우리가 적이라면, 우리는 우리의 몸 안에 죄인들처럼 있을 것이다. 우리는 결코 몸 밖으로 걸어 나와 사랑하는 두 사람이 만나는 공간으로 들어갈 수 없다. 증오의 경우에 우리는 오직 신체의 수준에서만 서로 만날 수 있을 뿐, 그 이상으로 만날 수 없다. 그러나 사랑 속에서 우리는 우리의 몸을 초월할 수 있다.

아르주나는 사랑으로 가득 차 있기 때문에, 크리슈나는 아르주나를 변형시킬 목적으로 죽일 필요가 없다. 그러나 어떤 사람이 증오로 가득 차 있다면, 그의 몸에 변화를 주어서 그가 변형되는 위치 안에 있도록 할 필요가 있다. 그의 신체로 된 감옥이 파괴되어야 그는 신체 밖으로 나온다. 그때 그는 아르주나가 크리슈나를 사랑하는 자로 있는 그와 같은 공간 안에 있게 될 것이다. 악한 자의 경우에는 그것이 필요하다. 그리고 그것은 크리슈나의 편에서는 자비의 행동이다. 크리슈나는 선한 자들과 악한 자들 둘 다에게 똑같은 자비를 베푼다.

선한 자이든 악한 자이든 크리슈나의 자비 안에서는 그 어떤 차이도 없다.

그러나 내가 조금 전에 말했듯이 그것은 당신의 이해를 넘어서는 것이다. 그러므로 그것을 이해하려고 하지 말고, 그냥 그것을 듣고 잊어버려라.

마샬 맥루한의 금언에 "매체는 메시지다."라는 말이 있습니다. 어떤 비평가들은 '메시지' 대신에 '마사지'라는 말로 바꾸어 그 금언에 전적으로 새로운 의미를 부여하기도 하였습니다. 이와 마찬가지로 크리슈나의 플루트를 신을 향한 사랑의 탄원 혹은 기도라고 할 수는 없을까요? 그리고 꾸루끄쉐뜨라 전쟁터에서 크리슈나가 불었던 나팔 빤차자니야(panchajanya)의 의미를 알고자 합니다. 그리고 크리슈나가 자신의 플루트와 함께 수다르샨차끄라(sudarshanchakra)도 가지고 있었는데, 그 상징적 의미가 무엇입니까? 바가바땀의 마하라사(Maharasa)라는 장의 한 슬로까에 크리슈나가 고삐들과 놀고 있는 장면을 "Yatha abharaka swapratibimba Vibhramah, 즉 마치 아이들이 자신들의 그림자와 놀고 있듯이."라고 묘사하고 있습니다. 이 은유의 진정한 뜻은 무엇입니까? 그리고 어떤 신비주의자는 "살아 있는 존재의 자아는 신의 음식이다."라고 말했습니다. 크리슈나가 마하라사에서 고삐들과 춤을 추다가 갑자기 사라졌는데 이것이 그 이유입니까?

마샬 맥루한은 위대한 사상가이다. "매체는 메시지다."라는 그의 말은 아주 의미심장하다. 그는 아주 새로운 어떤 것을 가지고 나타났다. 맥루한은 이전에는 매체와 그의 메시지는 분리되어 있는 것으로 생각하였다. 비록 메시지가 매체를 통하여 나오지만, 그래도 여전히 메시지는 매체가 아니며, 또한 매체는 메시지가 아니라고 생각하였다. 이원론적 마음은 항상 모든 것을 둘로 나눈다. 몸과 마음은 두 개의 분리된 실체이며, 따라서 몸은 매체이고 마음은 몸의 메시지라고 생각하였다. 움직임과 움직이는 자, 빛과 빛을 주는 자는 다르다고 말한다. 이와 같은 방식으로 세상과 신은 별개인 둘이다. 그래서 이 이원론적 접근이 메시지와 매체는 분리되어 있다는 믿음을 낳게 하였으며, 이것이 지금까지 우위를 점하고 있었다.

나는 맥루한을 불이론자, 즉 아드바이띤이라고 생각한다. 그 자신은 그것을 알지 못하고 있었겠지만 나는 그를 그렇게 부른다. 왜냐하면 그는 최초로 매체와 메시지 문제의 접근에 있어서 불이의 접근을 가져왔기 때문이다. 그는 말하는 내용과 그것을 말하는 방법은 같으며 다르지 않다고 말하고자 한다.

이러한 맥루한의 금언을 이해하기 위해서 우리는 그것을 깊이 있게 생각할 필요가 있다. 예를 들어 조각가가 조각을 하고 있을 때, 그는 그의 작품과 떨어져 있다. 우리는 그 점을 선명히 볼 수 있다. 조각상이 완전해지면 그 조각상은 조각가로부터 떨어져 선다. 조각가, 조각, 조각상이 하나라고 말하기 위해서는 심오한 일원론자, 즉 아드바이띤이 필요하다. 우리가 그것을 받아들이기는 어려울 것이다. 우리의 눈, 우리의 지성, 우리의 마음은 그것들이 하나라는 사실을 받아들이길 거부할 것이다. 그렇게 말하는 것은 전적으로 몽상적인 말로 들린다. 내일 그 조각가가 죽을 것이다. 그래도 그 조각상은 남아 있을 것이다. 조각가의 작품이 살아 있는 한 조각가가 살아 있을 것이라는 것을 알고 말하려면 대단히 예리한 눈이 필요하다. 비록 예술가가 그의 작품과 공간적으로 떨어져 있더라도 그는 영적으로 그 작품과 하나로 있을 것이다. 영원히 지속될 것이며 사라질 수 없는 그 둘 사이에 어떤 내적 통일성이 존재하고 있다.

춤추는 사람과 그의 춤의 예도 거의 흡사하다. 그것 또한 크리슈나에게로 아주 가까이 온다. 그것은 이해하기 더 쉽다. 춤추는 자와 그의 춤은 서로 떨어져 있는가? 만약 당신이 그의 춤으로부터 춤추는 자를 분리시킨다면, 그 춤은 즉시 사라질 것이다. 이와 마찬가지로 만약 당신이 춤추는 자로부터 춤을 분리한다면, 춤추는 자는 더 이상 춤추는 자가 아닐 것이다. 그러므로 춤추는 자와 춤은 하나이다. 플루트와 플루트 연주자는 하나이다. 노래 부르는 자와 그의 노래는 하나이다. 이와 마찬가지로 신과 자연은 하나이며 같다.

메시지와 매체는 하나이다. 매체가 메시지임을 알기 위해서는 폭넓은 시각을 가질 필요가 있다. 춤추는 사람과 그의 춤이 하나라는 것을 이해하는 것은 쉬운 일이다. 그러나 만약에 어떤 이가 완고한 이원론자라면 그는 그것들을 둘로 나눌 것이다. 그것은 어렵지 않다. 그는 춤은 외적인 행위이며, 춤추는 자는 내적 존재로서 춤을 추고 있지 않으며, 춤이 바깥에서 한창 일어나고 있을 때에도 고요히 있다고 주장할 것이다. 이원론자들은 춤추는 자는 만약 자신이 원한다면 자신의 춤을 관찰할 수 있고, 춤의 목격자로 있을 수 있다고 말할 수 있다. 그 경우에 춤추는 자와 춤은 서로 분리된다.

당신이 보는 방법, 당신이 관찰하는 방법이 문제다. 피상적인 시각으로 본다면 하나조차 둘로 보일 것이다. 통찰을 갖고서 본다면 둘은 하나로 보일 것이다.

당신은 플루트를 연주하고 있다. 당신의 입과 플루트가 어디에서부터 떨어져 있는지 말할 수 있는가? 만약 그 둘이 정말로 떨어져 있다면 어떻게 당신의 입술이 플루트를 연주할 수 있는가? 떨어져 있다면 이 둘 사이에는 플루트 연주를 불가능하게 만드는, 아무런 연결이 없는 간격이 존재한다는 의미이다. 결국 음표들은 당신으로부터 나올 것이고, 또 그것들은 플루트에 닿아야만 한다. 만약 당신과 플루트가 정말로 떨어져 있다면, 당신은 플루트를 연주할 수 없다. 그렇다. 그 둘은 단지 떨어져 있는 것처럼 보일 뿐이다. 실제로는 그 둘은 떨어져 있지 않다. 사실 플루트는 당신의 폐, 목, 그리고 입술의 외연이다. 즉, 그것은 그것들의 도구적 형태이다.

맥루한의 금언과 일치하는 다른 방법으로 그것을 이해해 보자. 우리는 망원경의 도움으로 별들을 관찰한다. 그러면 볼 수 없는 별들이 눈앞에 즉시 펼쳐진다. 망원경과 눈이 서로 떨어져 있다고 말할 수 있는가? 아니다. 망원경은 과학으로 가능하게 만든 눈의 연장이다. 이제 망원경의 도움으로 당신의 눈은 전에 보았던 것보다 훨씬 더 많은 것들을 볼 수 있다. 혹은 나는 당신을 손으로 만진다. 당신을 만지는 것은 나인가, 아니면 나의 손인가? 물론 나의 손이 당신을 만지지만, 나와 나의 손 사이에 어떤 거리가 있는가? 나의 손이 나에게서 떨어져 있는가? 아니다. 나의 손은 내 존재의 연장이며, 손은 나에게서 떨어져 있지 않다.

비록 내가 지팡이로 당신에게 접촉하더라도, 당신에게 접촉하는 것은 나다. 지팡이는 단지 나의 손의 연장일 뿐이다. 전화를 통하여 내가 당신과 말할 때도 전화는 나의 또 다른 연장의 형태다. 망원경의 도움으로 별들을 볼 때도 마찬가지다. 망원경은 나의 눈의 외연이다. 별들조차 나에게서 떨어져 있지 않다. 정말로 떨어져 있을까? 별들과 나의 눈 간에 어떤 내적 연결이 있음에 틀림없다. 그렇지 않다면 내가 어떻게 별들을 볼 수 있을까? 나의 맨눈으로는 그것들을 볼 수 없기 때문이다. 나의 눈과 별들 간에 어떤 친숙한 연결이 있음에 틀림없다. 그러므로 망원경뿐만 아니라 별들조차 나의 눈의 연장들이다. 혹은 반대로 본다면, 나의 눈은 별들의 연장이다.

이것이 불이의, 아드바이따의 시각이다. 그때 모든 존재들은 하나요, 동일한 것의 연장이다. 그것들 모두에 침투하고 있는 어떤 내적 조화가 있다. 그때 매체는 메시지다. 메시지가 매체다.

크리슈나의 플루트와 그 노래가 신에게 드리는 기도인가라고 묻는 것이 옳다. 나는 그것이 기도라고 말하지 않을 것이다. 왜냐하면 크리슈나와 같은 사람은 기도하지 않기 때문이다. 누구에게 그가 기도하겠는가? 기도는 거리를, 기도하는 자와 기도를 드리는 대상 간에 분리를 만든다. 기도는 이원적이다. 이 점을 선명히 이해하는 것이 좋을 것이다.

기도하는 사람은 이원론적이다. 크리슈나는 기도할 수 없다. 플루트를 연주하는 크리슈나는 명상 중에 있다. 왜냐하면 명상은 비이원론적이기 때문이다. 기도와 명상 간에 근본적인 차이가 있다. 기도는 그와 신이 멀리 떨어져 있으며, 신이 저 하늘의 먼 곳에 있으며, 그는 신의 자비, 은총, 혹은 그 무엇이라 부르든 간에 그것을 얻기 위해 기도가 필요하다고 믿는 이원론자들의 발견이다. 기도는 일종의 기원이다. 명상은 비이원론적 상태이다. 즉 신은 나로부터 떨어져 있는 어떤 장소에 있지 않을 뿐더러, 또한 나는 신으로부터 떨어진 여기에 있지 않다고 여긴다. 즉, 존재하는 것은 무엇이나 전체로서 하나이다. 그러므로 크리슈나의 플루트는 기도가 아니다. 그것은 명상의 소리이다. 그것은 신에게 하는 탄원이 아니다. 그것은 신에게로 향한 것이 아니라 자신에게로 향한 감사일 뿐이다. 플루트의 음악 소리들은 감사함의, 절대적인 감사함의 표현이다.

　사람이 자유롭고 팽창되는 느낌을 가지는 것은 감사 속에서만 그렇게 된다. 기도를 할 때 당신은 억제되고 두려워진다. 왜냐하면 기도는 어떤 바람으로부터 흘러나오며, 바람은 두려움을 만들기 때문이다. 만약 당신의 기도를 누군가가 듣고 있거나 아니면 그것이 쓸데없는 곳에서 그냥 사라진다고 생각하면 당신은 두렵다. 그러나 감사함 속에서는 두려움이 없으며 자유롭다. 왜냐하면 당신은 되돌아오는 어떤 것도 원하지 않기 때문이다. 당신은 그것이 알려져도 두렵지 않다. 그것은 단지 당신 가슴의 분출이다. 그것은 어떤 누구에게 전달하려는 것이 아니다. 그것은 전달하려는 것이 아니다. 아니, 그것은 전체에게 향해 있다. 바람이 그것을 듣고 다른 바람의 날개에게로 옮길 것이다. 하늘이 그것을 들을 것이고, 구름이 그것을 들을 것이고, 꽃들이 그것을 들을 것이다. 그것은 어떤 목적을 향한 수단이 아니다. 그것은 목적 그 자체이다. 기도는 그것 자체로 충분하다. 플루트를 연주하는 것 그 자체로 전부이자 모든 것이다.

　이러한 이유로 크리슈나는 거대한 희열로 자신의 플루트를 분다. 미라는 그와 같은 포기와 충만함으로 춤출 수는 없었다. 왜냐하면 그녀의 춤에는 아무런 명상이 없기 때문이다. 그녀의 춤은 일종의 기도이며 그녀가 사랑하는 크리슈나에게 드리는 기도이다. 그녀가 크리슈나와 아주 가까이 있고 또 아주 친밀하면서도 크리슈나는 그녀로부터 분리되고 떨어져 있다. 미라의 춤은 크리슈나의 춤에 있는 그와 같은 자유가 결여되어 있다. 미라의 노래에는 분리에서 나온 고통이 담겨 있다. 그 노래들은 그녀의 눈물로 젖어 있다. 그녀의 노래는 자기가 아름다운 침대를 만들어 놓고 있으며 완전한 사랑으로 기다리고 있다고 크리슈나에게 말한다. 그녀의 노래는 어떤 목적이 있다. 따라서 그녀의 바람과 두려움으로 물들어 있다. 크리슈나는 바람과 공포로부터 전적으로 자유롭다. 크리슈나의 노래는 신을 향한 것이 아니며, 신 그 자신의 노래다. 크리슈나의 플루트 속에는 아무런 목적이 없다. 원인이 없다. 그는 전적으로 충만함으로 젖어 있다. 그는 이 충만함을 플루트와 춤으로 즐기고 있다.

보통 우리는 플루트를 아주 느긋한 상태와 관련지어 생각한다. 인도의 속담에 "아무개는 쉽게 플루트를 분다."라는 말이 있다. 그것은 어떤 이가 너무나 느긋하여 이제 그는 플루트를 부는 것 이외에 아무런 할 일이 없다는 의미이다. 그것은 목적을 지니지 않은 활동이다. 그것은 진정한 감사로부터 나온 행위이다.

> 스승님께서는 종종 기도가 의식의 상태라고 말씀하십니다. 그리고 또한 기도가 감사의 상태라고 말씀하십니다. 그렇다면 어떻게 기도가 비의원적이라 할 수 있습니까?

아니다. 나는 기도가 마음의 상태라고 결코 말하지 않는다. 나는 기도하는 마음이 마음의 상태라고 말한다. 나는 기도가 아니라 기도하는 마음에 대해 말하고 있다. 기도와 기도하는 마음은 큰 차이가 있다.

어떤 사람은 아침 기도를 드린다. 그것은 일종의 의식이다. 또 어떤 사람은 자리에서 금방 일어나 정원을 걸으면서도 기도하는 마음으로 있다. 그런 사람은 심지어 구두끈을 묶을 때조차 기도하는 마음의 상태에 있다. 그는 구두를 벗어 신발장에 넣을 때도 신의 상을 다루듯 기도를 한다. 이 사람은 기도하는 마음으로 있다. 길가에 있는 꽃을 보고 멈출 때, 그는 신을 우연히 마주친 것처럼 그 자리에 선다. 이 사람은 기도하는 마음으로 있다. 그는 기도하지 않는다. 결코 기도하지 않지만 그는 기도 안에 있으며, 기도하는 상태에 있다. 나는 기도를 의식의 한 상태라고 부르지 않는다. 기도하는 마음이 그 상태이다. 기도로 가득 찬 가슴은 전적으로 다르다. 그와 같은 가슴은 명상 안에 있다. 기도로 가득 차 있는 것과 명상적으로 있는 것은 같다.

　기도하는 자는 신앙심이 깊지 않다. 어떻게 기도로 가득 차 있는 사람이 기도할 수 있겠는가? 그는 기도 속에 산다. 그는 기도 그 자체이다. 그는 기도 이외에는 아무것도 하지 않는다. 기도하는 사람은 동시에 많은 다른 일들을 한다. 그는 가게를 운영하고, 다른 사람들과 다투고, 시기하고, 화내고, 미워하고, 그리고 수많은 일들을 한다. 그것들 중 하나가 기도이다. 기도는 그의 많은 활동들 중 하나의 조그마한 품목이다.

　기도로 가득 차 있는 사람은 찻집에서 차를 팔 때조차 기도를 한다. 까비르는 기도로 가득 차 있는 사람이다. 그는 천을 짜서 팔았다. 그는 삶에 있어서 가장 높은 경지에 이르렀다. 그는 신을 발견하였다. 그러나 그는 여전히 베를 짜고 옷을 판다. 어떤 이가 그에게 높은 성자의 경지를 얻은 후에도 왜 그렇게 하느냐고 물었다. 대답으로 까비르는 그에게 "그것은 나의 기도입니다. 내가 걸을 때 그것은 명상입니다. 내가 먹을 때 그것은 명상입니다. 내가 천을 짤 때 그것은 명상입니다."라고 그에게 말했다. 그는 "오 수도승이여! 자연스러운 깨달음이 가장 높은 것입니다. 내가 하는 모든 것은 명상이요, 기도요, 경배입니다."라고 말한다. 까비르가 팔기 위해 한 묶음의 옷을 가지고 시장으로 갈 때, 그는 춤을 추면서 간다. 그는 그의 손님을 라마로, 그의 신으로 부르며, 그들에게 그는 신을 위해 특별히 이 천 조각을 짰으며, 그것을 기도로써 짜 맞추었다고 말한다. 그에게는 파는 사람과 사는 사람 둘 다가 신이다. 파는 사람이 신이요, 다시 사는 사람이 신이다.

이것이 내가 말하는 기도로 넘쳐나는 상태, 의식의 상태이다. 그리고 이것이 내가 말하는 기도이다.

어느 누구도 까비르가 기도하는 것을 보지 못한다. 다른 사람들은 기도를 하기 위해 사원이나 모스크로 가지만, 그는 결코 그곳에 가지 않는다. 그는 그의 한 아름다운 시에서 다음과 같이 말한다. "오 사제여! 당신이 신에게 소리치며 기도하다니 당신의 신은 귀가 멀었습니까? 나는 나의 기도를 말로도 하지 않지만 그분은 그것을 듣습니다. 나는 단어 하나조차 내뱉지 않지만 그분은 그것을 이해하십니다. 그런데 당신은 왜 그렇게 큰 소리로 기도를 합니까?" 여기에서 까비르는 기도와 경배를 의식의 행위로 변화시킨 사람들을 비웃고 있다. 그래서 그는 그들의 수고에 대하여 농담을 잘 던질 수 있다. 왜냐하면 그는 정말로 기도로 넘쳐 나기 때문이다. 그렇지 않다면 그는 그들에게 농담할 수 없을 것이다. 그러므로 나는 기도가 아니라 기도로 넘쳐 남을 지지한다.

여전히 질문의 일부분이 답해지지 않고 있습니다. 그것은 크리슈나의 소라나팔인 빤차자니아와 그의 무기인 차끄라수다르샨에 관한 것입니다. 그리고 바가바땀에서 아이들이 자신의 그림자를 밟는 놀이와 같다고 기술하고 있는 마하라사, 즉 위대한 춤은 무엇입니까?

크리슈나와 관련된 모든 것은 상징적인 의미를 지닌다. 사람은 자신을 표현하고 세상과 관계하기 위한 오감을, 다섯 가지의 문을 가지고 있다. 이것들은 눈, 귀, 코, 입, 그리고 피부다. 우리는 오감을 통하여 모든 것을 알고 경험한다. 오감을 통하여 우리는 세계 속으로 나가서 세계와 관계한다.

크리슈나가 마하바라따 전쟁터에서 그의 빤차자니아를 불었다고 이야기꾼이 기록한 것은, 그가 그의 모든 다섯 감각들로 그 전장에 전적으로 있었다는 것만을 의미할 뿐 그 이상은 아니다. 전쟁은 그의 직업이 아니며, 아무것도 그의 직업이 아니다. 그러므로 어느 순간에 그가 하게 되어 있는 것은 무엇이나 그는 그것을 전적으로 한다. 까비르가 옷을 팔기 위해 그의 온 존재로 시장으로 가는 것처럼 크리슈나는 그의 온 존재로 전쟁터로 간다. 빤차자니아를 통하여, 그는 전쟁에 그의 온 존재로 있다는 것을 알린다. 그는 거기에 부분으로 있지 않다. 사실 그는 부분적으로는 아무것도 하지 않는다. 그가 존재하게 되는 곳마다 그는 거기에 그의 전체로, 그의 모든 감각들로, 그의 모든 존재로 있다.

마하바라따 전쟁에 참가한 모든 사람들은 특별한 이름과 그것 자신의 특징을 갖고 있는 그 자신의 나팔을 가지고 있다. 그것은 또한 그것 자신의 특별한 소리를 갖고 있다. 모든 나팔은 그것을 지닌 군사들의 성격과 일치하는 유사성을 가지고 있다. 그러나 크리슈나의 빤차자니아는 독특하며 비교할 수 없는 것이다. 그를 제외하고 어느 누구도 거기에 완전히 있지 않다. 그런데 그가 전투에 참여하지 않은 유일한 사람이라는 것은 아이러니이다. 그는 전투에 관계하지 않는다.

어디에도 관여하지 않는 사람만이 전체일 수 있다는 것은 진실이다. 만약 당신이 어떤 것에 관여한다면, 당신은 그것을 이루려고 노력하기에 부분적으로 묶이게 된다. 관여를 하고 난 뒤에는 전체로서 설 수 없다. 오로지 관여하지 않음으로 전체가 될 수 있다. 무엇을 하더라도 그는 전체일 것이다. 그것이 바로 크리슈나가 싸움에 참여하지 않고 있을지라도 오로지 그만이 전투에 전적으로 있는 이유이다. 빤차자니아는 그가 그곳에 완전히 현존한다는 것을 알린다. 그는 실제로 꾸루끄쉐뜨라에서 벌어지려는 전쟁과는 아무런 관계가 없다. 그는 중립이다. 그는 이기거나 지는 데 관심이 없다. 그는 전쟁의 양 진영 그 어느 쪽에도 아무런 관심이 없다. 그러나 한 순간이 왔으며, 그래서 그는 그 자신의 무기인 수다르샨을 지니고 전쟁에 나선다.

이 수다르샨 역시 매우 커다란 상징성을 지닌다. 마하바라따의 서사시를 쓴 사람은 말들에 매우 고심을 하면서 작업하였다. 정말이지 그것은 위대한 시의 핵심을 구성한다. 그러므로 말들이 매우 중요하다. 서사시의 말들은 완벽성을 기하기 위해 수세기에 걸친 힘든 작업을 들였다. 수다르샨이라는 단어는 그러한 단어들 중 하나이다. 산스크리뜨 수다르샨은 좋게 보임, 아름답게 보임을 뜻한다.

죽음과 파괴의 무기가 아름다울 수 있다는 것은 놀라운 일이다. 죽음은 아름다울 수가 없지만 크리슈나 같은 사람의 손에서는 아름다운 것이 될 수 있다. 그것이 크리슈나의 무기의 의미이다. 수다르샨은 원자 폭탄과 같은 파괴성을 지닌 아주 치명적이며 파괴적인 무기다. 그러나 우리는 원자 폭탄에 이 이름 수다르샨을 부여할 수 없다.

그런데 크리슈나는 기적을 행한다. 그는 죽음을 축복으로 바꾼다. 만약 죽음이 크리슈나의 손안에 있다면, 죽음조차 아름답다. 같은 논리로 꽃 한 송이도 히틀러의 손에 있으면 아름다워지기를 멈춰 버린다. 아름다움은 그것을 쥐고 있는 사람의 자질에 의해 결정된다. 바로 그러한 이유로 죽음조차 크리슈나의 손안에서는 축복일 수 있다. 그리고 마하바라따의 양진영에 있는 사람들은 그것을 안다. 바로 그러한 이유로 그들은 그의 무기에 아름다운 이름을 붙인다.

크리슈나가 손에 무기를 들고 전쟁터에 뛰어 들어가는 순간이 온다. 이것은 그의 자발성의 표현이다. 그러한 사람은 순간에 산다. 그는 순간에서 순간으로 산다. 그는 어떤 과거에도, 막 지나간 순간에도 매이지 않는다. 그러한 사람은 어떤 약속도 하지 않는다.

위대한 사상가인 야스퍼스는 인간을 약속하는 동물로 정의하였다. 또 다른 사람들은 인간을 생각하는 동물로 규정했다. 그러나 크리슈나는 야스퍼스의 인간의 정의에 적합하지 않다. 그는 약속하지 않는다. 간디는 야스퍼스의 정의를 충실히 따랐던 사람일 수 있다. 크리슈나는 순간순간을 사는 사람이다. 그는 새로운 매순간이 가져오는 것을 받아들인다. 만약 그것이 전쟁을 가져오면, 크리슈나는 전쟁을 받아들이고 그 속으로 들어갈 것이다.

오로지 자유 속에서 사는 사람만이 매순간을 살아간다. 약속을 하는 사람은 과거에 매이고, 이 과거는 그의 자유를 침해하기 시작하며 점점 더 자유를 제한한다. 실제로 과거는 그의 미래에 영향을 끼친다. 그는 과거로 족쇄가 채워져 있다.

비록 크리슈나는 전쟁에 참여하고 싶은 마음이 전혀 없었지만, 마하바라따 전쟁에서 그가 실제로 무기를 들고 싸우는 순간이 오는 것은 바로 이 때문이다. 크리슈나를 이해하기를 원하는 사람들은 이와 같은 사건이 계속 반복해서 나타나는 것을 발견한다. 그들은 왜 그가 전쟁에 실제로 참가했는지 궁금해한다. 그 이유는 그와 같은 사람은 어디엔가에 종속될 수 없기 때문이다. 그는 예언될 수 없는 존재이다. 그는 새로운 상황의 요구들에 맞추어 살 것이다. 그는 매 상황에 새롭게 반응한다. 당신은 그에게 왜 어제의 그와 오늘의 그가 그렇게 다른지를 물어볼 수 없다. 그는 당신에게 말할 것이다. "어제는 더 이상 없다. 많은 물이 갠지스 강으로 흘러 들어가고 있다. 오늘의 갠지스 강은 어제의 갠지스 강과는 아주 다르다. 바로 지금 나는 나인 것이다. 그리고 나는 내일 내가 어떤 사람이 될 것인지를 모른다. 나 역시 내일이 올 때만 그것을 알게 될 것이다."

크리슈나와 같은 사람에 대한 예언은 불가능하다. 점성술사는 그 앞에서는 실패를 받아들일 것이다. 점성술사들은 미래에 관심이 있다. 그는 오늘의 당신을 바탕으로 당신의 미래를 예언한다. 점성술사는 오늘 당신이 하고 있는 것을 바탕으로 내일 무엇을 할 것이라고 말할 수 있다. 왜냐하면 당신은 시간에 매여 있기 때문이다. 그러나 점성술은 크리슈나를 예언하는 데는 확실히 실패할 것이다. 왜냐하면 그의 미래는 오늘의 그로부터 흘러가지 않기 때문이다. 아무도 그가 미래에 무엇을 할 것인지를 말할 수 없다. 왜냐하면 그는 순간을 살아가고 있기 때문이다. 내일의 크리슈나는 오늘의 크리슈나와는 전혀 상관이 없을 것이다. 내일의 크리슈나는 내일 태어날 것이다. 오늘의 크리슈나와 내일의 크리슈나 간에는 아무런 연결이 없다.

이러한 삶의 문제는 어느 정도 깊이 있게 이해되어야만 한다. 두 종류의 삶의 형태가 있다. 하나는 순차적인 사슬과 같은 삶이다. 각각의 사슬은 다른 것과 연결되어 있다. 그것은 연속성을 가진다. 또 다른 삶은 원자적인, 원자와 같은 삶이다. 매순간은 다른 순간과 독립적이다. 그것은 계속되지 않는다. 연속성의 삶을 살아가는 사람은 그의 어제와 그의 오늘 사이에 연결이 있음을 발견할 것이다. 그의 오늘은 그의 어제로부터 온다. 그의 삶은 그의 죽은 과거의 연장이다. 그의 오늘은 그의 어제의 재들로부터 솟아오른다. 그러므로 그의 지식은 그의 기억의 산물이다. 그것은 그냥 한 다발의 기억들이다. 비유적으로 말한다면, 그의 삶의 장미는 그의 무덤 위에서 자란다고 할 수 있다.

또 다른 종류의 삶은 전적으로 다르다. 그것은 연속성이 없다. 그것은 원자적이다. 그것의 오늘은 그것의 과거로부터 오지 않는다. 그것은 과거와는 절대적으로 별개이다. 그것은 오늘의 존재로부터 배타적으로 떠오른다. 그것은 나의 어제의 기억들과 그들의 조건화들의 연쇄와는 아무런 상관이 없다. 그것은 과거와는 절대적으로 접촉하지 않고 있다. 나의 오늘의 존재는 오늘 여기에 있는, 바로 지금에 있는 위대한 존재 내에 전적으로 바탕을 두고 있다. 그것이 존재론적이다. 그것은 존재하고 있는 순간으로부터 일어난다. 그것의 다음 순간은 다음 존재하는 순간으로부터 일어날 것이다. 그리고 다음은 다음 순간의 존재 등으로 계속 이어질 것이다.

물론 그러한 삶에도 역시 흐름이 있다. 그러나 그것은 결코 연속적이거나 일직선상에 있지 않다. 그것은 매순간의 순간이다. 그러한 사람은 순간 내에 살아가며 지나가는 순간에 죽는다. 그는 오늘을 살며, 오늘이 가자마자 오늘은 죽는다. 밤에 잠자러 가기 전에 그는 지나간 날을 잊을 것이며, 그는 지나간 그날의 그 어떤 부분도 가져가지 않는다. 내일 일어날 때, 그는 그때 존재하게 될 그 순간 내에 살 것이다. 바로 그것이 그가 항상 새롭고 젊은 이유이다. 그의 존재는 존재의 전체로부터 솟아오르기 때문에 신성하다.

이것이 바가반, 즉 축복 받은 존재, 신성한 존재의 의미이다. 그의 존재는 원자적이며, 실존적이며, 존재하는 것 즉 실재로부터 온다. 그는 아무런 과거도 아무런 미래도 지니지 않는다. 그에게는 오직 살아가는 현재만이 있을 따름이다. 바로 그러한 이유로 우리는 크리슈나를 바가반, 신성한 의식이라고 부른다. 그것은 신이 저 먼 하늘에 있으며 그가 크리슈나의 모습으로, 화신으로 나타났다는 의미가 아니다. 바가반이란 신성한 존재, 전체의 존재, 그의 존재가 전체로부터 솟아나는 자라는 것을 의미한다.

이러한 이유로 순간을 살아가는 사람 내에서 어떤 연속성을 발견하기는 너무나 어렵다. 만약 우리가 그에게 연속성을 부과하려고 노력한다면, 우리는 그의 삶의 너무나 많은 일화들을 무시해야만 하거나, 아니면 우리는 그것들 중 어떤 인위적인 획일성을 만들어야만 할 것이다. 아니면 우리는 그것 모두가 유희 즉 릴라라고 말해야만 할 것이다. 이 비연속성을 이해하는 데 실패할 때, 우리는 그것이 모두 유희라고 말해야만 한다. 그러나 실제로 갖는 어려움은 순간을 사는 것이, 자발적으로 산다는 것이 무엇인지 아는 데 우리가 실패하기 때문에 일어난다.

발미끼는 라마가 태어나기 훨씬 전에 라마의 전기를 썼다고 합니다. 라마 역시 신의 화신으로 알려져 있습니다. 그의 삶에 연속성이, 사슬과 같은 연속성이 어떻게 있습니까?

아주 좋은 질문이다. 어떻게 발미끼가 라마가 태어나기도 전에 라마의 삶을 기록할 수 있었을까?

라마의 삶의 이야기를 기록하는 것은 가능하다. 아주 가능하다. 왜냐하면 그는 원칙적인, 이상적인 사람이기 때문이다. 라마가 존재하기 훨씬 전에 라마야나를 썼던 발미끼의 이 일화에는 숨겨진 농담이 있다. 그것은 라마의 삶은 예언될 수 있는 유형의 존재라는 의미이다. 그는 드라마 속의 인물 같다. 그가 할 것과 하지 않을 것은 예측될 수 있다. 라마는 이상주의자다. 그는 정해진 규칙들과 삶의 규정들에 따라 산다. 그래서 어떤 면에서 그의 삶은 미리 계획된 정해진 것이다.

발미끼는 라마가 태어나기 이전에 그의 일대기를 실제로 쓴 것은 아니다. 그것은 이 나라만이 이 나라의 위대한 인물들에게 존경을 표할 수 있는 매우 심오하고 난해한 농담이다. 이 이야기는 너무나 난해하기 때문에 그 의미를 파악하기란 어렵다.

라마의 삶은 너무나 제한되고 한정되어 있어서, 너무나 미리 정해진 생각들과 이상들에 한정되어 있어서, 너무나 연속성을 띠고 있어서, 발미끼는 라마가 태어나기 훨씬 전에 그의 이야기인 라마야나를 쉽게 적을 수 있었을 것이라는 얘기다. 그것은 대본에 맞추어 연기해서 만든 연극이나 영화와 같은 것이다. 그러므로 라바나가 라마의 아내 시따를 유괴했을 때, 라마가 어떤 행동을 할 것인지는 미리 예견될 수 있다. 또한 라바나의 도시에서 시따가 풀려난 후 라마가 자신의 아내에게 혹독한 시험을 내릴 것이라는 점도 미리 짐작할 수 있다. 라마는 아내 시따가 궁전에 들어오는 것을 허락하기 전에 불의 시험을 통과하게 할 것이다. 라마에 관한 모든 것은 확실하다. 이것조차, 즉 비록 시따가 불 시험에서 상처를 입지 않았지만 라마는 그녀의 흠을 잡아 그녀를 궁전 밖으로 쫓아낼 것이라는 것조차 확실하다.

그러나 크리슈나에 관해서는 아무것도 말할 수 없다.

크리슈나를 마틴 부버의 용어로 설명해 주시겠습니까?

아니다. 그렇게는 할 수 없다. 마틴 부버는 결국 이원론자다. 그는 일원론자, 비이원론자가 아니다. 실제로 마틴 부버의 뿌리는 유대 전통에 두고 있다. 그는 '나'와 '당신' 사이의 완벽한 친밀감을 찬성하지만, '나와 당신'의 소멸을 위해서는 준비되지 못하였다. 왜냐하면 부버가 속한 전통이 이원론을 넘어서지 못하기 때문에 그러하다. 유대인은 예수를 못 박았다. 왜냐하면 예수가 이원론의 개념을 어긴 것들을 말했기 때문이다. 예수는 "나와 하늘에 있는 나의 아버지는 같다."라고 말했다.

이것은 위험한 것이었다. 유대 전통은 그것을 이해하지 못했다. 그래서 유대인은 "우리는 그 말을 듣고 참을 수 없다. 네가 무슨 말을 할지라도 너는 신과 같을 수 없다. 신은 너보다 우월한 존재이다. 너의 위치는 그의 발 밑에 있다. 네가 곧 신이라고 너는 말할 수 없다. 이것은 신에 대한 모독이다."라고 말했다.

유대 전통의 이와 같은 사고방식과 비슷한 경우로 수피들이 이슬람교도들에 의해 살해당했다. 만수르가 "아날하크, 즉 나는 신이다."라고 말했을 때, 그들은 그 말을 받아들일 수 없었다. 그들은 "당신이 아무리 높이 올라간다 하더라도, 당신은 신이 될 수 없다."라고 말했다. 그리고 그를 아주 잔인하게 죽였다. 이슬람교도들은 심지어 마호메트에게조차 신의 지위를 줄 수 없었다. 그들은 그를 예언자, 신의 메신저라고 불렀다. 그들은 인간과 신이 둘이라고 믿었다. 신이 최고인 반면에, 인간은 단지 그의 발 아래에 있을 따름이다. 그의 발은 인간의 가장 높은 높이의 한계인 것이다.

어떤 사람들이 "나는 신이다."라고 말할 때 그것은 무슨 의미입니까? 인간이 초인이 된 것입니까?

그를 초인이라고 부르는 것은 잘못이다. 내가 '나'는 신으로 된다, 라고 말할 때, 그것은 '나'는 존재하기를 멈추어 버렸다는 것을 의미한다. '나'뿐만 아니라, 심지어 인간조차 존재하기를 멈추어 버렸다. '나'가 신이 될 때, 그때 오직 신만이 남는다. 인간은 존재하기를 그친다. 그것은 아무것도 살아남지 않은 후의 초월이다.

그것은 라마와 관련해서 가능하다. 그의 이야기는 그가 태어나기 전에 기록될 수 있다. 그것은 실제로 심각한 농담이다. 그러나 우리들은 심각한 사람들이다. 우리는 그 농담을 이해하는 데 실패한다. 특별히 라마에 흥미를 느끼는 사람들은 아주 심각하다. 그러므로 농담을 농담으로 받아들이는 대신에, 그들은 그것을 심각하게 해석하기를 계속한다. 그 농담은 다음과 같다.

"라마여! 당신은 발미끼와 같은 시인도 당신이 그 장면에 등장하기 전에 이미 당신의 이야기를 쓸 수 있었던 그와 같은 사람입니다. 당신의 삶에는 많은 것이 없습니다."

소위 말하는 연속적인 삶과 자발적인 삶에서의 기억의 장소는 어디에 있습니까?

연속을 지닌 삶은 노예처럼 그것의 기억을 따르지만, 자발적인 삶은 주인처럼 그것을 사용한다. 이것이 차이점이다. 만약에 당신이 자연스러운 삶을 살고 있다면, 만약 당신이 순간순간 새로워진다면, 그것은 당신의 기억이 지워졌다는 것을 의미하는 것은 아니다. 그것은 당신의 마음에 제대로 저장되어 있다. 그래서 당신이 원하는 대로 그것을 사용할 수 있다. 그것은 마치 많은 물건들이 당신의 집 지하실 속에 저장되어 있어서 당신이 필요할 때마다 이 저장고로부터 무엇이나 꺼내어 쓸 수 있는 것과 마찬가지다. 바로 이러한 이유로 붓다가 그것을 아가르, 즉 기억들, 의식이라고 불렀던 이유이다. 자발적으로 살아가는 사람 역시 기억을 필요로 한다. 만약 그가 마을에 있는데 저녁에 그의 집으로 돌아가기를 원한다면, 그로 하여금 그렇게 하는 것을 가능하게 하는 것은 집과 길에 대한 그의 기억이다. 그는 그것을 올바르게 사용할 것이다.

크리슈나가 아르주나에게 바가바드 기따를 설명하고 있을 때 오랜 기억들이 크리슈나에게 혼란을 일으키지 않습니까?

그것은 다른 문제이다. 전적으로 다른 문제이다. 내가 바로 지금 당신에게 설명하고 있는 것은 자발적으로 살아가는 사람은 그의 기억을 잃어버리지 않는다는 것이다. 그와는 반대로 그의 기억은 충분히 살아 있고 새로울 것이다. 그리고 매순간마다 새로워지는 그의 의식은 이 기억의 주인이 될 것이며, 그리고 필요할 때 그는 그것을 사용할 것이다. 다른 한편으로 연속적인 삶, 즉 죽은 과거와의 연결의 삶을 살아가는 사람은 늘 오래되고 낡은 채 남아 있을 것이며, 무엇이 새로운 것인지를 모를 것이며, 그와 그의 활동들을 실제로 지배하는 자신의 기억들의 노예로 남을 것이다.

아르주나와 관계할 때 크리슈나는 자신의 과거 기억들을 사용하지 않았습니까? 그는 항상 젊고 자발적이었습니까?

그는 항상 자발적이었지만, 그의 기억을 사용한다. 나는 오직 크리슈나가 기억의 주인으로서 기억을 사용한다고 다시 말한다. 당신에 관한 한, 당신은 당신의 기억들의 주인이 아니다. 당신은 기억들의 손안에 있는 노예이며 그것들은 좋아하는 대로 당신을 사용한다.

어떤 사람이 버스에서 당신 옆에 앉아 있다. 당신이 그의 신분을 물어본다. 그는 당신에게 자기는 이슬람교도라고 말한다. 당신의 기억은 이슬람교도에 관한 어떤 것, 즉 그는 무엇이고 어떠할 것이라는 선입견을 이미 가지고 있으며, 당신은 이슬람교도에 관한 당신의 기억과 아무 상관이 없을 수 있는 이 사람에게 이슬람교도에 대한 당신의 기억과 생각을 즉시 덮어씌울 것이다. 아마도 당신 기억 속에 있는 이슬람교도는 당신 마을에 살고 있는 건달일 것이며, 아마도 그는 마을의 사원을 불태웠을 것이다. 비록 당신 옆에 앉아 있는 이 남자가 마을의 건달과는 아무런 상관이 없다 하더라도, 당신은 그를 경멸하면서 멀리 떨어질 것이다. 이제 당신은 기억의 종이 된다.

이것이 힌두교도가 인도에서 이슬람교도들을, 그리고 이슬람교도들이 파키스탄에서 힌두교도들을 죽인 이유이다. 이것은 기억이 만든 작품이며, 순수한 발광이다. 당신은 당신의 기억으로 산다. 당신은 다른 어떤 사람의 위치에서 누군가를 죽인다. 두 이슬람교도 사이의 공통점은 무엇인가? 두 힌두교도 사이의 공통점은 무엇인가? 모든 사람은 그 자신의 사람이다. 그렇지만 당신은 한 사람의 이슬람교도에 대한 당신의 기억과 생각을 모든 이슬람교도에게 덮어씌운다. 이것은 아주 잘못된 것이며 어리석은 짓이다. 당신은 기억에 의하여 이용되고 있다. 즉 당신은 기억의 노예이다.

만약 당신이 당신 기억의 주인이라면, 당신은 비록 옆에 있는 사람이 이슬람교도라고 할지라도 그는 사원을 불태운 마을의 건달과는 다르다고 말할 것이다. 그러면 당신은 그를 판단하지 않을 것이고, 경멸하고 화를 내면서 그로부터 물러나지 않을 것이다. 당신은 자신의 편견들에 지배를 받지 않을 것이다. 당신은 이 사람을 새롭게 그리고 그 자신의 눈으로 이해하며 관찰하게 될 것이다.

자연스럽고 자발적인 삶을 사는 사람은 기억의 주인인 반면, 연속적인 삶을 살아가는 사람은 기억의 노예에 불과하다.

만약 어떤 사람이 크리슈나의 손에 죽는다면 그것은 선한 까르마들의 결과라고 당신은 말씀하십니다. 그 말씀을 하실 때 제 가슴에 희열의 통증이 일어납니다. 그래서 저는 스승님의 모든 유희 같은 행위가 원인이 없이 일어나는지를 감히 묻습니다.

그것은 전적으로 원인이 없다. 그렇다. 그것은 절대적으로 우발적이다. 당신은 옳다. 그것은 모두 유희의 행동이다.

그리고 내가 까르마들을 쌓는 행동과 그것들의 결과에 대해 말할 때, 이것은 다음과 같은 의미다. 이 현상 세계에서는 아무것도 원인이 없이는 일어나지 않는다. 이 원인과 결과의 세계에서 당신이 우연히 크리슈나와 같은 사람을 만난다면, 그것은 결코 우연이 아니다. 이 넓은 세상에서 아무것도 우연적이지 않다. 심지어 사고들조차 우연적이지 않다. 그러므로 어떻게 크리슈나의 손에 의한 죽음이 우연적일 수 있겠는가?

실제로 여기에서 우연이란 없다. 만약 내가 누군가를 끌어안거나 다른 사람과 다툰다면, 만약 내가 어떤 사람을 사랑하고 어떤 이를 증오한다면, 만약 내가 어떤 사람과는 친구가 되고 다른 사람과는 적이 된다면, 이 각각의 행동들은 나의 무한한 과거 존재로부터 일어났다. 그것들에 관한 한 우연이란 전혀 없다. 다시 한 번 말하지만, 이 현상 세계에서 우연이란 것은 도대체 없다. 바로 그러한 이유로 어떤 일이 이유 없이 일어날 때, 그것은 기적으로, 다른 세상 즉 아무도 모르는 곳으로부터 온 어떤 것으로 보인다.

크리슈나의 존재는 절대적으로 원인이 없다. 그러나 아르주나의 크리슈나와의 관계는 그렇지 않다. 아르주나에 관한 한, 그의 크리슈나와의 관계는 원인이 없고, 이유가 없고, 목적이 없을 수는 없다. 이것은 이해하기가 어렵다. 그러므로 내가 이 점에 관하여 다소 길게 이야기할 것이다.

크리슈나 같은 사람과 우리의 관계는 일방통행과 같다. 당신은 그를 사랑하지만, 그도 당신을 사랑한다고는 말할 수 없다. 그에 대해서 말할 수 있는 모든 것은 그가 사랑하고 있다는 것, 그는 사랑 그 자체라는 것이다. 그러므로 당신이 그에게 갈 때, 당신은 쉽게 그의 사랑에 닿을 것이다. 당신에게는 그가 당신을 사랑하고, 그가 당신과 관련되어 있는 것으로 보이겠지만, 그러나 그것은 사실이 아니다. 그는 단지 사랑이다. 당신이 그의 현존 안에 있을 때 그의 사랑이 당신에게로 쏟아져 내려올 것이다. 그것은 마치 어느 추운 날 아침, 집 밖을 나서면 햇빛이 당신을 감싸고 따뜻하게 하고 기분 좋게 하는 것과 같다. 당신 편에서는 당신은 크리슈나를 사랑할 수 있다. 그러나 크리슈나 편에서는 그는 당신과 사랑의 관계에 있지 않을 것이다. 비록 당신은 크리슈나가 당신을 사랑한다고 생각할 수 있지만, 그것은 항상 일방적이다. 그는 사랑이다. 이 사랑은 그것을 찾으려는 사람이면 누구에게나 가능하다.

만약 크리슈나가 누군가를 죽인다면, 그는 아무런 원인이 없이 그렇게 한다. 그러나 당신은 크리슈나에 의해 죽은 그 사람에게도 같은 말을 할 수는 없다. 그의 입장에서, 그의 죽음은 원인이 없는 것이 아니다. 이 사람은 잇따라 일어나는 삶, 오랜 죽은 과거와 연결된 삶을 살아왔다. 그는 자발적인 삶을 살지 않았다. 어떻게 악마의 삶이 자발적일 수 있는가? 자발적인 삶을 살지 않는 사람은 누구나 악마와 다르지 않다. 그의 삶은 어쩔 수없이 그의 과거와 연결되어 있다. 그는 그의 죽은 과거를 통하여 산다

만약 그러한 사람이 크리슈나의 손에 죽는다면, 그것은 그의 죽음이 연결임을, 그의 과거의 기나긴 고리가 최근과 연결됨을 의미한다. 비록 그의 죽음이 크리슈나에게는, 크리슈나의 관점에서는 원인이 없다 하더라도 그의 죽음은 그의 과거로부터 온다. 크리슈나는 그를 죽이기 위해 이 사람을 찾지 않겠지만, 그 반대로 그 사람 스스로가 죽음을 자초하기 위해 그에게로 갔다. 이것은 전적으로 다른 것이다.

이와 마찬가지로 크리슈나에게로 가는 사람은 누구나 그의 사랑을

저절로 받을 것이다. 만약 그가 오지 않는다면, 크리슈나는 그를 찾으러 나가지 않을 것이다. 심지어 어느 누구도 크리슈나에게로 가지 않고, 그래서 그가 숲 속에 홀로 앉아 있다 하더라도 그는 사랑일 것이다. 그의 둘레에는 숲의 고적함과 공, 우주의 전적인 텅 빔이 그의 사랑을 받아들이고 있을 것이다. 누군가가 그의 주위에 있든 없든, 무엇이 있든 없든, 그것은 그에게 아무런 차이도 없을 것이다.

스승님께서 크리슈나에 대해 말씀하셨던 것, 그리고 그의 무수한 덕들이 우리를 감동시켰습니다. 그래서 우리가 그의 헌신자들로 돌아선 것 같습니다. 그런데 그의 삶에 아무런 오점이 없다는 것이 가능합니까? 우리가 그의 모든 행동, 즉 그가 고삐들과 춤을 추고 그들의 옷을 훔친 것, 그리고 경건한 유디슈티라로 하여금 아슈와스따마의 죽음에 대하여 거짓말을 하도록 선동한 것 등을 정당화할 필요가 있습니까? 그렇게 하는 것이 과학적인 접근법일까요?

당신의 질문은 옳다. 우리가 크리슈나의 삶 속에서 결점을 발견하지 못하는 이유를 안다는 것은 좋은 일이다. 그러나 고의로 결점을 찾는 것이 과학적이라고 생각하는가? 만약 우리가 그의 결점을 찾고자 결정했다면, 그것은 비과학적일 수 있다. 똑같이 그의 결점을 발견하지 않겠다고 결정하여도 그것은 비과학적일 것이다. 찬성이건 반대건 간에 사전의 판단이나 편견을 갖고서 하는 모든 접근은 잘못이며 비과학적이다.

그렇다면 무엇이 과학적인 접근일까? 크리슈나를 있는 그대로 보는 것이 과학적이다. 내가 여기에서 그에 관해 말하고 있는 것은 무엇이나 정확히 내가 그를 보는 대로다. 물론 만약 내가 당신에게 내가 보는 방식으로 그를 보라고 요청한다면 그것은 물론 비과학적이다. 당신은 자신의 방식으로 그를 자유롭게 볼 수 있다. 그의 결점을 찾아도 괜찮고, 그의 결점을 찾지 않아도 괜찮다. 내가 크리슈나에 관하여 말하는 것을 당신이 어떻게 받아들이든지 나는 아무런 관심이 없다. 그러나 나는 내가 그를 보는 방식으로 그를 보는 데 자유롭다. 만약 내가 그를 다르게 보고자 했다면, 그것은 비과학적일 것이다.

과학적 접근법이 무엇인지를 아는 것이 좋다. 과연 이 세상의 모든 것, 어떤 것에 소위 과학적인 접근법을 적용할 필요가 있을까? 과학적인 접근법을 용납하지 않는 것들이 이 세상에 있다. 그렇지 않은가? 그것들에게 과학적인 접근법을 적용하는 것은 정말로 비과학적일 것이다. 확실히 과학적인 접근법을 넘어서는 몇 가지가 있다. 예를 들어, 우리는 과학적인 방식으로 사랑에 관하여 생각할 수 없다. 그럴 수 있는 길이 없다. 사랑이라는 현상 자체가 비과학적인 것 같다. 그리고 만약 우리가 과학적으로 사랑을 조사하려 한다면, 우리는 사랑을 완전히 부정하게 될 것이다. 그때 우리는 사랑과 같은 것은 이 세상에 존재하지 않는다고 말해야 할 것이다. 사랑의 존재 자체가 과학에 반한다.

어려운 점은 우리가 비과학적으로 사랑에 접근하거나, 아니면 사랑을 전적으로 부정한다는 점이다. 있는 그대로의 사랑을 보는 것이 과학적일 것이다.

우리는 그것을 다른 각도로 볼 수 있다. 앞서 내가 말했듯이, 눈은 보며 귀는 듣는다. 그러나 만약 우리가 귀로써 보고 눈으로 듣고자 하면, 그것은 완전히 미친 짓일 것이다. 그것은 우리가 귀로 듣는 것을 마치 눈에 보이는 것처럼 보고자 하는 미친 짓이다. 눈은 귀가 보지 않는다고 말할 것이다. 그것은 사실이다. 눈은 듣지 못하기에 눈은 귀가 듣는다는 것을 받아들일 수 없다. 그래서 눈은 오직 두 가지의 결론을 내릴 수 있다. 하나는 귀는 볼 수 없다는 것, 이것은 옳을 수 있다. 다른 하나는 귀는 듣지 못한다는 것이다. 이것은 잘못일 것이다.

과학적인 방법으로는 물질을 제외하고는 어떤 것도 이해하지 못한다. 과학은 물질의 이해에 한정된다. 그것은 물질 세상의 범주를 벗어날 수 없다. 눈은 빛을 보는 데 한정되어 있고 귀는 소리를 듣는 데 한정되어 있듯이, 과학적 방법론은 물질만을 알 수 있으며 그 이외의 것은 모른다. 그렇다면 오직 한 가지 가능성만이 남는다. 과학자는 물질 이외에 이 세상에는 아무것도 없다고 말할 수 있다. 어떤 과학자들은 실제로 그렇게 말한다.

그러나 과학적인 지식이 증가함에 따라 과학은 깊은 수렁에 빠져 있는 그 자신을 발견한다. 왜냐하면 과학은 물질이 물질이기를 멈추는 지점에 도달했기 때문이다. 지난 20여 년 동안 과학은 과학의 이해를 넘어서는 어떤 것이 있다는 것을 받아들였다. 만약 과학자들이 이것을 받아들이지 않으면, 그때 그들이 알아왔던 모든 것들의 바탕이 의심스러워진다. 만약 과학자들이 전자의 존재를 부정한다면, 그것은 그들의 이해를 넘어서는 것처럼 보이는데, 그때 그들이 이해하고 있는 원자의 존재가 의심스러워진다. 왜냐하면 전자가 원자의 바탕이기 때문이다. 그러므로 과학은 이제 과학으로 이해되지 않는 어떤 것이 확실히 있다는 것을 겸손하게 받아들인다. 그러나 과학은 알 수 없는 어떤 것이 존재한다는 것을 아직까지는 받아들이지 못하고 있다. 과학은 아직까지도 과학이 조만간에 그것을 알게 될 것이라고 믿는다.

그리고 과학은 여전히 그 방향으로 노력을 계속해 나갈 것이다.

아마도 과학은 더욱더 많은 것들을 알 것이다. 아마도 과학은 전자의 비밀을 알 것이다. 그러나 과학이 사랑을 알 것 같지는 않다. 과학 실험실에서 사랑을 발견한다는 것은 불가능하다. 과학이 사랑을 계속 탐구해 나간다면, 과학은 확실히 패배에 이를 것이다. 과학은 결코 가슴을 찾지 못할 것이다. 바로 그러한 이유로 과학은 폐가 거기에 있는 모든 것이라고 믿는다. 시인들이 말하는 가슴이라는 것은 없다. 그렇지만 심지어 보통 사람의 경험을 보아도 가슴이라는 어떤 것이 분명히 있다. 우리의 삶에서 우리가 단지 폐에 의해서만이 아니라 폐보다도 훨씬 더 큰 어떤 것에 의해 살아갈 때가 많이 있다. 그것이 우리의 가슴이다. 그리고 때때로 이 가슴은 우리에게 너무나 중요하기 때문에 우리는 그것을 위해 폐를 포함한 모든 것을 희생할 수도 있다.

어떤 사람은 사랑을 위해 죽는다. 그는 과학적인 시각으로는 존재하지 않는 가슴을 위해 죽는다. 당신은 이 사람에 대해 무슨 말을 할 것인가? 당신은 어떻게 그의 죽음에 대한 사실을 부정할 수 있을까? 마즈누와 같은 사람은 라일라와 미친 듯한 사랑에 빠졌다. 그는 연인의 가슴을 붙잡기 위해 미쳤다. 여러분들은 이 광기가 잘못되었다고 말할 수 있다. 그러나 당신의 말에도 불구하고 그러한 사랑은 거기에 있다. 마즈누는 존재하고 있다.

그는 잘못일 수 있으며 미쳤는지도 모르지만 그는 그곳에 존재한다. 그는 라일라를 위해 살며, 그녀를 추억하며, 노래하고, 그녀에 관해 시적이다. 그의 폐를 조사한다고 하더라도 라일라의 존재나 그녀에 대한 그의 사랑 같은 것들은 나타나지 않을 것이다. 폐를 조사하게 되면 오직 폐를 통하여 흐르는 공기와 피, 산소, 그리고 다른 내용물들만 드러날 것이다. 그러나 그것은 마즈누가 그의 호흡과 그의 피, 심지어 그의 생명조차 포기하려 하는 바로 그것을 놓치게 될 것이다.

그러므로 이 어려운 점을 해결하기 위한 두 가지 방법이 있다. 우리가 사랑을 부정하든지, 아니면 과학자의 시각으로 그것을 바라보기를 그만두는 것이다. 그렇지만 어떻게 우리가 사랑의 존재를 부정할 수 있을까? 사랑은 존재하고 있다. 그렇지만 우리는 과학적이지 않은 방법으로 사랑을 본다. 그러므로 우리는 세상에 있는 모든 것을 증명하는 데 과학적인 접근을 예외없이 적용할 수는 없다는 것을 받아들인다.

만약에 우리가 크리슈나를 과학적인 시각으로 본다면, 그는 검고 흰 그림자들을 갖고 있는 위대한 사람, 그 이상이지는 않을 것이다. 그러나 그때 그는 크리슈나이기를 완전히 그칠 것임을 기억하라. 여기에서 내가 말하고 있는 크리슈나는 위대한 사람이 아니다. 그는 하나의 현상이며 하나의 사건이다. 우리가 이 현상을 과학적으로 이해할 수는 없다. 당신도 잘 알다시피 나는 과학에 반대하지 않는다. 오히려 반대로, 나는 과학을 지지한다. 그것이 비틀거리고 넘어지기 시작할 정도로 나는 과학과 더불어 걷는다. 나는 과학의 호흡이 멈추는 공간 속으로 과학을 끌고 간다. 나는 과학의 관점으로 너무나 많이 채워질 수 있다. 나는 그것의 측면에서 결코 적게 채워지지는 않을 것이다. 나는 최선을 다하여 노력한다. 그러나 과학이 갈 수 없는 너머의 한계라는 것이 있다. 과학과 더불어 멈추고, 나의 노력들을 멈추고, 더 이상 가려는 것을 포기해야 할까?

그러나 과학 너머에 거대한 공간이 있다는 것을 나는 안다.

때때로 마음과 가슴, 사고와 느낌이 만나 서로 뒤섞이는 것이 가능합니까? 가능하다면 그것은 굉장할 것입니다. 말씀하여 주십시오.

가끔 마음과 가슴, 생각과 느낌이 함께 하여 하나가 되는 것이 가능하다. 그것들의 깊은 곳에서는 그것들은 이미 하나이다. 그것들은 오직 표면에서만 분리되어 있다. 나무의 가지들은 서로 떨어져 있지만 몸통은 하나인 것과 같다.

이와 비슷하게 우리의 사고들과 느낌들은 하나인 우리 존재의 가지들과 마찬가지다. 마음과 가슴은 표면에서만 분리되어 있다. 깊은 곳에서는 결합되어 있으며 하나이다.

마음과 가슴이 하나임을 아는 바로 그날, 우리는 또한 과학과 종교가 분리된 것이 아님을 알 것이다. 그때 우리는 과학이 더 이상 갈 수 없는 과학의 한계를 알 것이다. 그것 너머에 초월의 세계가, 그 너머에 종교가 시작하는 것을 알게 될 것이다.

크리슈나는 종교의 사람이다. 나는 크리슈나에 대하여, 종교의 사람에 대하여 말하고 있다. 나는 내가 그를 보는 방식으로 정확히 그에 대하여 말하고 있다. 그러나 나는 당신이 나의 시각으로 그를 바라봐야 한다는 최소한의 갈망도 없다. 그러나 만약 당신의 편에서 조금이나마 내가 본 시각으로 그를 볼 수 있다면, 그것은 당신의 삶에 변형적 요소로 작용할 것이다.

아홉 번째 문

우주는 상반하는 것들의 춤이다

크리슈나가 즐거운 춤과 감각적 축제의 인간이라 불림에도 그를 독신자라고 하는데, 그 이유는 무엇입니까? 현대 사회에서 축제의 춤인 라사릴라의 위치와 그 적절성은 무엇입니까?

라사릴라, 즉 축제의 춤을 이해하기 위해 첫 번째로 알아야 할 것은 삶 전체가 상반되는 힘들의 만남이라는 것, 그리고 삶의 모든 행복은 상반되는 것들의 합일에서 온다는 것이다. 바로 이러한 삶의 신비와 희열은 이 유니오 미스티카(unio mystica) 안에 숨겨져 있다.

우선 있는 그대로의 우리 우주는 하나의 축제인데, 이 축제의 형이상학적 의미를 이해하는 것이 좋다. 그때 우리는 이 축제를 열고 있는 우주의 완벽한 축소형인 크리슈나의 삶 속으로 들어가게 될 것이다.

눈을 높이 들어 우리의 이 광대한 우주의 모든 곳에서 벌어지고 있는 일들을 보라. 그것은 춤이고 축제이며, 기쁨이 충만한 카니발이 아닌가? 하늘에서 미끄러지듯 지나가는 구름들이나 바다로 내달리는 강, 씨가 꽃과 과일로 되어 가고 있는 것이나, 혹은 벌이 윙윙거리거나 새들이 날고 있거나 남녀 간의 사랑의 일들, 이 모든 일들이 축제이다. 그것 모두가 유희이고 춤이며, 축제의 파노라마. 라사는 우주라는 함축과 의미를 지니고 있다.

상반하는 에너지들의 만남은 모든 창조의 토대이며 우주의 토대이다. 문이 있는 집을 짓기 위해서 우리는 그것을 지탱하기 위해 상반되는 모양의 벽돌들의 도움으로 문의 꼭대기에 아치를 놓는다. 문뿐만 아니라 건물 전체를 떠받치고 있는 것은 이 아치 내에 상반된 종류의 벽돌을 놓았기 때문이다. 만약 우리가 아치를 만드는 데 있어서 같은 종류의 벽돌만을 사용한다면, 집을 짓는 것이 불가능할 것이다. 이와 마찬가지로 삶의 각 수준에 있는 창조의 전 활동은 에너지가 상반되는 부분들로 나누어질 때 시작된다. 에너지의 이런 분할은 우주에 있는 모든 창조, 모든 삶의 뿌리에 있다. 이 분할이 정지되면 모든 삶의 유희는 완전한 정지에 이르게 된다. 같은 에너지가 하나로 될 때, 그것이 원래의 상태로 되돌아올 때, 완전한 파괴, 우주의 종말이 일어난다. 같은 에너지가 다시 둘로 나누어질 때, 창조가 새롭게 시작된다.

라사, 즉 축제의 춤은 창조의 거대한 흐름의 가장 깊은 특성이다. 창조 그 자체는 정반대의 것들의, 정과 반의 상호 작용이다. 서로 반대하는 것들이 충돌할 때 분쟁과 적개심, 전쟁이 일어나며, 그들이 서로 껴안을 때 거기에는 사랑과 우정이 있다. 둘의 만남이 없이 창조는 불가능하다. 그러므로 우리는 이런 맥락 속에서 크리슈나의 라사의 의미를 찾아 들어가야 한다.

크리슈나가 고삐들과 춤추는 것을 볼 때, 그것은 우리가 일반적으로 보는 그러한 춤이 결코 아니다. 그러나 우리는 육체의 눈만큼만 볼 수 있다. 크리슈나와 마을의 젖 짜는 처녀들과의 라사는 보통의 춤이 아니다. 그것은 영원 이래로 계속되고 있는 우주적 창조의 춤을 작은 스케일로 나타낸 것이다. 그것은 우주를 만들고 해체하는 영원한 드라마의 축소판이다. 그것은 당신에게 신성한 춤, 그리고 거대한 오케스트라의 일단을 보여 준다.

바로 이러한 이유로 크리슈나의 마하라사(maharasa)는 성적인 의미를 지니기를 그친다. 그것은 어떤 성적 해석을 금지하는 것이 아니라 확실히 성이 뒤로 떨어져 나간다. 실제로 크리슈나는 단지 한 사람의 크리슈나로만 춤추는 것이 아니다. 그는 여기에서, 산스끄리뜨에서는 뿌루샤로 알려져 있는, 창조의 남성적 요소의 전체를 나타낸다. 그리고 유사하게 고삐들은 전적으로 여성적 요소, 즉 쁘라끄리띠를 나타낸다. 마하라사는 쁘라끄리띠와 뿌루샤가 결합한 춤을 재현한다.

마하라사를 삶의 성적 표현으로 간주하는 사람들은 잘못 알고 있는 것이다. 그들은 정말로 그것을 이해하지 못하고 있다. 나는 그들이 그것을 결코 이해하지 못할 것이라고 생각한다. 올바르게 해석하자면 그것은 남성과 여성 에너지의, 뿌루샤와 쁘라끄리띠의 만남의 춤이다. 그것은 어떤 개별적인 남성과 여성이 행하는 것과는 아무런 관련이 없다. 그것은 거대한 우주적 춤을 나타낸다.

바로 이러한 이유로 한 명의 크리슈나가 많은 고삐들과 춤을 춘다. 일반적으로 한 남자가 많은 여인들과 춤을 추는 것은 가능하지 않다. 보통의 경우 어떤 남자도 많은 여성과 동시에 사랑에 빠질 수는 없다. 그러나 크리슈나는 그렇게 하며 아름답게 사랑한다. 마하라사에 참여한 모든 젖 짜는 처녀들, 즉 모든 고삐들이 크리슈나가 오직 그녀와 춤을 추고 있다고, 그가 그녀의 것이라고 믿는다는 것은 놀라운 사실이다. 거기에 참석한 수천의 여인들과 각각 짝이 되기 위해 크리슈나는 수천의 크리슈나로 나뉜 것처럼 보인다.

크리슈나의 축제의 춤인 마하라사를 개인적 인간의 춤이라고 여기는 것은 전적으로 잘못된 것이다. 크리슈나는 여기에서 개인이 아니다. 그는 거대한 남성 에너지인 뿌루샤를 나타내고 있다. 마하라사는 남성과 여성 에너지들 간의 위대한 만남의 춤을 나타낸다. 왜 이런 표현의 중심으로서 춤이 선택되었는가?

오늘 아침에 말했던 것처럼 춤이라는 매체는 신비의 것에, 비이원적인 것에, 그리고 축제에 가장 가깝다. 그 어느 것도 춤만큼 그것을 더 잘 표현할 수 없다.

그것을 다른 면으로 보도록 하자. 춤은 인간 언어의 가장 원시적인 모습이다. 왜냐하면 인간이 아직 말을 배우지 못했을 때는 몸짓으로 말하였기 때문이다. 만약 어떤 사람이 다른 사람과 대화를 해야 했다면 그는 얼굴, 눈, 손과 발로 몸짓을 만들었을 것이다. 오늘날에도 말 못하는 사람들은 몸짓을 통해서 자신을 표현한다. 음성 언어는 훨씬 나중에 왔다. 새들은 언어를 알지 못하지만 지저귀고 춤추는 법을 안다. 몸짓들은 자연의 모든 언어이다. 그것은 모든 곳에서 사용되고 있고 이해되고 있다.

그러므로 춤이 라사 즉 축제의 중심 무대에 오게 된 이유가 있다.

몸짓은 표현의 가장 심오한 매체이다. 왜냐하면 그것은 인간의 마음과 가슴의 가장 깊은 부분들을 건드리기 때문이다. 춤은 말이 실패한 곳에 도달한다. 춤추는 사람의 발목에 단 벨 소리는 말이 빛을 잃은 곳에서 많은 것을 말하고 있다. 춤은 어떤 다른 것보다 더 분명하다. 춤추는 사람은 지구의 한 끝에서부터 다른 곳까지 갈 수 있으며, 그의 춤을 통하여 그 자신을 이해시킬 수 있다. 그를 이해하고 평가하는 데 언어는 필요하지 않을 것이다. 춤을 이해하는 데는 어떤 특별한 문명이나 문화 수준이 요구되지 않을 것이다. 춤은 우주적인 언어이다. 춤추는 사람은 어디를 가든지 이해될 것이다. 인간의 집단적 무의식은 이 언어를 잘 알아차린다.

내가 보기에, 태양과 달 같은 수백만 개의 별들이 리드미컬하게 춤을 추고 있는 이 무한한 공간에서 일어나는 이 위대한 라사는 보통의 춤이 아니다. 그것은 즐기기 위한 것이 아니다. 그것은 보이기 위한 비즈니스가 아니다. 어느 의미에서 그것은 넘치는 희열로 기술되어야만 한다. 존재의 가슴속에는 흘러넘칠 정도의 희열이 풍부히 있다. 그것이 우리가 말하는 존재의 강이라고 부르는 것이다. 우주의 상반되는 것들의 존재가 그것의 흐름을 촉진시킨다.

남자만으로는 흐를 수 없다. 그는 여성의 존재가 필요하다. 여성 없이는 남성은 억제되고 닫혀 있다. 이와 마찬가지로 남성 없이는 여성은 억제되고 닫혀 있다. 그들이 함께 해야 에너지들이 사랑의 모습으로 솟아난다. 소위 우리가 알고 있는 남녀 간의 사랑은 다름 아니라 음과 양이 함께 하는 것이다. 만약 이 사랑이 개인화되지 않는다면, 그것은 위대한 영적 의미를 가질 수 있다.

서로를 향한 남성과 여성의 매력은 그들이 함께 하도록 만든다. 그래서 그들의 잠재적 에너지들은 사랑과 생명의 흐름 속으로 흐른다. 바로 이러한 이유로 남성이 여성과 함께 있으면 이완됨을 느끼며, 여성이 남성과 함께 있으면 편안함을 느끼는 것이다. 떨어져 혼자 있으면 그들은 긴장되고 불안하다. 함께 할 때 그들은 깃털처럼 가벼운 무게 없음을 느낀다. 왜 그럴까? 왜냐하면 그들 사이에 있는 무엇이, 어떤 미묘한 에너지가 살아 있고 움직이고 있기 때문이다. 그 결과로 그들은 평안과 행복을 느낀다.

불행히도 우리는 남성과 여성을 새장 속에, 결혼이라는 새장 속에 가두려고 노력해 왔다. 그러나 우리가 그들을 결혼이라는 제도로 묶자마자 그들의 에너지는 흐르기를 멈춘다. 그것은 활기가 없어진다. 삶의 유희는 제도들과는 아무런 관련이 없다. 그것은 제도화될 수 없다. 크리슈나의 라사는 어떤 질서나 체계도 가지지 않는다. 그것은 극히 자유롭고 자발적이다. 당신은 그것을 혼돈이라고 말할 수 있다. 그것은 혼돈 그 자체이다.

니체가 한 중요한 말이 있다. 그는 말한다. "별들은 혼돈에서 태어난다." 아무런 체계도 질서도 없는 곳에는 오직 에너지들의 상호 작용만이 있다. 라사인 에너지들의 이 상호 작용 속에서 크리슈나와 그의 젖 짜는 여인들은 개인들로 존재하기를 그만두고 순수 에너지들로 움직인다. 그리고 남성과 여성 에너지들이 함께 하는 이 춤은 깊은 만족과 희열을 가져온다. 그것은 기쁨과 희열의 넘쳐흐름으로 바뀐다. 크리슈나의 라사로부터 상승하는 이 희열은 확장되어 우주의 모든 조직들로 퍼진다. 비록 크리슈나와 그의 여자 친구들이 사람으로서 더 이상 우리와 함께 있지 않더라도 그들 위에서 그들과 함께 춤추었던 달과 별들은 지금 우리와 함께 있다. 라사의 희열에 한때 흠뻑 취했던 나무들, 산들, 땅과 하늘들도 역시 우리와 함께 있다. 비록 천 년이 지났더라도 마하라사의 느낌은 여전히 우리와 함께 있다.

지금 과학자들은 이상한 이론으로 나아가고 있다. 그들은 말한다.

비록 사람들이 오고 갈지라도 그들의 인생과 삶의 미묘한 파동들은 존재 속에 영원히 가득한 채 있다고. 만약 누군가가 크리슈나가 한때 그의 고삐들과 함께 춤추었던 곳으로 춤추러 간다면, 그는 오늘날까지도 마하라사의 메아리들을 들을 수 있다. 만약 누군가가 과거에 크리슈나의 플루트 음악이 메아리쳤던 언덕 가까이에서 플루트를 연주할 수 있다면, 그는 그 언덕들이 여전히 그때와 같이 메아리치는 울림을 들을 수 있을 것이다. 영원히.

내 관점에서 라사는 남성과 여성으로 나뉘는 원초적 에너지의 넘쳐남의 상징이다. 만약 우리가 이 정의를 받아들인다면, 라사는 크리슈나의 시대와 마찬가지로 오늘날에도 적절하다. 그리고 그것은 영원히 적절하다.

최근에 나는 많은 친구들로부터 남자와 여자가 명상하러 갈 때 서로의 자리를 분리시켜야 한다는 제안을 받았다. 왜냐하면 그들은 그것이 그들의 명상을 도울 것이라고 생각하기 때문이다. 이 제안은 완전히 어리석다. 그들은 남자와 여자를 서로 분리시키면, 남자와 여자를 분리된 구역에 따로 두면, 서로를 향해 흐르는 에너지의 흐름이 막히고, 그래서 그들이 서로에게서 단절된 두 동성 집단을 이룰 것이라는 점을 모른다. 그러한 제안들을 했던 친구들은 그런 관계를 모른다. 나는 그 문제에 대해 정반대의 견해를 갖고 있다. 만약 남자들과 여자들이 함께 명상한다면, 그것은 그들의 명상에 크게 도움이 될 수 있다. 그러면 모르는 사이에 그들에게 어떤 일이 일어나서 그들의 명상을 더욱 깊게 할 것이다. 당신들은 여기에 남편과 아내로서 있지 않다. 아무런 이유 없이 여기에 함께 앉아 있으면, 정화되는 데 다른 무엇보다도 더 많은 도움이 될 것이다. 상반되는 성이 함께 하면 그들

안에 깊이 억압된 채 존재하고 있는 많은 정서들이 휘저어질 것이다. 그러면 그것들은 정화되기가 훨씬 쉬워질 것이다.

인류에 내재하고 있는 이 지독한 심적 긴장은 남자와 여자의 이런 분리, 이런 인종차별의 결과이다. 우리는 학교에서 소년들과 소녀들을 갈라놓는다. 남자들과 여자들은 교회와 사원에서 따로 앉는다. 모든 곳에서 이성들은 서로 간에 거리를 두도록 해 놓았다. 현재 우리가 갖고 있는 많은 고통과 불행은 이런 부자연스럽고 건강치 못한 행위에서 일어난다. 왜냐하면 그것은 자연의 기본 법칙들을 거스르는 것이기 때문이다. 이 세상 삶의 전체 구조는 상반된 힘들의 결합에 바탕하고 있다. 더욱 자연적이고 더욱 자발적인 결합이 인류에게 더 유익하다.

라사, 즉 축제의 춤의 의미는 영원하다. 그것은 삶의 근본적 원리로부터 일어난다. 이 근본적인 원리는 남자 혹은 여자만으로는 불완전하다는 것이다. 그들은 전체인 하나의 부분들이다. 그들은 가까워지고 서로 결합될 때 전체가 되고 건강해진다. 이 함께 함이 무조건적으로 일어난다면, 그것은 특별하며 이 지상을 넘어선 방식으로 둘을 완전하게 할 것이다. 이와 반대로 만약 결합이 조건적이고 동기를 갖는다면, 그것은 거대한 어려움과 곤란을 초래할 것이다. 그러나 남성과 여성이 이 지상에 존재하는 한, 라사는 다양한 모양과 크기로 계속 유행하게 될 것이다. 그것은 크리슈나가 가졌던 높이와 깊이는 얻을 수 없을 것이다. 그러나 만약 우리의 이해와 지혜가 성장한다면 그것은 불가능하지 않다.

거의 모든 원시 부족 사회는 라사의, 그들 자신의 라사의 아름다움과 의미를 어느 정도 알아채고 있다. 그들은 낮 동안 열심히 일하고 밤에는 남자들과 여자들이 열린 하늘 아래 함께 모여 시간 가는 줄도 모르고 춤을 춘다. 춤추는 동안에 그들은 가족 관계를 잊어버리고 남자와 여자들이 서로 자유롭게 섞인다. 삶의 모든 것이 춤과 축제를 의미하는 양 미친 듯이 춤춘다. 그들은 완전히 녹초가 되어야 잠자러 간다. 그리고는 문명화된 사회들이 부러움을 일으킬 정도의 아주 깊은 잠 속으로 들어간다. 바로 이러한 이유로 이 가난한 사람들이 즐기는 삶의 기쁨과 마음의 평화는, 원하기만 하면 모든 것을 가질 수 있는 가장 부유한 사람들에게는 없다. 부유한 사람들은 확실히 삶의 기본적인 진리들을 놓치고 있다. 그들은 아주 슬프게도 정도를 벗어난 삶을 살아가고 있다.

> 전설에 의하면 돌로 변한 아힐리야는 자신을 소생시켜 줄 라마가 오기를 오랫동안 기다렸다고 합니다. 반면에 평범한 여자인 꾸브자는 크리슈나에게 사랑을 하자고 애원하였다고 합니다. 이 이야기들이 영적 의미를 지니고 있습니까?

존재하는 모든 것은 자신의 시간에, 엄청난 인내를 하면서 기다려야만 하는 시간에 일어난다. 모든 것은 자기의 시기가 있다. 시기 없이 일어나는 것은 아무것도 없다. 시기와 때는 삶에서 아주 중요하다. 여러 각도에서 그것 속으로 들어가는 것이 필요하다.

나는 아힐리야가 실제로 돌로 변했다는 말을 믿지 않는다. 이것은 그녀가 라마를 만나기 전까지 돌 같은 무감동의 삶을, 지루하고 서글픈 삶을 살았다는 것을 말하고자 하는 시적인 방법에 불과하다. 라마와 같은 특별한 사람을 통해서만 그녀가 꽃필 가능성이 있다. 그녀는 그녀 인생 속으로 그와 같은 사람이 오기를 끈기 있게 기다릴 것이다. 아힐리야가 돌로 변했다고 말하는 것은 시적인 은유이다. 그것은 올바른 기회, 즉 살아 있는 사랑은 심지어 돌조차 생명을 얻는다는 것을 말하고자 한 것이다. 또한 그것은 라마를 제외한 그 어느 누구도 그녀를 충족시켜 줄 수 없다는 것을 말한다. 이 이야기의 요점은 모든 사람과 사물은 인내로써 기다려야만 하는 자신의 시기, 자신의 순간이 있다는 것이다. 이 순간이 오기 전까지는 그것은 일어나지 않을 것이다. 사랑하는 사람과의 접촉만이, 그의 따뜻한 포옹만이 그녀를 충족시켜 줄 것이다.

그것을 다른 방법으로 이해해 보자. 여성은 수동적이다. 수동적인 기다림이 여성의 방식이다. 여성은 적극적일 수 없다. 여성은 받아들인다. 여성은 몸 속에 자궁을 가지고 있을 뿐만 아니라 심지어 여성의 마음도 자궁과 같다. 여성을 지칭하는 영어 단어 'woman'은 아주 의미가 있는 단어이다. 그것은 자궁을 가지고 있는 사람이라는 의미이다. 여성의 모든 체질은 받아들이도록 되어 있다. 반면에 남성의 체질은 활동적이고 적극적이다. 그리고 이 두 특질, 즉 수용성과 적극성이 서로 모순이 되는 것처럼 보이지만 실제로 그것들은 서로 보완적이다. 그러한 것이 그들의 속성이다. 남자는 여자가 부족한 점을 지니고 있으며, 여자는 남자가 부족한 점을 지니고 있다. 바로 그러한 이유로 둘이 함께 함이 완성된 전체를 이룬다.

여성의 받아들임은 기다림으로 바뀌고, 남성의 적극성은 탐색으로, 탐험으로 바뀐다. 그러므로 아힐리야는 돌 조각처럼 라마를 기다리는 반면, 라마는 그렇게 하지 않을 것이다. 여자가 남자에게 나서서 먼저 청혼하지 않는다는 것을 아는 것은 흥미롭다. 여자는 남자로부터 항상 청혼을 받는다. 그녀는 첫 단계를 취하지 않는다. 그것을 취하는 것은 남자이다. 그녀가 누군가와의 사랑을 시작하지 않는다는 것이 아니다. 그러나 그녀의 사랑은 항상 기다림의 방식이다. 기다림이 그녀가 사랑하는 방식이다. 그녀는 오랫동안 심지어 삶조차 기다릴 수 있다.

사실 여자가 적극적이 될 때 그녀는 즉시 여성다움의 일부분을 잃는다. 그녀는 여성적 매력을 잃는다. 그녀의 아름다움, 그녀의 의미, 그녀의 영혼은 수동적인 기다림, 무한한 기다림 속에 있다. 그녀는 끊임없이 기다릴 수 있다. 그녀는 결코 적극적일 수 없다. 그녀는 남자에게 가서 그에게 "사랑해."라고 말하지 않을 것이다. 그녀는 온 가슴으로 사랑하는 남자에게조차 그런 말을 하지 않을 것이다. 그와는 반대로 사랑하는 사람이 그녀에게로 와서 사랑한다고 말해 주기를 원할 것이다. 여성적 사랑의 또 다른 아름다움은 남자가 그녀에게 와서 사랑한다고 구애할 때, 그녀는 단도직입적으로 "예."라고 결코 말하지 않는다는 것이다. 여성은 말로는 "아니오."라고 말하지만 그것은 "예."를 의미한다. 여성은 그녀의 존재를 사랑으로 돌림으로써 조용한 몸짓으로 "예."라고 말한다. 주도권을 잡는 것은 항상 남자이다.

여성은 크리슈나를 영원히 기다릴 수 있다. 그녀는 그 없이는 결코 충족될 수 없다.

과거에 우리가 이상한 규칙을 가졌던 것은 이런 맥락에서이다. 그것을 알고 이해하는 것이 좋다. 여성은 일반적으로 남자에게 사랑을 청하지 않았다. 그러나 만약 일단 여성이 남자에게 사랑을 청하러 왔다면, 그는 그녀를 받아들여야만 한다. 그녀에게 "아니오."라고 말하는 것은 극히 부도덕하였다. 그러한 제안을 거부하지 않는다는 것이 규칙이었다. 만약 어떤 남자가 "아니오."라고 말한다면, 그는 그의 남자다움을 저버렸다고 생각되었다. 그것은 여성다움에 대한 모욕적인 언동이라고 생각되었다. 그러므로 그것은 이런 이유로 이 나라에서 너무나 존중되었다.

아르주나의 삶에 관해 언급할 가치가 있는 한 일화가 여기에 있다. 아르주나는 일 년 동안 독신을 지키겠다는 맹세를 하고 있었다. 한 아름다운 젊은 여자가 금욕적으로 보이는 젊은 남자를 보고 사랑에 빠졌다. 그래서 그에게 말한다. "나는 당신 같은 아들을 갖고 싶습니다." 한 여자가 이러한 요청, 이러한 제안을 했다는 것은 의미심장한 일이다. 그녀는 연인이나 아내가 되기를 제안하지 않고 어머니가 되기를 제안하였다. 아르주나는 진퇴양난에 놓이게 되었다. 그는 정해 놓은 때가 오기 전에는 깨뜨릴 수 없는 독신의 맹세를 지키고 있었다. 또한 청혼해 오는 여자에게 "아니오."라고 말하는 것도 규칙을 위반하게 된다. 이것도 잘못이다. 아르주나는 그런 부도덕한 자가 되기를 원치 않았다. 남성 에너지가 수용의 에너지인 여성의 사랑의 요청을 거절한다면 그것은 남자이기를 그만두는 것이다.

아르주나의 어려움은 실제적이었다. 그래서 그는 젊은 여자에게 말했다. "나는 준비가 되어 있다. 그러나 어떻게 우리 아들이 나를 닮을 것이라는 것을 확신할 수 있는가? 그러므로 당신이 나를 당신의 아들로 받아들이는 것이 더 나을 것이다. 나는 당신의 아들이 될 것이다. 이것이 당신의 욕망을 충족시켜 줄 것이다."

이와 비슷한 이야기가 조지 버나드 쇼의 삶에 기록되어 있다. 그 시대에 가장 아름다운 한 프랑스 여배우가 쇼에게 이와 비슷한 청혼을 하였다. 편지에 그녀는 그와 결혼하고 싶다고 썼다. 비록 서구 여성들이 여성이 되기를 오랫동안 멀리하였음에도 아직도 이 프랑스 여배우는 어머니가 되기 위한 여성다운 욕망을 표현하였다. 그녀는 편지에 버나드 쇼의 아들을 갖고 싶다고 말했다. 왜냐하면 이 아들은 그녀의 미모와 쇼의 총명함이 결합된 놀라운 인물이 될 것이기 때문이다.

나는 이 서양 여자가 어머니가 되고자 하는 여성의 타고난 욕망을 억누를 수 없었다고 말한다. 왜냐하면 모성은 여성의 가장 숭고한 성취이기 때문이다. 여성은 어머니가 되는 것에 죄스러움을 느끼지 않는다. 그녀는 위대함을 느낀다. 그리고 여성이 어머니가 되고 싶다는 희망을 표현할 때 그녀는 겸손을 저버리는 것이 아니며, 자신의 품위를 손상시키는 것도, 남자보다 못나게 행동하는 것도 아니다.

버나드 쇼는 아르주나와 비슷한 어려움에 직면하였다. 그러나 쇼는 아르주나가 했던 방식으로 여성에게 답할 수 없었다. 아르주나는 동양에 속하였기 때문에 그의 대답은 전형적으로 동양적이었다. 그러나 쇼의 대답은 분명히 거칠고 상스러웠다. 버나드 쇼는 만약 그들의 아들이 그의 외모와 그녀의 지성을 받는다면 그녀가 어떻게 느낄지에 대해 묻는 내용으로 답장을 썼다. 동양에는 이와 같이 말하는 남자는 없다. 그것은 여성성에 대한 모욕이다. 쇼는 여성의 사랑을 거절했다. 그것도 아주 무례한 방식으로 그렇게 했다.

꾸브자는 크리슈나를 오랫동안 기다렸다. 그녀는 수년 동안 그를 기다렸다. 크리슈나는 그녀에게 "아니오."라고 말할 수 없다. 왜냐하면 "아니오."라는 것은 그의 삶에 있지 않았기 때문이다. 만약 꾸브자가 신체적 수준에서의 사랑을 요구하였더라도 크리슈나는 그녀를 거절하지 않았을 것이다. 왜냐하면 그는 신체를 거부하지 않기 때문이다. 몸을 다른 것들만큼이나 받아들이기 때문이다. 몸이 모든 것은 아니지만 의미를 지니고 있다. 그것은 그 자신의 주스와 기쁨들을 가지고 있다. 몸은 그 자신의 존재를 가지고 있다.

크리슈나는 몸을 부정하지 않는다. 그는 몸과 영혼, 둘 다를 받아들인다. 그는 물질과 신, 둘 다를 껴안는다. 그는 신체적 수준에서 성을 거부함으로 여성성을 모욕할 수 없다. 그는 여성성을 존중하는 길이라면 어떤 길이라도 갈 수 있다. 그는 꾸브자의 모든 바람을 충족시켜 줄 준비가 되어 있다. 그래서 그는 그 자신을 설득할 필요도 없을 것이고, 그 문제로 자신을 긴장시키지도 않을 것이다. 그는 꾸브자를 강요하는 어떤 노력도 하지 않을 것이다. 그는 있는 것을 자연스럽고 행복하게 받아들일 것이다.

우리에게는 크리슈나가 신체적 성 관계로 갈 것이라고 생각하기는 어렵다. 그것은 터무니없어 보인다. 그것은 우리가 아주 분리되어 있고 이원론자들이기 때문에 그렇다. 우리는 육체와 영혼이 분리되어 있다고 믿는다. 그리고 영혼이 위대한 반면에, 육체는 낮은 것이라고 믿는다. 그러나 크리슈나와 마찬가지로 나도 몸과 영혼, 성과 초월의식, 물질과 신이 분리된 실체라고 보지 않는다. 그것들은 모두가 하나이며 같다. 육체는 우리의 눈과 손 같은 감각의 이해 범위 안에 있는 영혼의 부분이며, 영혼은 우리의 감각과 지성의 이해 너머에 있는 몸의 부분이다. 몸은 보이는 영혼이며, 영혼은 보이지 않는 몸이다. 그것들은 연결되어 있으며 하나이다. 어디에서도 그것들은 서로 분리되어 있거나 서로 상반되지 않는다. 신체적 단계에서의 성적 즐거움은 영혼의 단계에서는 희열이 된다. 크리슈나의 마음에 성과 황홀경은 아무런 갈등이 없다. 성의 즐거움은 다름 아닌 황홀경의 희미한 그림자, 희미한 흔적이다. 그러므로 성은 황홀경, 사마디로 가는 문이 될 수 있다.

나는 꾸브자의 마음속에 무엇이 있는지는 말할 수 없지만, 크리슈나에 대해서는 아주 잘 말할 수 있다. 나는 꾸브자가 사마디로 가는 문으로 성 관계를 사용할 어떤 준비가 되어 있다고 생각하지 않는다. 그것에 대한 언급은 여기서 적절하지 않다. 적절한 것은 꾸브자가 무엇을 갈망할지라도 크리슈나는 그것을 충족시킬 준비가 되어 있다는 것이다. 그녀의 갈망들이 사소한 것이라 할지라도 그는 개의치 않는다. 그는 그녀에게 위대한 어떤 것을 요구하라고 말하지 않는다. 왜냐하면 그가 그것을 가지고 있고, 그것을 줄 수 있기 때문이다. 꾸브자는 신체적 만족을 바라면서 그에게 나아간다. 그녀는 영적으로 충족된다는 것이 무엇인지 알지 못한다. 그렇다고 크리슈나는 그 때문에 그녀의 청을 거절하지 않을 것이다. 그는 꾸브자의 뜰에서 꾸브자를 만난다. 그것이 둘 사이의 신체적 결합이 일어날 수 있게 한다.

아침에 스승님은 라마와 크리슈나를, 미라와 하누만을 비교하셨습니다. 우리의 전통에서는 그들 모두, 즉 라마, 크리슈나, 미라와 하누만은 동등한 지위를 가지고 있습니다. 어느 누구도 우수하거나 열등하지 않습니다. 아마도 그들 각각은 그들 자신의 개인적 운명을 살고 있을 것입니다. 그리고 우리들 중 몇몇은 라마와 하누만과 일치하고 있음을 발견합니다. 그 경우에 만약 어느 누가 크리슈나와 미라가 우월하기 때문에 그들을 따른다면 그것은 자신의 본성, 즉 스와다르마를 저버리는 것이 아닐까요?

나는 그들이 우월하거나 열등하다고 말하지 않았다. 내가 말한 모든 것은 그들이 서로 분명히 다르다는 것이었다. 나는 그들의 지위에 관심이 없다. 다만 나는 그들 각자의 독특한 개성에 관심을 가지고 있다. 그리고 만약 누군가가 하누만과 일치하는 자신을 발견한다면, 그는 나 때문에 하누만을 열등하다고 받아들이지 않을 것이다. 나에 관한 한, 하누만은 나와 맞지 않는다. 그리고 나는 하누만에 대한 나의 관점에 대하여 거짓말을 하지 않는다. 왜냐하면 어느 누군가는 그와 조화로울 것이기 때문이다. 당신은 나에게 질문을 던졌고, 그래서 나는 내가 본 방식으로 그것에 대하여 답하였다. 만약 내가 그들 중에 선택해야 한다면, 나는 미라와 크리슈나를 택할 것이다. 그 이유를 나는 당신에게 말했다. 그러나 나는 당신에게 라마가 아닌 크리슈나를 선택하라고 말하지 않았다. 당신은 내가 말하는 것을 이해하는 것으로 충분하다. 그 뒤 그대의 개성이 당신을 어디로 데려가든지 그곳으로 가라.

나의 관점에는 라마의 성격은 제한되어 있는 것으로, 어떤 규범들과 이상들에 제한되어 있는 것으로 보인다. 라마의 추종자들조차 그것을 부인하지 않을 것이라 생각한다. 사실 그들은 라마가 규범들 안에서 살기 때문에 그를 따른다. 라마는 규범들 안에서 살기를 좋아하는 사람들에게 호소력을 지닌다. 그러나 제한된 규범들 안에서 산다는 것은 작은 삶, 제한된, 억제된, 그리고 좁은 삶을 사는 것이라고 나는 말한다. 삶은 규범들로 제한되지 않는다. 삶은 규범들과 규칙들, 이상들과 개념들 너머로 나아간다. 진리는 끝이 없으며 무한하다. 당신이 그것을 제한하면 그것은 진리이기를 그친다. 그러므로 진리는 라마가 아니라 크리슈나와 편해질 수 있다. 왜냐하면 크리슈나 역시 진리처럼 끝이 없이 무한하기 때문이다.

그리고 당신의 전통이 라마와 크리슈나 사이에 구별을 만들지 않는다고 말하는 것은 잘못이다. 그것은 구별을 만든다. 그것은 라마를 선의 완전한 화신으로 받아들이지 않는다. 크리슈나만이 그러한 존재로 받아들여진다. 당신의 전통은 그 점에 대하여 아주 명쾌하다. 나는 그들이 하누만과 미라를 비교 평가했는지 잘 모르겠다. 아마 그렇지 않았을 것이다. 그러나 그들은 라마와 크리슈나를 확실히 평가하였다. 크리슈나를 모든 인도의 아바따들, 모든 인도의 화신들 중 최고의 존재로 판단했다.

라마의 추종자들이 크리슈나를 받아들이지 않는다는 것은 분명하다. 그들은 그의 이름을 듣고 싶어 하지도 않는다. 이와 마찬가지로 크리슈나의 헌신자들은 라마를 아주 싫어한다. 그리고 그것은 당연하다. 그러나 나는 어느 하나의 추종자가 아니다. 나는 라마도 크리슈나도 따르지 않는다. 나는 그들과 아무런 관계가 없다. 그런 까닭에 나는 그들을 있는 그대로 볼 수 있다. 그러므로 나는 진실을 말할 것이다.

나에겐 라마의 삶이 분명하고 명쾌한 것으로 보인다. 그의 삶에는 아무것도 흐릿하지 않다. 크리슈나의 삶은 산뜻하고 명쾌하지 않다. 그의 삶은 그럴 수 없다. 그러므로 그것은 대단한 깊이를 가진다. 라마는 거대하고 거친 정글의 일부분을 도려 내어 다루기 힘든 덤불들과 관목들을 제거함으로써 그것을 산뜻하고 깨끗한 정원으로 변화시켰다. 그러나 이것은 거대한 정글이 존재하기를 멈추었다는 것을 의미하지는 않는다. 그것은 작은 정원으로 둘러싸인 채 거기에 있다.

로렌스는 자신의 야생의 모습을 보기를 원한다고 종종 말하였다. 현대인들은 정원으로 바뀌었고 그리고 병들었다. 라마가 둘레가 쳐진 작은 정원이라면, 크리슈나는 야생적이고 거칠고 혼란스러운 거대한 정글 그 자체이다. 그런 정글은 계획과 조직, 질서가 결여되어 있다. 거기에는 아무런 길도 없고, 오솔길도 없고, 인도도 없고, 심지어 화단도 없다. 그곳은 사자와 호랑이 같은 사나운 동물들로 가득 차 있으며 온갖 종류의 뱀, 파충류, 그리고 도마뱀들이 출몰하고 있다. 어둡고 무시무시한 곳이다. 강도들과 도둑들처럼 문명 세계로부터 도망친 사람들조차 여기를 피난처로 삼는다. 그것은 황야, 거칢과 위험으로 싸여 있다.

크리슈나의 삶은 거대한 정글의 삶인 반면에, 라마의 삶은 당신의 집 뒤뜰에 있는 채마밭이다. 거기에는 모든 것이 질서 있게 존재하고, 두려워해야 할 것이 아무것도 없다. 나는 당신에게 "채마밭을 가지지 말라."고 말하지 않는다. 내가 말하고자 하는 것은 정원은 정원이고, 정글은 정글이라는 것이다.

정원에 싫증이 나면 당신은 정글을 생각한다. 왜냐하면 그것은 자연 자신의 창조물이기 때문이다. 그것은 당신이 만든 것이 아니다. 거기에는 생명이, 어떤 정원도 가질 수 없는 정글의 장엄함과 아름다움이 있다.

당신의 전통은 라마와 크리슈나를 비교했지만, 하누만과 미라를 비교하지는 않았다. 미라와 하누만을 상대적으로 평가할 필요는 없다. 당신이 그 질문을 했기 때문에 나는 그것에 대하여 무엇인가를 말해야만 한다. 그의 주인인 라마가 정원에 있을 때, 당신은 하누만을 어디에 둘 것인가? 기껏해야 그는 화분에 있을 수 있다. 그 이상은 아니다. 그리고 라마의 정원에 있는 화분과 같은 그는 아주 정돈되고 깨끗하다. 때때로 라마 그 자신보다 더 정돈되어 있다.

하누만은 이따금 춤을 춥니까?

　가능하다. 강한 바람이 불어올 때, 정원에 있는 식물들이 흔들거리고 춤을 춘다. 화분에 있는 식물들도 흔들거리며 춤추기 시작한다. 그러나 정글의 춤은 쉬바의 딴다바, 그의 파괴의 춤과 같다. 이 춤은 강력하다. 그것은 거대하다. 그것은 무시무시하다. 정글처럼 정글의 이 춤은 우리의 통제 너머에 있다. 이것은 우리를 놀라게 한다. 정원의 춤은 작고 다루기 쉽다. 우리는 그것을 관리할 수 있다. 하누만은 춤출 수 있다. 그러나 그는 라마의 통제 아래에 있다. 미라는 다르다. 그녀가 춤출 때는 크리슈나조차 그녀를 통제할 수 없다. 하누만은 라마를 거역할 수 없다 그는 훈련되어 있고 순종적이다.

　세상에 훈련이 필요하다는 것은 사실이다. 그러나 훈련이 모든 것은 아니다. 삶에서 깊고 위대하고 거대한 모든 것은 훈련으로부터 자유롭다. 삶에서 진실되고 선하고 아름다운 모든 것은 폭발로부터 온다. 그것은 아무런 규칙도 훈련도 따르지 않는다.

　그럼에도 이것이 내가 그들, 즉 미라와 하누만을 보는 법이다. 나는 나의 선택을 당신에게 말했다. 나는 미라를 선택한다. 그러나 그것은 당신도 그래야 한다는 것을 의미하지는 않는다. 그리고 나는 하나에 대한 우월이나 열등의 말투로 생각하지 않는다. 나는 단지 거기에 있는 차이만을 지적할 뿐이다. 누구나 무엇이 우월하며 무엇이 열등하다는 자기 자신의 기준을 가지고 있다. 만약 누군가가 하누만에게서 위대함을 발견한다면, 그것은 단지 그의 평가 방식을 보여 준다. 만약 내가 미라의 위대함을 발견한다면, 그것은 위대함에 대한 나의 의미를 말하고 있다. 이 평가에서 미라와 하누만은 별로 중요하지 않다. 그들은 단지 우리의 선호들을 나타낸다.

소 숭배에 대하여 어떻게 생각하십니까? 다윈은 신체의 진화로 볼 때 원숭이가 인간의 선조라고 말합니다. 진화로 볼 때 소가 인간에 선행한다고 스승님께서는 말씀하십니다. 많은 동물들 중에서 어떻게 소가 영적으로 인간에게 가깝습니까? 우리가 농경 사회에 있기 때문에 소를 우리의 어머니라고 부르는 것이 아닙니까? 그리고 소 도살에 관한 스승님의 견해는 어떠합니까?

찰스 다윈이 인간의 신체적인 구조를 보고서 인간이 원숭이로부터 진화한 것처럼 보인다고 처음으로 말했을 때, 우리는 충격을 받았고 그 사실을 받아들이려 하지 않았다. 신을 아버지로 믿고 있던 인간이 어떻게 갑자기 신을 원숭이로 대체할 수 있을까? 그것은 우리의 에고에 큰 충격으로 다가왔다. 그러나 그것으로부터 달아날 방법은 없었다. 다윈은 강력한 증거로 그의 이론을 뒷받침하였다. 그리고 모든 과학적 법칙들이 그를 지지했다. 그렇기 때문에 격렬한 반대에도 불구하고 그것이 받아들여져야만 하였다. 달아날 방법은 없었다.

인간과 원숭이 간에는 신체와 정신의 면에서 너무나 유사점이 많기 때문에, 다윈을 부정하기는 어렵다. 그들의 존재와 살아가는 방식이 너무나 유사하기 때문에, 우리는 인간이 원숭이와 아주 많이 연결되어 있다는 점을 받아들여야만 했다. 오늘날까지도 우리는 걸을 때 손을 움직일 필요가 전혀 없는데도 움직이고 있다. 오른발이 나갈 때 왼쪽 손을, 그리고 그 반대로 우리의 움직이는 다리에 따라 우리의 손이 리드미컬하게 움직인다. 우리는 손을 움직이지 않고도 잘 걸을 수 있다. 손이 절단된 사람들도 잘 걷는다. 분명히 다윈은 손의 이런 움직임이 수백만 년 전에 우리가 원숭이들처럼 네 발로 걸을 때의 생활의 잔존물, 버릇이라고 생각한다. 원숭이의 꼬리 부분에 있는 작은 구멍이 인간의 몸에도 확인이 된다. 그것은 인간이 원숭이였을 때 꼬리를 가졌다는 것을 나타낸다.

이런 맥락에서 하누만은 매우 의미가 있다. 하누만을 알았더라면 다윈은 대단히 기뻐했을 것이다. 다윈은 원숭이와 인간 간의 잃어버린 연결 고리를 찾고 있었다. 원숭이로부터 인간으로 진화하는 데는 그 둘 사이에 완전한 원숭이도 아니고 완전한 인간도 아닌 어떤 종들이 있어야만 한다고 그는 믿었다. 그 둘 사이에 원숭이가 인간으로 진화해 가는 데 드는 일시적인 기간이 있어야만 한다. 원숭이가 인간으로 갑작스럽게 변형했다는 것은 불가능하다. 어떤 원숭이는 사람이 되고 다른 원숭이들은 원숭이로 남는 그 사이의 수백만 년이 있어야만 한다.

생물학자들과 인류학자들은 이 잃어버린 연결 고리에 무슨 일이 일어났는지에 대하여 여전히 놀라워하고 있다. 원숭이와 인간 사이의 그 중간의 골격을 발견하려는 세계적인 연구가 여전히 진행되고 있다. 여러 면에서 하누만은 그 잊혀진 연결 고리와 관련되어 있는 것처럼 보인다. 만약 그의 골격이 찾아진다면 그것은 대단한 것이 될 것이다. 다윈의 이론은 강한 저항에 부딪쳤다. 그것이 받아들여지는 데 오랜 시간이 걸렸다. 그러나 증거로 뒷받침되었기에 그것은 받아들여졌다.

나는 인류의 진화와 관련이 있는 어떤 다른 것을 말하고자 한다. 인간은 그의 몸의 수준에서는 원숭이로부터 진화되었듯이, 이와 비숫하게 그의 영혼의 수준은 소로부터 진화되었다고 나는 말한다. 만약 원숭이가 신체의 면에서 그의 선조라고 말한다면, 소는 영혼의 면에서 그의 선조이다. 인간의 신체의 뼈대가 원숭이의 몸으로부터 진화된 반면에, 그의 영혼은 소의 영혼으로부터 진화되었다. 물론 이 이론을 뒷받침하는, 다윈의 이론을 뒷받침하는 증거들만큼 직접적이고 강력한 증거들을 댈 수는 없다. 그러나 영혼으로서의 인간은 소로부터 진화하였다는 것을 지지하는 많은 증거가 있다.

우리가 농업 사회이고, 그래서 소가 우리에게 아주 유용하고 중요했기 때문에 소를 우리의 어머니로 부르게 되었다는 것은 충분한 이유가 아니다. 만약 그랬다면 우리는 황소를 우리의 아버지로 불러야 했을 것이다. 우리는 그렇게 하지 않았다. 우리는 모든 유용한 것을 우리의 어머니로 돌리지 않는다. 그렇게 할 아무런 이유가 없다. 기차의 선로는 우리에게 대단한 유용성을 지니고 있다. 우리는 그것 없이 아무것도 할 수 없다. 그러나 우리는 그것에게 어머니의 지위를 줄 수 없다. 비록 비행기가 너무나 중요하다 할지라도 비행기를 어머니라고 부르는 사회는 없다. 유용성을 지닌 수많은 것들이 있다는 사실에도 불구하고 유용한 대상을 어머니라고 불렀던 곳은 결코 없었으며 아무 데도 없었다. 그리고 모성과 유용성 사이에는 아무런 관계가 없다. 소를 우리의 어머니라고 여기는 데는 어떤 다른 이유들이 있음에 틀림없다.

내 관점으로는 다윈에 의하면 원숭이가 인간의 아버지인 것처럼 소는 정확히 인간의 어머니이다. 내가 그렇게 말하는 데는 많은 이유들이 있다. 더구나 이 이유들의 대부분은 인간의 과거 삶들이 담겨 있는 기억에 대한 사이킥(psychic) 연구에 기초하고 있다. 불교 용어로 말하자면 자띠 스마란(jati-smaran)의 발견들에 기초하고 있다. 수 세기를 내려오면서 수천의 요기들이 자신의 전생들에 관한 기억을 탐험하고 회상하였다. 그들은 그들 인간 삶의 연결들이 끝나자마자 소의 생활이 시작된다는 것을 발견하였다. 당신이 과거의 삶들로 돌아갈 수 있다면, 당신은 많은 삶들을 인간 존재로 있다가 그 일련의 인간의 삶들이 끝나면 소의 삶들로 들어가는 것을 발견하게 될 것이다. 자띠 스마란으로 실험을 했던 사람들 누구나 같은 결론에 이르렀다. 인간 삶들의 기억 수준 뒤에는 소의 삶에 속하는 수준들이 있다. 이를 근거로 소를 인간의 어머니라고 표현하였다.

이것은 차치하고라도 그렇게 말한 데는 다른 이유들이 있다. 모든 동물의 세계를 탐험한다면 당신은 어떤 다른 동물도 소처럼 발달된 영혼을 가지고 있지 않다는 것을 알 것이다. 소의 눈을 들여다보라. 어떤 다른 동물이 가지고 있지 않은 인간의 성질을, 온화함을 발견할 것이다. 소와 같은 순수함, 단순함, 겸손은 드물다. 영적으로 소는 모든 동물 세계에서 가장 진화된 존재이다. 소 영혼의 자질은 분명히 높다. 그것의 진화된 상태는 소가 앞으로 향한 영적 도약을 위한 준비를 하고 있다는 것을 분명히 가리키고 있다.

한순간도 가만히 있지 못하는 몸을 지니고 있는 원숭이를 보았다면, 원숭이가 신체적으로 더 훌륭한 모습을 가지기 전까지는 결코 고요한 동물이 될 수 없을 것이라는 생각이 들었을 것이다. 원숭이는 자신의 몸에 아주 불만인 것처럼 보인다. 사실, 원숭이는 신체에 대한 모든 것에 만족하지 못하고 있다. 원숭이는 너무나 기민하게 움직이고 빠르며, 또한 항상 가만히 있지를 못한다. 새로 태어난 아이를 보라. 아이의 몸은 원숭이처럼 민첩하지만 눈은 평온과 평화를 지니고 있음을 볼 것이다. 아이들은 신체적으로는 원숭이를 생각나게 하고, 영적으로는 소를 닮아 있다.

농업이 지배적이기 때문에 소가 이 나라에서 깊은 존경을 받는 것이 아니라, 심령 세계를 오랫동안 연구한 후에 인간이 영적으로 소로부터 진화해 왔다는 것을 알았기 때문에 그렇게 하고 있다. 심령 지식이 성장함에 따라 과학은 소에 대하여 인도가 오래 전에 발견하였던 이 진실을 곧 지지하게 될 것이다. 이 문제에 대해서는 아무런 어려움이 없을 것이다.

힌두인들에 의해 상상되었던 신의 화신들의 긴 계보를 본다면 그것을 더 잘 이해하게 될 것이다. 그 화신의 계보는 물고기로부터 시작된다. 신의 첫 번째 화신은 물고기다. 그리고 나중에는 붓다로 이어진다. 최근까지는 신이 어떻게 물고기의 모습으로 나타날 수 있는지에 대하여 사람들은 의아하게 생각하였다. 아주 우습게 보였다. 그러나 지금 생물 과학은 이 지구에서의 생명은 물고기로부터 시작되었다는 점을 받아들인다. 지금 힌두의 마치야바따라(matsyavatara)의 개념, 즉 물고기로 나타난 신의 개념을 무시하기는 어렵다. 과학이 말하는 것은 무엇이나 받아들여야만 한다고 할 정도로 과학은 우리의 마음에 힘을 지니고 있다. 과학은 지상의 생명이 물고기로부터 진화되었다고 말한다. 바로 그러한 이유로 이 나라는 수세기 전에 신의 첫 화신이 물고기였다고 말한다. 화신의 산스끄리뜨는 아바따라이다. 그 뜻은 의식으로부터의 하강을 의미한다. 의식이 생명으로 변화가 일어난 첫 번째 동물이 물고기이기 때문에, 물고기를 신의 첫 번째 화신으로 부르는 것은 잘못이 아니다. 이것이 종교의 언어이다. 과학은 같은 내용을, 이 지상에서 생명은 물고기의 모습으로 처음 출

현했다고 말할 것이다.

　우리를 더욱 당혹케 하는 또 다른 신의 화신이 여전히 있다. 그것은 반인 반수인 나르싱아바따라(narsinghavatara)이다. 다윈이 원숭이와 인간 사이의 잃어버린 연결 고리는 아마 반은 원숭이고 반은 인간의 모습일 것이라고 말할 때, 우리는 그 화신을 받아들이는데 아무런 어려움이 없을 것이다. 그러나 우리는 나르싱아바따라라는 개념을 받아들이기가 어렵다. 이것은 종교적 언어이기 때문에 그러하다. 의심의 여지없이 그 말은 우리를 깊은 통찰로 나아가게 할 것이다.

　원숭이가 인간의 아버지인 것처럼 소는 인간의 어머니다. 다윈은 물질로 된 몸의 진화에 관심이 있었다. 사실 서양은 온통 물질적인 것에 관심을 갖고 있었다. 그러나 인도는 영, 영혼에 오랫동안 관심을 가지고 있었다. 인도는 몸에 대해서는 별 관심이 없었다. 우리는 영과 궁극의 근원을 탐색하고자 하였다. 이런 이유로 우리는 몸보다 영혼을 더 강조하였다.

　두 번째로 당신은 소 도살에 대해 나의 견해를 알고자 한다.

　나는 모든 종류의 도살에 반대한다. 그러므로 소 도살에 대한 나의 견해가 어떠한지에 대한 질문은 의미가 없다. 내가 소 도살에 반대하더라도 소 도살은 멈추지 않을 것이다. 우리의 삶의 조건은 소 도살을 계속하지 않으면 안 되게 되어 있다. 나는 육식을 반대한다. 그렇게 한다 해도 그것은 어떤 차이를 만들지 않을 것이다. 현 상황에서 육식은 줄어들지 않을 것이다. 아직은 우리는 세상의 모든 사람들에게 적절한 양의 채식을 제공하지 못하는 상황에 있다. 세상은 고사하고 한 나라에서조차 그렇게 할 수 없다. 만약 채식을 하기로 결정한다면, 곧 굶어죽게 될 것이다. 온 세상을 먹여 살릴 만큼 충분한 곡물과 야채 그리고 우유를 가지고 있지 않다면, 비채식주의가 우위를 계속 점할 것이다. 지금으로서는 별 방법이 없다. 그것은 필요악이다. 소 도살은 그러한 것이다.

소 도살을 막으려고 애쓰는 사람들이 사회를 채식주의자들로 바꾸기 위해 필요한 조건들을 만드는 데 아무것도 하지 않고 있다는 사실은 우스꽝스럽다. 그러므로 소 도살은 이런 사람들로 인해 끝나지 않을 것이다. 어느 날 소 도살이 끝난다면, 그것은 소 도살을 없애려는 데 전혀 신경을 쓰지 않는 사람들의 노력으로 끝날 것이다. 선전을 퍼뜨리거나 선동으로는 소 도살은 끝나지 않을 것이다. 입법 행위로도 끝나지 않을 것이다. 비록 이 나라가 소를 가장 많이 가지고 있지만 그 소들은 대부분 돌봐지지 않고 있다. 그 소들은 죽은 것, 쓸모없는 것이나 다름없다. 다른 한편으로 쇠고기를 먹는 나라의 소들은 건강하며 강하고, 그 나라들은 가장 양질의 소들을 가지고 있다. 서양의 소 한 마리는 매일 40~50킬로의 우유를 생산하지만, 인도의 소는 반 킬로를 생산해도 너무 많다고 할 것이다. 우리는 뼈가 드러난 앙상한 소들을 가지고 있다. 그러면서 우리는 그러한 소들을 두고서 소란을 피운다.

만약 당신이 소 도살을 없애고 싶다면, 영양이 풍부하고 건강에 좋은 채식 음식을 제일 먼저 생산해야 할 것이다. 채식주의자들은 인류에게 영양과 건강을 제공할 만한 채식 음식이 세상에 너무나 부족하다는 비채식주의자들의 주장을 귀담아들어야 할 것이다. 그들의 주장은 일리가 있다.

소와 원숭이 둘 다 채식을 한다는 것은 아주 재미있는 사실이다. 인간은 채식의 근원들로부터 몸과 영혼을 물려받았다. 원숭이가 때때로 개미들을 삼키는 것은 다른 것이다. 대체로 원숭이는 채식을 한다. 소는 전적으로 채식을 한다. 소는 강요할 때에만 고기를 먹을 것이다. 인간의 모든 신체적, 사이킥적 체계가 채식의 근원들로부터 왔는데도 인간이 비채식주의자로 변했다는 것은 이상한 일이다. 인간의 위의 구조는 채식하는 동물들의 구조와 같다. 정신적 구조도 그러하다. 그러므로 인간은 상황의 강요에 의하여 비채식주의자가 되었음에 틀림없다. 오늘날에도 인간은 동물성 음식 없이는 지낼 수가 없다.

   소 도살을 멈추기 위한 우리의 모든 좋은 의도들에도 불구하고 소 도살은 지속될 것이다. 내 견해로, 모두에게 적절한 종합 음식을 공급할 수 있을 때만이 소 도살이 멈추어질 것이다. 그때 사람들에게는 대대적으로 종합 음식을 먹도록 권장되어야 할 것이다. 종합 음식이 비채식주의자를 위한 유일한 대안이다. 인간이 과학이 만든 음식으로 살아갈 수 있을 때 육식은 사라질 것이다. 그전에는 어려울 것이다.

   그러므로 나는 소 도살을 금지하려는 선전에는 흥미가 없다. 그것은 이치에 맞지 않으며 어리석다. 그것은 시간과 에너지의 순전한 낭비다. 나는 다른 것에 흥미가 있다. 나는 과학이 종합 음식을 만드는 데 그 에너지를 쏟아 주기를 바란다. 그래서 인간이 육식으로부터 자유롭기를 바란다. 이것 이외에 다른 방법은 없다. 땅에서 난 음식으로는 할 수 없을 것이다. 음식은 알약의 형태로 공장에서 생산되어야 할 것이다. 오늘날의 세계 인구는 30억에서 35억 사이에 이른다. 인구는 계속 증가할 것이다. 인구를 조절하고 있음에도 전례 없이 증가할 것이다.

   소 도살에 반대하는 이런 선동들을 그만두어야 할 날도 멀지 않았다. 그 대신에 사회는 대규모의 인간 도살로 동요될 것이다. 인간이 인간을 먹을 날이 멀지 않았다. 왜냐하면 기아를 논쟁으로 해결할 수는 없기 때문이다. 우리는 지금 죽어가고 있는 사람에게 그 사람의 눈이나 신장을 기부해 달라고 하고 있는데, 머지않아 배고픔을 달래기 위해 그의 살을 기부해 달라고 할 것이다. 오늘날 허파와 심장을 기부한 사람에게 경의를 표하듯 우리는 살을 기부한 사람을 존경하게 될 것이다. 지구상의 인구는 그러할 정도로 폭발할 것이다.

곧 우리는 죽은 몸을 화장하는 것이 부당하다고 생각하기 시작할 것이다. 그것은 먹기 위해 보존되어야만 한다. 그것은 새롭고 별난 것이 아닐 것이다. 식인 풍습은 고대부터 인간에게 알려져 왔다. 인간이 자신의 배고픔을 해소하기 위해 인간을 먹는 부족들이 있었다. 다시 한 번 식인 풍습이 되살아나게 될 때, 우리는 그와 같은 풍습으로 가까이 가게 될 것이다. 그런 관점으로 볼 때도 소 도살을 금지하자고 선동하는 행위는 어리석다. 그렇게 하는 것은 전적으로 비과학적이다.

나는 소 도살을 하지 않아야 한다고는 제안하지 않는다. 소 도살을 할 수는 있다. 소 도살뿐만 아니라 모든 종류의 도살을 할 수 있다. 그러나 그때 우리는 우리 음식과 음식 습관들의 방향에서 혁명적인 단계를 가져야만 할 것이다. 나는 소 도살을 지지하지 않는다. 그러나 또한 그것을 반대하며 외치는 사람들도 지지하지 않는다. 그들의 모든 이야기는 그저 허튼 말이다. 그들은 소 도살을 멈추게 할 수 있는 올바른 조망과 계획을 가지고 있지 않다. 그러나 소 도살은 멈춰져야 한다. 즉 소는 죽여야 하는 마지막 동물이 되어야만 할 것이다. 소는 동물 진화에서 가장 존귀한 것이다. 소는 인간과 동물을 이어주는 연결이다. 소는 우리의 각별한 보호와 동정을 받을 만한 가치가 있다. 본질적으로 그리고 친숙한 방식으로 우리는 소와 연결되어 있다. 온갖 방법을 다하여 우리는 소를 돌보아야 한다.

그러나 기억하라. 보살핌은 당신이 보살필 위치에 있을 때만 가능하다. 줄 수 있는 편의들과 자금들이 없이는 보살핌은 불가능하다. 우리는 실제적이어야 한다. 감성적인 존재로는 아무런 소용이 없다.

나는 어느 날 친구들과 같이 산책하면서 그들에게 얘기했던 일화를 당신에게 말하겠다.

한 성직자가 주일 설교를 하기 위해 교회로 가야 했다. 그 성직자는 노인이었고, 교회는 4마일 떨어져 있었다. 교회로 가는 길은 험난하였다. 왜냐하면 가는 길에 많은 오르막과 내리막이 있는 언덕이 있었기 때문이었다. 그래서 늙은 성직자는 마차를 빌렸다. 그는 마차 주인에게 보답으로 후하게 지불할 것이라고 말했다. 마부는 말했다.

"좋아요. 그러나 저의 말 가파는 너무 늙었습니다. 그 말을 잘 돌보아야 할 것입니다."

성직자는 말한다.

"걱정하지 마시오. 나도 당신만큼 말을 잘 대하겠소. 말을 잘 돌보겠소."

반 마일 정도를 달린 후 마차는 험준한 오르막이 있는 언덕에 이르렀다. 그래서 마차는 멈췄고, 마부가 성직자에게 말했다. "지금 마차 밖으로 내려 주세요. 왜냐하면 오르막길이 시작되고 있기 때문입니다. 가파는 아주 늙었기 때문에 우리는 그를 보살펴야만 합니다."

늙은 성직자는 내려서 마차 곁을 걷기 시작하였다. 그들이 평지에 도착했을 때 성직자는 다시 마차에 탔다. 이것이 모든 여정의 형식이다. 성직자는 길이 험할 때는 걸어야 했고, 평지에서는 마차에 올랐다. 4마일의 여정 동안 그는 마차를 거의 1마일 정도도 타지 않았다. 그 나머지를 그는 걸어야만 했다. 사실 나이 탓으로 말을 탈 필요가 있는 곳에서는 걸어야 했고, 잘 걸을 수 있는 곳에서는 말을 타야만 했다.

마차가 교회에 도착했을 때 성직자는 마부에게 삯을 지불하면서 말했다.

"여기에 당신의 운임이 있소. 그러나 떠나기 전에 나는 당신의 답을 들어야 하겠소. 나는 설교를 하기 위해 여기에 왔고, 당신은 돈을 벌기 위해 여기에 왔소. 맞소? 그런데 당신은 왜 가파를 데리고 왔소? 당신과 나만 왔었다면 더 쉬웠을 텐데, 왜 가파를?"

삶은 생각과 이론에 따라 살아지는 것이 아니라 필요와 급박함에 따라 살아진다. 인간이 죽음에 처해 있을 때, 소는 구해질 수 없다. 소를 구하기 위해서는 소를 여유롭게 대할 수 있을 정도로 우리는 풍족해야 한다. 그때 소와 더불어 다른 동물들도 구해질 것이다. 물론 소는 동물들 중 인간에게 가장 가깝다. 다른 동물들은 그와 같은 거리에 있지 않다. 비록 물고기는 우리의 먼 동족이기는 하지만, 물론 우리와 동족이다. 생명은 정말이지 물고기와 더불어 시작되었다. 그러므로 인간이 풍족할 때 인간은 소만 구할 것이 아니라 물고기 역시 구할 것이다.

소뿐만 아니라 다른 모든 동물들도 구해야 한다는 점을 우리는 분명히 해야만 한다. 그러나 그렇게 하는 데 필요한 상황들이 부족한데도 그것들을 구하려고, 계속해서 구하려고 하는 것은 순전한 어리석음의 소치다.

이제 명상하기 위해 앉자.

열 번째 문

영성, 종교, 그리고 정치

크리슈나는 본질적으로 영적인 사람이었습니다. 그러나 그는 자유롭게 정치에 참여하였습니다. 정치가로서 그는 속임수를 쓰기를 주저하지 않았습니다. 마하바라따 전투에서는 비슈마를 속여 죽였습니다. 금욕의 맹세를 하고 또 존경을 받고 있는 노 현자 앞에 알몸의 여인을 서게 했습니다. 속임수로 드로나차리야, 까르나, 그리고 두료다나를 죽였습니다. 그래서 다음과 같은 의문이 일어납니다. "영적인 사람이 정치에 참여해야 하는가? 그렇다면 그는 보통의 정치가들처럼 행동해야 하는가? 목적과 수단의 깨끗함을 강조한 마하뜨마 간디는 잘못이었는가? 수단의 순수가 정치에서 중요하지 않은가?"

먼저 종교와 영성 간의 차이를 이해하자. 그것들은 같은 것이 아니다. 종교는 정치, 예술, 과학처럼 삶의 하나의 길이다. 종교는 삶의 전체를 포함하지 않는다. 영성은 전체를 포함한다. 영성은 삶의 전체이다. 영성은 삶의 하나의 길이 아니다. 그것은 삶이다.

종교적인 사람은 정치에 참여하는 것을 두려워할지 모르나 영적인 사람은 두려워하지 않는다. 영적인 사람은 아무런 두려움 없이 정치에 참여할 수 있다. 정치는 종교적인 사람에게는 어렵다. 왜냐하면 종교적인 사람은 정치와 갈등을 일으키는 이상과 생각에 매여 있기 때문이다. 그러나 영적인 사람은 어떤 생각이나 개념에 묶여 있지 않다. 그는 삶을 완전히 받아들인다. 삶을 있는 그대로 받아들인다. 그래서 그는 정치에 쉽게 관여할 수 있다.

크리슈나는 영적인 인물이다. 그는 종교적인 인물이 아니다. 마하비라는 이런 의미에서 종교적인 사람이며, 붓다도 그러하다. 그들은 삶의 한 특정한 길을 선택했는데, 그것은 종교다. 종교를 위해 그들은 삶의 모든 다른 길들을 부정했다. 그들은 한 부분의 제단 위에 삶의 나머지를 희생했다. 크리슈나는 영적인 인물이다. 그는 삶을 전체적으로 받아들인다. 바로 이러한 이유로 그는 정치를 두려워하지 않는다. 그는 거리낌없이 정치 속으로 뛰어든다. 그에게 정치는 삶의 일부이다.

종교라는 이름으로 정치를 멀리했던 사람들이 오히려 정치가 더욱 반종교적이 되는 데 일조했다는 점을 이해하는 것이 중요하다. 그들의 비협력은 정치를 조금도 나아지게 하지 않았다.

나는 반복해서 말한다. 크리슈나는 삶을 그것의 모든 꽃과 가시, 빛과 그늘, 달콤한 것과 쓴 것을 더불어 받아들인다. 그는 삶을 선택 없이, 무조건적으로 받아들인다. 그는 삶을 있는 그대로 받아들인다. 크리슈나는 단지 삶에서 꽃만을 선택하고 가시를 멀리하지는 않는다. 그는 둘을 함께 받아들인다. 왜냐하면 그는 사람에게 가시가 꽃만큼 필요하다는 것을 알기 때문이다. 일반적으로 우리는 가시가 꽃에 적대적이라 생각한다. 그것은 사실이 아니다. 가시는 꽃을 보호하기 위해서 거기에 있다. 그들은 서로에게 깊이 연결되어 있다. 그들은 구성원들을 이루며 하나로 있다. 그들은 같은 뿌리를 갖고 있다. 그리고 그들은 공통의 목적을 위해 살아간다. 많은 사람들은 가시를 없애고 꽃을 구하려 한다. 그러나 그것은 가능하지 않다. 그들은 서로 서로의 부분들이고, 둘 다가 구해져야만 한다.

그래서 크리슈나는 정치를 받아들일 뿐만 아니라 아무런 어려움이 없이 정치라는 환경 속에 살아간다.

당신의 또 다른 질문은 중요하다. 당신은 정치 속에서 크리슈나가 옳지 않은 수단들을 사용한다고 말한다. 그는 목적 달성을 위해 어떤 면으로도 정당화될 수 없는 거짓말, 속임수, 사기를 사용한다. 이것과 관련하여 삶의 현실들을 이해할 필요가 있다. 삶에는 이론을 제외하고는 좋고 나쁜 것이라는 아무런 구별이 없다. 선과 악의 구별은 이론에만 있다. 실제의 장면에서는 항상 더 큰 악과 더 작은 악 중에서 선택해야 한다. 모든 선택은 상대적이다. 크리슈나가 했던 것이 좋았느냐 아니면 나빴느냐 하는 것이 문제가 아니다. 문제는 만약 크리슈나가 했던 것을 하지 않았다면, 그것이 좋은 결과를 가져왔을까 아니면 나쁜 결과를 가져왔을까라는 점이다. 만약 그것이 선과 악의 단순한 선택이었다면 문제는 훨씬 더 쉬웠을 것이다. 그러나 실제로는 그런 것이 아니다. 삶의 실제는 항상 더 큰 악과 더 작은 악 간의 선택이다.

나는 다음과 같은 이야기를 들었다.

한 성직자가 길을 지나가고 있는데 울고 있는 목소리가 들렸다. "저를 살려 주세요. 저를 살려 주세요. 저는 죽어가고 있습니다." 길은 좁고 어두웠다. 성직자가 달려가 보니, 한 힘센 남자가 가난하고 약해 보이는 남자를 누르고 있었다. 성직자는 힘이 센 남자에게 가난한 남자를 놓아주라고 했다. 그러나 그가 거절하자 성직자는 그 싸움에 끼어들어 강한 남자에 붙잡혀 있던 그 사람을 떼어 놓는 데 성공했다. 그 가난한 남자는 도망쳤다.

강한 남자가 성직자에게 말했다. "당신이 무슨 짓을 했는지 압니까? 그 사람은 나의 지갑을 훔쳤습니다. 당신은 나의 지갑을 갖고 도망치도록 그를 도와 주었습니다."

성직자는 말했다. "왜 미리 말하지 않았습니까? 나는 당신이 가난한 남자를 쓸데없이 괴롭히고 있다고 생각했습니다. 미안합니다. 내가 실수를 했군요. 좋은 일을 하고 있다고 생각했는데 나쁜 일이 되었군요." 그러나 지갑을 훔친 사람은 이미 사라지고 없었다.

좋은 일을 하려 하기 전에, 우리는 그 일이 악을 가져올 것인지에 대하여 생각해 볼 필요가 있다. 이와 마찬가지로 나쁜 행동이 결국은 좋은 결과를 가져올지도 모른다는 점을 아는 것이 필요하다.

크리슈나 앞에 놓인 선택은 더 작은 악과 더 큰 악이다. 그것은 선과 악 사이의 단순한 선택이 아니다. 마하바라따 전쟁에서 크리슈나가 사용한 전투와 전술은 그 어떤 것이라도 할 수 있는 맞은편 진영에 비한다면 아무것도 아니다. 까우라바 족은 평범한 악인들이 아니다. 그들은 대단한 악한들이다. 간디는 그들의 적수가 되지 못했을 것이다. 그들은 한순간에 그를 궤멸시킬 수 있었을 것이다. 평범한 선은 거대한 악을 물리칠 수 없다. 만약 간디가 아돌프 히틀러에게 조종되는 정부를 만나 싸웠다면, 자신이 거대한 악과 싸우고 있다는 것을 알았을 것이다. 다행히도 인도는 히틀러가 아닌 매우 자유로운 사회인 영국에 의해 지배를 받고 있었다. 영국이라도 그 당시에 만약 처칠이 집권하고 있었다면 간디가 그와 상대하여 인도의 독립을 얻어 내기는 아주 어려웠을 것이다. 전쟁 후 영국의 힘이 아뜰리에게로 넘어간 것이 큰 변화를 가져오게 하였다.

간디가 자주 언급한 올바른 수단의 문제는 주의 깊게 고려할 만한 주제이다. 올바른 목적은 올바른 수단 없이는 이루어질 수 없다고 말하는 것은 훌륭하다. 그러나 이 세상에는 절대적으로 올바른 목적과 절대적으로 올바른 수단 같은 것은 없다. 그것은 올바른 것과 나쁜 것 사이의 문제가 아니다. 그것은 항상 더 나쁜 것과 덜 나쁜 것 사이의 문제이다. 전적으로 건강하거나 전적으로 병든 사람은 없다. 그것은 항상 더 아프냐 덜 아프냐의 문제이다.

삶은 흰색과 검은색이라는 두 개의 색깔로만 되어 있는 것이 아니다. 삶은 흰색과 검은색의 혼합인 회색이다. 이 맥락에서 간디와 같은 사람들은 현실과 완전히 분리된 몽상가, 꿈꾸는 자, 이상주의자이다. 크리슈나는 삶과 직접 접촉하고 있다. 그는 몽상가가 아니다. 그에게 있어서 삶의 일은 삶을 있는 그대로 받아들이는 데서 시작된다.

간디가 말하는 '순수한 수단'은 진정한 순수가 아니며, 그럴 수도 없다. 아마도 순수한 목적과 순수한 수단은 소위 힌두인들이 말하는 목샤, 즉 자유의 공간 안에서 가능할 것이다. 그러나 이 세속적인 세계에서 모든 것은 더러움과 뒤섞여 있다. 심지어 금도 순수하지 않다. 다이아몬드라고 부르는 것은 다름 아닌 오래된 석탄 이외의 아무 것도 아니다. 간디의 목적과 수단의 순수함은 완전한 상상이다.

예를 들어, 간디는 단식은 올바른 목적을 위한 올바른 수단이라고 생각한다. 그는 때때로 죽음에 이르는 단식에 의지한다. 나는 단식이 올바른 수단이라는 주장을 절대 받아들일 수 없다. 크리슈나 역시 간디에 동의하지 않을 것이다. 사람들을 죽이려는 위협이 나쁘다면, 어떻게 자신을 죽이려는 위협이 옳을 수 있겠는가? 내가 당신에게 총구를 겨누면서 내 말을 받아들이도록 강제하는 것이 나쁘다면, 내가 나에게 총을 겨누면서 내 말을 받아들이도록 당신에게 강요하는 것이 어떻게 옳겠는가? 총구의 방향이 다르다고 해서 나쁜 것이 좋은 것으로 바뀌는 것은 아니다. 나의 견해를 받아들이지 않으면 자살하겠다고 위협하면서 당신에게 나의 견해를 받아들이도록 내가 강요한다면, 어느 의미에서 그것이 더 나쁠 것이다. 당신을 죽이려고 내가 위협한다면, 당신은 죽을 기회와 나의 압력에 굴복할 선택 내지 도덕적 기회를 가지게 된다. 그러나 내가 자살하겠다고 협박한다면, 나는 당신을 아주 무력하게 만든다.

간디는 인도의 수백만 천민 층의 지도자인 암베드까르에게 압력을 가하기 위해 죽음에 이를 정도의 단식을 한 번 한 적이 있었다. 암베드까르는 간디의 단식이 옳다고 동의했기 때문이 아니라 간디가 단식으로 죽는 것을 원치 않았기 때문에 굴복했다. 암베드까르는 간디에게 이 정도의 폭력조차 가하지 않으려 하였다. 간디가 그의 마음을 바꾸게 했다고 생각하는 것은 잘못이라고 암베드까르는 나중에 말하였다.

이러한 맥락에서 암베드까르가 올바른 수단을 사용했는지, 간디가 올바른 수단을 사용했는지 묻는 것이 필요하다. 이 둘 중 누가 정말로 비폭력적인가? 나의 견해로는 간디의 방법이 완전히 폭력적이고, 암베드까르는 비폭력적이다. 간디는 자신의 말을 듣지 않으면 단식을 해 죽겠다고 위협하면서 마지막 순간까지 암베드까르를 압박하였다.

나의 견해를 받아들이도록 하기 위해 당신을 죽이겠다고 협박하거나 아니면 내가 죽겠다고 협박하는 것, 이 둘은 별반 차이가 나지 않는다. 두 경우 모두 압박과 폭력을 사용하고 있다. 내가 당신을 죽이겠다고 협박할 때, 사실은 나는 당신에게 올바르지 않은 나의 행동에 굴복하기보다는 차라리 죽는 편이 낫다고 나에게 말할 수 있는, 즉 고귀하게 죽을 수 있는 기회를 당신에게 주고 있다. 그러나 내가 자살하겠다고 당신을 협박하면, 나는 당신이 고귀하게 죽을 수 있는 기회를 빼앗는다. 나는 당신을 정말로 딜레마에 빠뜨린다. 당신은 나쁜 것에 굴복하거나, 아니면 나의 죽음에 책임져야 한다. 당신은 두 경우 모두 죄책감으로 고통 받을 것이다.

간디는 올바른 목적을 위해서는 올바른 수단을 사용해야 한다고 계속 주장했지만 그가 사용한 수단은 결코 올바르지 않았다. 반면에 크리슈나가 했던 것은 무엇이나 올바르다고 나는 감히 말한다.

의심을 살 만한 방법들을 사용하는 대신에 그들을 무기로 바로 죽일 수는 없었을까요?

그들은 무기로 죽어가고 있었다. 교활과 사기가 전쟁의 무기에 속한다는 것을 잊지 말라. 적들이 이 무기들을 다 사용하고 있는데, 당신이 이것들을 사용하지 않고 그들의 손에 놀아나 패배하고 죽임을 당한다면 이것은 완전히 어리석은 일이다.

크리슈나는 선한 사람들이나 성자들의 무리에게는 속임수를 쓰지 않는다. 지금 크리슈나와 맞서 있는 사람들은 사악한 자들이다. 그들이 그렇다는 것은 수천 번 증명되었다. 크리슈나는 그들을 상대하고 있다. 전쟁으로 들어가기 전 크리슈나는 전쟁을 피하고 타협으로 들어서게 하기 위해 온갖 노력을 다했다. 그런데도 그들은 전쟁을 강행한다. 그들은 전쟁을 위한 모든 준비들을 다 갖추고 있었다. 그들은 빤다바들을 파괴할 온갖 비열한 수단들을 사용할 준비가 되어 있다. 그리고 그들의 모든 과거 기록들은 뻔뻔스러운 부정과 배신 바로 그 것이다. 만약 크리슈나가 그러한 사람들과 점잖은 방법으로 상대했다면 마하바라따는 아주 다르게 끝났을 것이다. 그러면 빤다바들은 전쟁에 지고 까우라바들이 승리하였을 것이다. 그러면 악이 선을 이기고 승리하였을 것이다.

우리는 사띠야메바 자야떼(satyameva jayate), 즉 진리는 승리한다고 말한다. 그러나 역사는 다르게 말한다. 역사는 항상 승리자를 진리의 편에 놓는다. 까우라바들이 이겼다면 역사가들은 그들을 하늘 높이까지 찬양하면서 그들의 이야기를 썼을 것이다. 그러면 빤다바들은 잊혀졌을 것이다. 아무도 크리슈나를 알지 못하게 되었을 것이다. 전혀 다른 이야기가 기록되었을 것이다.

나는 크리슈나가 상황의 현실들에 직면하여 해야 할 바른 일만을 했으며, 수단의 순수성에 대한 모든 이야기는 무의미하다고 생각한다. 우리가 살고 있는 세상의 모든 수단들은 다소 오염되어 있다. 그렇다면 이 세상에서 순수한 목적은 결코 이루어질 수 없다는 말인가? 그것은 우리가 항상 꿈꾸고 희망하는 바이지만 실제로는 결코 이루어지지 않는다.

간디가 임종을 맞이하고 있을 때 그가 일생 동안 열심히 해왔던 진리, 비폭력, 그리고 금욕이라는 고귀한 목적을 이루었다고는 말할 수 없었다. 그는 그것들을 시험하면서 죽었다. 만약 수단이 정당했다면,

왜 그는 목적을 이루지 못했을까? 무슨 어려움이 있었는가? 만약 수단이 정당했다면, 그 목적을 이루는 데 아무런 어려움이 없었어야 했을 텐데 말이다.

아니다. 수단은 결코 전적으로 순수할 수 없다. 그것은 물 속에 곧은 나무막대기를 넣는 것과 같다. 넣으면 약간 구부러져 보인다. 물 속에 넣은 막대기를 곧게 보이게 하는 방법은 없다. 막대기는 물 속에서 실제로 구부러진 것은 아니다. 단지 그렇게 보이는 것뿐이다. 물이라는 매체가 막대를 구부러져 보이게 하기 때문이다. 막대를 물 밖으로 꺼내면 그것은 다시 곧게 된다.

이 광대한 상대적 세상에서는 모든 것이 약간 구부러져 있다. 그것이 바로 사물들의 속성이다. 그러므로 그것은 곧고 순진한 그런 문제가 아니다. 그것은 단지 구부러지고 복잡한 정도가 어떠한가의 문제이다. 나에게 있어 크리슈나는 구부러지고 복잡함의 정도가 가장 적은 사람이다. 그러나 보통 사람의 마음에는 크리슈나가 구부러지고 복잡한 사람으로 보이고 간디는 곧고 순수하게 보인다는 것은 아이러니다.

나에게는 간디가 매우 구부러지고 복잡한 인물로 보인다. 그와 비교해서 크리슈나는 훨씬 더 곧고 단순하다. 간디는 모든 단순한 것을 복잡하게 만드는 요령을 가지고 있다. 그가 누군가를 강제해야 한다면, 그는 먼저 자기 자신을 강제함으로써 그렇게 할 것이다. 다른 사람을 상처 입히기 위해 그는 자기 자신을 상처 입힐 것이다. 그의 강제하는 방법들은 간접적이고 우회적이다. 크리슈나가 다른 사람을 처벌해야만 한다면 그는 그 처벌을 직접적으로 할 것이다. 그는 간디와 같은 우회적인 과정을 택하지 않을 것이다. 우리는 사물을 아주 피상적으로 보는 습관을 지니고 있다. 그래서 우리는 피상적인 인상들로 삶을 살아간다.

크리슈나 시대에 뽄다르끄라는 왕이 있었습니다. 이 사람은 크리슈나는 가짜이고 자기가 진짜 크리슈나라고 했습니다. 이와 비슷한 일이 붓다, 마하비라 등과 같은 사람들에게도 있었습니까?

그렇다. 그러한 일들이 있었다. 마하비라의 시대에 고샤라끄라고 불리는 사람이 있었는데, 그는 마하비라가 아니라 자신이 진짜 띠르딴까라라고 선언했다.

유대인들은 목수의 아들이 메시아가 아니면서 메시아라고 주장한다고 예수를 십자가에 못 박았다. 즉, 그는 진짜가 아니며, 진짜 메시아는 아직 오지 않았다는 것이다. 유대인의 전통은 메시아가 올 것이라고 믿었다. 에스겔, 이사야 같은 많은 과거의 예언자들이 그것을 예언했다. 예수가 탄생하기 바로 전에, 세례 요한은 모든 사람을 구원할 메시아가 오고 있다는 사실을 알리기 위해 이 마을에서 저 마을로 돌아다녔다. 바로 그때 예수라 불리는 젊은 청년이 자신이 메시아라고 선언하면서 무대에 나타났다. 그러나 유대인들은 그를 받아들이기를 거부하였다. 그 대신에 그들은 그가 진짜 메시아가 아니라 가짜라는 이유로 십자가에 못 박았다.

예수 이외의 어느 누구도 자신이 메시아라고 주장하지 않았다. 그러나 많은 사람들은 예수가 메시아는 아니라고 주장하였다. 왜? 그들은 그가 메시아로 인정되기 위해서는 몇 가지 조건을 충족시켜야 한다고 말했다. 그는 약간의 기적들을 행할 수 있어야 한다. 행해져야 할 기적들 중 하나는 산 채로 십자가에서 내려와야 한다는 것이었다. 유대인들은 십자가에서 살아서 내려오는 자면 그들의 메시아로 받아들여도 충분하다고 믿었다.

이제 기독교인들은 예수가 십자가에 못 박힌 지 3일 만에 부활했다고 믿는다. 기독교인들은 예수가 못 박힌 지 3일 후에, 예수를 따르는 2명의 여자가 그가 살아 있는 것을 보았다고 말한다. 그러나 그를 반대하는 사람들은 그것을 받아들이지 않는다. 그들은 두 명의 여인이 예수를 너무 사랑한 나머지 환영 속에서 예수를 봤을 것이라고 말한다. 그것은 사실일 수 없었다. 어떤 유대 경전에도 예수가 십자가에서 살아서 내려옴으로 그가 그들의 메시아가 되는 조건을 충족시켰다는 기록이 없다. 유대인들은 그들의 예언자들이 예언했던 메시아의 재림을 아직도 기다리고 있다.

고샤라끄는 마하비라가 아니라 자신이 띠르딴까라라고 단호하고도 강한 어조로 말했다. 고샤라끄를 띠르딴까라로 받아들이는 많은 사람들이 있었다. 그 숫자는 적지 않았다. 그 논쟁은 오랫동안 지속되었다. 왜냐하면 자이나 전통은 오랜 세월을 걸치면서 내려온 띠르딴까라의 마지막인 24대 띠르딴까라가 오고 있다고 믿었기 때문이었다. 그래서 고샤라끄는 자신의 주장을 내세웠다. 많은 자이나교도들이 그를 그렇게 받아들였다.

고샤라끄 이외에도 24대 띠르딴까라라고 추종 받은 인물이 약 6명이나 마하비라와 동시대에 있었다. 그들은 고샤라끄처럼 공개적으로는 말하지는 않았다. 그러나 그들의 추종자들은 그들이 그렇다고 믿었다. 산자이, 빌레티뿌따, 아짓 께쉬깜발이 6명 중에 들어 있다. 심지어 붓다의 헌신자들은 붓다가 진정한 띠르딴까라라고 생각했다.

그들은 자주 마하비라를 비웃었다.

크리슈나 같은 사람이 태어날 때, 혹은 과거에 이루어진 예언에 따라 그 사람을 기다리고 있을 때, 많은 사람들이 그 고귀한 자리를 자신의 것이라고 주장할 가능성이 항상 있다. 그렇게 하는 데 아무런 어려움이 없다. 그러나 시간이 지나면 마침내 누가 올바른 주장을 하고 있는지 가려진다. 어떤 사람이 자신을 어떤 존재라고 주장하는 것 자체가 그는 그 사람이 아니라는 것을 보여 준다는 것이 동서고금의 진리이다. 그는 크리슈나이기 때문에 크리슈나는 크리슈나라고 주장할 필요가 없다. 어떤 사람이 크리슈나라고 주장한다는 바로 그 사실이 그는 가짜이며 그의 존재는 충분하지 않다는 것을 보여 준다. 그는 그렇다고 주장해야만 한다.

마하비라는 띠르딴까라이기 때문에 자신이 띠르딴까라라고 주장하지 않는다. 그러나 고샤라끄는 자신이 아니라는 것을 알고 있기 때문에 그렇다고 주장해야만 한다. 사실 우리 자신을 이것 혹은 저것이라고 주장하도록 만드는 것은 우리의 열등감이다. 만약 어떤 사람이 자신을 성자라고 주장한다면 그는 분명히 성자가 아니라는 의미다. 그는 그가 주장하는 것과 반대일 것이다.

그러나 그러한 주장이 일어나는 것은 그냥 자연스럽고 인간적인 현상이다.

왜 예수는 자신이 메시아라고 주장했습니까?

예수는 그렇게 하지 않았다. 그는 그가 메시아라고 주장하지 않았다. 그의 주장은 완전히 다르다. 사실 그는 말로 주장하지 않는다. 그는 그의 존재를 통하여 주장했다. 사람들은 그가 메시아라는 것을 인정했다.

　내가 전에 말했듯이 훌륭한 현자인 세례 요한은 메시아가 오고 있고, 자신이 그의 메신저라고 주장했다. 그는 또한 메시아가 도착하는 날, 메신저인 그는 세상을 떠날 것이라고 말했다. 그는 요르단 강가에 살았고, 그 강물로 사람들을 입문시켰다. 수많은 사람들이 그에 의해 입문하였고, 예수 역시 세례 요한을 통해 입문하였다. 예수가 그의 목까지 물이 찬 채 강물 속에 서 있을 때, 요한은 그를 입문시키며 말했다. "이제 당신은 당신의 일을 시작해야 합니다. 저는 떠납니다."

　요르단 강에서의 이 사건에 대한 소식은 온 나라에 걸쳐 들불처럼 퍼져 나갔다. 그래서 사람들은 메시아가 왔다는 것을 알게 되었다. 바로 그날 요한이 사라졌다. 아무도 그의 소식을 다시는 듣지 못했다. 요한이 사라진 것은 메시아가 오고 있다는 진정한 선언이었다. 왜냐하면 그는 마을을 돌아다니면서 메시아가 오고 있으며, 그가 오는 날 자신은 사라질 것이라고 말하였기 때문이다. 그는 그가 단지 메시아의 선구자라고 말했을 뿐이다. 그는 단지 메시아가 오는 길을 준비하기 위해 있으며, 메시아가 오면 자신은 세상을 떠날 것이라고 말했다. 그러므로 요한이 사라진 것은 메시아인 그리스도가 도착했다는 선언이었다. 이제 사람들은 예수에게 그가 메시아인지를 묻기 시작했다. 그는 그들에게 거짓말을 할 수 없었다. 그는 자신이 바로 그들이 기다리고 있는 그 존재이며, 거기에 영원히 있는 존재이며, 심지어 첫 번째 메시아인 아브라함 이전에 거기에 있었던 존재라고 말했다.

　사람들이 물었을 때, 그는 이만큼 그들에게 말해야만 했다.

힌두 화신들의 계보는 물고기로 시작되어 라마, 크리슈나, 붓다로 이어집니다. 심지어 깔끼라는 화신도 온다고 합니다. 그러나 이러한 화신의 긴 계보에서 붓다가 크리슈나보다 훨씬 뒤에 태어났는데도 크리슈나를 신의 완전한 화신이라 하는 것은 왜 그렇습니까? 그리고 진화의 관점에서 붓다를 앞서는 크리슈나의 비밀은 무엇입니까? 시간의 움직임이 선회하기 때문에 그러합니까?

신의 부분적 화신조차 완전한 화신만큼이나 훌륭하다. 화신인 한 화신들 사이에는 어떤 차이도 없다. 화신은 신성한 의식이 나타났다는 것을 의미한다. 신성한 의식이 화신 내에 얼마나 많은 차원들로 나타났는가는 다른 문제이다. 크리슈나는 신성한 에너지가 그의 삶의 모든 측면에 나타났다는 의미에서 완전한 화신이다. 붓다의 화신은 그 정도로 완전하지 않았으며, 또한 미래에 올 화신 깔끼도 그렇지 않을 것이다. 신성한 에너지의 내려옴에 관한 한, 그 내려옴이 매 화신의 경우에 완전할 것이다. 그러나 그것은 인간의 삶의 모든 차원들에 접촉하지 않을 수도 있다. 그렇게 되는 데는 많은 이유가 있다.

일반적인 진화의 과정에서는 완전함은 마지막에 와야만 한다. 그러나 화신은 진화의 과정 바깥에 있다. 화신은 너머로부터 내려오는 것을 의미한다. 화신은 어떤 것이 진화로 성장하는 진화 과정의 부분이 아니다. 화신은 진화 너머에 있는 어떤 공간으로부터 온다. 그것을 이해하도록 노력하라. 우리 모두는 눈을 감고 여기에 앉아 있다. 태양이 동쪽에서 떠올랐다. 어떤 사람이 부분적으로 눈을 뜬다면 그는 부분적으로 빛을 볼 것이다. 그리고 또 다른 사람이 눈을 다 뜬다면 그는 빛을 다 볼 것이다. 같은 사람이 부분적으로 눈을 뜨거나 완전히 뜨는 두 가지 과정으로 나아갈 수 있다. 그는 그 과정을 그가 좋아하는 어느 때나 할 수 있다. 거기에는 아무런 진화의 과정, 아무런 강요도 없다.

크리슈나의 삶은 열려 있다. 모든 면에서 열려 있다. 그래서 그는 완전한 신성을 가질 수 있다. 붓다의 삶은 부분적으로 열려 있다. 그는 오직 부분적인 신성을 가질 수 있다. 만약 오늘 어떤 사람이 그 자신을 신성에 완전히 노출시킨다면, 그는 신성함의 모든 것을 가질 것이다. 그리고 만약 그 사람이 내일 그 자신을 닫는다면, 그는 신성 모두를 잃을 것이다. 아무런 진화 과정이 관련되어 있지 않다. 진화의 과정은 일반적인 데에만 적용될 수 있다. 그것을 개별적인 경우에 적용할 수는 없다. 붓다 이후 이천오백 년이 지났지만, 우리 시대의 사람들이 붓다보다 더 진화했다고는 말할 수 없다. 물론 우리 사회는 붓다 시대의 사회보다 더 진화했다고 말할 수 있다.

사실 진화는 두 가지 수준, 즉 집단의 수준과 개인의 수준에서 일어난다. 개인은 자기가 살고 있는 사회를 항상 추월할 수 있다. 그는 그 자신의 노력으로 시대를 앞서 나아갈 수 있다. 자신을 성장시키려고 시도하지 않는 사람들의 발은 사회의 나머지 사람들과 보조를 맞출 것이다. 물론 그룹의 모든 구성원들이 일치하여 진화하지는 않는다. 각 개인은 성장이 다르다. 많은 사람들이 여기에 앉아 있다. 그러나 모든 사람들이 성장 사다리의 같은 곳에 있지는 않다. 어떤 사람은 첫 번째 다리에 있고, 다른 사람은 두 번째 다리에 있고, 또 다른 사람은 꼭대기에 있을 수 있다. 일반적인 법칙들은 집단들에만 적용될 수 있다.

예를 들어, 우리는 얼마나 많은 사람들이 지난 10년 동안 해마다 델리에서 교통사고로 죽었는지 말할 수 있다. 만약 50명이 올해에 죽었고 지난해에는 45명이, 지지난해에는 40명이 죽었다면, 우리는 내년에 55명이 죽을 것이라고 예측할 수 있다. 그리고 이 예측은 큰 범위에서 사실일 것이다. 그러나 우리는 이 55명의 사람이 개별적으로 누가 될 것인지는 말할 수 없다. 우리는 그들을 찾아내어 그들의 신원을 확인할 수 없다. 그들 모두는 알 수 없는 사람들이다. 그리고 만일 델리의 인구가 2백만 명이라면 이 55명의 숫자는 조금 변할 것이다. 그러나 인구가 2억 명이면 55명은 55명으로 있을 것이며, 조금의 변화도 없을 것이다. 집단이 커지면 커질수록 그들에 대해 정확한 통계적인 예측을 할 수 있을 가능성이 더 많아진다.

일반적인 법칙들은 개인이 아닌 집단에 대해서만 적용할 수 있다. 진화는 집단적 과정이다. 개인은 이 과정을 항상 앞설 수 있다.

한 마리 새의 지저귐이 봄을 예고할 수 있다. 그러나 모든 새들이 울기까지는 시간이 걸린다. 하나의 꽃은 봄이 오고 있다고 말할 수 있다. 그러나 모든 꽃들이 피는 데는 시간이 걸린다. 하나의 꽃이 봄이 오고 있음을 알릴 수 있지만 모든 꽃들이 필 때 봄은 정말로 절정이다. 개개의 꽃들은 봄의 전후에 필 수 있다. 그러나 집단적으로 꽃이 피는 것은 오직 봄에만 일어난다.

비록 크리슈나가 긴 화신들의 계보에서 중간에 태어났다고 하더라도 크리슈나가 완전한 화신이 된 것은 그의 삶이 모든 면에서 완전히 열려 있었다는 것을 보여 준다. 그의 모든 면에 신성한 의식이 가능했다. 붓다는 그의 모든 면이 열려 있지 않았다. 그러나 기억하라. 붓다는 그러기를 원했음에 틀림없다. 그것은 그 자신의 선택이었다. 만약 어떤 사람이 붓다에게 크리슈나가 될 수 있는 능력을 가지고 있으니 그렇게 하라고 요청한다면, 붓다는 그렇게 하기를 거절할 것이다. 붓다는 그렇게 되지 않기를 선택했다. 붓다가 어느 면에서 크리슈나보다 떨어진다는 의미는 아니다. 붓다는 자신의 길에 있고자 결심했다. 크리슈나도 그렇다. 이런 면에서 그들은 그들 자신의 사람, 그들 자신의 운명의 주인들이다. 붓다는 그가 원하는 방식으로 그의 꽃을 피운다. 크리슈나는 완전히 꽃피기를 선택했다. 왜냐하면 그것이 그의 성품이기 때문이다. 붓다 자신의 차원에서 본다면, 붓다의 꽃피움은 완전하다.

화신들에 관한 한 진화의 연속은 없다. 진화의 법칙은 개인들에게 적용되지 않으며 집단들에게만 적용된다.

쉬슈빨 왕이 크리슈나에게 999회의 욕설을 퍼부었지만 그는 참았습니다. 그러나 왕이 그 다음의 욕설을 퍼부었을 때, 그는 바퀴 같은 무기인 그의 차끄라로 왕을 죽였습니다. 겉으로 보기에 크리슈나는 관용의 존재인 것처럼 보이지만 그의 깊은 곳에는 그렇지 않다는 의미입니까?

우리 모두는 오직 피부 깊이의 관용만 가지고 있기 때문에, 그것은 그렇게 보일 수 있다. 만약 내가 나에 대한 네 번째 욕설에 화를 낸다면, 그것은 내가 바로 첫 번째 욕설에서 화를 냈다는 것을 의미한다. 그러나 어쨌든 나는 욕설을 세 번 참았으며, 네 번째가 오자마자 나의 진실한 색깔이 나타났다. 그러나 그 반대의 일이 일어날 수 있다. 크리슈나는 그 반대이다. 그는 우리와는 다르다. 그는 이러한 일반성에 예외였다는 모든 가능성이 있다.

크리슈나의 관용은 999회의 욕설만 수용할 수 있는 것이 아니다.

당신은 999회가 충분하지 않다고 생각하는가? 그리고 이러한 거대한 수효의 욕설을 참을 수 있는 사람이 한 번을 더 못 참겠는가? 그것은 믿기가 정말로 어렵다. 크리슈나 앞에 놓인 진정한 문제는 자신의 관용이 바닥났다는 것이 아니라 그의 앞에 있는 사람이 그의 한계에 도달했다는 것이다. 크리슈나가 자신의 한계에 도달한 것이 아니다. 그는 한계를 정말로 초월했다. 더 참는다고 해서 크리슈나의 인내가 소모되는 것은 아닐 것이다. 그러나 그것은 아마 악에게 이익을 주게 될 것이다. 더 참으면 불의를 더 강화시킬 것이다. 999회의 욕설로 충분하다는 것은 명백하다.

어떤 제자가 예수에게 물었다. "만약 어떤 사람이 저를 한 번 때린다면 저는 어떻게 해야 합니까?"

예수가 그에게 말한다. "참아라."

그러자 제자는 묻는다. "만약 그가 저를 일곱 번 때린다면 어떻게 해야 합니까?"

이것에 대해 예수는 말한다. "너는 일곱 번을 참아야 할 뿐만 아니라 일흔 일곱 번도 참아야 한다."

그 제자는 만약 그가 일흔 여덟 번을 맞았다면 어떻게 해야 하는지를 다시는 묻지 않았다. 그래서 우리는 예수가 무엇이라고 말했는지 모른다. 그러나 만약 그 제자가 이 질문을 했다면 예수는 다음과 같이 말했을 것이라고 나는 생각한다. "일흔 일곱번을 맞은 후에는 그것을 묵묵히 받아들이지 말라. 그것으로 충분하다. 왜냐하면 너는 너의 참음도 돌보아야 하지만 또한 불의가 약해지지 않고 있음도 알아야만 하기 때문이다."

나는 다음과 같은 일화를 들었다.

예수를 따르는 사람이 마을을 지나가고 있을 때 어떤 낯선 사람이 그의 뺨을 때렸다. 그는 예수의 이 말을 기억했다. "만약 어떤 사람이 왼쪽 뺨을 때린다면, 그에게 오른쪽 뺨을 내밀어라." 그래서 제자는 뺨을 거칠게 때린 그 사람에게 오른쪽 뺨을 내밀었다. 그러자 그는 그 뺨을 더 세게 때렸다. 그러나 그는 예수의 제자가 다음에 어떻게 할 것인지를 몰랐다. 어떤 사람이 두 번째 뺨을 맞은 후에 어떻게 해야 하는지에 대해 예수는 그 어떤 가르침도 내놓지 않았다. 그 제자는 자신이 원하는 것을 결정할 수 있는 자유를 가지고 있다고 생각했다. 그래서 그는 온 힘을 다하여 낯선 사람을 쳤다.

그 낯선 사람은 어리둥절했다. 그는 "당신이 예수를 따르는 사람 맞는가? 만약 어떤 사람이 왼쪽 뺨을 때리면 그 사람에게 오른쪽 뺨도 내어주라고 예수가 말한 것을 당신은 기억하지 못하는가?"라고 항의했다.

제자는 다음과 같이 답했다. "나는 세 번째 뺨을 가지고 있지 않다. 나는 예수의 말만큼 복종했다. 나는 벌써 나의 두 뺨을 당신에게 내밀었다. 그래서 이제 나는 그를 떠난다. 이제 당신이 뺨을 내밀 차례다. 그것이 내가 당신의 뺨을 때린 이유다."

크리슈나는 인내심이 다했기 때문에 쉬슈빨을 죽인 것이 아니다. 그의 관용에는 끝이 없다. 그러나 우리 자신의 관용이 매우 깨어지기 쉽기 때문에, 우리는 다르게 생각하는 경향이 있다. 크리슈나는 관용이 부족하지 않다. 그러나 그는 또한 어떤 한계를 넘을 정도로 불의를 참는 것은 위험하다는 것을 안다. 즉, 한계를 넘을 정도로 불의를 참는 것은 결과적으로 불의를 조장하는 것이 된다는 것이다. 관용하지 않음이 바로 악이고, 관용은 선이다. 관용하지 않음이 추하다는 것을 제외하고는 관용을 칭찬할 다른 이유가 없다. 그러나 그것은 내가 나 자신의 관용에 주의를 기울여야만 하며, 다른 사람의 관용하지 못함을 그냥 내버려두어 그를 망치게 내버려두어야 한다는 것을 의미하는가? 이것은 자비가 아니다. 이것은 다른 사람에 대한 정말로 잔혹한 행위이다. 나는 악이 너무 심할 정도로 진행되는 것을 멈추게 해야 할 때가 온다고 생각한다. 나는 그 사건을 이렇게 본다.

크리슈나의 온 삶을 보면, 어떤 것이 그의 관용을 소진시킬 수 있다고는 보이지 않는다. 그러나 또한 그는 악을 조장하기도 어렵다. 그래서 그는 두 극단, 즉 그 자신의 관용과 타인의 관용하지 않음이라는 두 극단 간의 중도를 찾아야만 한다.

크리슈나가 납치를 너무나 잘 한다고 하지 않았습니까? 그는 룩미니를 납치하여 그녀와 결혼했을 뿐만 아니라 아르주나에게 룩미니의 여동생인 수바드라를 납치하라고 하였습니다. 그러한 것들에 대한 스승님의 견해를 듣고 싶습니다.

사회 체제가 바뀔 때, 많은 일들이 갑자기 불합리하고 진부해진다. 만약 한 여자가 어떤 남자에 의해 납치를 당하지 않았다면, 그것은 아무도 그녀를 사랑하지 않는다는 것을, 그녀가 추하며 있으나마나 한 여자라고 여기는 시대가 있었다. 그러한 시대에 납치는 여성들을 영광스럽게 하는 방법이었다. 물론 그 시대는 과거이고, 우리는 다른 시대에 살고 있다. 심지어 오늘날에도 대학교 캠퍼스 안에서 젊은 여학생이 복도를 지나갈 때 젊은 남학생이 일부러 그녀와 부딪치며 지나가지 않는다면, 그녀는 거절당했다는 비참한 기분을 느낄 수도 있다. 여성이 주위의 남자들에 의해 떠밀리고 있는 사람을 주의 깊게 살펴보아라. 당신은 그녀가 이 사건으로 얼마나 행복해하는지를 목격하게 될 것이다. 여성은 어떤 남자가 정말로 그녀를 납치해 갔으면, 그 남자가 사랑한다고 애원하지만 말고 그녀를 몰래 납치해갔으면 하고 원한다.

당신이 크리슈나가 살았던 시대를 이해하려고 노력하는 경우에만 그것을 이해할 수 있을 것이다. 나는 양가 부모와 점성가의 동의로 결혼이 이루어지지 않은 시대가 진정한 영웅적 시대였다고 믿는다. 그러한 결혼은 한 푼의 가치도 없다. 만약 크리슈나가 어떤 사람에게 사랑하는 사람을 납치하도록 권한다면, 그는 사랑은 심지어 납치도 허용될 수 있을 만큼 가치 있는 것이라고 말하고 있다. 사랑을 위해 모든 것을 걸고 또 걸어야만 한다. 사랑은 어떤 법도 인정하지 않는다. 사랑은 법 그 자체이다. 크리슈나의 시대는 사랑이 인간의 삶과 사회에서 최고의 위치를 점하고 있던 시대였다. 사랑이 관습들과 법들에 의해 좌우되기 시작할 때, 당신은 사랑의 힘이 약해지고 있음을 알게 될 것이다. 그것은 힘, 도전, 가치 있는 것이 되기를 그쳤다. 그러므로 당신은 크리슈나가 태어났던 시대를 고려해야 한다. 그 시대는 우리의 시대와는 아주 다르며 그들만의 사회 질서를 가지고 있었다. 우리 시대의 기준으로 그 시대를 평가하는 것은 올바르지 않다. 만약 당신이 그렇게 한다면, 크리슈나의 행동들은 부도덕해 보일 것이다.

내가 보기에는 에너지가 넘쳐흐르고 정열과 광채로 가득 찬 삶이 도전들을 초대하고 도전들에 응하는 데 모든 것을 거는 때가 영웅의 시대, 용감한 시대이다. 삶의 빛이 어두워졌을 때가 겁이 많고 죽은 사회이다. 그 사회는 열정과 생명력을 잃는다. 나약한 사람처럼 그 시대는 도전들과 위험들로부터 도망가 안전을 구한다. 그러한 사회는 무미건조하고 죽은 법들과 도덕 규범들을 만든다. 만약 크리슈나가 사랑하는 여자를 납치하지 않고 그 대신에 결혼하기 위해 그녀의 부모에게 애원하거나 계략을 꾸민다면 그것은 여성에게 모독이 될 것이라고 나는 말한다. 적어도 크리슈나 시대는 그것을 결코 인정하지 않았을 것이다. 또한 관계하고 있던 여자는 크리슈나에게 "만약 당신이 나를 훔쳐갈 용기가 없다면, 내 생각을 하지 않는 것이 더 낫습니다."라고 말했을 것이다.

　시대가 바뀌면 오래된 체제들이 새로운 것에 길을 내어 주고 난 뒤 사라지지만, 과거의 흔적은 남아 있는 경우가 있다. 소위 말하는 바라아뜨(baraat), 즉 무장한 군인들이 사랑하는 남자와 함께 애인의 부모의 집으로 가서 그녀를 강제로 데려오기 위해 보내진다. 이것은 구시대의 유물이다. 그런데 오늘날에도 신랑이 신부의 집을 향해 떠날 때, 그는 손에 칼을 든 채 말을 탄다. 말과 칼은 오늘날의 결혼과 맞지 않다. 그것들은 오로지 고대 관습의 유물이다.

　옛날에는 사랑하는 남자는 자신의 연인을 데리고 도망가기 위해 말을 타고 가야만 했다. 이 목적을 이루기 위해 그는 칼을 들었으며 무장한 군대를 동원했다. 심지어 지금도 결혼 행렬이 신부의 부모 집에 도착할 때, 가족과 이웃의 여성들이 함께 모여 온갖 모욕과 욕설로 손님들을 맞이한다. 왜 이런 이상한 행동을 할까? 신부를 강제로 납치하던 시절에는 납치자들이 욕설과 비난으로 대접받았다는 것은 당연하다. 결혼이 정리되었기 때문에 이제 그러한 행위는 아무런 의미가 없다. 그러나 그것이 남긴 흔적은 계속된다. 심지어 오늘날에도 신부의 아버지는 신랑의 아버지에게 허리를 굽힌다. 이것 역시 승리자인 신랑의 아버지에게 자신의 패배를 인정하고 있는 신부의 모습으로 죽은 과거가 남긴 잔재이다.

크리슈나가 드와르까로 가고 있을 때, 그는 아픔과 고통의 선물을 자신에게 달라는 꾼따를 만났습니다. 그러나 크리슈나는 웃기만 하였습니다. 더 나아가서 크리슈나는 그러한 요구가 옳지 않다는 말도 하지 않았습니다. 그것은 무슨 의미입니까?

헌신자가 고통을 달라고 기도할 때, 그것은 큰 의미가 있다. 그것에는 여러 이유들이 있다.

행복을 기원하는 것은 다소 이기적인 것처럼 보인다. 그렇다. 사람이 행복을 달라고 기도할 때, 그는 신에게 진정으로 기도하고 있는 것이 아니다. 그는 오직 행복만을 구할 뿐이다. 그의 기도는 신과 아무런 관계가 없다. 그것은 단지 그의 행복과 관계가 있다. 신 없이 행복을 찾을 수 있다면, 그는 기쁘게 신을 포기하고 곧장 행복을 향해 달려갈 것이다. 행복은 신을 통해서 얻어질 수 있다고 믿기 때문에 그는 신에게 기도한다. 그래서 그는 신을 수단으로 사용한다. 행복은 그의 목표요, 그의 대상이다. 그러므로 진정한 헌신자는 행복을 위해 기도하지 않을 것이다. 왜냐하면 그는 신 위에 어떤 것을 두기를 원하지 않을 것이기 때문이다. 심지어 행복조차도.

헌신자가 불행을 달라고 기도할 때, 그는 신에게 "비록 당신이 저에게 불행을 주실지라도 그것은 어떤 다른 곳으로부터 오는 행복보다 훨씬 더 좋을 것입니다."라고 말하고 있다. 헌신자는 세상으로부터 오는 행복보다 신으로부터 오는 불행을 더 좋아할 것이다. 따라서 이제 이 사람이 신으로부터 떠날 길은 없다. 사람은 불행으로부터 떠나 행복을 추구하려는 습관이 있다. 행복을 추구하는 헌신자는 신과 떨어질 수 있다. 그러나 고통을 바라는 헌신자는 그럴 수 없다. 그는 지금 그의 버팀목들을 태워 버렸다.

불행을 비는 기도는 상당한 의미를 지니고 있다. 그 기도는 사람들이 무슨 수를 써서라도 피하려는 바로 그것을 구하고 있다. 진실한 헌신자는 불행을 구한다.

신에게 불행을 구하는 기도에는 또 다른 측면이 있다. 당신은 감히 이런 종류의 기도를 한다. 왜냐하면 신은 당신에게 결코 불행을 줄 수 없기 때문이다. 신의 선물은 항상 행복이다. 사실 신으로부터 오는 것은 무엇이나 행복이다. 불행을 달라고 신에게 기도하는 것은 안전하다. 왜냐하면 신은 이 기도를 들어줄 수 없기 때문이다. 신이 줄 수 있는 유일한 선물이 있는데, 그것은 행복이다. 이 헌신자는 신과 더불어 영리해지려고 노력하고 있다. 그는 신에게 농담을 하고 있다. 정말로 그는 신이 주는 모든 것이 다 행복이기 때문에 행복을 구하지 않는다고 신에게 말하고 있다. 그는 쉽게 반대의 것을 요구할 수 있다. 그는 신을 곤란한 처지에 놓이게 하고 있다. 그것은 사랑의 관계에서 항상 일어난다. 연인들은 서로를 상처 입히며 놀고 있다. 어느 의미에서 헌신자는 신을 놀리고 있다. 왜냐하면 신이 전지전능함에도 불구하고 신은 그의 연인들에게 고통을 줄 수 없다는 것을 그는 알고 있기 때문이다.

심리학적인 다른 이유들도 역시 있다. 행복은 한순간이다. 즉 행복은 왔다가 간다. 그러나 고통은 지속된다. 고통이 당신을 한번 찾아오면 그렇게 빨리 떠나지 않을 것이다. 행복은 덧없고, 또한 매우 얕은 것이다. 행복은 깊이가 없다. 그것이 행복한 사람들이 깊이가 없는 이유이다. 행복한 사람들은 피상적이다. 고생은 큰 깊이가 있다. 고생은 고생하는 사람들에게 깊이를 준다.

고생하고 있는 사람들의 삶에는 깊이가 있다. 즉 그들의 눈에, 그들의 표정에, 그들의 모든 품행에 깊이가 있다. 고생은 당신을 깨끗하게 하고 단련시킨다. 그것은 당신에게 예리함을 준다. 고생은 행복에서는 완전히 결여되어 있는 큰 깊이를 가지고 있다. 행복은 폭이나 깊이를 갖고 있지 않은 유클리드의 점과 같다. 그것은 사실상 존재하지 않는다. 당신은 종이 위에 점을 그릴 수 없다. 당신이 그것을 그리는 순간 거기에는 아주 작은 길이와 폭이 있게 된다. 행복도 그러한 것이다. 그것은 당신의 생각과 꿈들 내에 존재한다. 그것은 정말로는 존재하지 않는다. 그러므로 행복을 위해 기도해야 할 필요는 없다.

헌신자는 그의 존재를 넓히고 깊게 할 수 있는 지속적인 어떤 것, 그리고 계속 유지되는 어떤 것을 청한다. 고통을 구함으로써 그는 삶에 있어서 심오하고 영속하는 모든 것을 요구하는 것이다.

그리고 마지막으로, 당신이 사랑하는 사람으로부터 당신에게 오는 것은 심지어 고통 속에도 일종의 기쁨이 있다. 사랑하지 않는 것으로부터 오는 것은 심지어 행복에도 이러한 기쁨이 없다. 고통이 그 자신의 기쁨을 가지고 있다는 것을 체험해 본 적이 있는가? 이 기쁨은 마조히스트가 자기 자신을 채찍질해서 얻는 기쁨과는 아무런 관계가 없다.

마조히스트는 자기 자신에게 고통을 가하고 자기 자신을 고문함으로써 일종의 쾌감을 얻는 사람이다. 간디는 그러한 마조히스트였다.

고통을 달라는 헌신자는 자기 학대적인 쾌감으로부터 오는 것과는 전적으로 다른 어떤 것이다. 그는 단지 연인들만 아는 사랑의 고통으로부터 오는 기쁨에 대해 말하고 있다. 사랑의 고통은 깊다. 보통의 고통은 사랑의 고통처럼 그렇게 통렬하지 않다. 사랑의 고통은 연인들을 쓸어버리는 반면에, 보통의 고통은 당신의 자아를 건드리지 않고 그냥 내버려둔다. 사랑은 보통의 고통에 의해서는 영향을 받지 않은 채로 있는 자아의 죽음을 가져온다. 그러므로 헌신자는 그를 완전히 지워 버릴 수 있는 그러한 고통을 달라고 기도한다. 그는 사랑의 고통을 기도한다.

바로 그러한 이유로 크리슈나는 꾼따의 기도를 듣고서 그냥 웃는다. 그는 아무 말도 하지 않는다. 가끔 미소나 웃음이 말하는 것보다 훨씬 더 많은 것을 말할 수 있다. 말은 그와 같을 정도로 명료하지 않다. 당신이 미소만으로도 충분한 곳에서 말을 한다면, 당신은 그 게임을 오직 망칠 뿐이다. 그것이 크리슈나가 단지 웃기만 하고 말을 하지 않는 이유이다. 왜냐하면 그는 헌신자가 현명하게도 그를 구석에 몰아넣고 있다는 것을 알기 때문이다. 그는 실제로는 좋고 위대한 어떤 것을 요구하고 있다. 설명할 것이 아무것도 없다.

그것 모두는 역설적으로 들립니다. 크리슈나의 삶은 만발한 꽃처럼, 그리고 만연한 웃음과 놀이처럼 특별하고 놀랄 만한 것인 반면에, 다른 사람들의 삶은 마조히스트의 삶 같다고 스승님은 여러 번 말씀하셨습니다. 예를 들어, 아무도 예수가 웃는 것을 본 적이 없다고도 하셨습니다. 이런 맥락에서 보면, 고통을 달라고 기도하는 헌신자가 스승님의 개념으로 크리슈나의 모습을 보는 것이 어떻게 가능합니까?

고통을 달라고 기도하는 헌신자는 자기 학대적이지 않다. 마조히스트들은 그 스스로 너무나 많은 고통을 만들어 내기에, 그는 고통을 더 달라고 기도할 필요가 없다. 그는 너무나 고통이 풍부하여 더 이상의 고통을 더할 수 없다. 그는 고통을 청하지 않는다. 그 스스로가 고통을 만들 수 있다.

헌신자는 고통을 구한다. 왜냐하면 그는 너무나 행복하므로 지금 고통과 괴로움 또한 조금 맛보고 싶기 때문이다. 그는 고통이 진정 무엇인지 알고 싶어 한다. 그는 결코 불행한 적이 없다. 그가 눈물을 흘릴지라도 그 눈물은 희열의 눈물이다. 헌신자는 많이 울지만 그것은 절망에서 나오는 눈물이 아니다. 하지만 우리는 그가 고통을 당하고 있다고 잘못 생각한다. 왜냐하면 우리는 고통에서 오는 눈물에 익숙해 있기 때문이다. 우리는 기쁨으로 흘리는 눈물이 어떤 것인지 알지 못한다. 그러나 눈물은 고통이나 아픔과는 아무런 관련이 없다. 눈물은 감정이 격해졌을 때, 감정이 과다할 때의 표현이다.

그것이 행복한 감정인지 그렇지 않은지는 중요하지 않다. 어떤 감정이 특정한 한계를 넘으면 눈물을 통해 그 자신을 표현한다. 지나치게 고통스러울 때는 눈물이 날 것이며, 아주 행복할 때도 눈물이 날 것이다. 분노가 격해졌을 때조차 눈물이 날 것이다. 그러나 우리는 고통에서 오는 눈물에만 익숙하다. 그래서 우리는 마음속에 진실이 아닌 눈물과 고통의 관계를 형성해 두었다. 눈물은 고통에만 한정되는 것이 아니다. 눈물은 모든 풍부한 감정의 표현 수단이다. 감정이 격해지면, 그것은 눈물이라는 모습으로 넘쳐흐른다.

헌신자도 울고, 사랑하는 자도 운다. 하지만 그들은 늘 기쁨의 눈물을 흘린다. 사랑, 헌신, 희열이라는 이런 아픔은 자기 학대와는 아무런 상관이 없는 것이다.

스승님께서 신과 신의 헌신자들에 대해 말씀하시고 크리슈나를 바가완, 즉 축복받은 분이라 부르실 때, 크리슈나가 헌신자인가라는 질문이 마음 속에 일어납니다. 만약 헌신자라면, 크리슈나가 헌신하는 축복받은 이는 누구입니까? 만약 크리슈나가 헌신자가 아니라면, 왜 그가 헌신을 기리는 노래들을 부릅니까?

우리는 이 문제에 대해 이미 거론했다. 하지만 그것을 이해할 수 없었기 때문에 당신은 그 문제를 거듭해서 제기하고 있다. 내가 기도에 대하여 말했던 것이 이 질문과 관련이 있다.

나는 기도하는 마음을 말했다. 기도는 나의 말이 아니다. 이와 마찬가지로 헌신하는 태도가 나의 말이며, 특정 신에 대한 헌신은 나의 말이 아니다. 헌신은 감정, 심리적인 상태, 헌신자의 가슴을 지칭하는 이름이다. 신은 헌신에 있어 필수적이지 않다. 헌신은 신 없이도 존재할 수 있다. 거기에는 어떤 어려움도 없다. 사실 신은 없다. 신이 존재하게 된 것은 헌신 때문이다. 헌신이 신에 달려 있는 것은 아니다. 헌신 때문에 신이 존재하게 되었다. 가슴이 헌신으로 충만한 사람들에게는 온 세상이 신으로 변한다. 헌신이 없는 사람만이 "신은 어디에 계십니까?"라고 질문한다. 그들은 이 질문을 하게끔 되어 있다. 그러나 어느 누구도 그들에게 신이 어디 있는지 말해 줄 수 없다. 왜냐하면 헌신자의 눈과 가슴으로 보는 바로 이 세상이 신이 되기 때문이다.

세상은 신이 아니지만, 헌신으로 가득 찬 가슴은 이 세상을 신으로 본다. 이 세상은 돌이 아니지만, 돌처럼 단단한 가슴은 이 세상을 돌로 본다. 우리가 이 세상에서 보는 것은 단지 투사일 뿐이다. 우리는 이 세상에서 우리 스스로를 본다. 세상은 단지 거울일 뿐이다. 세상은 우리를 있는 그대로 비추어 준다. 헌신의 감정이 깊어질수록 이 세상 그 자체가 신으로 변한다. 신이 천국이나 사원에 앉아 있는 것은 아니다. 헌신자는 모든 것, 모든 장소에서 신성함을 발견한다.

크리슈나는 신이며 동시에 헌신자다. 헌신자로 시작하는 사람은 누구든지 신으로서 자신의 목적지에 이를 것이다. 모든 곳에서 신을 볼 수 있다면, 그가 자신 안에서 신을 발견하지 못할 이유는 없다. 헌신자는 헌신자로서 시작하지만, 그는 그 자신이 신이 되는 성취를 이룬다. 그의 여행은 세상을 바라보는 것으로 시작한다. 그는 이 세상에 있는 것들을 기도하는 가슴, 헌신자의 가슴인 사랑하는 가슴으로 본다. 그리고 점차 그 자신을 같은 방법으로 보게 된다. 결국 그는 그 자신이 바로 신의 이미지임을 발견하게 된다. 라마크리슈나가 자신을 발견하였던 바로 그 상태 속에서 그는 그 자신을 발견할 수 있다. 라마크리슈나의 삶에 관한 아름다운 이야기가 있다.

라마크리슈나는 캘커타에 있는 닥쉬네쉬와르 사원의 성직자로 임명되었다. 한 달에 16루삐라는 적은 월급을 받고, 여신 두르가의 상을 경배하는 일인 뿌자를 매일 드리는 일이 맡겨졌다. 하지만 성직자로 임명된 지 며칠 되지 않아 그는 사원을 관리하는 사람들과 문제가 생겼음을 발견하였다. 그들은 새로 온 성직자의 신 숭배 방식이 틀렸다는 것을 알게 되었다. 라마크리슈나는 먼저 자신이 음식을 맛보고 나서야 그 음식을 여신에게 바쳤다. 그는 신에게 꽃을 바치기 전에 꽃의 냄새를 맡기까지 하였다. 그들은 라마크리슈나가 신에게 바치는 봉헌물의 순수함을 더럽히는 것은 아주 잘못된 것이라고 생각했다.

그래서 그들은 라마크리슈나를 불러들여 해명을 요구했다. 정해진 경배와 헌신의 규칙을 지키지 않는 이유가 무엇인가? 라마크리슈나가 말했다. "나는 신을 숭배하는 데 있어 인정된 규칙들이 있다거나 헌신하는 데 규율이 있다는 말을 들은 적이 없습니다."

그러자 사원을 관리하는 사람들이 말했다. "우리는 당신이 여신에게 바쳐야 할 음식을 먼저 맛본다고 들었다. 이것은 지극히 잘못된 일이 아닌가?"

라마크리슈나가 대답했다. "나의 어머니께서는 내게 음식을 주시기 전에 그것이 제대로 요리되었는지, 맛이 있는지 알아보려고 늘 먼저 맛을 보셨습니다. 맛이 있는지 없는지도 알지 못하고 내가 어떻게 여신께 음식을 바친단 말입니까? 봉헌물은 여신에게 알맞은 것이어야 합니다. 나는 다른 방법으로는 그것을 판단할 수 없습니다. 내가 하는 예배 방식을 따르든지 아니면 없애든지 그것은 당신들에게 달려 있습니다."

이제 라마크리슈나와 같은 헌신자는 외부의 신으로는 만족할 수 없다. 신은 자신의 내부에 있다는 것을 그는 곧 알 것이다. 헌신자와 함께 시작했던 여정은 그 자신이 신과 하나 됨으로 완성된다. 신은 바깥의 어디엔가에 있는 것이 아니다. 온 세상을 돌아다닌 이후에, 우리는 결국에는 우리 자신에게로 돌아온다. 우리는 집에 와서 신이 그곳에 있음을 깨닫는다. 신은 늘 우리 안에 있었다.

크리슈나는 신이면서 헌신자다. 그리고 여러분도 그러하다. 모든 이가 신이면서 헌신자이다. 그러나 당신은 신으로서 시작할 수는 없다. 시작은 헌신자로서 해야 한다. "나는 신이다."라고 말한다면, 당신은 문제에 봉착할 것이다. 사실 자신이 신이라고 말하면서 시작한 많은 사람들은 그런 문제에 빠진다. 그들에게는 헌신자가 가져야 할 겸손함이 완전히 결핍되어 있다. 그래서 자신이 신이라고 선언한 사람들은 자기중심적이 된다. 그들은 다른 이들을 그들의 헌신자로 입문시키는 구루가 된다. 분명히 그들의 신은 헌신자들을 필요로 한다. 그러나 그들은 다른 사람들 속에서 신을 찾는 데 실패한다. 그들은 자신 속에서 신을 찾으며, 다른 이들에게서는 헌신자만을 찾을 뿐이다. 이세상은 이런 유형의 구루들로 가득하다.

당신은 헌신자로서 시작해야만 한다. 당신은 처음부터 시작해야 한다.

우리는 크리슈나를 신으로서 당연히 받아들일 수 있다. 왜냐하면 이분은 신 그 자신에게 헌신하는 만큼 말에게도 헌신하고 있기 때문이다. 자신의 마차를 끄는 말이 전쟁터에서의 고된 하루로 인해 피곤해졌을 때, 크리슈나는 저녁마다 손수 말들을 강으로 끌고 가서 그들을 목욕시키고 안마해 주었다. 이분은 신이 가지는 모든 속성을 지녔다. 왜냐하면 그는 헌신자가 신 그 자신인 신상에게 목욕을 시키듯 그와 같은 헌신으로 말을 목욕시켰기 때문이다. 그를 신으로 받아들이는 데는 아무런 위험이 없다. 신이 된 것으로 거만해졌다면, 그는 결코 아르주나의 마부가 되는 데 동의하지 않았을 것이다. 그 대신에 그는 아르주나에게 자신의 마부가 되어 달라고 요청했을 것이다. 왜냐하면 그는 신이었고, 아르주나는 단지 헌신자였기 때문이다. 자신이 신이라고 주장하는 사람에게 가서 당신보다 아랫자리에 앉으라고 말해 보라. 그러면 당신은 그들의 거만함을 알 것이다.

여행은 헌신자가 되는 것으로 시작해야만 한다. 그러면 그것은 그 자신이 신으로서 끝을 맺을 것이다.

크리슈나에 대한 가장 숭고한 헌신을 알아볼 수 있는 시험은 무엇입니까?

앞서 말했듯이 헌신하기 위한 훈련은 없으며, 사랑에 대한 시험도 없다. 사랑이란 그것 자체로 충분하다. 사랑을 굳이 시험하려는 이유가 무엇인가? 사랑이 거기에 없을 때만 당신은 그것을 시험하려고 생각한다. 사랑의 시험이 아니라 사랑에 마음을 두라. 왜 당신은 시험이 필요한가? 거기에 아무런 사랑이 없을 때만 당신은 사랑을 시험하려고 생각한다.

그러므로 사랑에 신경을 써라. 사랑이 되어라. 사랑이 있을 때, 그것은 항상 진정한 사랑이다. 거짓 사랑이라는 것은 없다. 그것은 잘못된 말이다. 사랑이 있거나, 아니면 사랑이 없다. 시험이라는 문제는 일어나지 않는다. 가짜 금이 있기 때문에 금에 대한 시험이 있다. 사랑에는 결코 가짜가 없다. 사랑이거나 사랑이 없거나 둘 중 하나이다. 사랑이 있을 때, 당신은 신발이 발에 꼭 낄 때 그것을 알아차리는 것처럼 사랑을 안다. 신발이 꽉 조이면 고통스럽다. 고통은 조임의 시험이다. 어떤 다른 시험이란 없다. 당신은 고통을 알아보려고 시험하려는가? 고통이 고통 자신의 시험이다. 즉 당신은 언제 그것이 고통을 주는지, 언제 그것이 고통을 주지 않는지를 안다. 이와 마찬가지로 당신은 사랑이 언제 일어나고, 언제 일어나지 않는지를 안다. 그대 자신을 보라. 그러면 당신은 아무런 어려움 없이 사랑이 있는지 없는지를 알 수 있을 것이다. 아무런 사랑이 없을 때 무엇이 무슨 시험을 할 것인가? 사랑이란 시험과는 아무런 상관이 없다. 그러므로 사랑을, 당신의 사랑을 돌보아라.

  하지만 우리는 우리 자신을 내놓고 들여다보기를 두려워한다. 그곳에 사랑이 없다는 것을 알기 때문에 우리는 두려워한다. 그 대신에 우리는 사랑을 찾아 다른 사람들을 늘 바라본다. 우리는 그들이 우리를 사랑하는지를 알고 싶어 한다. 자신이 다른 사람들을 진정으로 사랑하는지 알고자 하는 이는 진정 드물다. 매일 부부는 사랑을 놓고 다툰다. 아내는 자신이 남편을 사랑하는 만큼 남편이 자신을 사랑하지 않는다고 늘 불평한다. 그리고 남편은 이번에는 아내가 자신을 사랑하지 않는다고 불평한다. 아들은 아버지가 그를 사랑하지 않는다고 분노로 가득 차 있다. 그리고 이번에는 아버지가 똑같이 불평한다. 누구나 불평하지만 아무도 자신이 사랑하고 있는지 사랑하지 않고 있는지는 묻지 않는다.

  우리는 사랑하지 않고 있다. 우리는 진정으로 사랑하지 않는다. 우리는 모든 곳에서 우리를 둘러싸고 있는 살아 있는 인간 존재들을 느끼거나 사랑하지 않는다. 우리는 모든 곳에서 보이는 나무들이나 식물들을 사랑하지 않는다. 우리는 보이는 세상의 모든 구성원들인 언덕들, 산들, 별들을 사랑하지 않는다. 보이고 만질 수 있는 것들을 사랑하지 않는데, 어떻게 보이지 않고 모습을 드러내지 않는 것들을 사랑할 수 있는가?

  보이는 세상, 만질 수 있는 세상으로부터 시작하자. 사랑은 집에서 시작해야 한다. 그리고 보이는 것을 사랑하는 사람은 바로 뒤에 숨어 있는 보이지 않는 존재를 느끼기 시작한다는 것을 알게 될 것이다. 당신이 돌을 사랑한다면, 그 돌이 곧 신이 될 것이다. 꽃을 사랑한다면, 당신은 꽃의 가슴 안에서 고동치고 있는 생명의 약동과 접촉하게 될 것이다. 당신이 사람을 사랑한다면, 곧 그의 몸은 사라지고 영이 보이게 될 것이다. 사랑은 보이는 것을 보이지 않는 미묘한 것으로 바꾸는 연금술이다. 사랑이란 알려지지 않는 것, 알 수 없는 것을 여는 문이다. 그러므로 사랑에만 관심을 가져라. 사랑을 시험하려는 수고는 하지 말라.

그리고 사랑의 가장 높은 경지가 무엇인지 결코 묻지 말라. 사랑이란 늘 가장 높은 상태에 있다. 사랑이 올 때, 사랑은 그것의 가장 높은 정점에서 온다. 사랑에는 어떤 다른 경지가 없다. 사랑은 항상 최고의 높은 경지에 있다.

사랑에는 덜하고 더한 아무런 등급이 없다. 사랑 속으로 더 깊이 들어가도록 하자. 나는 당신을 조금 사랑한다고 말할 수 없다. 사랑은 전체보다 결코 덜하지 않다. 작은 사랑이란 아무런 의미가 없다. 사랑이 있거나, 아니면 사랑이 없다. "지금은 전보다 당신을 덜 사랑한다."라는 말은 의미가 없다. 사랑은 그런 식으로 일어나지 않는다. 만약 내가 당신을 사랑한다면 나는 당신을 전적으로 사랑하거나, 아니면 조금도 사랑하지 않는다. 예를 들어, 어떤 사람은 2센트를 훔치고 다른 사람은 20만 달러를 훔쳤다고 하자. 당신은 한 사람은 작은 절도를 저지르고, 다른 사람은 큰 절도를 저질렀다고 말할 수 없다. 물론 돈을 숭배하는 사람들은 20만 달러는 크게 도둑질을 한 것이고, 2센트는 미미한 것이라고 말할 것이다. 그러나 사실은 2센트를 훔치든 20만 달러를 훔치든 도둑질은 도둑질이다. 도둑에는 크고 작은 정도가 없다. 자루에 20만 달러를 감추든 호주머니에 2센트를 감추든 그 둘 다는 도둑이다.

사랑은 작지도 크지도 않다. 사랑은 그냥 사랑이다. 최고로 높은 사랑이라는 것은 없다. 사랑은 가장 높은 경지이다. 사랑은 항상 최고조에 있다. 길거나 짧은 최고조라는 것은 없다. 물은 100도가 되면 수증기가 된다. 95도나 90도의 물을 수증기가 덜된 물이라고 말할 수 없다. 그렇지 않다. 물은 100도가 되어야만 수증기로 변하지, 그 전에는 수증기로 될 수 없다. 그러므로 100도는 물이 수증기로 변하는 첫 번째이자 마지막 점이다. 이와 마찬가지로 사랑은 처음이자 마지막의 것이다. 사랑은 클라이맥스이다. 그것의 알파와 오메가 점은 같다. 사랑의 사다리들의 첫 번째와 마지막 다리는 같다. 사랑에의 여행은 첫 걸음으로 시작되고 끝난다. 한 걸음으로 충분하다.

사랑을 알지 못하기 때문에 우리는 사랑에 대한 이상한 질문들을 던진다. 나는 사랑에 대하여 올바른 질문을 던지는 사람을 아직껏 만나지 못했다. 한 이야기가 생각난다.

백만장자인 모건은 사업상의 라이벌이었던 또 다른 백만장자와 토론을 하고 있었다. 모건이 말했다. "돈을 버는 데는 천 가지 정도의 방법이 있지만, 정직하게 돈을 버는 데는 한 가지 방법밖에 없소이다."

그의 라이벌이 놀라 질문했다. "그 한 가지 방법이란 무엇이오?"

모건이 말했다. "당신이 그 방법을 모르기 때문에, 나는 당신이 이 질문을 할 줄 알았소. 당신은 정직하게 돈을 버는 방법을 모르기에 이 질문을 할 것이라고 나는 확신했소."

사랑에서도 이와 같다. 우리는 사랑에 대하여 올바른 질문을 명확히 할 수 없다. 우리는 사랑에 대하여 결코 바른 질문을 할 수 없다. 우리가 일으키는 모든 질문들은 부적절하며, 요점을 벗어나 있다. 우리가 사랑에 대하여 하나도 모르기 때문이다. 모건처럼 나도 그대가 그런 틀린 질문을 할 줄 알았다. 우리는 사랑에 대한 틀린 질문들만을 할 수 있다. 그리고 아이러니컬하게도 사랑을 아는 사람은 설령 그것이 사랑에 대한 올바른 질문일지라도 질문하지 않을 것이다. 그는 사랑을 알기에 사랑에 대한 질문이 일어나지 않는다.

크리슈나는 아르주나에게 마하바라따 전투에 참여하여 싸우라고 하였습니다. 아르주나가 싸우기 시작하자, 크리슈나 그 스스로가 아르주나와 싸우고자 하였다고 말합니다. 무슨 이유였습니까?

 크리슈나와 같은 사람은 어떤 것도 당연한 것으로 여기지 않는다는 것은 사실이다. 그는 관여하지 않는다. 그는 누구의 친구도 누구의 적도 아니다. 크리슈나는 사람이나 사물들에 대한 어떤 고정된 관념도 지니지 않는다. 그는 친구가 적으로, 적이 친구로 변할 수 있다는 것을 안다. 그 모두는 상황에 달려 있다.
 그러나 우리는 다르게 산다. 우리는 모든 것을 당연한 것으로 여긴다. 우리는 어떤 이들에게는 친구이지만 다른 이들에게는 적이다. 그리고 상황들이 변하면 우리는 큰 어려움에 빠진다. 그러면 우리는 우리의 옛 관계들을 지속시키려고 노력하며 그래서 고통당한다. 크리슈나는 그렇지 않다. 그는 삶이 삶의 길을 가도록 허락하며, 삶과 더불어 살아간다. 아르주나가 그에게 맞서 싸우러 올지라도, 그는 동요하지 않을 것이다. 그는 아무런 어려움을 겪지 않을 것이다. 크리슈나는 아르주나를 위해 싸웠던 같은 열정으로 아르주나와도 맞서서 싸울 수 있다.
 크리슈나에게는 친구와 적은 영원하며 고정된 어떤 것이 아니다. 그것들은 유동적이다. 삶은 유동적이어서 누가 친구이고 누가 적인지를 확인하기가 어렵다. 오늘의 친구가 내일이면 적이 될 수 있다. 오늘의 적이 내일이면 친구로 바뀔 수 있다. 그러므로 내일의 눈으로 친구들과 적들을 다루는 것이 항상 좋다. 내일은 예측 불가능하다. 바로 다음 순간조차 예측할 수 없다. 모든 것은 시시각각 변한다.

삶은 항상 변하고 있다. 변화하는 것이 삶의 본질이다. 삶은 빛과 그늘의 놀이이다. 이제 이곳에는 빛이 있고, 저곳에는 그늘이 있다. 다음 순간 이 빛과 그늘은 어떤 다른 곳에 있을 것이다. 우리가 지금 만나고 있는 이 정원을 아침부터 저녁까지 눈여겨보라. 그러면 당신은 모든 것이 늘 변화하고 있음을 발견할 것이다. 아침은 저녁으로, 낮은 밤으로, 빛은 그늘로 바뀐다. 해가 뜰 때 흐드러지게 피었던 꽃은 해가 지면 시든다.

전장에서 크리슈나와 아르주나가 어떻게 서로 조우했는지를 생각하기란 어렵다. 하지만 그것은 가능한 일이다. 크리슈나는 친구와 잘 싸울 수 있다. 이런 점에서 마하바라따는 특이한 전쟁이다. 그것은 놀랍다. 친구들이 친구들에 맞서, 친척들이 친척들에 맞서 정렬해 있다. 아르주나는 두로나차리야의 제자이다. 그런데 이제 그는 스승에게 화살을 겨누고 있다. 그는 가족의 연장자인 비슈마로부터 아주 많은 것을 받았다. 그런데 아르주나는 그를 죽일 태세가 되어 있다. 그런 면에서 마하바라따 전투는 역사상 드문 전쟁이다. 그 전쟁은 삶에는 어떤 것도 영원하지 않으며 모든 것이 변하고 있다는 것을 얘기한다. 형제가 형제끼리 싸우며, 제자가 스승과 대항하여 싸운다.

마하바라따 전투의 또 다른 특이한 점은 저녁에 싸움이 끝나면 적들이 서로의 야영지를 찾아가서 그들의 무사함을 묻고, 농담을 하고, 심지어 식사까지 함께 한다는 것이다. 그것은 정직한 전쟁이다. 그 전쟁에 음흉하거나 부정직함이란 없다. 싸울 때는 진정한 적들로 싸우고, 서로 만날 때는 은밀함이나 가슴속에 쓰라린 감정 없이 만난다. 마하바라따 전에는 아무런 기만이란 없다. 빤다바들은 전쟁에서 비슈마를 죽이는 데 서슴지 않는다. 하지만 저녁에 그들은 모여 비슈마의 죽음을 애도한다. 그들은 그렇게 아까운 이를 잃은 것이다. 이것은 이상한 일이다.

마하바라따는 적들과도 다정한 방식으로 싸울 수 있다는 것을 보여 준다. 하지만 오늘날에는 정반대이다. 친구로서조차 우리는 서로에게 적의를 품고 있다. 전쟁들도 다정한 방식으로 행해졌던 때가 있었다. 오늘날은 우정조차 우정이 아니다. 그것은 단지 친밀한 증오인 것이다. 적들조차 친구들이었던 시절이 있었다. 오늘날은 친구들조차 적이다.

그리고 이것은 삶이라는 더 큰 맥락에서는 아주 중요하다. 나의 적이 죽으면 나 속에 있는 어떤 것이 그와 더불어 죽는다는 것을 깨닫는 것은 가치가 있는 일이다. 적이 죽으면 적만 죽는 것이 아니라 어느 정도 나 역시 죽는다. 나의 존재는 나의 적의 존재와 묶여 있었다. 그래서 그의 죽음으로 나의 한 부분도 동시에 죽는다. 결국에는 친구가 그렇듯이 적조차 나의 부분이다. 그러므로 우리의 적들을 적대시하는 것은 좋지 않다. 왜냐하면 좀 더 깊은 의미에서는 적들까지도 친구들이기 때문이다. 그런 식으로 친구들 또한 적들이다. 왜 그런가?

최근 며칠 동안 설명해 왔듯이 우리가 삶을 나누는 양극단들은 표면적으로만 양극단들이다. 단지 말들 속에서나 관념들 속에서만 그러할 뿐, 실상은 그렇지 않다. 삶의 깊이 안에서는 아무런 양극이 없다. 그곳에서는 모든 양극단들이 모여 하나가 된다. 북과 남, 위와 아래, 이 모든 것들이 하나로 합쳐진 것이다.

우리가 삶의 근본적인 단일성을 본다면, 크리슈나와 아르주나 사이에 있었던 전쟁은 이해하기가 쉬울 것이다. 그렇지 않으면 그 일은 우리가 받아들이기가 극히 어려울 것이다. 크리슈나에 대한 권위자들조차 이 일화를 설명하기가 어려웠다. 우리가 그 일을 이해하려고 노력할 때 우리의 개념이나 믿음이 즉시 방해하기 때문이다. 우리는 친구는 늘 친구로 남아 있어야 하고, 적은 늘 적으로 남아 있어야 한다고 믿는다. 우리는 삶을 조각들로 나누어 그 조각들을 몇 가지로 고정된 범주 속에 둔다. 그러나 그렇게 하는 것은 정말 잘못된 것이다. 삶은 강처럼 유동적이다. 삶은 늘 움직인다. 이 순간에는 물결로 보이지만 다음 순간에 그 물결은 저 멀리로 가 버린다. 아침에는 당신의 눈앞에 있던 물결이 저녁 무렵이면 수백 마일 떨어져 있을 것이다.

삶의 길에서 누군가는 그대와 몇 발자국을 함께 걷다가 나중에는 떠나간다. 모든 관계는 순간적이다. 어떤 사람이 얼마나 오랫동안 그대를 지지하거나 반대할 것인지 알 수 없다. 아주 짧은 순간에 친구들이 적들로 바뀌고 적들이 친구들이 된다. 그러므로 자신의 삶을 강물처럼 사는 사람들은 친구도 적도 만들지 않는다. 그는 삶이 가져오는 것은 무엇이건 받아들인다. 누군가가 그에게 친구로 오면 친구로 받아들이고, 누군가가 적으로 오면 역시 적으로 받아들인다. 그는 아무것도 선택하지 않는다. 그는 아무것도 거절하지 않는다.

크리슈나에게 있어서는 어느 누구도 그의 친구가 아니며, 어느 누구도 그의 적이 아니다. 시간이 그것을 결정한다. 상황들이 친구들과 적들을 만든다. 크리슈나는 어느 누구에게도 아무런 불평을 하지 않는다. 크리슈나 자신은 빤다바들의 편에 있으면서도 그의 온 군대는 다른 편에, 즉 까우라바들 편에 있다는 것은 놀라운 일이다. 그는 자신을 둘로 나누어 서로 싸우는 두 진영에 나누어 준다. 왜냐하면 두 진영 모두 크리슈나를 친구로 대하기 때문이다. 전쟁이 임박한 시기에 양 진영의 대장들이 동시에 크리슈나의 처소로 와서 지지와 협조를 요청한다. 크리슈나는 그들 각각에게 선택권을 준다. 그는 그들에게 말한다. "두 편 다 내 친구이며 다행히도 그대들이 동시에 왔으므로 나는 나 자신을 한쪽 편에 주고, 나의 군대는 다른 편에 주기로 제안할 것이다. 그대들이 선택하라." 이것은 믿기가 어려운 일이다.

> 그 둘 다가 그의 친구들이기 때문에 크리슈나는 어느 편에서도 싸우지 않을 것이라고 말할 수 있었습니다.

그는 그렇게 말할 수 없었다. 왜냐하면 마하바라따 전투는 크리슈나의 참여가 꼭 필요한 필수적이고도 결정적인 사건이 될 것이었기 때문이다. 어쩌면 마하바라따 전투는 크리슈나 없이는 불가능한 것이 될 수도 있었다. 둘째로 인도가 현재 국제 문제들에 얽히지 않고 중립적으로 있듯 크리슈나가 친구들에게 중립을 지키겠다고 말한다면 그것은 정직하지 않을 것이기 때문이다.

중립은 삶 속에 설 자리가 없다. 중립은 내적인 감정일 수도 있지만, 매일의 삶 속에서 중립이란 의미가 없다. 사람은 이편 혹은 저편 중 어느 한 편에 가담해야만 한다. 물론 어떤 사람이 중립적인 것처럼 꾸밀 수도 있지만, 꾸미는 것은 꾸미는 것이다. 크리슈나는 중립적인 것처럼 꾸밀 수도 있었지만, 그것은 무의미할 것이다. 친구들이 그에게 중립이 아닌 도움을 청하러 왔다. 크리슈나는 그들의 요구에 대해 "그래." 혹은 "아니."라고 답해야 한다. 중립은 대답이 아니다. 만약 그가 자신은 중립이라고 말한다면 그것은 크리슈나가 그들의 친구가 아니며, 또 그들과 관계없다는 것을 의미한다. 중립이란 무관심을 의미한다. 중립이란 어떤 사람이 전쟁의 결말에 관심이 없다는 것을 의미한다.

크리슈나는 자신이 전쟁에 관심이 없다고 말할 수 없다. 그는 정말로 관심이 있다. 비록 그가 양편의 친구이긴 하지만 그는 확실히 빤다바들 편이 이기기를 원한다. 왜냐하면 빤다바들 편이 정의를 위해 싸우고 까우라바들은 그 반대라는 것을 알기 때문이다. 그러나 그는 그들 모두에게 정다웠다. 까우라바들은 그를 친구로 대하였으며 그에게 적대감을 가지지 않는다. 그들은 그를 존경하고 그를 사랑한다.

대체로 이 사람들은 아주 단순하며, 그들의 행동은 솔직하고 개방적이다. 그들의 차이점과 구분점도 분명하다. 그들은 싫고 좋음을 숨기지 않는다. 내전에서 그들은 그들 자신을 두 진영으로 나눈다. 논쟁들이 잘 정의되어 결심하는 데도 시간이 걸리지 않았다.

크리슈나는 무관심하지도 냉담하지도 않다. 그는 큰 문제들이 지금 걸려 있다는 것을 안다. 그는 중립적일 수 없다. 그는 두 편 다 자신을 친구로 대하고 있다는 사실 역시 잘 알고 있다. 그래서 그는 두 편 모두에게 일정한 몫을 주려 한다. 그러나 그는 누가 올바르며 누가 올바르지 않은지를 알기에 그들을 똑같이 대하지는 않는다. 그리고 전쟁을 하고 있는 양 진영에 자신의 도움과 협조를 배부하는 방식이 다가오는 싸움에 결정적인 요소가 될 것이라는 점 또한 잘 알고 있다.

그가 그 자신을 나누는 방식은 아주 특이하다. 그것은 극히 특별하다. 그는 그들에게 두 가지 선택권, 크리슈나 자신과 그의 군대를 선택할 권리가 있다고 말한다. 그들은 크리슈나와 그의 전 군대 중 하나를 고를 수 있다. 이 분리는 어느 편이 정의를 위해 싸우고 있는지를 명확하게 밝혀 준다. 승리에 갈망하지 않는 편이 군대가 없는 크리슈나를 선택할 것이라는 것은 확실하다. 가치들에 관심을 두고 승리에 연연해하지 않는 자, 물질적인 힘보다는 영적인 힘을 믿는 자만이 크리슈나를 선택할 것이다.

   선택이 이루어지는 방식 또한 특이하다. 양 진영의 대표들은 크리슈나에게 도움을 청하러 같은 시각에 그의 처소에 왔다. 크리슈나는 침대에 누워 있었다. 빤다바들 편이 먼저 와서 그의 침대의 발밑에 자리를 차지했다. 다음에 까우라바들의 대표가 왔는데 침대 윗편에 앉았다. 크리슈나는 자고 있었지만 그들의 도착 소리에 잠을 깼다. 두 편의 밀사들이 자신의 자리를 잡는 방법은 의미가 있다. 겸손한 자만이 잠자고 있는 크리슈나의 발아래 앉을 수 있다. 거만한 이는 그의 머리 가까이 앉을 것이다. 그러한 아주 작은 것들조차 그 자신을 말하고 있다. 우리의 모든 행동, 코를 씰룩거리는 행위조차 우리를 드러낸다. 사실상 우리는 우리의 존재를 행동으로 옮긴다. 까우라바들 편의 대표가 크리슈나의 머리 주위에 앉고 빤다바들의 대표가 그의 발 밑에 앉은 것은 어쩌다 그런 것이 아니다. 크리슈나가 깨어났을 때, 그의 눈길은 까우라바들이 아닌 빤다바들 편에 먼저 떨어졌다. 물론 그는 빤다바들에게 선택권을 먼저 주었다.

   이것은 겸손이 승리하는 방법을 보여 준다. 예수는 "온유한 자는 복이 있나니 저희가 땅을 상속받을 것이요."라고 말했다.

   빤다바들 편에게 선택권이 먼저 주어졌다. 이것은 빤다바들 편이 가장 좋은 상을 받아 달아나지 않을까 하여 까우라바들 편을 불편하게 만들었다. 물리적인 힘을 믿고 있는 까우라바들의 시각에서는 크리슈나가 아닌 크리슈나의 군대가 최고의 상이다. 그는 크리슈나의 군대가 막강하다는 것을 알고 있어서 그 군대를 가지는 자가 전쟁에 이길 것이라고 생각한다. 크리슈나 혼자서는 전쟁에서 아무런 소용이 없을 것이다. 그러나 빤다바들 대표가 크리슈나를 선택하고 크리슈나의 온 군대가 까우라바들 편에 넘겨지자 까우라바들의 대표는 몹시도 기뻤다. 그는 빤다바들의 밀사가 어리석은 행동을 했으며, 전쟁에서 그들의 패배는 자명하다고 생각했다.

사실 이 선택이 전쟁의 운명을 좌우한다. 크리슈나를 택한 빤다바들의 선택은 그들이 정의와 종교를 위해 싸운다는 것을 선명히 말해 준다. 빤다바들 편에 대한 크리슈나의 개인적 지지는 마하바라따 전투의 결정적 요인이 된다.

내가 말했듯이 빤다바들이 크리슈나의 발밑에 앉은 것은 매우 큰 차이를 만들어 낸다. 비베까난다의 생애에 관한 작은 일화가 생각난다.

비베까난다는 인도를 떠나 미국에 가려 한다. 그는 스승 라마크리슈나의 아내인 어머니 샤라다에게 가서 그녀의 축복을 빌었다. 라마크리슈나는 아내 샤라다를 남겨두고 이 세상을 떠났다. 그래서 비베까난다는 그녀에게 가서 말한다. "저는 미국으로 가고자 합니다. 당신의 축복을 얻고자 합니다."

샤라다가 물었다. "미국에서 무엇을 하려 합니까?"

비베까난다가 말한다. "그 나라에 가서 다르마의 메시지를 전하려 합니다."

부엌에 있던 샤라다는 야채 칼을 가리키며 자기에게 건네 달라고 젊은 수도승에게 말한다. 비베까난다가 칼을 그녀에게 건네 준다. 그러자 샤라다가 말한다. "당신을 축복합니다." 그러나 비베까난다는 그녀가 칼을 건네 달라고 한 것과 축복 사이에 어떤 연관이 있는지 알고자 했다. 샤라다가 말한다. "칼을 나에게 건네 줄 때 당신이 칼을 잡는 법을 알고 싶었습니다."

일반적으로 누구나 자각 없이 무심하게 칼을 건네 주곤 한다. 보통 사람들은 칼의 손잡이를 잡고 칼날을 받을 사람에게로 향한 채 칼을 건네 줄 것이다. 하지만 비베까난다는 칼날을 손에 쥐고 손잡이가 스승의 부인에게 향하도록 한다. 샤라다가 비베까난다에게 말한다. "이제 당신은 다르마의 메시지를 미국으로 전할 수 있는 자격이 있다고 나는 생각합니다."

만약 당신이 비베까난다의 입장이었다면, 당신은 칼의 손잡이를 잡았을 것이다. 보통 그렇게 하기 때문이다. 일반적으로 어느 누구도 다른 방식으로 하지 않지만 비베까난다는 그것을 아주 다르게 했다. 그리고 이것은 우연히 이루어진 것이 아니다. 비베까난다는 그런 일이 일어날 것이라고 예상하지 않았다. 어떤 책에도 "비베까난다가 샤라다에게 가서 그녀의 축복을 받고자 할 때, 그녀가 그에게 칼을 건네 달라고 부탁할 것이다."라는 말은 쓰여 있지 않았다. 어느 경전도 그것을 말할 수 없다. 샤라다 같은 사람을 예언할 수는 없다. 그녀가 이런 식으로 비베까난다의 자각을 시험할 것이라고 어느 누가 말할 수 있었겠는가? 이것이 어떤 사람의 종교성을 아는 방법인가? 그러나 샤라다는 "당신, 비베까난다를 축복합니다. 왜냐하면 당신은 종교적인 마음을 지녔기 때문입니다."라고 말한다.

같은 방식으로 크리슈나의 발밑에 앉음으로써 빤다바들은 그들 편에 정의가 있다는 것을 주장한다. 그들은 크리슈나의 발에 앉을 수 있는 용기를 지녔다. 그리고 크리슈나를 선택함으로써 그들은 정의를 포기하기보다는 차라리 패배를 무릅쓰겠다고 선언한 것이다. 불의와 함께 가느니 차라리 패배를 선호하겠다고 선언한 것이다. 그리고 패배를 감수할 수 있는 용기를 지닌 자만이 정의와 함께 할 수 있다.

앞서 말했듯이 아픔과 고통을 겪을 준비가 된 자만이 신과 함께 할 수 있다. 이와 마찬가지로 싸움에 질 준비가 되어 있는 자만이 종교의 가치를 지닌 자이다. 어떤 대가를 지불하더라도 승리만을 원하는 자는 비종교적 사람이다. 종교의 길은 길고 어려운 반면에 비종교는 늘 쉬운 방법, 지름길을 찾는다. 비종교의 길들은 값싼 성공을 가져다준다. 이러한 이유로 대부분의 사람들이 그런 길을 택한다. 옳은 길은 멀고 고달프다. 정의와 함께 가는 길은 패배로 이어질 수도 있다. 종교와 함께 걷는 길은 재난으로 이어지기까지 한다.

패배나 재난의 대가를 지불하더라도 종교와 함께 하려고 준비된 사람은 절대로 패배할 수 없다는 것은 상당한 의미가 있다. 그러나 패배를 대비하는 것은 필요하다. 비종교로 가는 길은 유혹적이다. 왜냐하면 그것은 당신에게 값싼 성공에 대한 보장을 주기 때문이다. 비종교의 매력은 그것이 주는 약속들에 있으며, 그것으로 인해 사람들은 타락의 방법들을 택한다. 악은 교활하게 설득한다. 악은 말한다. "성공을 원하거든 결코 올바른 길을 택하지 말라. 그것은 불가능한 길이다. 내가 제시하는 길은 노력이 없는 쉬운 성공을 보증한다. 시작하라, 그러면 당신은 이긴다." 하지만 아이러니컬하게도 누구도 악을 통하여 승리한 자는 없다. 악은 결국에는 완전한 파멸로 이끈다. 반대로 정의란 도전이다. 당신은 패배에 대해 준비되어 있어야 한다. 그러나 만약 당신이 자각과 함께 그것을 선택한다면, 당신은 결코 패배하지 않을 것이라는 것이 그것의 영광이다.

이것이 삶이 주는 역설이다. 사띠야메바 자야떼(Satyameva Jayate), 즉 진리가 승리한다.

스승님께서는 예수가 한 말, "온유한 자는 복이 있나니 저희가 땅을 상속받을 것이요."를 설명해 주셨습니다. "가슴이 순수한 자는 복이 있나니 천국이 그들의 것임이요."라는 예수의 말도 있습니다. 이것에 대해 설명해 주시겠습니까?

그렇다. "가슴이 순수한 자는 복이 있나니 천국이 그들의 것임이요."라는 예수의 말도 있다. 그러나 "온유한 복이 있나니 저희가 땅을 상속받을 것이요."와 "가슴이 순수한 자는 복이 있나니 천국이 그들의 것임이요."라는 이 두 말에는 조금의 차이가 있다. 사실 온유나 겸손은 시작이며, 순수는 끝이며 성취이다.

겸손은 순수로 가는 여행의 첫 구간이다. 겸손한 이들은 순수로 가는 여행의 첫 구간에 아직 있다. 겸손한 이들은 아직 순수해져야 한다. 그들은 순수로 가는 길에 있다. 사람은 겸손하지 않고는 순수해질 수 없다. 자아보다 더 큰 불순은 없기 때문이다. 자아로 가득 찬 사람은 결코 순수해질 수 없다. 그러나 자신의 자아를 버리고 겸손하고 복종하는 사람은 순수로 가는 길에 오른 사람이다. 그러므로 겸손으로 충분한 것은 아니다. 겸손은 순진 무구인 순수로 가는 길에 당신을 올려놓을 뿐이다.

예를 들어, 한 남자가 강에 서 있다고 하자. 그는 강물 속에 서 있고, 큰 물줄기가 그 앞에 흐르고 있다. 그런데 그는 갈증을 느낀다고 상상해 보자. 그가 몸을 굽혀 물에 닿지 않는 한 그의 갈증은 해소될 수 없다. 그가 몸을 굽힐 준비가 되어 있지 않는 한, 비록 그의 주위 온 사방이 물로 에워싸여 있을지라도 그는 계속 목마를 것이다.

그의 비참함의 원인은 강이 아니라 그의 자아이다. 고개를 굽히기만 한다면, 모든 물이 그의 것이 될 것이다.

그러므로 겸손함이 먼저 온다. 그것은 순수의 시작이며 문이다. 겸손은 정화시킨다. 왜냐하면 겸손은 불순을 만드는 모든 것을 버리게 하기 때문이다. 겸손한 사람은 자아를 가질 수 없고, 욕심을 낼 수 없으며, 화를 낼 수 없으며, 성욕에 휩쓸리지 않는다. 욕심을 내고 성에 휘둘리고 성내려면, 그는 공격적일 필요가 있다. 공격이 선행되어야 한다. 그러므로 겸손한 사람은 용서하고 관대할 것이다. 그는 자신의 행복을 나눌 것이며, 모든 것을 다른 사람들과 나눌 것이다. 그는 야망을 품거나 남을 지배하지 않는다. 그는 탐욕적일 수 없다. 그는 끌어모을 수 없다. 겸손한 사람은 모든 과장을 포기할 것이며, 그 대신에 익명 속으로 가라앉을 것이다.

그리고 겸손이 완성에 이르면, 순수가 완전해진다. 예수가 "가슴이 순수한 자는 복이 있나니 천국이 그들의 것임이요."라고 말했던 때의 상태는 이것을 두고 하는 말이다.

이것과 비슷한 예수의 또 다른 말이 있다. 그는 "영혼이 가난한 자는 복이 있나니."라고 말한다. '영혼이 가난한'이라는 말은 이상하게 느껴진다. 그러나 그것은 겸손과 순수를 포함하고 있는 말이다. 사람이 너무나 빈곤하고 너무나 비어 있으면 거기에는 불순함이 남아 있을 아무런 여지가 없다. 거만해지고 이기적이기 위해서는 돈, 권력, 명예와 같은 어떤 것을 가질 필요가 있다. 불순해지려면 물욕, 분노, 증오, 폭력 같은 것들이 필요하다. 분노가 어떤 것인 반면에, 분노하지 않음은 그냥 분노의 부재라는 것은 의미심장하다. 폭력은 어떤 것이며, 비폭력은 그냥 그것의 부재이다. 만약 어떤 사람이 탐욕, 증오, 폭력, 돈, 명예와 같은 모든 것들이 전적으로 비워진다면 그는 진정 영혼이 가난하며, 오직 그런 사람만이 진정으로 부유하고 충만하다. 예수가 말했듯이 그는 "천국을 상속받을 것이다." 가장 가난한 사람이 가장 부유한 사람이다. 그는 가질 가치를 지니고 있는 모든 것을 가지고 있다.

이런 맥락에서 매우 의미 있는 예수의 또 다른 말이 있다. 예수는 "먼저 신의 왕국을 구하라. 그러면 모든 다른 것이 너에게 보태질 것이다."라고 말한다. 그러나 누군가가 어떻게 신의 왕국을 찾을 수 있느냐고 묻자, 예수는 다음과 같이 말한다. "겸손하며 순수해져라. 가난하며 비워라. 그러면 신의 왕국은 너의 것이다. 신의 왕국을 실현한 후에는 모든 다른 것이 너에게 보태질 것이다." 이상한 조건이다. 모든 것을 잃는다면 너는 모든 것을 얻을 것이다. 어떤 것을 구하려 하면, 너는 모든 것을 잃을 것이다. 그들 자신을 잃을 준비가 되어 있는 사람들은 모든 것을 얻을 것이며, 그들 자신을 구하려는 사람들은 모든 것을 잃을 것이다.

나의 표현을 빌리자면, 이것은 산야스를 의미한다. 즉, 모든 것을 잃을 각오가 된 이는 얻을 가치가 있는 모든 것을 상속받을 것이다.

모든 것을 잃은 후에 얻겠다는 생각을 왜 해야 합니까?

그것은 당신의 생각으로 질문할 것이 아니다. 그것은 그렇게 되는 것이다. 만약 당신이 잃는다고 생각한다면, 당신은 잃을 수 없다. 만약 당신이 신의 왕국을 얻기 위해 겸손해지려 한다면, 당신은 겸손해질 수 없다.

예수가 말한 것은 당신에게 보증하려는 것이 아니다. 그것은 일어나는 일을 그냥 표현한 것이다. 만약 어떤 사람이 그가 모든 것을 얻기 때문에 포기할 준비가 되어 있다고 말한다면, 그는 진정으로 포기하는 것이 아니다. 이 말의 마지막 부분은 보증이 아니다. 그것은 포기에 따라오는 결과를 말하고 있는 것이다. 모든 것을 버린 사람들은 그들 자신의 주인이 되며, 그것은 얻어야 할 모든 것이다. 그리고 모든 것을 얻으려 애쓰는 사람은 그 어떤 것도 포기할 수 없다는 것 또한 사실이다.

> 스승님께서 말씀하신 것은 깨달음의 상태에서만 가능합니다. 우리는 스승님에게서 깨달음의 모든 것을 봅니다. 스승님께서는 진정 겸손하시지만 가차 없이 비판하실 때 우리는 의심과 혼란에 휩쓸립니다.

나는 당신의 의심과 혼란을 없애려는 어떤 것도 하지 않을 것이다. 겸손을 자신에게 부과하는 사람, 겸손을 닦고 연습하는 사람은 늘 겸손하게 보일 것이다. 그러나 억지로 부과되거나 닦여지지 않으면서 자연스럽게 오는 겸손은 필요하다면 무례할 정도로 대담할 수도 있다. 겸손한 사람만이 극히 무례할 수 있는 용기를 지닐 수 있다. 사랑을 지닌 사람만이 필요하다면 심하게 때릴 수 있다.

많은 점에서 내가 모순적인 행동을 할 가능성이 항상 있다. 그것이 내가 크리슈나에 대해 지금껏 말해 온 것이다. 크리슈나는 모순 덩어리들이라는 것이다. 내 안에는 많은 모순들이 있으며, 당신은 그것들을 자주 접하게 될 것이다. 나는 인생의 전체를 받아들인다. 그것이 나의 겸손이다. 만약 내가 때로 가혹해지고 싶은 마음이 일어날 때, 나는 그것을 억누르지 않는다. 나는 가혹해진다. 어떤 것을 억누를 아무런 사람이 거기에 없다. 이와 비슷하게 내가 겸손해질 때, 나는 그냥 겸손이다. 나는 어떤 것도 가로막지 않는다. 거기에 무엇인가가 일어나려 한다면 나는 그것이 일어나도록 허락하며, 그것을 있는 그대로 표현한다. 나의 편에서는 겸손하거나 거만한 것을 포함한 어떤 것이 되려는 아무런 노력을 하지 않는다. 그러므로 당신은 나에 관하여 늘 혼란 속에 있을 것이다. 그것에는 끝이 없을 것이다.

당신이 생각하는 것처럼 누가 깨달음을 얻었는가? 당신은 크리슈나를 깨달은 이로 받아들이지 않을 것인가? 그러나 크리슈나는 나처럼 당신을 혼란스럽게 한다. 때때로 그는 그의 깨달음에서 빗나가는 것처럼 보인다. 꾸루끄쉐뜨라 전장에서 싸우려 무기를 들 때 그는 그의 침착함, 그의 지혜를 잃은 것처럼 보인다. 하지만 흔들리지 않는 깨달음, 지혜에 대한 우리의 개념은 무엇인가? 깨달은 사람은 우리가 옳다고 생각하는 방식으로 행동하는 사람을 의미하는가? 그의 지혜는 우리가 마땅히 그래야 된다고 생각하는 방식으로 있어야만 하는가?

그렇지 않다. 확고한 지혜란 둔하고 죽은 지혜를 의미하는 것이 아니다. 깨달은 사람, 최고의 지성과 지혜에 이른 사람은 이 지혜가 하자는 대로 행동하는 것을 허락하는 사람이다. 그는 그냥 수단일 뿐이며, 어떤 것도 그 스스로 하지 않는다. 그런 사람은 이익이나 불이익도, 덕이나 악도, 존경이나 경멸도, 그 어떤 것도 소유하지 않는다. 그는 자신이 하는 일이 옳다거나 그르다고 말하지 않는다. 그는 자랑도 후회도 하지 않는다. 이제 그는 과거를 뒤돌아보지 않는다. 그는 지나간 모든 순간에 죽으며, 그는 바로 지금의 순간에 산다. 그는 행위자가 아니다. 그는 어떤 것이 일어나려 하면 그것이 일어나도록 허락한다. 그에게는 자발성을 감시하거나 자발성 안으로 들어와 무엇인가를 결정하는 아무런 사람이 없다. 이제 그는 전적으로 선택 없음이다.

그러므로 때때로 내가 당신에게 가혹한 사람으로 보일 수 있다. 나도 어쩔 수 없다. 나는 엄할 때는 엄하고, 온화할 때는 온화하다. 나는 내 편에서 어떤 것이 되고자 하는 모든 노력을 전적으로 멈추었다. 나는 이것이 되어야 한다, 저것이 되지 않아야 한다고 더 이상 주장하지 않는다.

이것이 내가 말하는 확고한 지혜이다.

열한 번째 문

진기한 여자, 드라우빠디

크리슈나아라고도 불리는 드라우빠디는 상당한 비판과 비난을 받고 있는 인물입니다. 그러나 크리슈나는 그녀를 아주 사랑합니다. 우리의 시대 상황과 관련하여 그녀에 관해 몇 말씀을 해 주시지요.

남자들 중에서 크리슈나를 이해하기가 어렵듯이 여자들 중에서는 드라우빠디가 그렇다. 비판자들이 드라우빠디를 바라보는 방식은 드라우빠디보다는 그들 자신에 대해 더 많은 것을 드러내고 있다. 우리가 다른 사람들에게서 보는 것은 단지 우리의 투영일 뿐이다. 다른 사람들은 단지 거울의 역할을 한다. 우리는 다른 사람들 속에서 우리의 모습을 본다. 다른 사람들 속에서 보는 것은 사실 우리의 모습이다. 우리는 세상에 우리 자신을 투사하고 있다.

드라우빠디를 이해하기는 어렵다. 우리의 어려움은 이 대단한 여자로부터 오는 것이 아니라, 정말로는 우리 자신으로부터 온다. 우리의 생각과 신념, 우리의 욕구와 희망으로 우리는 드라우빠디를 이해하려고 한다.

다섯 명의 남자를 동시에 사랑하는 것, 동시에 다섯 명의 아내로서 행동한다는 것은 너무나 힘든 일이다. 이것을 정확하게 이해해야 한다. 사랑은 마음의 상태이다. 단 한 사람에게만 한정된 사랑은 가난한 사랑이다. 사랑에 관한 이 질문을 깊이 이해해 보자.

우리 모두는 우리의 사랑이 한 사람, 즉 한 남자 또는 한 여자에게 한정되어야 한다고 주장한다. 누군가가 당신을 사랑한다면 당신은 그가 당신을, 당신만을 사랑하기를 원하며, 그가 자신의 사랑을 다른 사람에게 나누어 주지 않기를 바란다. 당신은 그 사람을 소유하거나 독점하려 한다. 우리는 물건들을 소유하려 할 뿐만 아니라 사람들 또한 소유하려 한다. 이러한 방식으로 간다면 우리는 심지어 태양, 달, 별들까지도 소유하려 할 것이다. 우리는 사랑을 독차지하려 한다. 왜냐하면 우리는 사랑이 무엇인지 알지 못하기 때문이다. 사랑을 많은 사람들에게 나누어 주면 사랑이 흩어지며 점차 줄어들 것이라고 생각하는 경향이 우리에게 있다. 그러나 사랑은 나누면 나눌수록 더욱 더 증가한다는 것이 진리이다. 사랑을 제한하고 통제하려고 할 때, 사랑은 완전히 부자연스러우며 독단적인 것이 된다. 그래서 사랑은 말라 버리고 결국은 죽게 된다.

아름다운 이야기 한 편이 생각난다.

한 비구니가 백단나무로 만든 불상을 가지고 있었다. 그녀는 그 불상을 너무나 사랑하여 항상 그것을 가지고 다녔다. 수도승이기 때문에 그녀는 많은 곳을 여행하게 되었는데, 주로 절이나 사원에 머물렀다. 어디에서 생활하든 그녀는 자신의 불상을 숭배하였다.

한 번은 그녀가 천 개의 불상이 있는 것으로 유명한 절에 손님으로 가게 되었다. 이 절은 불상들로 가득 차 있었다. 여느 때처럼 그 비구니는 저녁 예배를 하려고 그녀의 불상 앞에 향을 피웠다. 그러나 때마침 날아오는 미풍으로 자신이 피운 향이 그 절을 가득 채우고 있던 다른 불상들에게로 퍼져 나가기 시작하였다.

비구니는 그녀의 불상에는 향기가 가지 않고 반면에 다른 불상들에게만 향기가 많이 가는 것을 보고 괴로웠다. 그래서 향기가 그녀의 불상에게로만 거슬러 올라가게 하는 깔때기를 궁리해 냈다. 이 장치는 성공적이었지만, 그로 말미암아 그녀의 붓다의 얼굴은 검게 변해 버렸다. 아주 흉하게 변해 버렸다. 물론 비구니는 아주 슬펐다. 그것은 백단나무로 만든 귀한 불상이었고, 그녀가 그 불상을 너무나 사랑했기 때문이었다. 그녀는 그 절의 주지스님에게 가서 말하였다. "저의 불상이 못쓰게 되었습니다. 제가 어떻게 해야 합니까?"

주지스님이 말하였다. "그런 일은, 그런 흉함은 누군가가 진리의 움직임을 막으려 할 때, 진리를 자신만 소유하려 할 때 일어나게 마련입니다. 진정한 진리는 모든 곳에 존재합니다. 진리는 특정한 사람만이 소유할 수 있는 것이 아닙니다."

지금까지 인류는 좁은 범위로, 두 사람 사이의 관계로 생각해 왔다. 이것이 드라우빠디를 이해하는 우리의 방식이다.

만약 내가 사랑하고 있다면, 만약 사랑이 나의 존재 상태라면, 그때 나의 사랑은 한 사람 또는 몇 사람들에게만 한정될 수 없다. 사랑이 나의 삶에 들어와 나의 성품이 되면, 나는 아무리 많은 사람들이라도 사랑할 수 있게 된다. 그때 그 사랑은 한 사람 또는 많은 사람들이라는 질문조차 존재하지 않는다. 그때 나는 사랑이 된다. 그래서 나의 사랑은 모든 곳에 이르게 된다. 만약 내가 한 사람만 사랑하고 다른 모든 사람들은 사랑하지 않는다면, 한 사람에 대한 나의 사랑조차 시들 것이다. 한 사람을 사랑하면서 나머지 사람들은 사랑하지 않는다는 것은 불가능하다. 만약 누군가가 매일 한 시간 동안만 사랑하고 나머지 시간에는 사랑하지 않는다면, 그의 무정은 결국 그의 작은 사랑을 질식시켜 버릴 것이다. 그리고 그의 삶은 미움과 적개심으로 뒤덮인 황무지로 변할 것이다.

　세상의 많은 사람들이 사랑을 잡아서 그 사랑을 그들의 관계 안에 가두려 하는 것은 불행한 일이다. 사랑을 잡아 가두는 것은 불가능하다. 사랑을 잡아 가두려 하는 순간, 사랑은 사랑이기를 그친다. 사랑은 공기와 같다. 당신은 그것을 손에 쥘 수 없다. 당신의 편 손바닥에 약간의 공기를 가지는 것은 가능하다. 그러나 만약 손 안에 공기를 가두려 하면 공기는 달아날 것이다. 사랑을 가두려 하거나 구속하려 한다면, 사랑은 퇴색하고 사라진다는 것이 삶의 역설이다. 사랑을 소유하고자 하는 우리의 어리석은 시도들로 우리 모두는 사랑을 죽이고 있다. 정말로 우리는 사랑이 무엇인지 모르고 있다.

　드라우빠디가 어떻게 다섯 명의 남자를 사랑할 수 있었는지 우리는 이해하기 어렵다. 우리뿐만 아니라 심지어 다섯 명의 빤다바 형제들조차 드라우빠디를 이해하기가 어려웠다. 그 어려움은 이해할 만하다. 심지어 빤다바 형제들조차 드라우빠디가 그들 중의 한 명을 더 사랑하고 있다고 생각했다. 그들 중 네 명은 그녀가 특히 아르주나를 좋아한다고 믿었고, 그래서 그를 부러워하였다. 그래서 그들은 그녀의 시간과 관심을 배분하였다. 빤다바 형제들 중 한 명이 그녀와 함께 있을 때, 나머지 형제들은 그녀를 찾아가는 것이 금지되었다.

　우리처럼 그들도 누군가가 동시에 한 사람 이상의 사람을 사랑하는 것이 불가능하다고 믿었다. 우리는 언제나 두 사람, 즉 한 남자와 한 여자 사이의 관계 이외의 다른 어떤 것을 사랑이라고 생각할 수 없다. 우리는 사랑이 존재의 상태라는 것을 이해할 수 없다. 그것은 개인들에게 직접적으로 향해지는 것이 아니다. 공기, 햇빛, 그리고 비와 같은 사랑은 어떠한 구별도 없이 모두에게 이용될 수 있다. 우리는 무엇이 사랑이고, 사랑이 어떠해야 한다는 우리 자신의 생각들을 가지고 있다. 바로 그러한 이유 때문에 우리는 드라우빠디를 잘못 이해한다. 그녀를 올바르게 이해하기 위해 우리가 아무리 노력해도 우리의 마음속에는 드라우빠디에게 타락의 요소가 있다는 의심이 잠재해 있다. 우리들의 사띠(sati), 즉 성실하고 충실한 아내라는 바로 그 정의가 드라우빠디를 창녀로 변화시킨다.

이 나라의 전통이 과거의 가장 고결한 여인 다섯 명 중 한 명으로 드라우빠디를 존경한다는 것은 놀라운 일이다. 역사적으로 가장 위대한 다섯 여인에 그녀를 포함시킨 사람들은 엄청나게 지성적이었다. 그녀가 다섯 명의 빤다바 형제들의 공동의 아내였다는 사실은 그들에게 잘 알려져 있었다. 그 사실은 드라우빠디를 굉장히 의미 있게 평가하도록 만들었다. 그들에게는 사랑이 한 사람 또는 많은 사람들에게 한정되는지 여부는 문제가 아니었다. 진정한 문제는 누군가가 사랑을 가지고 있는가, 가지고 있지 않은가이다, 만약 진정으로 사랑이 있다면, 그것은 많은 경로들을 통해 끊임없이 흘러나올 수 있다는 것을 그들은 알았다. 그것은 통제되고 조작될 수도 없다. 드라우빠디에게 다섯 명의 남편이 있다는 것은 상징이었다. 그것은 한 사람이 다섯 명, 오십 명, 오백 명의 사람들을 동시에 사랑할 수 있다는 의미이다. 사랑의 힘과 능력은 끝이 없다.

참으로 사랑하는 사람들이 이 지구 위를 걸을 때 결혼, 가족, 그리고 집단의 형태로 오늘날 유행하고 있는 사랑에 대한 개인적 소유권은 사라질 것이다. 그렇다고 해서 두 인간 존재 사이의 사랑의 관계가 금지되거나 죄스러운 것으로 선언될 것이라는 의미는 아니다. 그것은 또 다른 어리석음의 방향으로 나아가게 하는 일일 것이다. 아니, 모든 사람들이 자유로이 그 자신으로 존재하고 그 자신의 한계들 안에 기능할 것이다. 그리고 아무도 자신의 의지와 생각을 타인들에게 강요하지 않을 것이다. 사랑과 자유는 함께 할 것이다.

드라우빠디의 사랑은 흘러넘치는 강과 같다. 그녀는 한 순간이라도 그녀의 사랑을 부정하지 않는다. 빤다바 형제들과 그녀의 결혼은 이상한 사건이다. 그것은 거의 장난스럽게 일어났다. 빤다바 형제들이 드라우빠디와 함께 집으로 왔는데, 그들은 한 경기에서 우승을 하였다. 그들은 어머니에게 매우 고귀한 것을 가지고 왔다고 말하였다. 그들의 어머니인 꾼띠는 고귀한 것이 무엇인지는 물어보지도 않은 채 "만약 그것이 고귀한 것이라면 함께 나누어라."고 말하였다.

빤다바 형제들은 어머니가 이렇게 말할 줄은 몰랐다. 그들은 단지 어머니를 놀려 주려 했을 뿐이었다. 그러나 이제 그들은 어머니의 분부를 따라야만 했다. 그들은 드라우빠디를 공동의 아내로 맞아들였다. 그녀는 불평 없이 그것을 받아들였다. 그것은 그녀의 무한한 사랑 때문에 가능하였다. 너무나 많은 사랑을 지녔기에 그녀는 공동의 남편들을 같이 사랑하였으며, 그녀의 가슴에 아무런 사랑의 부족도 결코 느끼지 않았다. 그녀는 그들을 함께 사랑하는 역할을 행하는 데 아무런 어려움이 없었다. 그리고 결코 그들을 차별하지 않았다. 드라우빠디는 확실히 특이한 여자다. 일반적으로 여자는 질투심이 아주 많다. 그들은 정말로 질투심 속에서 산다. 만약 어떤 사람이 남자와 여자의 특성을 말하라고 하면, 그는 자아가 남자의 주 특성이고, 질투가 여자의 주 특성이라고 말할 수 있다. 남자는 자아로 살고, 여자는 질투심으로 산다. 정말로 질투는 자아의 수동적 형태이고, 자아는 질투의 능동적 형태이다. 그러나 여기에 질투심과 협소함을 초월해 있는 한 여성이 있다. 그녀는 어떠한 주저함도 없이 빤다바 형제들을 사랑했다. 여러 면에서 드라우빠디는 그녀의 사랑을 두고 서로 간에 많은 질투를 했던 그녀의 남편들보다 훨씬 우위에 있었다. 드라우빠디가 완전한 안정과 평온으로 이 복잡한 관계를 헤쳐 나가는 동안 그들은 서로 간의 끊임없는 심리적 투쟁 속에 머물러 있었다.

우리는 드라우빠디를 이해하지 못하는 데 대한 책임이 있다. 우리는 사랑은 두 사람 간의 관계라고 생각한다. 그러나 그렇지 않다. 그리고 이 잘못된 생각 때문에 우리는 삶에서 온갖 종류의 고통과 괴로움을 겪지 않으면 안 된다. 사랑은 아무런 이유나 목적이 없이 때때로 피어나는 꽃이다. 사랑은 마음이 열려 있는 사람이면 어느 누구에게나 일어날 수 있다. 그리고 사랑은 그것의 자유에 어떤 구속이나 강제도 받아들이지 않는다. 그러나 사회는 여러 가지 방식들로 사랑을 속박해 왔기 때문에 우리는 사랑을 억누르고 사랑을 사라지게 하기 위해 온갖 노력을 다한다. 그래서 사랑은 너무나 부족해졌고, 우리는 사랑 없이 살아야만 한다. 우리는 사랑이 없는 삶을 살아가고 있다.

우리는 이상한 사람들이다. 우리는 사랑 없이 지낼 수 있다. 우리는 상대방을 소유하지 않고는 누군가를 사랑할 수 없다. 우리는 우리 스스로 사랑에 굶주리면서 살 수 있지만, 내가 사랑하는 사람이 자신의 사랑을 다른 누군가와 나누는 것은 참지 못한다. 다른 사람의 사랑을 빼앗기 위해 우리는 우리 자신의 사랑의 몫을 쉽게 포기할 수 있다. 자아와 질투심 때문에 우리가 얼마나 지독하게 고통을 겪고 있는지를 알지 못하고 있다.

드라우빠디가 이런 종류의 유일한 사례가 아니라는 것을 아는 것은 유익하다. 그녀는 이런 종류의 사랑의 계보에서 맨 마지막에 있을지도 모른다. 드라우빠디 이전의 사회는 모권 사회였다. 아마도 드라우빠디는 그 해체된 사회 질서의 마지막 흔적일 것이다. 모권 사회에서 어머니는 가장이었고, 가계는 여성의 계보를 통해 이어졌다. 모권 사회에서 여자는 어느 남자에게도 속하지 않았다. 어떤 남자도 여자를 소유할 수 없었다. 일종의 일처다부제는 오랫동안 성행하였다. 드라우빠디는 그 제도의 마지막인 것처럼 보인다. 오늘날 일처다부제를 행하고 있는 사람들은 단지 몇몇 원시 부족들뿐이다. 바로 그러한 이유로 그녀가 살았던 시대가 드라우빠디와 그녀의 결혼을 받아들이고 어떠한 반대도 하지 않았던 이유이다. 만약 일처다부제가 잘못된 것이라면, 꾼띠는 아들들에게 내린 분부를 바꾸었을 것이다. 그러나 그녀는 그렇게 하지 않았다. 만약 일처다부제에 부도덕한 무엇인가가 있었다면 빤다바 형제들조차 어머니에게 분부를 바꾸어 달라고 했을 것이다. 그러나 결코 그런 일은 일어나지 않았다. 왜냐하면 그 사회에서는 그것이 받아들여질 수 있었기 때문이었다.

한 사회에서 완전하게 도덕적인 관습이 다른 사회에서는 완전히 부도덕한 것으로 보이는 경우가 있다. 마호메트는 9명의 아내를 가졌고, 그의 코란에서는 모든 이슬람 남자들이 4명의 아내들을 가지도록 허락하였다. 현대 사회의 맥락에서 보면, 일부다처제와 일처다부제는 아주 부도덕하게 여겨진다. 그러나 이슬람의 선지자는 9명의 아내를 가졌다. 첫 번째 결혼을 했을 때 그는 24세였고, 그의 아내는 40세였다.

    그러나 마호메트가 태어났던 사회는 우리의 사회와는 매우 달랐다. 그 사회의 환경들은 일부다처제가 필요하고 도덕적인 그런 사회였다. 그들은 저희끼리 끊임없이 싸우며 전쟁을 벌이던 부족들이었다. 그래서 그들은 항상 남자의 수가 부족했다. 많은 남자들이 전쟁에서 죽었다. 그런데 여자의 수는 계속 증가해 갔다. 4명 중 3명은 여자였다. 그래서 마호메트는 남자 한 명마다 4명의 아내를 가져야 한다고 규정하였다. 만약 그렇게 하지 않았다면, 그때는 4명의 여자 중 3명은 사랑이 없는 삶을 살게 되거나 매춘을 하도록 강요되었을 것이다. 그것은 정말로 부도덕한 일이었을 것이다.

    그래서 일부다처제는 필요하게 되었다. 일부다처제는 그것 주위에 도덕적인 후광을 가지게 되었다. 그리고 과감한 예를 들고자 마호메트 그 자신은 아내로 9명의 여자를 받아들였다. 그리고 그의 남자 신하들에게는 4명의 아내를 가지도록 허락했다. 아라비아에서는 그것에 대해 아무도 반대하지 않았다. 그것에 있어 부도덕한 것은 아무것도 없었다.

    마하바라따 시대의 사회는 모권 사회의 마지막 단계였다. 그러므로 일처다부제가 받아들여졌다. 그러나 그 사회는 오래 전에 사라졌고, 그것과 더불어 일처다부제와 일부다처제는 지금은 과거의 것들이 되었다. 그것들은 남자와 여자의 수가 같은 비율인 사회에서는 타당성이 없다. 이 균형이 몇 가지 이유로 깨어질 때, 일부다처제와 일처다부제라는 관습이 사회에 나타날 것이다. 그러므로 드라우빠디에게 부도덕한 것은 아무것도 없었다.

오히려 오늘날에도 나는 드라우빠디가 보통의 여자가 아니라고 말한다. 그녀는 유일하고 진기한 여자였다. 다섯 명의 남자를 함께 그리고 동등하게 사랑했다. 그들과의 사랑으로 살았던 그녀는 보통의 여자일 리가 없었다. 그녀는 굉장히 사랑하였으며, 그것은 참으로 위대한 일이었다. 우리는 사랑에 대한 우리의 좁은 생각 때문에 그녀를 이해하지 못한다.

크리슈나와 같은 사람들은 친구도 적도 만들지 않는다고 말씀하셨습니다. 그렇다면 왕인 그가 유년 시절부터 사귄 그의 가난하고 오래된 친구인 수다마를 맞이하기 위해 궁전의 문을 향해 달려 나온 것과 그의 가난한 친구가 가져온 한줌의 쌀에 대한 답례로 많은 보물들을 친구에게 준 것은 어떻게 된 일입니까? 크리슈나와 수다마 사이의 이 특별한 우정을 이해할 수 있도록 설명하여 주십시오.

그것은 특별한 형태의 우정이 아니다. 그것은 그냥 우정일 뿐이다. 여기서도 우리의 생각들은 우리의 이해 방식에서 나온다. 한줌의 쌀에 대한 보답으로 많은 보물을 준 것은 우리에게는 너무나 많이 준 것처럼 여겨진다. 우리는 크리슈나가 수다마를 위해 세상의 많은 부를 준 것보다 가난한 수다마가 친구에게 줄 선물로 한줌의 쌀을 가지고 온다는 것이 더 어렵다는 것을 알지 못한다. 수다마는 너무나 가난한 거지이기 때문에 심지어 한줌의 쌀도 너무나 큰 것이다. 그러므로 수다마의 선물은 크리슈나의 선물보다 더 소중하다. 크리슈나가 아니라 수다마가 진정으로 주는 자이다.

그러나 우리는 그것을 다르게 본다. 우리는 선물의 양을 보지 질을 보지 않는다. 우리는 수다마와 같은 거지가 한줌의 쌀을 모으는 것이 얼마나 힘든지를 알아채지 못한다. 크리슈나가 많은 부를 거저 주는 것은 어려운 일이 아니다. 그는 수다마에게 특별한 호의를 베풀지 않았다. 그는 단지 친구의 선물에 응답했을 뿐이다. 나는 크리슈나가 수다마에게 준 자신의 선물에 만족하지 않았다고 생각한다. 수다마의 선물은 귀한 것이다. 그는 가난하다. 나의 관점에서 수다마는 크리슈나보다 더 위대한 친구로 빛난다.

크리슈나는 친구도 적도 만들지 않는다고 말했었다. 그러나 그것은 그가 우정을 반대한다는 것을 의미하지는 않는다. 만약 누군가가 그에게 우정의 손을 내민다면, 그는 더 큰 사랑과 우정으로 그것에 응답한다. 크리슈나는 당신의 한 번의 외침에 7번의 메아리를 주는 계곡과 같다. 계곡은 당신의 외침을 기다리지 않는다. 더욱이 계곡은 당신에게 반응하는 것에 구속되어 있지 않다. 그러나 당신의 외침에 7번 대답하는 것이 그것의 본성이다. 크리슈나는 수다마의 엄청난 사랑에 그냥 응답한 것이다.

수다마가 크리슈나에게 간 것은 어떤 호의를 받기 위해서가 아니라 단지 그의 우정과 사랑을 크리슈나에게 표하고자 한 것이었다. 그리고 가난한 그가 오랜 친구를 위해 선물을 가져간 것은 의미가 있다. 보통 가난한 사람은 무엇인가를 받기를 원한다. 그는 거의 어떤 것을 주지 않는다. 여기서 수다마는 선물을 가지고 왔지 선물을 받기 위해서 온 것이 아니다. 그는 거지로서 크리슈나의 궁전에 간 것이 아니다. 가난한 사람이 선물을 줄 때, 그의 가슴의 풍요는 비교할 수 없는 것이다. 동일한 방식으로 부자는 자선으로 무엇인가를 주도록 기대된다. 그러나 정반대의 일이 일어날 때, 즉 부자가 구걸하기로 결정할 때 마치 붓다에게 일어났던 것처럼 거지로 변한 왕에게는 다시 비범한 무엇인가가 있다.

만약 당신이 붓다와 수다마를 함께 고려해 본다면 당신은 중요한 점을 알게 될 것이다. 수다마는 아무것도 가진 것이 없다. 그럼에도 그는 준다. 붓다는 모든 것을 가지고 있었다. 그럼에도 그는 구걸한다. 이 두 사건은 이상하고 상식 밖의 일이다. 보통 가난한 사람이 구걸하고 부자는 준다. 그것에 대해서는 특별한 것이 아무것도 없다. 그러나 그들이 역할을 바꿀 때, 그것은 굉장한 의미를 가지게 된다. 수다마는 붓다만큼 비범하다. 둘 모두는 진기한 사람들이다. 가난한 수다마가 왕인 크리슈나에게 선물을 가져간 것은 그 사건을 숭고하게 만드는 어떤 것이다. 그러나 이것은 사랑의 방식이다. 당신이 너무 많이 가지고 가든 너무 적게 가지고 가든 그것은 고민할 것이 아니다. 그것은 주는 것으로 나아간다. 사랑을 아무리 많이 가져도 당신은 자신이 사랑을 너무나 많이 가지고 있다는 점을 결코 받아들이지 않을 것이다.

어떤 사람이 너무나 많이 가지고 있어서 더 이상 필요로 하지 않는다는 이 생각을 받아들이지 않는, 이런 사랑의 측면을 이해해 보도록 하자. 사랑은 주기를 계속한다. 사랑은 사랑이 당신에게 충분히 주었다고 결코 말하지 않을 것이다. 사랑의 풍부함에는 끝이 없다. 사랑은 그것의 선물들을 계속해서 흘러넘치도록 한다. 그럼에도 사랑은 사랑이 불충분하다고 부끄러워한다. 만약 당신이 간호사에게 아이들을 위해 많은 일을 했다고 말한다면 그녀는 당신의 칭찬에 감사하며, 또 그것을 인정할 것이다. 그러나 만약 어머니에게 말한다면, 그녀는

"나는 그저 아주 조금만 한 걸요. 해야 할 일들이 아직 많이 남아 있어요."라고 말할 것이다. 간호사는 자신이 이미 한 일을 인식하고 있다. 그러나 어머니는 앞으로 해야 할 일을 인식하고 있다. 만약 어머니가 자식들을 위해 행한 그녀의 희생에 대해 자랑한다면, 그녀는 간호사이지 어머니가 아니다. 사랑은 해야 할 일이 더욱더 남아 있다고 항상 인식하고 있다.

수다마는 크리슈나가 아무것도 부족하지 않다는 것을 안다. 그는 왕이다. 그러나 수다마는 그에게 줄 선물을 가져가고 싶어 한다. 그가 집을 떠날 때 아내는 말했다. "당신의 친구는 왕이 되어 있어요. 그에게 많은 선물을 받아오는 것을 잊지 마세요." 그러나 그는 선물을 가지고 갔고, 어떤 것도 청하지 않았다.

수다마가 크리슈나를 만날 때 수다마는 자신이 가져간 이 선물에 대해 매우 주저한다. 수다마는 그의 친구인 크리슈나의 눈에 띄지 않도록 한줌의 쌀을 주머니에 숨긴다. 그것이 사랑의 방식이다. 비록 사랑이 많이 주더라도 사랑은 그것이 충분하다고 결코 생각하지 않는다. 사랑은 보통의 기증자들처럼 과시하며 주지 않는다. 그것은 익명으로 주는 것을 좋아한다. 그래서 수다마는 주저한다. 그는 크리슈나가 알아채지 못하도록 자신의 선물을 숨겼다. 그가 주저한 것은 자신의 선물이 빈약하기 때문이 아니다. 심지어 그가 귀한 다이아몬드를 가지고 갔더라도 그는 주저했을 것이다. 사랑은 그것의 선물을 드러내지 않는다. 드러내는 것은 자아의 방식이다.

그래서 수다마는 주저하고 걱정한다. 그것은 보기 드문 어떤 것이다. 그리고 더욱 놀라운 것은 수다마를 보자마자 크리슈나는 곧바로 그가 가지고 온 선물이 무엇인지를 묻기 시작한다는 점이다. 크리슈나는 사랑이 항상 주는 것이며 받는 것이 아니라는 점을 알고 있다. 그는 또한 사랑의 방식들이 조심스럽고 비밀스럽다는 것도 알고 있다. 그래서 크리슈나는 되풀이해서 그의 선물들에 대해 묻는다. 마침내 그는 오랜 친구에게서 선물을 잡아채는 데 성공한다. 그리고 더욱 놀라운 것은 크리슈나가 수다마의 주머니에서 발견한 생쌀을 즉시 먹기 시작하였다는 것이다.

거기에 특별한 것은 아무것도 없다. 그것이 사랑의 방식이다. 사랑이 우리에게 너무나 없기 때문에 우리는 그것에 대하여 매우 놀라워한다.

크리슈나는 수다마에게 그의 오랜 가난의 삶을 청산할 수 있을 정도로 많이 주었다고 전해집니다. 그러나 크리슈나는 그가 살고 있는 사회의 가난을 청산하기 위해서는 아무것도 하지 않습니다. 이러한 일을 세속적인 문제라고 생각했을 마하비라와 붓다 같은 사람들이 이렇게 했다면 이해가 갑니다. 그러나 크리슈나처럼 폭넓은 시각을 가진 사람이 이것을 무시했다는 것은 납득이 가지 않습니다. 종교적인 사람들이 가난의 문제에 대하여 생각하지 않는다는 것은 아이러니입니다. 가난에 대하여 생각을 많이 하였던 칼 마르크스는 종교적인 사람이 아닙니다. 스승님께서는 본질적으로 영성과 종교의 사람입니다. 스승님께서는 가난에 대해 어떻게 하시려는지 알고 싶습니다.

이 질문은 꽤 자주 제기되어 왔다. 붓다, 크리슈나, 마하비라, 예수, 마호메트 등 이 모든 사람들은 너무나 만연되어 있는 가난의 문제를 무시한 데 대해 비난받을 수 있다. 그러나 그럴 만한 이유들이 있다. 그들에게는 이 문제에 대해 생각하는 것이 불가능하다. 왜냐하면 그들이 살았던 사회적인 상황에서는 그러한 생각을 하는 것이 정당하지 않았기 때문이다. 우리는 상황들이 요구할 때 생각한다. 마르크스는 산업 혁명이 서구에서 일어났기 때문에 가난에 대하여 생각하였다. 산업 혁명 이전에는 사회의 경제적인 상황들을 변화시킬 수 있는, 심지어 그 사회의 빈곤을 줄일 수 있는 어떤 일도 하지 못하였다. 그 점을 이해하는 것이 중요하다.

산업 혁명 이전의 세상에서는 인간의 유일한 생산 수단은 손으로 하는 노동이었다. 손을 이용한 생산은 사람들에게 근사한 식사를 제공하기에는 좀처럼 충분하지 않다. 그는 그저 생명을 부지하는 정도의 삶을 살 수 있었다. 그러한 사회는 계속 가난할 수밖에 없다. 가난을 없앨 아무런 방법이 없었다. 그리고 생산량의 공정한 분배에 대한 질문이 일어났다. 그러나 그들은 서로 간에 분배할 부를 아주 적게 가지고 있었다. 따라서 가난과 함께 불공평은 필연적이었다. 이제 나는 그 이야기에 답하려고 한다.

첫째로, 가난을 청산한다는 것은 산업화의 도래 이전에 존재했던 봉건 사회에서는 불가능했다. 그 사회는 필요한 부를 가지지 못했기 때문이었다. 부유한 소수의 사람들을 제거하는 것은 물론 가능했다. 그들은 가난한 사람들과 같은 수준으로 내려갈 수 있었을 것이다. 만약 수천 명 중에 부유한 한 사람이 있었다면 그 사람은 가난한 사람의 수준으로 내려갈 수 있었을 것이다. 그러나 그렇게 한다고 해서 그들의 가난의 상태가 변하지는 않는다. 인간의 노동만으로는 사회를 가난에서 벗어나게 할 만큼의 생산은 결코 할 수 없었다. 인간의 노동을 대신하여 기계들이 부를 생산한 이후에만 인간은 가난의 끝을 생각할 수 있었다. 현재 한 대의 기계는 하루에 수십만 명의 인간이 손으로 생산해 낼 수 있을 만큼의 많은 양을 생산해 낼 수 있다. 대규모로 부의 생산이 가능하게 되었을 때만 우리는 가난한 사람들이 더 이상 계속 가난할 필요가 없다고 생각할 수 있었다. 지금까지 가난을 청산하고자 하는 역사적 요구는 없었다.

마르크스가 등장한 것은 산업 혁명 바로 직후였다. 사회의 산업화는 그에게 평등을 상상할 수 있게 하였다. 그리고 만약 마르크스가 있던 자리에 크리슈나가 있었다면 그는 마르크스보다 더 명석하게 사고하였을 것이다. 그러나 크리슈나는 산업 혁명 훨씬 이전에 나타났다. 어떤 사람은 왜 마르크스가 산업혁명 이전에 오지 않았냐고 물을 수도 있다.

과거의 사람들이 생각하는 능력이 부족해서가 아니고, 또한 가난의 종식에 대한 생각이 없어서가 아니다. 붓다는 그것을 생각하였다. 마하비라는 그것을 생각하였다. 그들은 가난이라는 문제를 해결하는 그들 자신의 방식이 있었다. 마하비라와 붓다 둘 모두는 왕이었는데 자발적으로 거지가 되었다. 그들은 자발적으로 그들의 부를 포기하고는 거대한 거지의 계급에 합류하였다. 마하비라는 산야스가 되기 전에 그의 모든 재산을 가난한 사람들에게 분배하였다. 그러나 가난은 남아 있었다. 그것은 제거될 수가 없었다. 그들의 포기는 가난한 사람들에 대한 윤리적인 후원에 지나지 않았다. 마하비라 그 자신의 심리적 고통은 사라졌다. 그러나 대중들의 가난은 계속되었다.

바로 이러한 이유로 과거의 모든 사상가들이 무획득, 무소유를 그렇게 많이 강조하였다. 그들은 반복해서 말하였다. "부를 축적하지 말라." 그들은 사람들에게 가난해지지 말라고 요구할 수 없었다. 그것은 그들의 시대의 사회적 상황에서는 생각할 수가 없었다. 그러나 사람들에게 부를 축적하지 말라고, 부자가 되지 말라고 요구할 수는 있었다. 그들은 부자들에게 부를 축적하지 말라고, 부를 과시하지 말라고 요구하는 것으로 가난한 사람들을 위로할 수밖에 없었다. 과거의 모든 종교들은 부의 포기와 무소유를 내세웠다. 그들은 보다 불운한 사회의 구성원들과 더불어 나누기를 표명했다.

그러나 크리슈나, 마하비라, 붓다 역시 무획득과 자선이 사회의 가난을 제거하지 못한다는 것을 알고 있었다. 그것은 한 숟가락의 설탕을 가지고 바다의 물을 달게 만들려는 것과 같다. 마하비라나 붓다 같은 사람들은 그들이 가진 모든 것을 내어놓을 수 있다. 그러나 그것은 거대한 가난의 바다에 설탕 한 숟가락을 푸는 것에 지나지 않을 것이다. 그것은 어떤 효과도 없다.

과거의 현자들은 가난을 뿌리 뽑겠다고 생각하지 않았다. 왜냐하면 그것은 자신의 주어진 상황 아래에서는 불가능했기 때문이다.

당신은 또한 크리슈나와 같은 사람들이 불평등을 제거하기 위해 왜 아무것도 하지 않았는지 알기를 원한다. 만약 가난을 근절시키는 것이 불가능했다면 최소한 불평등만이라도 없애야만 했다. 왜 그들이 이 문제에 대해 한 번 생각해 보지 않았겠는가?

사회의 불평등 문제를 생각해 보지 않았던 이유들이 있다. 우리는 그것을 주의하여 이해해야만 한다. 어떤 사회에서 평등에 대한 잣대가 표면으로 떠오를 때만 불평등을 제거하고자 하는 생각이 일어난다. 사회에 불평등이 있다는 인식은 사회가 뚜렷한 계급들로 나누어진 채 존재하기를 그치고 그 대신에 여러 계층의 재산 소유자들이 있을 때만 생겨난다. 예를 들자면, 가난한 청소부의 아내가 값비싼 다이아몬드 목걸이를 한 여왕을 우연히 만나게 된다면 어떤 질투심도 느끼지 않을 것이다. 두 사람 간의 계급 간의 차이는 너무나 거대하여 가난한 여인은 여왕과 경쟁할 것은 꿈에도 그려 볼 수 없다. 그러나 만약 그녀 자신이 일하는 곳의 다른 여인이 희귀한 보석 목걸이를 하고 그녀를 찾아왔다면 이 여자는 질투심에 불타게 될 것이다. 왜 그런가? 그녀가 같은 계층에 속하기 때문이다. 그들 간의 상이함은 매우 적다. 그리고 다른 사람과 경쟁할 여력도 있다.

사회가 두 개의 뚜렷한 계급으로 나누어지는 한, 즉 한 계급이 가난한 사람들로 구성된 거대한 집단이고 다른 한 계급은 최상의 부자로 구성된 소수의 집단이라서 그 집단 사이의 격차가 상상할 수 없을 정도로 거대하다면, 부자와 가난한 사람 사이의 평등을 이루기 위한 생각은 할 수가 없다. 그 격차가 언젠가 극복될 수 있다는 생각은 감히 할 수 없다. 그러므로 계급 상태는 그대로 받아들여져야만 하였다.

그러나 산업 혁명의 도래와 함께 격차는 극복되기 시작하였다. 그리고 계급들 대신에 여러 계층들이 형성되기 시작했다. 최상에 있는 부자와 최하에 있는 가난한 사람 사이에 중간 계층의 소득 집단이 생겨났다. 최상에 있는 록펠러와 최하에 있는 육체 노동자 사이에, 소득에 있어 다양한 등급들을 가진 경영자들과 관리자들 같은 중간 계층의 사람들이 전체에서 다수를 차지하고 있다. 지금의 사회는 부자와 가난한 사람이라는 두 개의 명쾌한 계층으로 나누어지지 않는다. 그 대신에 다양한 계층의 소득 집단들로 나누어지고 있다. 산업 사회는 이층집과 같지 않다. 산업 사회는 모든 것이 서로 연결되어 있는 많은 가로대를 가진 긴 사다리와 같다. 그래서 산업 사회 때문에 사회의 각 구성원들은 자신 위의 사람들과 동일하다고 생각할 수 있다.

평등의 사고는 사회가 두 개의 계급으로 나누어질 때가 아니라 사다리의 계단들과 같이 모든 사람들이 서로 연결되어 있는 다양한 소득 집단들로 나누어질 때 생겨난다.

마하비라, 붓다, 크리슈나가 평등에 대해 말하지 않은 것은 아니다. 그들은 평등에 대해 말했다. 그들은 그들의 시대에 가능한 평등의 종류에 대해 말했다. 그들이 평생을 통해 말하였던 것은 영적 평등이었다. 그들은 모든 인간 존재의 영혼, 영은 같다고 말하였다. 영적으로 모든 인간 존재들은 평등하였다. 그들은 재산, 집, 옷과 같은 삶의 외적인 조건들의 관점에서 모든 인간 존재들이 평등하다고 말할 수는 없었다. 그러한 평등은 그때 불가능했다. 물론 이것은 우리의 시대에는 상당히 가능하다.

그러나 우리가 오늘날까지도 생각할 수 없는 것들이 있다. 그리고 다가오는 세대들은 우리가 그렇게 하지 못한 데 대해 틀림없이 비난할 것이다. 실례를 들어 설명하겠다.

오늘날 사람들은 현장이나 공장 또는 사무실에서 하루에 7시간을 일해야만 자신의 빵을 얻을 수 있다. 우리는 이것을 당연한 것으로 여긴다. 그러나 다가오는 세대들은 우리들 중 어느 누구도 왜 빵 몇 조각을 얻기 위해 일하도록 사람들을 강요하는 것이 부도덕하다고 생각하지 않았는지를 이상하게 여길 것이다. 모든 제품들이 자동화 기계를 통해 만들어질 것이고, 사람들은 노동의 고역에서 자유로워질 시기가 멀지 않았다. 그때는 사람들이 빵을 얻기 위해 일하는 것이 전혀 필요하지 않을 것이다. 사람들의 노동은 세대가 내려갈수록 가치가 줄어들 것이다. 생필품들은 그것들을 위해 일을 하지 않아도 모든 이들에게 가능하게 될 것이다. 그때는 일자리가 아니라 여가 시간을 어떻게 보낼 것인가가 문제될 것이다. 아마도 일을 필요로 하는 사람들은 일 없이 지내는 데 동의하는 사람들보다 삶의 즐거움을 덜 누리게 될 것이다. 만약 누군가가 일과 삶의 즐거움, 둘 다를 함께 가지기를 주장한다면 그것은 이상해 보일 것이다.

이미 미국의 경제학자들은 제품의 완전한 자동화가 인간의 노동을 남아돌게 하고 불필요하게 만들 때 올 수 있는, 일종의 미래학파가 제기하는 문제에 대해 논쟁하고 있다. 지금으로부터 단지 25년에서 30년 후면 일하는 사람들보다 아무런 일도 하지 않는 사람들에게 더 많은 봉급이 지불될 상황이 올 것이다. 지금은 공장을 운영하기 위해 수많은 사람들이 필요하지만, 자동화 이후에는 한 사람이 그 거대한 자동화 공장을 조종할 것이다. 그때 사람들은 일자리를 요구하기 시작할 것이다. 왜냐하면 일 없이 살아간다는 것은 힘든 일을 하기보다 더 힘들어질 것이기 때문이다. 게다가 사람들은 자동화된 공장들에서 생산되는 자동차들과 다른 물건들을 구입하기 위해 에너지원 같은 것으로 지불해야만 할 것이다. 이것들은 경제학자들이 바로 오늘날 논쟁을 벌이고 있는 미래에 도래할 문제들이다.

틀림없이 미래에 누군가는 크리슈나, 붓다, 칼 마르크스와 같은 사람들이 왜 삶의 기본적인 필요들을 위해 사람들에게 일을 하도록 강요한 것이 비도덕적이고 비인간적이라고 말하지 않았는지 물으려 할 것이다. 만약 사람들이 배가 고팠다면 그들에게 충분한 음식이 제공되었어야 할 것이고, 하루에 7시간 동안 일하지 않도록 했어야 했을 것이다. 그러나 지금 당장은 그것을 도덕적, 사회적 문제로 생각하기는 힘들다. 오늘날 때때로 심지어 일자리를 가진 사람들조차 빵 없이 지내야만 한다. 그러므로 일 없이 빵을 얻는 질문은 일어나지 않는다.

아이디어들과 생각들은 시공간의 현실들과 직접적으로 연결되어 있다. 불평등의 고통은 크리슈나의 시대에서는 결코 느낄 수 없었다. 심지어 가난의 고통조차 오늘날 느끼는 방식으로 느껴지지 않았다. 바로 그러한 이유로 평등이라는 슬로건이 크리슈나의 시대에서는 들리지 않았다. 평등의 주창자였던 플라톤 같은 사상가가 노예 제도가 폐지되어야 한다고 생각할 수 없었다는 것을 아는 것은 흥미롭다. 그는 노예 제도가 계속해서 존속할 것으로 믿었다. 왜냐하면 노예 제도가 그 당시의 그리스에서는 너무나 일반적이었기 때문이다. 플라톤은 노예들이 없는 평등이 존재할 수 없다고 생각했다.

엘리트 계층이 늘 있을 것이라는 의미입니까?

엘리트 집단은 늘 있었으며, 앞으로도 영원히 존재할 것이다. 모습들은 바뀐다. 그러나 그것은 아무런 차이도 만들지 않는다. 엘리트는 항상 사회를 지배할 것이다. 때때로 엘리트는 황제나 왕의 형태로, 때로는 메시아나 성인의 형태로, 또 때로는 개척자와 지도자의 형태로 사회를 지배한다. 나는 엘리트들이 사라질 미래를 예견하지 않는다. 사실 소수의 엘리트들이 우리들 속에 있는 한 그들은 사회의 나머지를 계속해서 지배하게 될 것이다. 과거에는 그들을 왕이나 황제라 불렀고, 지금은 대통령과 수상으로 부르는 차이뿐이다. 그들은 과거에는 화신과 예언자로, 지금은 대성인과 지도자로 온다. 이름은 문제가 아니다. 그러나 엘리트주의는 우리와 함께 살아갈 것이다.

모든 사람이 삶의 모든 방향에서 같은 성장의 수준에 이르도록 인류 사회가 진화하지 않는 한, 엘리트주의로부터 벗어날 수 없다. 그리고 나는 그러한 발달이 일어날 것이라고는 결코 생각지 않는다. 그리고 모든 사람이 육체적으로나 정신적으로 똑같은 성장의 수준에 있는 사회는 어리석고 활기가 없을 것이다. 매우 지루할 것이다. 선택받은 소수의 사람들은 언제나 그곳에 있을 것이다. 유능한 시따르 연주자는 그보다 못한 연주자보다 더 빛날 것이다. 즉, 그것을 막을 길이 없다. 숙달된 무용수는 서투른 무용수들을 지배하게 될 것이다. 어쩔 수가 없다. 아인슈타인은 둘과 둘을 함께 놓지 못하는 사람들을 볼품이 없게 만들 것이다. 어떤 주어진 상황에서 누군가는 엘리트, 즉 우수한 사람이 될 운명에 있다.

때때로 우리가 오래된 엘리트들을 지루하게 여겨 그들을 새로운 엘리트들로 바꾸는 것은 사실이다. 그것은 자연스럽다. 특정한 부류의 엘리트들은 변화하는 세상에 부적합해지기도 한다. 그러면 그들은 다른 변화에 의해 대체되어야만 한다. 러시아는 피의 혁명을 통해 그런 변화를 만들었다. 즉, 모든 낡은 엘리트 계층들을 숙청했다. 그러나 곧 새로운 계층이 러시아에 들어와 이전처럼 지배했다. 러시아의 새로운 계층은 과거의 어떠한 계층들보다 더 횡포가 심한 것은 사실이었다. 같은 이야기는 중국에서도 반복되고 있다.

사람과 사람 사이에 지식, 재능과 능력에 차이가 남아 있는 한, 선택받은 소수에 의한 지배를 없애는 것은 불가능하다. 또한 그들에 의해 지배받기를 원하는 사람들이 없을 것이라는 것도 불가능하다. 즉, 엘리트들에 의해 지배받고 싶어 하는 사람들이 항상 존재할 것이다. 엘리트와 비엘리트는 서로를 계속 필요로 할 것이다. 그것이 이야기가 진행되어 가는 방식이다. 즉, 한 부류의 엘리트주의는 다른 주의에 의해 대체된다. 왜냐하면 우리는 바보스럽게 보이는 과거의 것들을 새로운 것으로 받아들이기 때문이다.

크리슈나 시대에는 빈부의 공존을 받아들일 만하였다. 가난한 이들은 가난에 만족하고 있었다. 따라서 부자는 그들의 부에 대해서 죄의식을 느끼지 못하였다. 죄책감은 단지 가난한 이들이 부자들의 존재에 대하여 저항할 때만 일어날 수 있다. 그런 저항이 없으면 부자들은 그들의 부에 편안해한다. 부자는 양심의 가책으로 고통 받지 않는다. 이런 이유 때문에 아무도 그 지위 그대로를 변화시키려는 생각을 하지 못한다. 지금 우리는 부자와 가난뱅이 사이에 평등이 있어야 한다고 말한다. 그러나 우리는 크리슈나의 시대보다 지적으로 앞서 있기 때문이 아니라 사회적 조건들이 매우 변화하였기 때문에 그렇게 말한다.

오늘날 아무도 지성의 평등이 있어야 한다고 말하지 않는다. 즉, 덜 지적인 사람은 더 지적인 사람과의 평등을 요구하지 않는다. 그러나 지금부터 50년 뒤에는 그러한 구호를 듣게 될 것이다. 왜냐하면 50년 안에 과학이 인간의 지성을 효율적으로 다룰 수 있을 것이기 때문이다. 그때쯤에는 모든 아이들이 계속 바보인 채로 있지 않겠다고, 자기도 다른 아이들처럼 충분한 지성을 가질 자격이 있다고 말할 것이다. 그러나 아직은 그럴 가능성이 없기 때문에, 아이들은 지금 당장은 그렇게 말할 수 없다.

지금 과학은 인간의 육체와 정신의 전체 성장을 위한 완전한 프로그램을 지니고 전하는 유전의 기본 단위인 인간 유전자에까지 침투해 들어갔다. 과학은 유전자의 가능성들을 탐험하는 데 오랜 기간 노력해 왔으며, 이미 과학은 큰 발전을 이루고 있다. 유전 과학은 아이를 만드는 부모의 정자와 난자로부터 아이의 IQ를 알아낼 수 있다.

그뿐만 아니라 아이가 태어나기 전에도 육체적, 정신적 건강과 장수의 훌륭한 기준이 보장될 수 있도록 하는 방법으로 유전자가 곧 조작될 것이다. 꽃씨를 사러 시장에 가면, 그 포장지에는 당신의 정원에서 피게 될 완전한 꽃이 그려져 있다. 이와 비슷하게 50년 이내에 인간의 씨앗들로부터 태어나게 될 아이들이 그려진 포장지들 속에 담긴 인간의 씨앗들을 살 수도 있을 것이다. 그 포장지에는 미래의 아이의 생김새와 피부색, 키와 건강, IQ와 수명 등 상세한 정보가 기록되어 있을 것이다. 이러한 것들은 어느 면에서 확실할 것이다. 이러한 것들은 지금은 아주 가능성이 높지만, 20~30년 전에는 생각할 수도 없었다.

유전자 혁명이 완전히 열릴 때, 우리는 왜 크리슈나가 지성의 평등을 생각지 않았는지 다시 묻게 될 것이다. 그것은 불가능했다. 즉, 그때는 그것을 생각할 아무런 길이 없었다.

수다마와 관련한 사소한 질문이 하나 있습니다. 수다마가 크리슈나에게 왔을 때, 크리슈나는 그에게 많은 부를 선물로 주었습니다. 왜 크리슈나는 그의 궁핍한 친구를 도울 생각을 일찍 하지 않았습니까?

이 세상에서 당신은 당신이 필요로 하는 모든 것을 탐색하고 찾아야만 한다. 아무것도 공짜로 주어지지 않는다. 신은 어디에나 존재하고 있다. 신이 당신의 고통을 모르는 것이 아니다. 하지만 당신은 신에게 등을 돌렸다. 그렇게 하는 것은 당신의 자유이다. 당신은 신을 선택할 수도 부정할 수도 있을 만큼의 자유를 가지고 있다. 당신이 이제 신에게로 얼굴을 돌리고 신을 찾았다고 하자. 그러면 당신은 당신이 신을 찾아 발견하기 전에, 왜 신이 당신을 찾지 않았느냐고 신에게 불평할 수 있겠는가? 만약 당신이 불평한다면, 신은 당신의 요청이 없었는데도 당신에게 신을 강요하는 것은 당신의 자유에 대한 침해라고 말할 것이다.

자유는 내가 찾지 않는 것이 아니라 내가 찾는 것을 발견할 권리를 부여받았다는 것을 의미한다. 그리고 기억하라. 이 세상에는 찾지 않았는데 가지고 있는 것은 아무것도 없다. 탐구는 필수다. 그것은 당신 자유의 부분이다.

수다마의 어려운 물질적 조건은 문제가 아니다. 그의 자유가 진짜 문제이다. 수다마는 크리슈나의 관대함을 거절할 수 있었다. 크리슈나가 그 자신의 힘으로 수다마를 도울 것을 제안했더라면, 수다마는 거절했을 것이라고 나는 믿는다. 수다마가 받아들여야 할 필요는 없다. 그리고 그것을 받을 수 있도록 수다마가 준비되어 있는가라는 문제 또한 남아 있다.

이 모든 사건들은 깊은 심리적 의미들을 지니고 있다. 우리는 찾기 위해 모든 일을 한 후에야 우리가 찾는 것을 발견할 수 있다. 탐구와 찾음이 없다면, 눈앞에 어떤 것이 있어도 당신은 찾아낼 수 없다. 탐구는 발견하기 위한 문이다. 수다마의 빈곤 때문에 그런 일이 일어난 것은 아니다. 그는 홀로 존재하지 않는다. 많은 가난한 사람들이 있다. 수다마가 가난하든 다른 어느 누군가가 가난하든 그것은 크리슈나에게 아무런 차이를 만들지 않는다. 즉 차이를 만든 것은 수다마의 빈곤에도 불구하고 수다마가 크리슈나에게 받기 위해서가 아니라 주기 위해서 왔다는 점이다. 이 사람은 부자가 될 자격이 있다. 그의 운명의 전환을 가져오게 한 것은 주고자 하는 그의 능력이었다.

모든 사람은 자신의 존재에 대한 책임이 있다. 각 개인은 자신의 편에서 개인으로서 자신의 변형의 여정을 시작해야만 한다. 어느 누구도 그를 대신해 걸어 줄 수 없다. 일단 그가 자신의 여정을 출발하면, 존재하고 있는 모든 힘들이 그를 도와 주기 위해 달려온다. 만약 어떤 사람이 가난해지기를 선택했다면, 그는 존재로부터 모든 도움을 받을 것이다. 그는 그를 가난하게 만드는 데 필요한 모든 것을 주변에서 발견할 것이다. 만약 어떤 사람이 무지하기를 선택했다면, 그가 무지한 자로 남기로 했으므로 존재는 그렇게 되도록 그에게 완전히 협조할 것이다. 만약 누군가가 지식을 지니기로 결정한다면, 지식의 모든 길들이 그에게 가능하게 될 것이다.

이 세상에서 우리는 우리가 찾는 것만 발견한다. 우리 자신의 욕망들과 갈망들 그리고 기도들은 마치 우리 자신의 목소리들이 언덕들과 골짜기들에서 메아리쳐 오는 것과 꼭 마찬가지로, 우리에게 되돌아온다. 당신이 가난뱅이의 심리를 모두 탐색한다면, 당신은 그가 가난하기 위해 필요한 모든 것을 다 했다는 것을 발견하고 놀라게 될 것이다. 가난은 그의 선택이다. 겉으로는 그는 그의 가난한 상황에 대하여 불평할지도 모른다. 그러나 내부적으로 그는 가난에 체념하고 있을 뿐만 아니라 거기에 안주하고 있다. 우연히 그의 가난이 사라진다면 그는 가난을 그리워하기 시작할 것이다. 이와 마찬가지로 무식한 자는 그의 무식에 만족해하고 있다. 그는 그것을 지키기 위해 모든 일을 다 한다. 당신이 그의 무지를 없애려 한다면 그는 원망할 뿐만 아니라, 온 힘을 다하여 그것을 방어할 것이다.

아니, 우리는 우리가 찾는 것을 발견한다. 수다마가 크리슈나를 찾으러 가기 때문에 수다마는 크리슈나를 발견한다. 크리슈나가 초대

받지 않았는데 그에게 가야 하는 것은 적절치 않다. 물론 크리슈나는 그를 기다릴 것이다. 크리슈나 쪽에서 기다림은 필수적이다. 신은 당신과 함께 있으면 불행하기 때문에 당신에게 오지 않는 것이 아니다. 당신이 그에게 가야 한다는 것은 필수적이다. 당신이 신에게로 가서 만나는 그날, 신이 당신을 맞이하기 위해 오랫동안 대문에 서 있었다는 것을 알게 될 것이다. 그를 보지 않으려고 했던 사람은 바로 당신이었다.

> 드라우빠디에 관한 이전의 질문 중에서 크리슈나는 그녀에게 커다란 사랑을 갖고 있었다고 말해집니다. 드라우빠디에 대한 크리슈나의 사랑을 조금 더 말씀해 주십시오.

드라우빠디는 크리슈나의 사랑을 받을 충분한 자격이 있다. 크리슈나의 사랑은 모두에게 가능하다. 그러나 드라우빠디는 특별한 방식으로 그것을 받을 가치가 있다. 사실 당신은 당신이 받을 가치가 있는 것을 가지게 된다. 물을 얻기 위해 바다로 간다면, 바다는 당신의 물통이 담을 수 있는 만큼만 물을 줄 것이다. 바다는 광대하다. 그러나 당신이 얼마나 물을 많이 가지느냐는 물통의 크기에 달려 있다. 바다는 거절하지 않는다. 모든 사람이 자신의 수용 능력에 따라 가질 수 있다.

사랑을 받아들이는 드라우빠디의 수용력은 놀랍다. 그녀는 크리슈나로부터 풍요로운 사랑을 받아들인다. 그들 사이의 사랑은 육체적 친숙함 없이도 존재할 수 있는 너무나 심오하고 너무나 플라토닉한 사랑이었다. 바로 그러한 이유로 크리슈나의 사랑과 도움이 이 비범한 여자의 처분에 맡겨져 있는 이유이다. 크리슈나는 그가 어떤 다른 사람들에게 하는 것보다 더 많은 것을 그녀에게 하였다. 나는 앞에서 까우라바들에 의해 그녀의 옷이 벗겨지려 할 때 크리슈나가 그녀를 구하기 위해 달려왔다고 말하였다.

말로 하는 사랑이 있고, 침묵으로 하는 사랑이 있다. 기억하라. 말로 하는 사랑은 결코 깊지 않다. 그것은 피상적이고 얕다. 말들은 그 정도로 깊지가 않다. 침묵은 매우 심오하다. 침묵의 사랑도 그렇다. 드라우빠디의 사랑은 조용하고 깊다. 그것은 많은 경우들을 통해 알 수 있다. 그러나 그 사랑은 결코 개방되거나 공격적이지 않다. 침묵하는 사랑은 다른 종류의 사랑보다 연인들에게 훨씬 더 깊은 인상을 만든다는 것은 사실이다.

비록 드라우빠디는 괴로울 때면 언제든지 크리슈나의 사랑을 받을 수 있지만, 그 사랑이 자주 육체적 친밀로 나타나는 것은 아니다. 사실 사랑이 미묘한 수준에서 친밀해지지 못할 때, 사랑은 육체적인 친밀을 갈망한다. 사랑은 너무나 고요하고 미묘할 수 있어서 시공간의 물리적 거리는 사랑에 문제가 되지 않을 수 있다. 사랑은 홀로 있을 때도 유지된다. 사랑은 말로 표현할 필요 없이 그렇게도 깊이 고요할 수 있다. 크리슈나 같은 남자는 다른 사람들이 알지 못하는, 이런 침묵의 사랑을 매우 잘 알고 있다.

사랑에 관해 말들의 사치를 일으키는 것은 사랑이 부족한 것이다. 말들이 쉽게 이해될 수 있기 때문에, 우리는 우리가 갖고 있지 않은 것을 말들로 보충한다. 지금 많은 책들이 사랑에 관해 쓰여지고 있다. 심리학자들은 사랑에 관한 많은 책을 내면서, 사람들이 자기 가슴속에서 사랑을 느끼지 않는다 해도 사랑하는 사람에게 사랑을 선언하는 데 움츠러들지 않아야 한다는 점을 강조한다. 남편은 저녁에 사무실에서 집으로 돌아올 때, 비록 그것이 연기라 할지라도 아내에게 키스하고 포옹해야만 한다. 그는 우리가 밀어(密語)라고 부르는 사랑의 말들을 하는 것을 부끄러워해서는 안 된다. 이튿날 직장으로 떠날 때, 비록 그의 가슴 가장 깊은 곳에서 출근하는 것이 즐겁다 해도, 그는 온종일 아내를 그리워할 것이라고 말해야 한다.

심리학자들은 옳다. 우리가 말만으로 살며 진정한 사랑에 대해서는 아무것도 모르기 때문에 그들의 주장은 맞다. 사랑은 우리의 삶들에서 사라졌다. 우리는 사랑의 말들을 먹고 산다.

우리는 사랑을 의식(儀式)으로 바꾸었다. 실제 우리는 모든 것을 의식으로 바꾸어 놓았다. 어떤 사람이 당신에게 좋은 행위를 하면 당신은 "진심으로 고맙다."라고 말하지만, 진심으로 그렇게 느끼는 것은 아니다. 그리고 그 사람은 비록 당신의 가슴속에 그에게 정말로 감사하는 마음이 없다 해도 그런 말을 듣는 것을 좋아한다. 만약 당신이 그의 호의에 대해 진정으로 고마워하더라도 그에게 고맙다는 말을 하지 않으면 그는 비참해질 것이다.

침묵을 이해하지 못하기 때문에 우리는 말들로 표현해야만 한다. 우리가 말들로 살기 때문에 말들은 매우 중요하다.

그러나 기억하라. 우리가 누군가를 진정으로 사랑할 때, 우리가 누군가에 대한 사랑에 압도될 때, 말들은 헛된 것이 된다. 당신은 그것을 알아차리거나 알아차리지 못했을지도 모르지만, 사랑에 압도되는 순간에 우리는 말로 할 수 있는 것이 아무것도 없다는 것을 갑자기 발견한다는 것이 사실이다. 연인들은 만나서 할 말을 미리 오랫동안 연습하고 마음으로 준비한다. 그러나 실제로 만나면 그들이 매우 신경 써서 연습한 말을 완전히 잊어버린 것을 알고 놀라워한다. 모든 대화가 갑자기 증발되고 그들은 말없이, 침묵으로 남는다.

크리슈나에 대한 드라우빠디의 사랑은 완전히 침묵이다. 그 사랑은 말로 하지 않는다. 그러나 그 사랑은 크리슈나에 의해 깊이 느껴진다. 바로 이러한 이유로 크리슈나는 다른 어느 누구보다 더 드라우빠디를 돕는다. 마하바라따의 이야기를 통해서 우리는 모든 위험에서 그녀를 보호하는, 그녀의 그림자로 드라우빠디 옆에 서 있는 크리슈나를 발견한다. 이 특별한 관계는 너무나 멋져서 보통의 눈으로는 보이지 않는다. 그런 관계는 평범한 관계처럼 자주 스스로를 보여 주지 않는다. 그것은 이 세상의 것이 아니며 미묘하다. 그것은 조용한 친밀함이다.

크리슈나는 마뚜라를 떠나 침략으로부터 서쪽 해안을 방어하기 위해 멀리 있는 드와르까로 이주합니다. 자라산드 같은 왕들이 마뚜라와 전쟁을 일으킨 이유는 크리슈나에게 원인이 있다고 마뚜라 사람들은 생각합니다. 그러므로 마뚜라 사람들은 크리슈나가 그들을 힘들게 한 원인이라고 말합니다. 또한 크리슈나는 자라산드 왕에 의해 패배를 당하고 고통을 받았습니다. 그것이 그의 인간적인 측면을 보여 준다고 믿어집니다. 한 말씀 해 주십시오.

삶에서 승리와 패배는 천 한 조각을 짜는 날줄과 씨줄 같은 것이다. 날줄 혼자서 천을 짤 수 없듯이 승리 혼자서 삶을 만들 수는 없다. 패배 혼자만으로도 삶을 만들 수 없다. 삶의 옷감을 짜기 위해서는 옳고 그름, 득과 실, 선과 악, 그리고 승리와 패배라는 날줄과 씨줄이 필수적이다. 삶은 이들 서로 상반되는 것들로 만들어진다. 상반되는 것들은 동전의 양면과 같은 것이다.

진짜 질문은 크리슈나가 전투에서 승리했는지 패배했는지가 아니다. 진짜 질문은 한 사람의 삶 전체가 승리했는지 혹은 패배로 끝이 났는지이다. 그리고 그것은 모든 이의 인생에 적용된다. 그것은 이곳 전투에서 승리하고, 저곳 전투에서 패하는지는 중요하지 않다는 것이다. 패배가 승리를 위한 디딤돌이 될 수도 있다. 그리고 승리는 매우 나쁜 패배로 떨어지는 구름판이 될 수도 있다. 삶의 씨줄과 날줄은 매우 넓고 복잡하다. 모든 패배가 실패를 뜻하지는 않는다. 그리고 모든 승리가 성공을 뜻하는 것도 아니다. 한두 전투에서 지고 이기고 하는 것은 괜찮다. 우리 삶의 궁극적인 판단은 승리나 패배에 달려 있는 것이 아니라 자신의 삶 전부의 이야기의 총합에 달려 있다.

크리슈나의 삶에서 패배의 순간이 있었던 것은 자연스러운 것이다. 그것은 인생에서 피할 수 없다. 신이 세상에 살아야 한다면 그는 인간이 하는 것처럼 살아야 할 것이다. 즉, 그는 삶이 가져오는 모든 것을 받아들여야만 할 것이다. 성공과 실패, 행복과 고통, 빛과 그림자는 같이 손잡고 걸을 것이다. 사실 삶에서 실패들을 직면할 준비가 되어 있지 않은 사람은 승리에 대한 모든 생각을 포기해야만 한다.

크리슈나의 삶은 승리와 패배 둘 다를 모두 포함하고 있다. 바로 그러한 이유로 그는 매우 인간적이다. 그러나 이 인간성은 그의 삶의 영광과 위대함을 손상시키지 않으며, 정말로는 그의 삶에 많은 것을 보태 준다. 그것은 크리슈나가 매우 독특해서 패배 역시 받아들일 수 있다는 것을 뜻한다. 그는 승리 쪽으로 기울지 않으며, 이기기를 맹세하고는 패배를 받아들이지 않으려는 이기주의자가 아니다. 크리슈나는 삶이 가져오는 모든 것을 받아들일 준비가 되어 있다. 그는 전쟁에 질 준비가 되어 있고, 심지어 전쟁을 회피하거나 모면할 준비도 되어 있다. 그는 삶의 굴곡들을 무조건적으로 받아들인다. 그는 정말이지 선택 없음이다. 그는 이만큼 갈 것이고, 더 멀리는 가지 않을 것이라고 말하지 않는다. 이것이 크리슈나를 위대한 사람으로 만드는 것이다. 때때로 그의 인간됨 때문에 그는 붓다와 마하비라의 신성함에 비교하면 작게 보인다. 붓다와 마하비라 둘 다는 절대적으로 신성해 보인다. 그들은 결코 인간으로 보이지 않는다. 그러나 기억하라. 너무 많은 신성함은 냉정하고 비인간적으로 변하는 것 같다. 그것은 인간의 유연함이라 불리는 그 아름다운 속성을 잃는 것이다.

크리슈나는 엄하지 않을 것이다. 그래서 그는 인간의 약점이라고 부르는 모든 것을 받아들인다. 격언에서 "인간은 실수하게 되어 있다."라고 말한다. 그러나 "실수하지 않는 것은 비인간적이다."라고 말하는 격언은 없다. 결코 실수하지 않는다면 그것은 전적으로 비인간적이다. 크리슈나는 실수로써 실수하지 않는다. 그는 실수를 삶과 더불어 오는 어떤 것으로서, 큰 걸음으로서 받아들인다.

크리슈나가 마뚜라를 떠나야만 했던 것은 사실이다. 크리슈나 같은 사람은 수많은 장소들을 떠나야 할 것이다. 많은 장소들이 그에게 고난으로 나타날 것이다. 견디기 어려운 수많은 장소들을 그는 감당해야 할 것이다. 그와 함께 갈 능력이 없는 사람들은 용서를 구하는 말을 할 수도 있다. 그를 이해하고 그와 함께 하는 것은 진정으로 힘이 든다. 크리슈나는 어려움 없이 여러 곳을 다닌다. 그는 어떤 특정한 장소에 머물고자 하지 않는다. 당신이 집 안의 이 방 저 방을 옮겨 다니듯 그도 쉽게 이곳저곳으로 옮겨 다닌다. 일단 고개를 돌리면 다시는 그곳을 돌아보지 않을 정도로 그는 그렇게 철저히 그곳을 떠난다. 그의 연인들이 그것에 대해 혼란스러워하고는 그에게 다시 돌아오라고 애원한다. 크리슈나 편에서는 그들을 완전히 그리고 최종적으로 떠났는데도, 그들은 그가 아직도 자기들을 기억하고 있는지 그렇지 않은지를 알고 싶어 한다. 그는 이제 옮겨온 곳에 마음을 두고 있다. 그는 마뚜라를 완전히 잊는다. 크리슈나가 있는 곳마다 그는 거기에 완전히 있다. 이 때문에 그는 때로 가혹하고 무정해 보이기도 한다.

크리슈나의 삶은 유동적이다. 그는 바람과 함께 이동한다. 동풍이 불면 동쪽으로 가고, 서풍이 불면 서쪽으로 간다. 여기 혹은 저기 혹은 어디엔가에 있으려는 그 자신의 선택이 없다. 그는 삶과 전적으로 함께 간다. 노자는 말한다. "바람처럼 되어라. 바람과 함께 이동하라. 바람이 당신을 데려가는 곳이면 어디든지 가라. 선택하지 말라."

한 짧은 선(禪) 우화가 떠오른다.

홍수가 난 강이 있었다. 강물은 무서운 속도와 힘으로 바다로 흘러가고 있었다. 어떤 식물의 작은 줄기 2개가 같이 떠내려가고 있었다. 그 줄기들 중 하나는 물살에 가로놓여 흘러가고 있었다. 그 줄기는 물살에 대항해서 싸우느라 긴장을 하고 걱정도 하였다. 물살이 너무 세서 저항하기가 어려웠기 때문에, 그 줄기는 아무런 변화도 만들지 못하였다. 승리를 거두며 나아가는 그 물살들은 그들의 길에 저항하고 있는 작은 줄기가 그들의 길에 있는지조차 몰랐다. 그러나 그 줄기는 자신의 온 생명으로 싸우느라 헛되이 자신의 모든 에너지를 낭비하고 있었다.

또 다른 줄기는 그 물살들에 세로로 놓여 흘러가고 있었다. 물살들은 그 줄기를 노력 없이 데려가고 있었다. 이 줄기는 편안하고 즐겁고 유쾌하였다. 그 줄기는 강의 잔물결들과 함께 춤을 추고 있었다. 그 줄기는 큰 강물과 함께 하고 즐기는 기분을 가지고 있었다. 줄기가 어떻게 하느냐는 강물에 최소한의 차이도 만들지 못한다. 그러나 그들 자신에게는 모든 차이를 만들고 있었다.

두 개의 줄기와 같이 세상에는 두 종류의 인간이 있다. 하나는 자신을 강물과 반대 방향으로 놓고서 그것과 싸우며 매 단계마다 고통받는 첫 번째 줄기처럼 요구하고, 공격적이고, 저항적인 사람이다. 다른 종류의 사람들이 있다. 그들은 삶에 "예."라고 말하고, 자신을 물살에 세로로 놓고 물살들과 더불어 노력 없이 그리고 행복하게 움직여 삶에 협조한다. 이 사람들은 존재와 깊은 유대감을 갖고 있다. 그들은 존재와 함께, 그들 가슴속의 노래와 함께 움직인다.

크리슈나가 그 자신을 존재의 손 안에 완전히 놓아 버렸기 때문에 그의 손에 플루트가 있다. 그는 존재의 물결들과 더불어 노력 없이 흐른다. 그는 삶에 저항하지 않는다. 그는 삶과 싸우지 않는다. 바로 그러한 이유로 그는 노래하고 춤추고 플루트를 연주하며 희열에 찬 삶을 살아간다. 당신은 마하비라의 손에 플루트를 놓지 못한다. 그는 그것을 연주하지 못한다. 그것은 생각할 수 없는 일이다.

오직 크리슈나만이 플루트를 불 수 있다. 왜냐하면 그는 삶에 저항하지 않고, 그것과 완전히 함께 하기 때문이다. 그는 삶의 강물이 그를 어디로 데려가든지 갈 준비가 되어 있다. 그는 마뚜라나 어떤 다른 곳에서 행복했던 것만큼 드와르까에서도 행복하다. 그가 어디에 있든 그는 춤추고 즐긴다. 그것은 선택이 없는 사람의 길이다. 그리고 무선택이 희열, 엑스터시로 가는 문이다.

사실은 무치꾼드(Muchkund)가 잠들고 있는 동굴 속으로 크리슈나가 깔라야반(Kalayavan)을 몰아넣고 있는데도, 깔라야반은 크리슈나가 도망가는 줄로 믿고 있었다는 전설이 있습니다. 그 전설에서 무치꾼드가 잠에서 깨어나 깔라야만을 본 뒤, 그의 눈길로 깔라야반을 죽인다고 합니다. 이 전설의 의미를 설명하여 주십시오.

이 이름들은 상징들이다. 그것들은 크리슈나의 이야기의 부분들이다. 그것들은 은유들, 사건들, 그리고 형이상학적인 내용들로 되어 있다. 크리슈나가 누군가를 동굴로 몰아넣는 것처럼 우리에게 보인다. 당사자조차 그렇게 생각할 수 있다. 그러나 나는 다르게 이해한다. 비록 누군가 스스로 어느 지점으로 몰아넣어질 수 있다 하더라도, 크리슈나 같은 사람은 어느 누구를 몰아넣지 않는다. 크리슈나가 그를 따라가는 것은 가능하다. 상황은 복잡하다.

나는 어떤 이야기를 들었다. 목동이 자기의 소를 이곳저곳으로 몰고 다니고 있다. 소의 목에 밧줄이 단단히 매여 있고 목동은 손에 밧줄의 한쪽 끝을 잡고 있다. 길을 가는 도중에 그는 유랑하고 있던 수피 무리를 만난다. 그들 중의 우두머리인 마스터가 목동과 그의 소를 멈추게 하고는 그 제자들에게 목동과 소 주위에 서라고 말한다. 이러한 방식으로 수피 마스터는 자신의 제자들을 가르친다. 그는 목동에게 "당신이 소에게 묶여 있는가, 아니면 소가 당신에게 묶여 있는가?"라고 묻는다.

그는 즉시 "소가 나에게 묶여 있습니다. 왜 내가 소에게 묶여야 합니까?"라고 답한다. 그러자 마스터는 소의 목에서 밧줄을 걷어 내고 소를 풀어 준다. 그러자 소는 즉시 떠난다. 그 목동은 당황하였다. 그는 즉시 소를 따라 달려간다.

그때 마스터는 제자들에게 말한다. "저 목동은 소가 자기 손안에 있다고 생각하겠지만 실제로는 그가 소의 손안에 있다."

사실 모든 속박은 이중으로 되어 있다. 모는 자는 몰리는 자와 묶여 있다. 때때로 누가 모는 자이고 누가 몰리는 자인이 구별하기가 어렵다. 아마 깔라야반은 도망치고 있고, 크리슈나는 그를 뒤쫓아 가고 있는지도 모른다. 도망치는 상황이 일어나려면 한 사람은 몰아붙이고 있고 다른 사람은 몰아붙여지고 있어야 할 것이다. 혹은 둘 다 몰아붙여지고 있는지도 모른다. 우리가 알듯이 크리슈나는 삶의 어떤 상황도 받아들일 수 있다. 만약 그가 무엇인가와 싸워야 한다면 그의 투쟁 역시 존재와의 위대한 협력의 일부이다. 여기서 또한 그는 강물과 함께 간다.

전설은 깔라야반이 깨달음을 얻은 무치꾼드의 시선에 의해 먼지로 변했다고 말한다. 이것은 깔(Kaal) 즉 시간은 깨달은 사람에게는 존재하기를 그친다는 은유이다. 시간은 우리 삶의 가장 큰 긴장이요, 어려움이다. 시간은 인간의 갈등, 불안, 그리고 고뇌이다. 시간 속에 산다는 것은 과거와 미래라는 두 개의 극점들에 펼쳐져 있는 그 사이를 산다는 것을 의미한다. 그래서 그것은 긴장을 일으키고, 스트레스와 불안을 유발한다. 시간은 끊임없이 싸워야 하는 우리의 유일한 적이다. 그리고 우리를 먹어치우는 것은 시간이다. 극소수의 사람만이 시간을 패배시켜 시간을 끝내 버린다. 오직 소수의 사람들만이 시간을 초월하고는 그 너머로 간다. 아주 드물게 시간은 태워져 파괴된다.

그러나 시간을 태워 버리는 자는 누구인가? 크리슈나가 깔라야반 앞에서 달리고 있다고 당신은 말한다. 그것이 시간이다. 시간 앞에 가는 자, 시간을 초월하는 자만이 시간을 파괴할 수 있다. 시간 뒤에 가는 사람은 시간을 파괴할 수 없다. 즉 그는 시간의 동료, 시간의 노예로서 살아갈 것이다. 그러나 시간을 앞서가는 사람에게는 시간은 그의 그림자, 그의 노예가 된다. 여기 깨달은 후의 무치꾼드의 시선은 시간을 태운다.

내가 말했듯이 이것은 우화이다. 눈이 감긴 채 자고 있는 사람에게는 시간이 존재한다. 눈을 뜨고 깨닫는 순간 시간은 존재하기를 멈춘다. 시간은 우리의 무의식, 우리의 심리적 수면과 정확히 같은 비율로 항상 존재한다. 우리가 완전히 깨어나 자각하고 있을 때, 시간은 존재하기를 멈춘다. 자각의 불은 시간을 온통 태워 버린다.

우리 모두는 자신들의 무의식의 동굴에서 잠자고 있는 사람들과 같다. 크리슈나의 현존은 우리의 눈을 뜨게 하고, 우리를 깨닫게 하는 도구일 수 있다. 크리슈나 뒤에 질질 끌려오는 시간은 그의 바라봄으로 태워질 수 있다. 나는 크리슈나에게는 시간이 존재하지 않는다고 믿는다. 시간은 무치꾼드에게 존재한다. 크리슈나는 무치꾼드를 시간의 굴레로부터 자유롭게 할 수 있다.

만약 우리가 이 상징들을 우리의 삶의 실재들에 적용하여 탐구한다면, 그것들은 우리에게 놀라운 경험들과 진귀한 통찰들을 가져다 줄 수 있다. 우리가 그것들을 단순한 이야기들과 우화들로 여기고는 그것들을 의미 없이 계속 반복해서 말하는 것은 불행하다. 우리는 그것들을 역사의 에피소드들로 여기고 다음 세대로 전해 준다. 그것들은 실제로는 역사적이기보다 더 심리적인 것이다. 즉, 그것들은 우리의 심리적 잠재성들에 관한 이야기들이다. 그것들은 인간의 존재인 위대한 심리적 드라마의 부분들이다. 그러나 우리는 그것들을 이런 관점으로 주의 깊게 보려고 노력하지 않는다. 그래서 위대한 보물을 잃어가고 있다. 바로 이러한 이유로 크리슈나 같은 진기한 사람이 신화 속으로 점차로 축소되고 있다. 진짜라고 믿기에는 어려운 것들이 그의 삶에 아주 많이 있다.

심리학적인 관점에서 크리슈나 같은 사람들의 삶을 탐구하는 것이 필요하다. 그들을 폭넓게 심리적으로 해석할 만한 가치가 있기 때문이다.

그리고 끝으로 나는 과거에는 삶에 대한 위대한 심리적 진실들을 상징들, 은유들, 그리고 우화들을 통해 표현하는 방법을 제외하고는 아무런 다른 방법이 없었다고 말하고 싶다. 그것들은 이런 진실들을 표현하는 좋은 방편들의 역할을 하였을 뿐만 아니라, 또한 그와 같은 커다란 가치를 지닌 보물들을 지키기 위한 안전한 저장고였다. 이런 이야기들은 그 속에 감춰진 진기한 지혜의 보석을 가지고 있다. 옛날에는 번영을 위해 그 보석들을 보존하는 데 이것 이외에 아무런 다른 방법이 없었다. 그러나 오늘날에 우리는 그것들의 뚜껑을 열고, 그것들을 올바르게 해석해야만 한다. 예수는 어디에선가 그것을 이해할 수 있는 사람들에 의해 이해될 수 있는 언어로 말하며, 이해할 수 없는 사람들은 조금도 해를 입지 않는 방법으로 말을 한다고 말하였다. 예수는 그를 이해하는 사람들이 이득을 얻을 수 있도록, 그리고 그를 이해하지 못하는 사람들은 이 이야기를 듣는 즐거움을 가질 수 있도록 말했다.

수천 년 동안 우리는 지금 우리에게 단순한 이야기들 이상의 아무것도 아닌 것을 듣는 즐거움을 가졌다. 시간이 흘러가면서 우리는 이 보물들을 열어 그 속에 숨어 있는 의미들을 해독할 수 있는 열쇠들을 잃어버렸다. 내가 당신들과 함께 하고 있는 이 토론들은 잃어버린 열쇠 중 몇 개를 당신이 찾도록 하려는 데 있다. 그러면 당신은 이 은유들과 상징들, 신화들과 우화들의 진정한 의미들을 풀 수 있고, 그것들은 당신 삶의 실재들 속으로 변형된다. 이것들이 그들의 실제 의미인지 아닌지는 나의 관심이 아니다. 그러나 그것들이 당신 마음의 뚜껑을 열도록 도와 주어 당신의 참모습을 발견하는 데 도움이 된다면, 그것들은 목적을 다하게 될 것이다. 그러면 그것들은 당신에게 축복과 희열이 됨을 입증하게 될 것이다.

경험에의 초대

오쇼는
태어난 적도
죽은 적도 없었다.
단지 1931. 12. 11부터 1990. 1.19 사이에
지구라는 이 행성을 방문하였을 뿐이다.

오쇼는 깨달은 신비가다.

　구도자들과 친구들의 물음에 대한 답으로 30년을 보내는 동안, 오쇼는 그들의 질문에 답을 하거나 아니면 이 세상의 위대한 현자들과 경전들을 언급하곤 하였다. 그의 이야기는 의미가 분명치 않은 우빠니샤드들에서 친숙한 구르지예프(Gurjieff)의 말들에까지, 아슈타바크라(Ashtavakra)에서 차라투스트라에 이르기까지 이 모든 것들에 참신한 통찰을 가져다주었다. 오쇼는 하시드(Hassids)와 수피들(Sufis), 바울즈(Bauls), 요가, 딴뜨라, 도(道) 그리고 고타마 붓다와 동등한 권위로 말하고 있다. 궁극적으로 오쇼는 선(禪)의 독특한 지혜를 전하는 방향으로 나아간다. 그 이유는 선이 인간 존재의 내적 삶의 접근법들 중 시간의 검증을 견디어 냈으며 그리고 여전히 이 시대의 인류

에게 적절하기 때문이라고 그는 말한다. 선은 원래 힌디어 디야나(dhyana)를 영역한 것이다. 그 말을 '명상'으로 번역할 수도 있다. 그러나 오쇼는 이것을 서투른 번역이라 한다. 그러므로 그것을 디야나, 선 혹은 그 무엇이라 불러도 좋지만, 오쇼가 강조하는 것은 경험이다.

오쇼는 1974년 뿌나(Puna)에 정착하였다. 세계의 여러 나라들로부터 온 제자들과 친구들이 그의 말을 듣기 위하여 그리고 현대인을 위한 그의 명상 기법들을 실천하기 위하여 그의 주위에 모여들었다.

서구의 치료 집단 과정, 클래스 및 훈련들이 동양의 지혜와 이해를 서구의 과학적인 접근과 연결짓기 위하여 점차적으로 도입되었다. 지금 오쇼 코뮨 인터내셔널(Osho Commune International)은 세상에서 가장 큰 명상 및 영적 성장 센터로 발전하였다. 여기에서는 내적 세계를 탐색하고 경험하기 위한 수백 가지 방법들을 제공하고 있다.

매년 각국으로부터 수천의 구도자들이 축하하고 명상하기 위하여 오쇼의 붓다 광장으로 모여들고 있다. 코뮨은 아름다운 건물과 피라미드 형태의 건물들뿐만 아니라 넘쳐나는 푸른 나무와 화초들, 연못과 폭포, 우아한 백조들로 가득하다. 그러한 평화롭고 조화로운 분위기가 내적 고요를 경험하기 쉽도록 만든다.

오쇼 코뮨에 관한 더 이상의 정보를 원한다면,

Osho International

New York

Email: osho-int@osho.com

www.osho.com

지금 여기의 신 크리슈나

초판 1쇄 발행 2010년 11월 25일

지은이 오쇼
옮긴이 김병채

펴낸이 황정선
펴낸곳 슈리 크리슈나다스 아쉬람
출판등록 2003년 7월 7일 제62호
주소 경상남도 창원시 북면 신촌리 771번지
대표전화 (055) 299-1399
팩시밀리 (055) 299-1373
전자우편 krishnadass@hanmail.net
홈페이지 www.krishnadass.com

ISBN 978-89-91596-33-7   03270

Printed in Korea

* 책값은 뒤표지에 있습니다.
* 잘못 만들어진 책은 바꾸어 드립니다.